国家级教学团队

东北财经大学财务管理专业系列教材·资产评估方向

国家级一流本科专业建设教材

h Edition

第**4**版

Real Estate Valuation

房地产评估

王景升　何东平　主编

东北财经大学出版社

Dongbei University of Finance & Economics Press

大连

图书在版编目（CIP）数据

房地产评估 / 王景升，何东平主编. —4版 .—大连 ： 东北财经大学
出版社，2024. 7 （2025.8重印）
（东北财经大学财务管理专业系列教材·资产评估方向）
ISBN 978-7-5654-5281-9

Ⅰ .F293.33

中国国家版本馆CIP数据核字第2024A6Q583号

东北财经大学出版社出版

（大连市黑石礁尖山街217号　邮政编码　116025）

网　　　址：http://www.dufep.cn

读者信箱：dufep@dufe.edu.cn

大连永盛印业有限公司印刷　　　东北财经大学出版社发行

幅面尺寸：170mm×240mm　　　字数：384千字　　　印张：19.25

2024年7月第4版　　　　　　　2025年8月第2次印刷

责任编辑：高　铭　吴　茜　　　　责任校对：那　欣

封面设计：张智波　　　　　　　　版式设计：原　皓

定价：49.00元

教学支持　售后服务　　联系电话：（0411）84710309

版权所有　侵权必究　　举报电话：（0411）84710523

如有印装质量问题，请联系营销部：（0411）84710711

东北财经大学财务管理专业系列教材编委会

主 任

张先治　教授　博士　博士生导师

委 员 （以姓氏笔画为序）

万寿义　教授　博士　博士生导师

王景升　教授　博士　硕士生导师

牛彦秀　教授　硕士生导师

方红星　教授　博士　博士生导师

乔世震　教授　硕士生导师

刘永泽　教授　博士　博士生导师

刘明辉　教授　博士　博士生导师

刘淑莲　教授　博士　博士生导师

池国华　教授　博士　博士生导师

吴大军　教授　博士　硕士生导师

陈友邦　教授　硕士生导师

陈国辉　教授　博士　博士生导师

姜　楠　教授　硕士生导师

秦志敏　教授　博士　硕士生导师

总　序

随着知识经济和信息经济时代的到来，加之经济全球化趋势的日益凸显，社会对财务管理理论、财务管理实践和财务管理人才培养都提出了更高的要求。因此，高等院校必须为社会培养更多符合其特定要求的财务管理人才。教育部于1998年设立"财务管理"本科专业以来，越来越多的普通高等院校设立了这一专业。在这种背景下，编写一系列理论融合实际、符合中国国情的优秀的财务管理专业教材，对于培养财务管理人才的重要性是不言而喻的。为此，国家级教学团队——东北财经大学会计学院财务管理系于2005年组织骨干师资力量，由本团队资深教授担纲，编写并出版了本院第一套财务管理专业系列教材，包括《财务管理基础》《企业财务管理》《高级财务管理》《投资管理》《资产评估》等五部教材。

第一套财务管理专业系列教材一经推出，就得到了广大读者的厚爱，为许多高等院校所广泛选用，并针对本套教材的体系结构、知识组合和内容界定提出了许多富有建设性的意见。这也坚定了我们进一步完善财务管理专业系列教材的信心与决心。2006年以来，国内外的环境发生了显著的变化，尤其是新企业会计准则、新《企业财务通则》以及《企业内部控制基本规范》的颁布，使得原有教材的部分内容需要修改与更新。美国金融危机的爆发，也促使社会公众认识到风险管理尤其是金融衍生投资风险管理的重要性，财务管理教材需要与时俱进，及时反映这一时代背景的深刻变化。另外，东北财经大学2005年被列为首批资产评估全国学科建设基地院校，并于2006年在财务管理专业下设置了"资产评估专门化"方向，因此，原有的财务管理专业系列教材已经无法满足本科教学的需要，针对"资产评估专门化"方向的人才培养特点，非常有必要增加一些专业教材。

基于此，我们对原有的财务管理专业系列教材进行了全面修订，并以新版的形式呈现在读者面前，分别是《财务管理基础》《公司理财》《高级财务管理》《证券投资》《资产评估》等五部教材；同时，新编了《财务学》《资产评估原理》《企业价值评估》《房地产评估》等四部教材。

与第一套财务管理专业系列教材相比，本套教材呈现以下几个特点：

1.体系更加完整。本套教材中，《财务管理基础》《公司理财》《资产评估》《企业价值评估》为财务管理专业（含"资产评估专门化"方向）通用专业教材；《资产评估原理》《房地产评估》是"资产评估专门化"方向所特有的专业教材；《高级财务管理》则作为非"资产评估专门化"方向的财务管理专业学生的选用教材；《财务学》是除财务管理专业之外的其他专业学生学习财务学相关知识的教材。这样的体系安排可满足不同方向、不同层次、不同专业学习财务管理相关知识的教学需要。

2.内容更加全面。依据企业会计准则、《企业财务通则》和《企业内部控制基本规范》等一系列最新规范制度，结合国内外实务的最新动态，吸收读者反馈的合理建议，在保持原系列教材基本体系、特色与优点的基础上，我们在新系列教材中尽可能地反映了财务管理、资产评估理论和实务的最新进展。

3.更加突出实务。鉴于目前我国高等院校的大部分财务管理专业本科毕业生均走向社会从事实务工作，因此，在教材中除了强调基本概念和基本原理以外，更重要的是培养学生的操作能力。本套教材更加强调理论结合实际，更加强调基本方法的运用和基本技能的掌握，穿插了大量真实的案例，突出案例教学。

4.体例更加合理。每一部教材不仅列出了本章学习目标、学习要点和主要概念，归纳和总结了主要知识点之间的相互联系，还配有大量的习题与案例，供教师教学和学生自学使用。

东北财经大学财务管理专业系列教材是国家级教学团队——东北财经大学会计学院财务管理系全体教师共同劳动的结晶，尤其凝聚了众多资深教授和专家多年的经验和心血。当然，由于我们的经验与人力有限，教材中难免存在不足乃至缺陷，恳请广大读者批评指正。

我们的工作尚处于一个开端处，本次再版修订推出的教材仅仅是一个新的起点，而不是终点。随着社会的进步、经济的发展和环境的变化，我们将适时修订，使东北财经大学财务管理专业系列教材不断地与时俱进，及时跟踪反映学科的最新进展。

东北财经大学财务管理专业系列教材编委会

第4版前言

党的二十大报告提出：加快建立多主体供给、多渠道保障、租购并举的住房制度。房地产作为重要的生产要素和生活资料，对促进社会经济发展、提高人民物质生活水平具有重要意义，房地产评估应当发挥重要的作用。

《房地产评估》第3版自出版发行以来，我国房地产税收制度以及资产评估准则均发生了较大变化。近年来，针对房地产市场供求关系的变化，国家适时调整优化了房地产政策，对房地产有关税率进行了调整。自2017年9月起，财政部、中国资产评估协会依据《中华人民共和国资产评估法》（以下简称《资产评估法》），修订了《资产评估基本准则》《资产评估执业准则——不动产》等多项资产评估准则。

《房地产评估》第4版在第3版基本框架的基础上，深入贯彻落实党和国家关于房地产的各项方针政策，以修订后的资产评估准则和房地产估价规范为依据，结合房地产政策和税收制度的变化，对全书内容进行了较大的修改和完善。

本次修订力争将资产评估准则与房地产估价规范的应用有机结合，主要体现在以下方面：一是根据修订后的资产评估准则的规定，对第1章、第3章、第10章和第11章的内容进行了修改，兼顾了房地产估价规范的要求；二是根据房地产税收制度以及资产评估准则的变化，对第5章、第6章、第7章的内容进行了修改；三是为便于读者学习理解课程内容，以"二维码"的形式链接了拓展学习资料。

本次教材修订由王景升、何东平完成，王景升负责对第1章、第2章、第4章、第5章、第6章、第7章和第8章的修订，何东平负责对第3章、第9章、第10章、第11章和附录的修订，最后由王景升总纂定稿。为了便于读者学习，本书将《资产评估执业准则——不动产》、中华人民共和国国家标准《房地产估价规范》和中华人民共和国国家标准《房地产估价基本术语标准》作为附录。

本教材适用于资产评估及相关专业本科教学，也可作为资产评估专业人员的学习参考书。本教材参考并吸收了中外房地产评估的教材、著作、学术期刊发表的研究成果。在此，我们十分感谢本教材编写过程中给予我们帮助的人士以及有关参考文献的作者。

限于作者的理论水平和实践经验，书中错谬之处在所难免，恳请读者批评指正。

作　者

2024 年 5 月

目 录

第3章
房地产评估程序 / 41

第4章
市场法 / 66

第5章
成本法 / 100

第6章
收益法 / 127

第1章

房地产评估概述

学习目标

本章学习目标是使学生掌握房地产评估的概念、基本要素和类型；掌握房地产评估的主体和对象；掌握房地产价值及特点、房地产价值的影响因素。其具体目标包括：

☐ 知识目标

理解房地产评估的概念、房地产评估的主体和对象界定、房地产价值及特点；掌握房地产评估的基本要素和类型、房地产的特征和分类、房地产价值的影响因素；了解评估机构设立的基本条件、评估师考试制度、评估专业人员的权利与义务、资产价值及其构成理论。

☐ 技能目标

正确识别对房地产价值有影响的各种因素；掌握运用价值构成理论分析房地产价值的影响因素及作用机制的技能。

☐ 能力目标

在评估中正确筛选影响房地产价格的因素，合理确定其影响程度和方向。

★ 思维导图

房地产评估概述
- 房地产评估的含义
  - 房地产评估的概念
  - 房地产评估的基本要素
  - 房地产评估的类型
- 房地产评估的主体
  - 房地产评估主体的界定
  - 房地产评估机构
  - 房地产评估专业人员
- 房地产评估的对象
  - 房地产评估对象的界定
  - 房地产的存在形态
  - 房地产的特征
  - 房地产的分类
- 房地产价值及其影响因素
  - 价值及其构成理论
  - 房地产价值及其特点
  - 房地产价值的影响因素

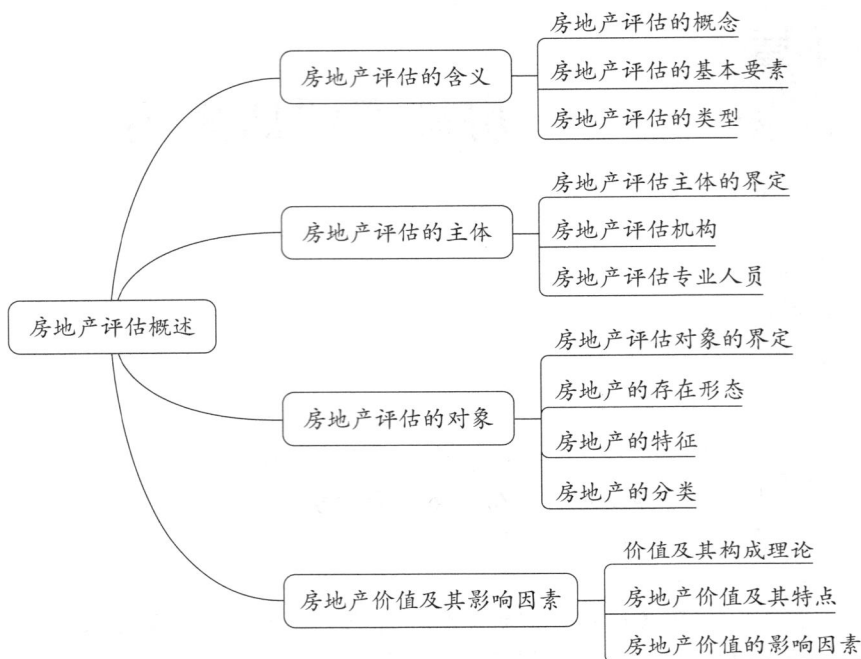

1.1 房地产评估的含义

1.1.1 房地产评估的概念

在市场经济条件下，房地产作为重要的生产要素和生活资料，通过房地产市场的有效配置，对促进社会经济发展、提高人民物质生活水平具有重要作用。房地产市场作为房地产供需双方进行买卖、租赁、抵押等交易活动的场所，反映了整个社会房地产商品的交易关系。在现代经济生活中，房地产评估作为资产评估的重要组成部分，在维护市场经济秩序、保障各类产权主体合法权益方面发挥着越来越重要的作用。

房地产评估在不同国家或地区有不同的称谓：美国称 real estate appraisal；英国称 property valuation；日本和韩国称不动产鉴定。中国台湾地区称不动产评估，或称不动产鉴定、不动产鉴价等；中国香港地区通常称物业评估；在中国大陆（内地），房地产评估又称为不动产评估、房地产估价等。

对于房地产评估的概念，《资产评估执业准则——不动产》的定义为：不动产评估是指资产评估机构及其资产评估专业人员遵守法律、行政法规和资产评估准则，根据委托在评估基准日特定目的下的不动产价值进行评定和估算，并出具资产评估报告的专业服务行为。不动产评估包括单独的不动产评估和企业价值评估中的不动产评估。《房地产估价规范》的定义为：房地产估价是指专业估价人员根据估价目的，遵循估价原则，按照估价程序，选用适宜的估价方法，并在综合分析影响房地产价格的因素的基础上，对房地产在估价时点的客观合理价格或价值进行估算和判定的活动。

本书对房地产评估的概念定义为：房地产评估是指评估机构及其评估专业人员根据委托对房地产价值进行评定、估算，并出具评估报告的专业服务行为。

对房地产评估概念的理解应注意以下几点：①在用词上，本书用的是"房地产评估"，而不是资产评估准则和房地产估价规范中的"不动产评估""房地产估价"，这是因为"房地产评估"是资产评估领域的习惯性表达方式。②房地产评估是对房地产价值的评估，即"估价"，不包含房地产质量、等级评估，也不包含房地产制度政策评估、房地产企业资信评估等；评估的是房地产价值，而非房地产价格，因为"价值"和"价格"在资产评估中有明确的定义。③评估专业人员是指从事房地产评估活动的各类专业评估人员，包括资产评估师、房地产估价师和其他评估专业人员。④房地产评估是为委托方特定目的服务的，房地产评估的结果就是评定估算出满足委托方特定目的需要的房地产的时点价值。这个时点价值通常是一个具体的数额，也可能是一个区间值。⑤房地产评估不仅是评估专业人员对房地产价值进行分析、估算的过程，还必须将形成的评估结论以书面报告的形式提交给委托方，作为委托方实现房地产评估特定目的的专业性估价意见。

1.1.2　房地产评估的基本要素

房地产评估作为房地产估价活动和过程，要经历多个评估步骤，同时也会涉及若干基本要素。房地产评估的基本要素主要有：

1）评估主体

评估主体即房地产评估活动的组织者和操作者，具体是指评估机构及其评估专业人员。评估机构是由一定数量的评估专业人员组成，并向有关评估管理部门备案，能够从事房地产评估业务的操作机构。评估专业人员不仅具有房地产评估专业知识，还具有丰富的评估经验以及较高的职业道德水平。

2）评估对象

评估对象即房地产评估的标的物，具体是指房地产评估项目中需要评估其价值的具体的房地产。房地产有多种存在形态，具体的种类、用途、规模、建筑结构、新旧程度、权益状况等也千差万别。每个房地产评估项目都有具体的评估对象和评估范围。

3）评估目的

评估目的即房地产评估所要实现的目标。从房地产评估的内在功能来看，评估目的是为满足相关利益主体或当事人任何房地产业务的需要合理评估房地产的价值。每一项具体的房地产评估活动都具有特定的评估目的，即为相关利益主体或当事人某种特定房地产业务的需要合理评估房地产的价值。

4）评估假设

评估假设即房地产评估中设定的各种假定前提条件，具体是指为了使房地产评估顺利进行、估算出的评估结果客观合理，对评估时房地产所面临的市场条件、房地产使用状态、房地产使用效率等方面设定的假定前提条件。评估假设是房地产评估工作能够顺利进行的基础和前提条件。

5）评估价值类型

房地产评估价值类型是房地产评估结果的价值属性及其表现形式。从不同角度分类，房地产价值会有不同的类型，每一个房地产评估价值类型中又包含多个具体的房地产价值表现形式。房地产评估中应合理选择价值类型，并对具体的价值形式进行明确的定义。

6）评估原则

评估原则是指房地产评估中应遵循的各种法则或标准。房地产评估为各房地产产权主体及相关当事人提供社会中介服务，只有遵循一定的行为准则，才能不损害任何一方当事人的利益。为了使不同的评估专业人员对同一评估对象在同一评估目的、同一评估时点下的评估结果接近，评估活动必须遵循一定的评估技术准则。

7）评估程序

评估程序是指房地产评估工作从开始准备到最终结束的具体工作步骤。房地产评估项目运作的全过程包含多项具体工作，各项具体工作又相互联系并且具有先行后续的关系。为使房地产评估工作圆满完成，需要确定一个从开始到结束先行后续的工作步骤。

8）评估方法

评估方法是指房地产评估所采用的特定评估思路以及相应的技术方法。房地产评估不能单纯依靠评估专业人员的经验及其主观判断，必须借助科学的方法。房地产评估方法不是一种，而是多种。各种评估方法都有其科学的理论依据、完整的评估思路和具体的评估技术手段。房地产评估应根据评估目的、评估对象情况以及评估方法的适用性等，采用一种或多种评估方法进行。

9）评估基准日

评估基准日也称评估时点，是指房地产评估结果所对应的时间，一般以公历年、月、日表示。由于房地产市场价格是不断变化的，评估对象房地产自身也是不断运动的，因此只有对评估对象房地产在某个特定时间上的价值作出估测，才能准确反映评估对象房地产的价值。

10）评估结论

评估结论是指房地产评估结果，一般用货币金额表示。房地产评估工作的目标之一就是在获取有关评估资料的基础上，运用特定的评估方法，经过评估专业人员的职业分析、判断和估算，得出客观合理的评估结果。房地产评估的委托方或相关当事人可将评估结论用于房地产业务的期望用途，实现其评估目的。

1.1.3　房地产评估的类型

房地产评估实质是对房地产价值的评估活动，但也不排除委托方（客户）的其他评估需求。总体来看，房地产评估实务包含三种类型的活动①。

1）评估

评估是指形成一个价值意见的行动或过程。其特性是评估涉及对适当市场区域的选择性研究，为了使某一评估问题得出一个恰当的解决方案，评估师需要整合相关数据，应用适当的分析技术、知识、经验和专业判断能力。评估师要为客户提供一个反映了所有市场证据的房地产价值的意见。

2）评估咨询

评估咨询是指为了解决问题而形成的一个分析、建议或观点的行动或过程。这里的价值意见是为了形成工作结果而进行的分析中的一个组成部分。其特性是研究当前的市场活动和证据，以形成一个结论。该结论可能不集中在某个特定价值的确定。在一项评估咨询委托业务中，评估师的价值意见是回答有关房地产相关问题的过程的一部分。

3）评估审核

评估审核是指形成和沟通一个关于其他评估师工作质量的意见的行动和过程。其特性是评估审核程序可能与质量控制或审计功能相关。一个从事审核工作的评估师需要检查其他评估师的报告，以确定其他评估师的评估结论是否与评估报告中的数据和其他众所周知的信息相符合。

1.2　房地产评估的主体

1.2.1　房地产评估主体的界定

房地产评估主体是房地产评估活动的组织和操作者。具体地讲，房地产评估主体是指具体从事房地产评估业务的评估机构及其评估专业人员。其中，评估机构是由一定数量的评估专业人员组成，并向有关评估管理部门备案，能够从事房地产评估业务的操作机构；评估专业人员是隶属于专业评估机构的评估师和其他评估从业人员。

评估机构和评估专业人员是一个有机的整体。评估机构必须是具有一定数量评估专业人员的机构，而评估专业人员不能脱离评估机构独立从事评估活动，因此不

---

① 美国估价学会．房地产估价［M］．中国房地产估价师与房地产经纪人学会，译．12版．北京：中国建筑工业出版社，2005.

能把二者割裂开来，单纯地将评估主体理解为评估机构或评估专业人员。

在执行房地产评估业务的过程中，通常是以评估机构的名义与房地产评估委托方订立评估委托合同和出具房地产评估报告，评估专业人员必须接受评估机构委派，具体负责业务接洽、资产勘查、评定估算和撰写房地产评估报告等工作。因此，房地产评估的主体应该是评估机构及其评估专业人员。

1.2.2　房地产评估机构

根据我国现行的资产评估管理体制，房地产评估机构包括资产评估机构、房地产估价机构和土地估价机构等专业评估机构。在《资产评估法》中，各类专业评估机构统称为"评估机构"。《资产评估法》对评估机构的组织形式、评估机构的设立、评估机构管理等方面进行法律规范。

1）评估机构的组织形式

评估机构应当依法采用合伙或者公司形式，聘用评估专业人员开展评估业务。

合伙形式的评估机构由合伙人共同出资设立，共同经营，对合伙债务承担无限连带责任。

公司形式的评估机构由股东共同出资设立，评估机构以其全部财产对其债务承担责任。

2）评估机构的设立

（1）评估机构设立的基本条件

合伙形式的评估机构，应当有两名以上评估师；其合伙人2/3以上应当是具有三年以上从业经历且最近三年内未受停止从业处罚的评估师。公司形式的评估机构，应当有八名以上评估师和两名以上股东，其中2/3以上股东应当是具有三年以上从业经历且最近三年内未受停止从业处罚的评估师。评估机构的合伙人或者股东为两名的，两名合伙人或者股东都应当是具有三年以上从业经历且最近三年内未受停止从业处罚的评估师。

（2）评估机构设立的程序

设立评估机构应当向市场监督管理部门申请办理登记。评估机构应当自领取营业执照之日起三十日内向有关评估行政管理部门备案。评估行政管理部门应当及时将评估机构备案情况向社会公告。

3）评估机构管理规定

（1）评估机构应当依法独立、客观、公正地开展业务，建立健全质量控制制度，保证评估报告的客观、真实、合理。

（2）评估机构应当建立健全内部管理制度，对本机构的评估专业人员遵守法律、行政法规和评估准则的情况进行监督，并对其从业行为负责。

（3）评估机构应当依法接受监督检查，如实提供评估档案以及相关情况。

（4）委托人拒绝提供或者不如实提供执行评估业务所需的权属证明、财务会计信息和其他资料的，评估机构有权依法拒绝其履行合同的要求。

（5）委托人要求出具虚假评估报告或者有其他非法干预评估结果情形的，评估机构有权解除合同。

（6）评估机构根据业务需要建立职业风险基金，或者自愿办理职业责任保险，完善风险防范机制。

（7）评估机构不得有下列行为：利用开展业务之便，谋取不正当利益；允许其他机构以本机构名义开展业务，或者冒用其他机构名义开展业务；以恶性压价、支付回扣、虚假宣传，或者贬损、诋毁其他评估机构等不正当手段招揽业务；受理与自身有利害关系的业务；分别接受利益冲突双方的委托，对同一评估对象进行评估；出具虚假评估报告或者有重大遗漏的评估报告；聘用或者指定不符合《资产评估法》规定的人员从事评估业务；违反法律、行政法规的其他行为。

1.2.3 房地产评估专业人员

根据《资产评估法》的规定，评估专业人员包括评估师和其他具有评估专业知识及实践经验的评估从业人员。评估师是指通过资产评估师职业资格考试的评估专业人员。国家根据经济社会发展的需要确定评估师专业类别。

1）评估师考试制度

中华人民共和国人力资源和社会保障部确定的与资产评估相关的职业资格有资产评估师和房地产估价师。其中，资产评估师的资格类别为水平评价类，实施部门为财政部、人力资源和社会保障部、中国资产评估协会。房地产估价师的资格类别为准入类，实施部门为住房和城乡建设部、自然资源部、人力资源和社会保障部。有关全国性评估行业协会按照国家规定组织实施评估师资格全国统一考试。具有高等院校专科以上学历的公民，可以参加评估师资格全国统一考试。

资产评估师考试设4个科目，具体是：《资产评估基础》《资产评估相关知识》《资产评估实务（一）》《资产评估实务（二）》。考试以4年为一个周期，参加全部科目考试的人员须在连续4个考试年度内通过全部科目的考试。

房地产估价师考试设4个科目，分别是：《房地产基本制度与政策》《房地产开发经营与管理》《房地产估价理论与方法》《房地产估价案例与分析》。考试以2年为一个周期，参加全部科目考试的人员须在连续2个考试年度内通过全部科目的考试。

2）评估专业人员享有的权利

（1）要求委托人提供相关的权属证明、财务会计信息和其他资料，以及为执行公允的评估程序所需的必要协助。

（2）依法向有关国家机关或者其他组织查阅从事业务所需的文件、证明和资料。

（3）拒绝委托人或者其他组织、个人对评估行为和评估结果的非法干预。

（4）依法签署评估报告。

（5）法律、行政法规规定的其他权利。

3）评估专业人员履行的义务

（1）诚实守信，依法独立、客观、公正地从事业务。

（2）遵守评估准则，履行调查职责，独立分析估算，勤勉谨慎从事业务。

（3）完成规定的继续教育，保持和提高专业能力。

（4）对评估活动中使用的有关文件、证明和资料的真实性、准确性、完整性进行核查和验证。

（5）对评估活动中知悉的国家秘密、商业秘密和个人隐私予以保密。

（6）与委托人或者其他相关当事人及评估对象有利害关系的，应当回避。

（7）接受行业协会的自律管理，履行行业协会章程规定的义务。

（8）法律、行政法规规定的其他义务。

4）评估专业人员不得有的行为

（1）私自接受委托从事业务、收取费用。

（2）同时在两个以上评估机构从事业务。

（3）采用欺骗、利诱、胁迫，或者贬损、诋毁其他评估专业人员等不正当手段招揽业务。

（4）允许他人以本人名义从事业务，或者冒用他人名义从事业务。

（5）签署本人未承办业务的评估报告。

（6）索要、收受或者变相索要、收受合同约定以外的酬金、财物，或者谋取其他不正当利益。

（7）签署虚假评估报告或者有重大遗漏的评估报告。

（8）违反法律、行政法规的其他行为。

1.3　房地产评估的对象

1.3.1　房地产评估对象的界定

房地产的评估对象即为各类房地产。房地产又称不动产，是指土地、建筑物及其他地上定着物，包括物质实体和依托于物质实体的权益。

土地是指地球陆地表面及其上下一定范围内的空间。一宗土地的空间范围可以分为三层：一是地球表面；二是地球表面以上一定范围内的空间；三是地球表面以下一定范围内的空间。从理论上讲，一宗土地的地上空间可以从地球表面向上扩展到无限天空的空间，地下空间可以从地球表面向下延伸到地心的空间。但由于受建筑技术、土地权利设立和行使、房地产相邻关系以及土地使用管制等方面的限制，土地的范围只能是地球陆地表面及其上下一定的空间。

建筑物是指人工建造而成，由建筑材料、建筑构配件和建筑设备等组成的整体物，包括房屋和构筑物两大类。其中，房屋是指有基础、墙、门窗、屋顶，能防风避雨、御寒保温，供人们居住、工作、学习、娱乐和储藏物品或进行其他活动的建筑。构筑物是指房屋以外的建筑物，如围墙、道路、桥梁、大坝、水塔等。

其他地上定着物是指固定在土地或建筑物上，与土地、建筑物不能分离，或者分离后会破坏土地、建筑物的完整性、使用价值或功能的物品，如埋设在地下的管线、设施，建造在地上的假山、水池，种植在地上的树木、花草等。由于其他地上定着物通常被视为土地或建筑物的组成部分或附属部分，所以本书将房地产简化为包括土地和建筑物两大部分。

房地产的物质实体是房地产中看得见、摸得着的部分，如建筑外观、朝向、结构、装修、设备，土地的形状、面积、地形、地势、临街状况等。房地产的权益是房地产中无形的、不可触摸的部分，包括房地产的权利和利益。房地产权利是房地产利益的基础，直接或间接影响着房地产的价值。房地产权利具有不同的权属状态和丰富的内涵，如所有权、使用权、抵押权、租赁权、地役权、空间利用权等。房地产是物质实体与权益的结合，两者密不可分。房地产的价值不仅受房地产建筑结构、新旧程度、装修和设备等物质实体的影响，也受房地产产权是否完整等权益状况的影响。两宗物质实体状况相同的房地产，如果权益不同，其价值可能存在很大差异；反之，两宗权益状况相同的房地产，如果物质实体状况不同，其价值也可能有很大不同。

综上所述，房地产的评估对象应该是土地和建筑物的物质实体及其所衍生的权益。

1.3.2　房地产的存在形态

房地产虽然是土地和建筑物的合称，但并不意味着只有土地与建筑物在空间上成为统一体时才称为房地产。单纯的土地或单纯的建筑物都属于房地产，都是房地产的一种存在形态。归纳起来，房地产存在三种形态，即土地、建筑物、房地。

1）土地

最简单的情形是一块无建筑物的空地。这块空地既可以是没有任何投入的土地，也可以是经过了人们的一定投入，如进行了土地平整、敷设了地下管线、修筑了道路的土地。另外一种情形是地上已有部分建筑物或附着物，但无视其建筑物或附着物的存在，把土地设想为无建筑的空地。

2）建筑物

建筑物虽然必须建造在土地上，在实物形态上与土地连为一体，但建筑物有很大的独立性，在许多情况下可以把它单独作为一种资产看待。

3）房地

实物形态上土地与建筑物合为一体，就体现了房地产的完整实物形态。

1.3.3 房地产的特征

房地产的特征主要由其组成物质的自然特征以及由自然特征衍生的社会经济特征决定，主要表现为以下几个方面：

1）位置固定性

由于房屋固着在土地上，因此房地产的相对位置是固定不变的。可以说，地球上没有完全相同的房地产，即使有两宗房地产的地上建筑物设计、结构和功能等相同，但土地位置的差异也会造成价格的差异。

2）使用长期性

由于土地可以永续使用，建筑物也是耐用品，使用年限可达数十年甚至上百年，即使使用期间房屋变旧或受损，也可以通过不断翻修，延长其使用期。

3）供求区域性

由于土地位置的固定性，房地产具有区域性的特点。一个城市房地产的供给过剩并不能解决另一个城市供给不足的问题。房地产供求关系的地区差异又造成了区域之间房地产价格的差异性。

4）投资风险性

房地产的生产和经营要经过从土地使用权取得、开发建造到房地产销售的一系列过程。房地产的生产周期较长，整个生产和经营过程需要大量的资金，加之房地产的变现能力弱，导致房地产投资的风险较大。

5）保值增值性

房地产的保值增值性主要源于土地资源的稀缺性。随着使用年限的增加，房屋会存在损耗和贬值的现象，但是，由于土地资源的有限性和固定性，使土地的价值呈上涨的趋势，因此房地产整体具有保值和增值的特征。

1.3.4 房地产的分类

房地产可以从不同的角度进行分类，常见的有按房地产的用途、房地产的开发程度、房地产的建筑结构和房地产的层数等进行分类。

1）按房地产的用途分类

房地产按用途可以分为：①居住房地产；②商业房地产；③旅馆房地产；④餐用房地产；⑤金融用房地产；⑥信息用房地产；⑦办公房地产；⑧娱乐房地产；⑨工业和仓储房地产；⑩农业房地产；⑪特殊用地房地产；⑫军用房地产；⑬综合房地产。

2）按房地产的开发程度分类

房地产按开发程度可以分为：①生地：是指不具有城市基础设施的土地，如荒地、农地。②毛地：是指具有一定城市基础设施，但地上有待拆迁安置的旧房屋的土地。③熟地：是指具有完善的城市基础设施、土地平整，能直接在其上进行房屋建造的土地。④在建工程：是指地上建筑物尚未全部建成，没有达到交付使用条件的房地产。⑤现房（含土地）：是指地上房屋已建成，可直接使用的房地产。它可能是新的，也可能是旧的或经过装修改造的。

3）按房地产的建筑结构分类

房地产按建筑结构可分为：①钢结构：建筑物的承重构件（梁、柱、墙等）为钢材。②钢筋混凝土结构：建筑物的承重构件为钢筋混凝土，包括框架结构和剪力墙结构。③砖混结构：建筑物竖向承重结构的墙、柱等采用砖砌筑，横向承重的梁、楼板、屋面板等采用钢筋混凝土结构。④砖木结构：建筑物竖向承重结构的墙、柱等采用砖或砌块砌筑，楼板、屋架等用木结构。⑤其他结构：如石结构、木结构、竹结构等。

4）按房地产的层数分类

房地产按层数可划分为（以住宅为例）：①低层（1~3层）；②多层（4~6层）；③小高层（7~11层）；④中高层（12~16层）；⑤高层（16层以上）。

此外，按房地产所处的区位可分为城市中心、城市边缘、城市郊区、农村等房地产；按房地产的建设标准可分为高级豪华、中等、普通标准的房地产；按房地产的新旧程度可分为新建造的房地产、旧有房地产和危险用房等；按房地产是否有收益可分为收益性房地产和非收益性房地产等。

1.4　房地产价值及其影响因素

1.4.1　价值及其构成理论

市场经济条件下，生产商品的资产本身也是一种商品，只不过这种商品是能够生产其他商品的特殊商品。经济学中关于商品价值的定义及构成理论对于分析和理解房地产评估中的价值具有重要意义。

1）经济学中的价值

经济学中的价值理论是房地产评估的理论基础，房地产价值有其特定的内涵和特点，对房地产价值及其影响因素的分析，可以为房地产评估实践提供理论指引。经济学界对于价值范畴本身存在不同的定义或理解，概括说来主要有以下几种：

（1）斯密对价值的定义

斯密认为，"价值"一词通常有两种意思，一方面是指"使用价值"，另一方面是指"交换价值"。斯密说："价值一词有两个不同的意义。它有时表示特定物品的效用；有时又表示由于占有某物而取得的对他种货物的购买力。前者可叫作使用价值，后者可叫作交换价值。"①

（2）马克思对价值概念的解释

马克思通过对交换价值的分析着手进而从更本质的方面或更深层次引出价值范畴。马克思说："同一种商品的各种有效的交换价值表示一个共同的东西"，而这个"共同的东西"不是使用价值，因为"作为交换价值，商品只能有量的差别，因而不包含任何一个使用价值的原子。如果把商品体的使用价值撇开，商品体就剩下一个属性，即劳动产品这个属性"，"如果真正把产品的使用价值抽去，就得到……它们的价值。因此，在商品的交换关系或交换价值中表现出来的共同东西，也就是商品的价值"，"作为价值，一切商品都只是一定量的凝固的劳动时间"。②根据马克思的论述，我国理论界对价值给出了一个明确的定义：价值就是指凝结在商品中的一般的、无差别的人类劳动。

（3）马歇尔对价值概念的理解

针对斯密将价值解释为使用价值和交换价值的观点，马歇尔说："经验已经表明，把价值这个字用作前一种意义是不妥当的。一个东西的价值，也就是它的交换价值，在任何地点和时间用另一物来表现的，就是在那时那地能够得到的，并能与第一样东西交换的第二样东西的数量。因此，价值这个名词相对地表示在某一地点和时间的两样东西之间的关系。"③马歇尔认为，所谓价值主要就是指物品的交换价值或价格。

2）价值构成理论

经济学家对价值范畴的不同定义和理解，形成了商品价值构成的不同理论。具有代表性的价值理论有劳动价值论、效用价值论和供求关系价值论等。

（1）劳动价值论

劳动价值论的基本思想是价值是商品社会特有的历史范畴，价值的产生和存在是由商品社会的生产关系所决定的，是这种社会赋予人类劳动必然的、特有的属性。价值在现象上表现为不同商品的交换比例，本质上却是商品生产者之间比较和交换各自产品所费劳动的关系。然而，对于千差万别的产品以及为此支出的不同形态的具体劳动，人们无法直接进行比较，而只能抽去它们的具体形态，去比较它们留下来的相同东西的数量。这种同质的、可比的劳动就是人类的一般劳动力支出，即抽象劳动。无差别的人类抽象劳动凝结在商品中，就形成了商品的价值。商品的价值表明：商品必须具有使用价值，才会有价值。使用价值是价值存在的物质承担者。价值是由抽象劳动而不是具体劳动形成的。具体劳动和自然物质相结合创造出商品的使用价值，抽象劳动凝结在商品中才成为价值。价值是看不见、摸不着的，它只有在商品交换中，通过一种商品与另一种商品的相互对等、相互交换的关系才

① 斯密. 国民财富的性质和原因的研究（上册）[M]. 北京：商务印书馆，1972：25.

② 马克思. 资本论 [M]. 中共中央马克思恩格斯列宁斯大林著作编译局，译. 北京：人民出版社，1975：49-51.

③ 马歇尔. 经济学原理 [M]. 朱志泰，译. 北京：商务印书馆，1964：81.

能表现出来。价值是交换价值的内容，而交换价值是价值的表现形式。价值是商品的社会属性，体现了商品生产者互相交换劳动的社会关系。商品有无价值和价值量的大小主要看商品中是否有人类劳动以及这种劳动量的多少。价值会随着社会必要劳动时间的变动而发生变化。

（2）效用价值论

效用价值论的基本思想是商品的价值决定于由商品为其占有者带来的效用。效用越大，其价值就越高。那么，效用是指什么呢？它是指对商品的占有者欲望的满足程度。如果从量化的角度来理解，它是指商品为其占有者带来的收益，因为各种商品都会为其占有者带来现实的或潜在的收益。收益越高，商品的价值就越大。换句话说，无论商品的生产成本高低，只要它能够为占有者带来较大的收益，其价值就较高；反之，那些为其占有者带来较低收益的商品，无论其生产成本多么高，其实际价值也不可能很高。当然，在市场经济条件下，当市场机制完善、市场机制充分发挥作用时，生产成本高的商品的收益通常也较大，生产成本低的商品的收益通常也较小。如果出现市场失灵，两者的偏差就可能较大。对于有现实收益的商品，其占有者都尽可能使收益最大化。只有这样的收益才能够使占有者得到最大的满足。这也正是商品占有者由于占有商品而得到的效用水平。

（3）供求关系价值论

供求关系价值论的基本思想是商品的价值来源于生产和消费两个方面。生产方面决定商品的供给，消费方面决定商品的需求。在市场经济条件下，商品的价格由供给和需求双方共同决定。生产方面主要指生产商品所付出的成本。成本主要包括支付劳动者的工资、支付资本的利息、支付企业家的正常利润和支付自然资源拥有者的地租等。这些被称为企业进行生产所投入的生产要素成本。其他条件不变时，生产成本越大，供给越小；生产成本越小，供给越大。消费方面主要指消费者对商品的主观感觉，即消费者得到的效用水平。由效用或收益水平决定消费商品的需求。效用水平越高，需求越大；效用水平越低，需求就越小。把这一思想转换到商品的价格和数量的关系上，就得出了经济学上十分重要的需求规律和供给规律。从理论分析上看，需求规律可以用一条向右下方倾斜的需求曲线来表示；供给规律可以用一条向右上方倾斜的供给曲线表示。在市场经济条件下，当市场供给等于市场需求时，市场就达到了均衡，此时的价格就是商品的价值。在均衡价格理论体系中，商品的价值与价格是没有被区别的，价值理论等同于价格理论，价值就是价格。

1.4.2　房地产价值及其特点

房地产评估作为一种社会经济活动，其基本功能就是根据房地产业务的需要分析、估算房地产在某一时点的价值。房地产评估价值有别于经济学中的"使用价值"、"交换价值或价格"和"凝聚在商品中的人类劳动"等理解，它又依据经济学中的价值理论进行定义。

1）房地产价值的内涵

在房地产评估中，价格和价值是联系紧密的两个概念。要理解和合理界定房地产价值的内涵，必须同时明确理解房地产价格的概念。

经济学一般将价格理解为交换价值或价值。具体来说，价格是特定的交易行为中特定买方和卖方对商品或服务实际支付或收到的货币数额。房地产价格与经济学中的价格具有基本相同的含义，但它应该理解为所有进入市场、无论已经达成交易还是未达成交易的房地产交易的货币数量表现。

房地产评估提供的服务主要是一种价值衡量，即用货币衡量房地产值多少钱。因此，房地产价值是评估专业人员根据特定的价值定义在特定时间内对房地产价值的一种估计值。[①]房地产价值是一种交换价值，它反映了可供交易的房地产与其买方、卖方之间的货币数量关系，因而它具有价格的本质特征，但它又不是价格本身，即房地产评估结果并不是房地产的实际市场价格。

对房地产价值的理解应注意以下几点：一是房地产评估结果是一种用货币表示的价值量；二是一宗房地产评估的结果除受其内在因素影响以外，市场供求状况、经济因素、社会因素、行政因素、环境因素等对评估结果的影响也非常大；三是房地产评估是在房地产真正进入流通和市场之前进行的，房地产的价格只能在流通中产生，而不能在市场及流通领域以外的地方产生；四是房地产评估结果并不能替代或取代房地产交易当事人的讨价还价及定价行为，房地产评估仅仅是一种专业价值判断，房地产评估结果仅仅是专业人士对房地产交换价值客观值的估计值。

2）房地产价值的特点

房地产价值反映的是可供交易的房地产与其买方、卖方之间的货币数量关系，表现为以下几个方面特点：

（1）房地产价值是一种估计值

房地产评估由专业人员根据各类房地产业务的需要对特定房地产的价值量进行合理的判断和估测，并得出评估结果。房地产评估结果既不是"凝结在商品中的人类劳动"的多少，也不是房地产在特定的市场交易中买卖双方达成的交易数额。它是专业人员根据特定房地产业务的需要，在模拟市场条件下估算出的房地产价值量。

（2）房地产价值属于交换价值范畴

房地产评估为各类房地产业务，尤其是房地产交易中买方或卖方达成公平交易价格提供价值参考。评估专业人员对房地产价值的判断不仅考虑房地产自身的因素，还要考虑经济、行政、环境、市场供求关系等对评估结果的影响。房地产价值

---

① 在中华人民共和国国家标准《房地产估价规范》中，房地产评估结果被称为"客观合理价格或价值"。

反映的是房地产在某一市场条件和某一时间点进行交换的货币数量和关系，它属于交换价值的范畴。

（3）房地产价值具有多样性

房地产价值是根据不同房地产业务的需要评定估算出来的。评估目的的不同使评估结果可能具有不同的价值属性。在同一评估目的下，由于市场条件、交易主体、交易方式、交易时间、房地产的使用方式和利用程度等方面的差异，同一房地产可能存在不同的评估结论。

1.4.3 房地产价值的影响因素

在现实生活中，房地产市场价格的高低受多种因素影响。在房地产评估中，房地产价值也受多种因素影响和制约。房地产价值的大小不仅取决于房地产自身的状况，也受房地产市场供求状况、社会、经济、行政、环境等各种因素的影响。进行房地产评估时，应充分考虑这些因素对房地产价值的影响。

1）房地产自身因素

房地产自身状况是决定和影响房地产价值的主要因素。从房地产自身角度来看，房地产价值主要取决于房地产的物质实体状况和权利状况。

（1）房地产的物质实体状况

房地产的物质实体状况，对于土地来讲，主要包括土地的位置，面积，形状，四周边界，地形、地势，周围环境与景观，利用状况，水文与地质状况，基础设施状况，土地使用管制等；对于建筑物来讲，主要包括坐落位置、建筑面积、层数与高度、主体结构、设备设施状况、装修状况、平面布置、外观、新旧程度、维修保养情况、利用现状、公共配套设施状况等。

（2）房地产的权利状况

小资料

房地产权利状况，包括土地使用权性质（如国有土地使用权或集体土地使用权，划拨土地使用权或出让土地使用权），土地使用权的权属状况（如独立土地使用权或共享土地使用权），土地使用权年限，建筑物权属状况，房屋所有权或房屋使用权、独立所有权或共享所有权，房地产设定的其他权利状况等。

关于国有土地使用权出让和转让的有关规定

2）市场供求因素

房地产市场供求状况主要表现为两个方面：一是房地产供给，二是房地产需求。房地产供给是指房地产开发商和拥有者在某一特定时间内，在每一价格水平下，对某种房地产所愿意而且能够提供出售的数量。房地产供给量受该种房地产价格、开发成本、技术水平以及开发商对未来的预期等因素的影响。房地产需求是指消费者在某一特定的时间内，在每一价格水平下，对某种房地产所愿意而且能够购买的数量。房地产需求量受该种房地产价格、消费者收入水平、消费者偏好、相关物品价格水平以及消费者对未来预期的影响。某一时期，当房地产需求大于供给时，房地产价格就会上升；反之，当房地产供给大于需求时，房地产价格就会下降。评估房地产价值应充分考虑房地产市场的供求状况，以及影响房地产市场供求的社会因素、经济因素、行政因素等宏观因素。

3）社会因素

影响房地产价格的社会因素主要有政治安定状况、社会治安程度、人口状况和城市化水平。

（1）政治安定状况

政治安定状况是指持不同政治观点的党派、团体的分歧和冲突情况以及现行政权的稳固程度等。一般来说，政治不安定，意味着社会可能动荡。它会影响人们投资和置业的信心，造成房地产价格低落。

（2）社会治安程度

社会治安程度是指偷盗、抢劫、强奸、绑架、杀人等方面的刑事犯罪发生的情况。这一因素对房地产价格的影响是反向的，它们之间呈反比关系。如果房地产所处的地区经常发生此类犯罪案件，则意味着人们的生命财产缺乏保障，人们对房地产的需求量就小，因此会造成房地产价格低落。

（3）人口状况

人是房地产需求的主体，人口的数量、素质以及家庭人口规模等对房地产价格有很大影响。一般情况下，随着城市人口的增加，人们对房地产的需求必然增加，从而引起房地产价格上涨。人口素质反映人们的文化教育水平、生活质量和文明程度，也会引起房地产价格的变化，它们之间成正比。家庭人口规模间接影响房地产的价格。一般而言，随着家庭人口规模小型化，即家庭平均人口数的下降，房地产价格有上涨的趋势。

（4）城市化水平

城市化是农村人口向城市集中的过程，意味着城市人口逐渐增加，且在总人口中所占的比重也逐渐增加。一般来说，城市化意味着城市中对房地产需求主体的增加，从而造成对城市房地产的需求也不断增加，带动城市房地产价格上涨。

4）经济因素

影响房地产价格的经济因素主要有经济发展状况、财政金融状况、物价水平、居民收入水平等。

（1）经济发展状况

经济发展状况主要表现为国民经济保持较快的增长速度，经济结构不断优化，固定资产投资不断增加，实现较高的就业率，外贸进出口不断增加，经济总量以较高的比例增长，预示着投资、生产活动活跃，基础设施逐步完善，人民生活水平不断提高，人们对厂房、办公楼、商场、住宅和各种文娱设施等的需求增加，由此会引发房地产价格上涨，尤其是地价的上涨。反之，如果经济不景气，或出现经济危机，房地产的价格将下降。

（2）财政金融状况

财政金融状况主要表现为财政收入水平、财政支出规模与结构、财政平衡状况、政府债务状况、财政政策的制定与执行情况、货币供应量、信贷规模、利率水平、汇率水平、货币政策的制定与执行情况等。从财政状况来看，财政收支规模的变化、政府执行的财政政策会决定财政支出的增加和减少，从而影响社会对房地产需求的状况，最终影响房地产价格。从金融状况来看，货币供应量和信贷规模的变化可能同时影响房地产的供给和需求，利率和汇率水平的变化会影响对房地产投资的选择，政府执行的货币政策会影响货币供应量和信贷规模的变化，最终直接或间接影响房地产价格。

（3）物价水平

物价是包括房地产在内的所有商品价格的总称。房地产价格与一般物价之间既有联系，又有区别。通常情况下，物价的普遍波动表明货币实际购买力的变动。在这种情况下，房地产价格也会随之变动，且当其他条件不变时，两者的变动幅度和方向也可能一致。此外，与房地产有关的某些物价的变动也会引起房地产价格的变动，如建筑材料价格、建筑人工费的上涨都会增加房地产的开发成本，从而推动房地产价格上涨。从较长一段时期来看，房地产价格的上涨率通常要高于一般物价的上涨率和国民收入的增长率。但在房地产价格中，不同类型或不同构成的房地产的价格，其变动幅度不是完全同步的，甚至变动方向也有可能不同。

（4）居民收入水平

居民收入的增加意味着人们的生活水平将随之提高，其居住与活动所需的空间会扩大，从而会增加对房地产的需求，导致房地产价格上涨。至于居民收入水平对房地产价格的影响程度，要视现有的收入水平（或恩格尔系数）及边际消费倾向的大小而定。如果恩格尔系数低，收入增加，用于住房的可支配收入也增加。如果此时住房的边际消费倾向较大，自然会增加对居住房地产的需求，从而促使居住房地产价格上涨。如果此时住房的边际消费倾向较小，其增加的收入可能大部分甚至全部用于储蓄或其他投资。这对房地产价格的影响就不大。

5）行政因素

影响房地产价格的政治因素主要包括房地产价格的制度、政策、法规、行政措施等。

（1）房地产制度

房地产制度对房地产价格的影响应该是最大的，它甚至可以决定房地产是否具有价格。例如，在我国传统的土地使用制度下，严禁买卖、出租或者以其他形式转让土地，不承认土地是商品。这时根本不存在地租和地价。住房实行低租金、福利制分配，必然造成住房的租金和价格低落，而改革土地使用制度和住房制度，实行住宅商品化、社会化，会使房地产价格显现出来。

（2）房地产价格政策

房地产价格政策是指政府对房地产价格所采取的干预方式、措施等。政府对房地产价格干预的方式可以是直接制定价格，也可以是通过相关的一些措施或手段来间接调节价格。房地产价格政策一般可以分为两类：一类是促使房价上涨的高价格政策；另一类是抑制房价上涨的低价格政策。政府对房地产价格放任不管，或有意通过某些措施抬高房地产价格的政策就是高价格政策；政府采取种种措施抑制房地产价格上涨的政策就是低价格政策。因此，高价格政策促进房地产价格上涨，低价格政策造成房地产价格下降。值得注意的是，低价格政策并不意味着会造成房地产价格的绝对水平低下；同理，高价格政策也不意味着会造成房地产价格的绝对水平很高。它们只是相对而言的。

（3）城市规划

城市规划对房地产价格有很大的影响，如城市规划中对土地用途、建筑容积率、建筑高度等的规定就直接影响着房地产的价格。从房地产规定用途来看，不同用途对土地条件的要求也不同。如果用途规定得科学、合理，从总体上看，由于有利于土地的健康、协调利用，所以有提高地价的作用，而就单块有多种用途的宗地来说，则不确定。规定用途为高地价时则价格高，规定用途为低地价时则价格低。但是，如果规定用途不妥，缺乏科学的理论和方法，则既会降低单块土地的价格，又会降低整片土地的利用效率，从而使地价下降。规定用途对地价的影响在城市郊区表现得特别显著。如果政府规定适合于转换为城市用途的土地只能维持现有的农业用途，则地价必然很低，而一旦政府允许改变用途，地价将会成倍上涨。

（4）税收政策

不同的税种、税率及其征收环节，对房地产价格的影响是不同的，主要看税负由供给方承担还是由需求方承担以及承担的程度。按征收环节，可将税收分为房地产开发环节、房地产交易环节和房地产持有环节的税收。税负一般由供求双方共同承担，各方承担的程度由房地产的需求价格弹性决定。房地产的需求价格弹性越高，需求方承担的越少，价格越不易上涨；反之，需求方承担的越多，价格越易上涨。

（5）交通管制

由于受到交通管制的影响，某些房地产所处的位置看起来交通便利，但实际上并不便利。对房地产价格有影响的交通管制主要有严禁某类车辆通行、单行道、步行街等。交通管制对房地产价格的实际影响结果主要看这种管制的内容和房地产的使用性质。同一交通管制对不同类型房地产价格的影响可能会不同。例如，在住宅区内的道路上禁止货车通行，可以减少噪声和行人行走的不安全感，就会提高房地产的价格。

（6）行政隶属变更

行政隶属变更也会对房地产的价格产生较大的影响。一般来说，城镇升级，如由非建制镇升格为建制镇、由建制镇升格为市、市由原来的较低级别升为较高级别等或将原属于某一较落后地区的地方划归另一较发达地区管辖，都会促进这一地区的房地产价格上涨；如果相反，则会导致房地产价格下降。

6）环境因素

影响房地产价格的环境因素，是指房地产周围对房地产价格有影响的物理性状因素，主要有声觉环境、大气环境、水文环境、视觉环境和卫生环境。

（1）声觉环境

可以形成噪声的因素有很多，如汽车、火车、飞机、工厂、人群等。它对房地产的价格有负面的影响，尤其对住宅、旅馆、学校等房地产的影响更大。噪声大的地方，房地产价格较低；噪声小、安静的地方，房地产价格通常较高。

（2）大气环境

大气的气味、有害物质和粉尘含量是影响大气质量的主要因素。它对房地产价格也有很大影响。大气质量不好的房地产，其价格就较低，尤其是化工厂、屠宰厂、酱厂、酒厂等附近的房地产；大气质量好的房地产，其价格就较高。

（3）水文环境

地下水、沟渠、河流、江湖、海洋等构成了一个地区的水文环境。它既是人们赖以生存的环境，又构成独特的风景。水质较好的江、河、湖、海附近的房地产价格较高。水的受污染程度如何，也会对其附近的房地产价格产生较大的影响，如靠打水井来解决饮水问题的地区，地下水的质量或受到污染的程度对这个地区房地产的价格就有较大的影响。

（4）视觉环境

房地产周围的建筑物外形、颜色、与周围环境是否协调，安放的物品是否杂乱，以及公园、绿化等形成的景观是否赏心悦目等构成了视觉环境，如电线杆、广告牌、标示牌等的竖立状态和设计是否美观等，都会对房地产价格有影响。

（5）卫生环境

清洁卫生状况，包括周围环境是否清洁、垃圾的堆放方式和位置等，对房地产价格也有一定的影响。

除上述影响因素外，影响房地产价格的因素还有心理因素和其他因素等。

本章小结

房地产评估是指评估机构及其评估专业人员依据相关法律、法规和资产评估准则，对房地产在评估基准日特定目的下的价值进行分析、估算并发表专业意见的行为和过程。房地产评估的基本要素包括评估主体、评估对象、评估目的、评估假设、评估价值类型、评估原则、评估程序、评估方法、评估基准日和评估结论等。

房地产评估包括评估、评估咨询和评估审核等三种类型。

房地产评估主体是房地产评估活动的组织和操作者。具体地讲，房地产评估主体是指具体从事房地产评估业务的评估机构及其评估专业人员。其中，评估机构是由一定数量的评估专业人员组成，并向有关评估管理部门备案，能够从事房地产评估业务的操作机构；评估专业人员是隶属于专业评估机构的评估师和其他评估从业人员。具体来讲，房地产评估机构包括资产评估机构、房地产评估机构和土地评估机构；评估专业人员包括评估师和其他评估从业人员。

房地产又称不动产，是指土地、建筑物及其他地上定着物，包括物质实体和依托于物质实体的权益。土地是指地球陆地表面及其上下一定范围内的空间。建筑物是指人工建造而成，由建筑材料、建筑构配件和建筑设备等组成的整体物，包括房屋和构筑物两大类。其他地上定着物是指固定在土地或建筑物上，与土地、建筑物不能分离，或者分离后会破坏土地、建筑物的完整性、使用价值或功能的物品。房地产的物质实体是房地产中看得见、摸得着的部分。房地产的权益是房地产中无形的、不可触摸的部分，包括房地产的权利和利益。房地产的评估对象应该是土地和建筑物的物质实体及其所衍生的权益。

房地产存在以下三种形态，即土地、建筑物、房地。房地产的特征主要是由其组成物质的自然特征以及由自然特征衍生的社会经济特征所决定的，主要可以表现为位置固定性、使用长期性、供求区域性、投资风险性、保值增值性等。房地产可以从不同的角度进行分类，常见的有按房地产的用途、开发程度、建筑结构和层数等进行分类。

经济学界对价值的不同理解和定义，也形成了不同的价值构成理论，有代表性的是劳动价值论、效用价值论、供求关系价值论。房地产价格通常理解为所有进入市场、无论已经达成交易还是未达成交易的房地产交易的货币数量表现。房地产价值是评估专业人员根据特定的价值定义在特定时间内对房地产价值的一种估计值。房地产价值有其自身的特点。

影响房地产价值的因素主要有房地产自身因素、市场供求因素、社会因素、经济因素、行政因素、环境因素和其他因素。

主要概念

房地产　土地　建筑物　构筑物　生地　毛地　熟地　在建工程　价值　价格

基本训练

■ 思考题

1.房地产评估有哪些基本要素？

2.房地产评估实务有哪几种类型？各种类型的特性是什么？

3.如何界定房地产的评估主体？

4.如何界定房地产的概念？

5.房地产有哪些特征？

6.房地产价值有哪些特点？

7.影响房地产价值的因素有哪些？

即测即评

第2章

房地产评估基本理论

本章学习目标是使学生掌握房地产评估的目的、概念及内容；掌握房地产评估假设的内容；掌握房地产评估价值类型的概念和内容；掌握房地产评估的工作原则和技术原则。其具体目标包括：

□ 知识目标

理解房地产评估目的的含义、房地产评估各种假设的含义、房地产评估价值类型的含义、房地产评估各技术原则的含义；掌握房地产评估的主要目的、常用假设、价值类型的内容、技术原则的内容。

学习目标

□ 技能目标

正确确定房地产评估的目的、评估时点，合理选择房地产评估假设；合理选择房地产评估价值类型并准确进行价值定义；根据评估房地产的特点，合理选择所应遵循的评估原则。

□ 能力目标

根据房地产评估的特定目的，在考虑房地产自身状况和房地产市场条件的基础上，合理选择房地产评估的假设、价值类型，进行准确的价值定义，遵循评估原则，选择适宜的评估方法评估房地产价值。

★ 思维导图

```
                              ┌─ 房地产评估目的的含义
              ┌─ 房地产评估的目的 ─┼─ 房地产评估的主要目的
              │                └─ 房地产评估特定目的的作用
              │
              │                ┌─ 房地产评估假设的含义
              │                ├─ 房地产评估的常用假设
              ├─ 房地产评估的假设 ─┼─ 房地产评估的其他假设
              │                └─ 房地产评估假设的作用
房地产评估基本理论 ─┤
              │                   ┌─ 房地产评估价值类型的含义
              │                   ├─ 房地产评估价值类型的种类
              ├─ 房地产评估的价值类型 ─┼─ 房地产评估价值类型的选择
              │                   └─ 房地产评估价值类型的作用
              │
              └─ 房地产评估的原则 ─┬─ 房地产评估的工作原则
                               └─ 房地产评估的技术原则
```

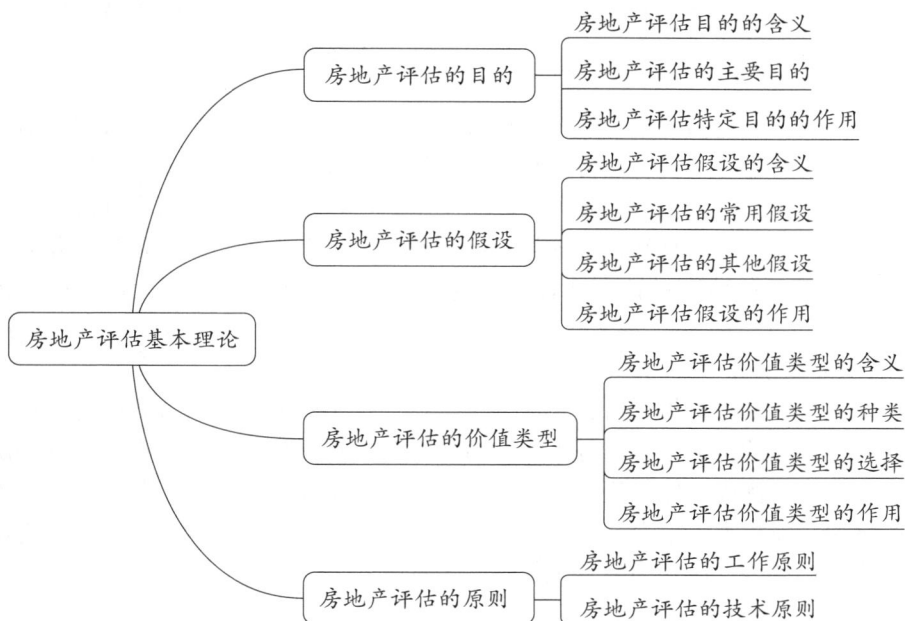

2.1　房地产评估的目的

　　房地产评估的目的是房地产评估所要实现的目标。任何一项房地产评估业务的开展都是为委托人特定经济行为服务的，同时也都要达到一定的目的。

2.1.1　房地产评估目的的含义

　　房地产评估是为满足委托人特定经济行为需要服务的，房地产评估目的就是房地产评估业务所要达到的目标。从委托人的角度理解，房地产评估目的是指房地产评估业务对应的经济行为对房地产评估结果的使用要求，或房地产评估结论的具体用途。从评估机构的角度理解，房地产评估目的是指根据委托评估某房地产的价值，为委托人特定经济行为提供价值参考依据。

　　在评估实务中，房地产评估的目的通常表述为：评估×××房地产在评估基准日（时点）的××价值，为×××房地产业务提供价值参考。

　　房地产评估业务所涉及的经济行为具有多样性，有单独房地产转让、抵押、课税、保险、征用补偿、法律诉讼等的房地产评估，也有企业产权变动中的房地产评估，不同的经济行为对房地产评估结果的使用具有不同的要求，经济行为的多样性也决定了房地产评估目的的多样性。

2.1.2　房地产评估的主要目的

每一项具体的房地产业务都会有一个房地产评估的目的，根据房地产评估实践中所涉及的房地产业务的类型不同，房地产评估主要有以下目的：

1）房地产转让

房地产转让，是指房地产权利人通过买卖、赠与或者其他合法方式将其房地产转移给他人的行为。其他合法方式包括以房地产作价入股、以房地产抵债等。房地产转让是房地产产权变动的主要方式。由于房地产转让的具体方式多种多样，涉及不同的产权主体，每一种转让方式涉及的房地产又可能大不相同，这就需要对房地产转让中具体的房地产进行专业评估，为房地产交易双方确定转让价格提供价值参考。

2）房地产抵押

房地产抵押是指抵押人将其合法的房地产，以不转移占有的方式向抵押权人提供债务履行担保的行为。当债务人不履行债务时，抵押权人有权依法以抵押的房地产拍卖所得价款优先受偿。房地产抵押是一种融资担保行为。为了掌握提供担保的房地产价值，债权人一般会要求债务人请债权人信任的评估机构对抵押标的物房地产的价值进行评估，以作为放款限额的参考依据。

3）房地产课税

房地产课税是一个综合性概念。一切与房地产经济运动过程有直接关系的税收都属于房地产税收。我国直接以房地产为征税对象的税种主要有房产税、土地增值税、城镇土地使用税、契税等，与房地产相关的税种有赠与税等。房地产课税的计税依据通常是房地产价值或者以房地产价值为基础。为了确保课税公平，税务机关需要掌握真实可靠的房地产价值，作为征税的依据。

4）房地产征用补偿

房地产征用补偿是指土地征用和房屋拆迁补偿。征用土地是国家为了社会公共利益的需要，依照法定程序，将农民集体所有的土地转变为国有土地，并依法给予被征用土地的单位和个人一定补偿的行为。房屋拆迁补偿是指为使城市某一规划区域内国有土地达到新规划的建设要求，拆除原有建筑物、构筑物及其他设施，并对被拆迁人进行经济补偿的行为。房地产征用补偿涉及多方利益，需要对被征用的土地和被拆迁的房屋进行评估，作为经济补偿的参考依据。

5）房地产保险

房地产保险是指投保人根据合同约定，向保险人交付保险费，保险人按保险合同的约定对所承保的房地产及其有关利益因自然灾害或意外事故造成的损失承担赔偿责任的保险。在房地产保险业务中，保险机构需要掌握真实可靠的房地产价值，作为确定房地产保险金额、收取保费和进行房地产损失赔偿的依据。

6）财务报告

以财务报告为目的的房地产评估主要是指以投资性房地产信息披露为评估目的的房地产评估。投资性房地产是为赚取租金或资本增值，或两者兼有而持有的房地产，包括已出租的土地使用权、长期持有并准备增值后转让的土地使用权、企业拥有并已出租的建筑物等。投资性房地产信息披露需要以评估专业人员对投资性房地产的评估价值为依据。

7）法律诉讼

法律诉讼是指法院在案件当事人和其他诉讼参与人参加的情况下，依照法定程序，调解纠纷的活动，分为民事诉讼和刑事诉讼两类。民事诉讼中涉及有关当事人对房地产买卖、抵债、土地征收、房屋拆迁补偿、房地产损害赔偿等有关房地产价格的纠纷，需要公正、权威的房地产评估机构对特定房地产价值进行评估，作为法律诉讼中解决房地产纠纷的参考依据。刑事诉讼中需要房地产评估机构对涉案房地产价值进行评估和鉴定，作为法院判决的参考依据。

8）企业产权变动

企业产权变动是指涉及企业整体或部分股权变动的经济行为。企业产权变动主要包括企业出售、兼并、改制、上市、租赁经营、债务重组、股权投资、合资经营、企业清算等。这些经济行为都需要进行资产（包括房地产）评估。在企业产权变动的房地产评估中，房地产评估的特定目的应与企业产权变动特定目的一致。由于企业产权变动的评估目的较多，这里做了归并阐述。

9）其他目的

其他目的是指除上述评估目的以外的其他房地产评估的特定目的，如评估咨询、房地产出资、房地产鉴证、房地产价值管理等。

上述房地产评估的特定目的有的涉及产权变动（如房地产转让、房地产征用补偿、企业产权变动等），有的不涉及产权变动（如房地产抵押、房地产课税、房地产保险、财务报告等），有的可能涉及产权变动也可能不涉及产权变动（如法律诉讼等）。

2.1.3　房地产评估目的的作用

房地产评估目的既是某项具体房地产评估活动的起点，又是房地产评估活动所要达到的具体目标。房地产评估目的贯穿于房地产评估的全过程，影响评估专业人员对评估对象和评估范围的界定，制约着房地产评估价值类型的选择。

1）房地产评估目的是界定评估对象和评估范围的基础

房地产评估对象是指房地产评估的标的物，即评估的是什么房地产。房地产评估的范围是指评估对象的具体内容，即评估哪些房地产以及房地产的具体构成。房地产评估所涉及的对象及其范围必须根据特定房地产业务的需要确定。房地产经营活动使其经常发生各种产权变动的房地产业务，为具体的房地产业务提供估价服务就形成了房地产评估目的。明确房地产评估目的，就可以清晰地划定被评估的对象是什么以及评估对象的内容和构成。例如，以房地产抵押为评估目的的资产评估，其对象为某一特定的房地产，其评估范围包括土地和房屋，但不包括房屋的精装修部分；如果以房地产买卖为目的的资产评估，其评估范围就应该包括房屋的精装修部分。因此，在房地产评估中，应该根据房地产评估的特定目的，确定评估的对象和范围，并在房地产评估委托合同和房地产评估报告书中明确载明。

2）房地产评估目的制约房地产评估价值类型的选择

房地产评估价值类型是房地产评估结果的价值属性及其表现形式。不同的房地产业务决定了房地产的不同评估目的，不同房地产评估目的对房地产评估结果的价值属性提出了不同的要求。在不同时期、地点及市场条件下，同一房地产业务对房地产评估结果的价值类型的要求也会有差别。这表明，引起房地产评估的房地产业务对评估结果的价值类型要求不是抽象的和绝对的。每一类房地产业务在不同时间、地点和市场环境中的发生，对房地产评估结果的价值类型的要求不是一成不变的。这就是说，房地产业务本身的属性受时间、地点及市场环境的变化影响。因此，把房地产业务的属性绝对化，或把房地产业务与评估结果的价值类型关系固定化都是不正确的。房地产评估结果的价值类型与评估的特定目的相匹配、相适应，是指在具体房地产评估操作过程中，评估结果价值类型要与已经确定了的时间、地点、市场条件下的房地产业务的要求相一致。房地产评估的特定目的是制约房地产评估价值类型的主要因素。此外，评估的时间、地点、评估时的市场条件、房地产业务各当事人的状况以及房地产自身的状态等，都可能影响房地产评估价值类型的选择。

3）房地产评估目的是选择评估方法和评估参数的重要依据

评估目的是房地产评估的具体目标，评估方法是实现评估目标的技术思路和技术手段，评估参数是评估方法中的重要指标。评估目的需要达成的评估目标由适用的评估方法及评估参数实现，评估目的决定和影响了评估方法及评估参数的选择，选择评估方法首先应考虑哪种方法是实现评估目标的最佳技术思路和技术手段，评估参数的选择要与达成评估目标的实现相匹配。如果评估目的是为某房地产的市场交易提供价值参考，通常应根据市场已成交的交易案例价格，采用市场比较法进行评估，所选择的评估参数也是来源于市场的相关数据。此外，评估目的通过对评估对象、价值类型、评估假设等评估要素的影响和制约，决定和影响评估方法和评估参数的选择。

2.2　房地产评估的假设

房地产评估是按照特定的目的在一定的市场条件下对房地产价值作出的合理估

计，评估过程和结果受市场条件、房地产自身条件等因素的影响。为了使房地产评估顺利进行、评估结论客观合理，必须借助一些评估假设。

2.2.1　房地产评估假设的含义

简单地说，假设是对客观事物的假定说明。由于认识主体有限能力和认识客体无限变化的矛盾，人们不得不依据已掌握的数据资料对某一事物的某些特征或全部事实作出合乎逻辑的推断。这种依据有限事实，对所研究的事物作出的合乎逻辑的假定说明就叫假设。假设必须依据充分的事实，运用已有的科学知识，通过推理形成。当然，无论如何严密的假设都带有直观推测的成分。但是，只要假设是合乎逻辑、合乎情理的，它对科学研究就有重大意义。

房地产评估假设是指为了保证房地产评估活动能够顺利进行、评估结果客观合理而设立的前提条件。由于受各种主客观因素的影响，评估专业人员对房地产评估活动中面临的评估对象、市场条件等方面的了解和认识可能不够充分。为了得出符合房地产业务要求的评估结论，必须设定一些前提条件。这就形成了房地产评估假设。从房地产评估活动来看，房地产评估是在模拟的市场条件下进行的价值判断，评估结果并不是评估对象真正进入市场交易时体现的价格，而是在交易之前估计出来的可能实现的交易价格。房地产是否正处于交易之中、在什么样的市场条件下进行交易、在交易时的使用状况如何等情况都会对评估值产生影响，因此，必须依据现实条件设定一系列的假设前提，将评估活动限定在假设前提之内，才能使评估工作顺利进行，评估结果客观合理。

2.2.2　房地产评估的常用假设

房地产评估假设涉及评估过程的多个方面和多个环节，从对资产交易、市场条件、资产使用状况的把握到确定房地产评估具体参数，都需要设定评估假设。房地产评估的常用假设主要有交易假设、公开市场假设、持续使用假设、最佳使用假设等。

1）交易假设

房地产交易假设将被评估房地产已经处在交易过程中作为评估的假定前提。交易假设是房地产评估中最常用的假设。众所周知，服务于产权变动目的的房地产评估其实是在房地产实施交易之前进行的一项专业服务活动，而房地产评估的最终结果又属于房地产的交换价值范畴而不是交易价格本身。另外，服务于非产权变动目的的房地产评估的评估对象根本不进入市场。但是，这些都不影响评估专业人员利用交易假设将评估对象置于市场交易当中，模拟市场进行价值判断。只有将评估对象置于市场交易之中，评估专业人员才有可能对资产的交换价值进行合理的专业判断。

当然，在特殊的房地产评估业务中，评估目的不涉及房地产产权变动，或没有相关房地产市场价格、市场资料作为估价依据，无法模拟市场进行价值判断，房地产价值主要依靠政府或行业制定标准、定额以及评估专业人员的职业分析和判断确定。在这种情况下，房地产评估假设就不能设定为交易假设，而应该设定为非交易假设。

2）公开市场假设

公开市场假设将被评估房地产在公开市场条件下进行交易作为房地产评估的假定前提。公开市场是指在充分发达与完善的市场条件下的一个有众多自愿的买者和卖者的竞争性市场。在这个市场上，买方和卖方的地位是平等的，彼此都有获取足够市场信息的机会和时间。买卖双方的交易行为都是在自愿、理智，而非强制或不受限制的条件下进行的。事实上，现实中的市场条件未必能达到上述公开市场的完善程度。公开市场假设就是假定存在较为完善的公开市场，评估对象将要在这样一种公开市场中进行交易。公开市场假设假定市场是一个充分竞争的市场，房地产在公开市场上实现的交换价值隐含着市场对该房地产在当时的条件下有效使用的社会认同。当然，公开市场假设也是基于市场客观存在的现实的，即房地产在市场上可以公开买卖。

如果现实的市场条件与公开市场相差甚远，房地产评估就不能设定公开市场假设。应在对现实的市场条件进行分析的基础上，提出与客观事实相匹配的假设，如有限交易主体假设、关联交易假设、清算假设等非公开市场假设。

3）持续使用假设

持续使用假设将被评估房地产正处于使用状态并且还将继续使用下去作为房地产评估的假定前提。作为评估对象的房地产总体上都是持续使用的。房地产作为一类资产，能够给其拥有者或控制者带来未来经济利益。房地产给拥有者或控制者带来经济利益的多少取决于房地产的使用时间和使用方式。因此，持续使用是对房地产价值分析、判断的基本前提。根据房地产持续使用的具体情况，持续使用假设又可分为以下两种：一是在用续用假设。在用续用假设将评估对象按现行用途继续使用作为房地产评估的假定前提。二是转用续用假设。转用续用假设将评估对象改变用途继续使用作为房地产评估的假定前提。

持续使用假设必须与房地产的客观存在和使用状态相吻合。如果现实中的房地产在评估时已经停止使用（如危房、险房等），或者房地产正处于使用状态但不能继续使用（如拆迁），应将房地产使用状态设定为非持续使用假设。

4）最佳使用假设

最佳使用假设将被评估房地产能够获得最大经济利益的使用方式作为房地产评估的假定前提。房地产的最佳使用应该理解为在法律允许的条件下，技术可能，经济合理，能给其权利人带来最大的经济利益。最佳使用假设是房地产评估的重要假设。房地产价值通常是以房地产最佳使用为前提进行评估的。

当然，非最佳使用假设也是房地产评估中特殊的假定前提。它的使用范围受到一定限制，一般适用于房地产正按某种用途和方式（但并不是最佳使用方式）使用，而房地产业务要求评估该房地产在用续用价值的情况。

2.2.3　房地产评估的其他假设

除了上述基本假设外，在房地产评估具体操作中还需要设定某些假设，包括未定事项假设、背离事实假设、不相一致假设、依据不足假设等。

1）未定事项假设

未定事项假设是对房地产评估所必需的尚未明确或不够明确的土地用途、容积率等事项所做的合理的、最可能的假定前提。

2）背离事实假设

背离事实假设是因评估目的的特殊需要、交易条件设定或约定，对评估对象状况所做的与评估对象的实际状况不一致的合理假定说明。

3）不相一致假设

不相一致假设是在评估对象的实际用途、登记用途、规划用途等用途之间不一致，或不同权属证明上的权利人之间不一致，评估对象的名称或地址不一致等情况下，对评估所依据的用途或权利人、名称、地址等的合理假定说明。

4）依据不足假设

依据不足假设是在委托人无法提供评估所必需的反映评估对象状况的资料及评估专业人员进行了尽职调查仍然难以取得该资料的情况下，缺少该资料及对相应的评估对象状况的合理假定说明。

2.2.4　房地产评估假设的作用

评估假设对具体房地产业务中的房地产交易状况、市场状况和使用状况进行了合理的设定，使房地产评估活动在特定的框架内有序开展。它不仅是房地产评估工作顺利进行的基础条件，也是房地产评估结果客观合理的重要前提，对房地产评估价值类型具有重要影响。

1）评估假设是房地产评估工作顺利进行的基础条件

如果说房地产评估的特定目的是房地产评估的起点，规定了房地产评估结果的具体用途，房地产评估假设就是房地产评估得以顺利进行的基础和条件。评估假设将被评估房地产置于一个相对固定的市场环境中，以及将被评估房地产设定到某一种状态下。这样，评估专业人员就可以根据房地产评估假设所限定的市场条件及评估对象的用途和使用方式，评定估算出符合房地产评估特定目的的评估结果。如果评估对象面临的市场条件不确定，被评估对象的用途和使用方式不确定，房地产评估就无法进行。在未明确评估对象所面临的市场条件及评估对象的用途和使用方式的情况下进行的房地产评估，不可能真实地反映评估对象符合其评估目的的评估结果。从这个意义上讲，房地产评估假设是房地产评估得以顺利进行的基础条件，在房地产评估中具有重要作用。

2）评估假设是房地产评估价值类型的重要影响因素

房地产评估价值类型体现出房地产评估结果具有不同的价值属性。房地产评估结果的价值类型首先是房地产评估特定目的的基本要求。不同的房地产评估特定目的决定了房地产评估结果的不同性质、特征及表现形式。房地产评估的特定目的对价值类型的决定和制约必须借助于房地产评估的假设前提实现。房地产评估假设不但对评估对象交易的前提条件、使用方式和使用状态等具有约束和限定作用，而且通过对评估对象交易的前提条件、使用方式和使用状态等的约束和限定影响着评估结果的价值类型。房地产评估中的市场价值总是与房地产评估的公开市场假设联系在一起的。公开市场假设是评估房地产市场价值最重要的市场条件。房地产评估中的非公开市场价值总是与房地产评估的非公开市场假设联系在一起。当然，房地产评估结果的价值属性及其表现形式是多种多样的，有的价值类型与多个房地产评估假设相联系。因此，在许多情况下，评估专业人员需要根据评估假设前提及其他条件综合判断评估结果的价值类型。从某种意义上讲，房地产评估的特定目的对评估结果价值类型的约束作用是通过房地产评估前提假设具体体现出来的。

3）评估假设是房地产评估结果客观合理的重要前提

房地产评估结果是评估专业人员根据特定的房地产评估目的，将评估对象设置于特定市场条件、特定使用方式和使用状态下估算出来的价值。评估专业人员基于客观事实，对评估对象特定市场条件、特定使用方式和使用状态的设定，不仅使评估工作顺利进行，也使评估结果与特定的市场条件、房地产特定使用方式和使用状态相对应。评估假设是评估结果客观合理的前提，更重要的是，使评估报告的使用者知晓，其所使用的评估结论是在特定的房地产评估假设前提条件下得出的专业性估价意见。评估报告结论的使用范围应与评估假设设定的市场条件、房地产使用方式和使用状态相吻合，不能随意使用。

2.3 房地产评估的价值类型

房地产评估是评估专业人员根据房地产评估的特定目的，在充分考虑各种价值影响因素的基础上，经过分析和职业判断，合理评估出评估对象在某一时点的价值。房地产价值可根据价值属性的不同分成不同的价值类型。每个价值类型包含多种具有共同价值属性的价值形式。房地产评估价值类型的选择可以使房地产评估报告的使用者在合理的范围内使用评估结论。

2.3.1 房地产评估价值类型的含义

房地产评估价值类型是房地产评估结果的价值属性及其表现形式。不同的价值类型从不同的角度反映房地产的评估价值及其特征。不同属性的价值类型所代表的房地产评估价值不仅在性质上存在差别，在数量上往往也存在差异。房地产估价规范中将房地产评估价值类型定义为所评估的估价对象的某种特定价值或价格，包括价值或价格的名称、定义或内涵。

房地产评估价值类型是由房地产评估结果的价值属性决定的。房地产评估价值属性是指房地产评估结果本身所固有的性质和内涵，是一种房地产评估价值区别于其他评估价值的基本标志。房地产评估价值属性主要由引起房地产评估的房地产业务的性质决定，并受市场条件、房地产的类型及房地产使用方式等因素影响。每一特定的房地产业务所引起的房地产评估结果都有其特有属性。这种特有属性决定了一种评估价值与其他评估价值的不同特性。同时，房地产评估价值又有共有属性。共有属性决定了一种评估价值与其他评估价值具有相同或相近的特征。从不同角度理解，房地产评估结果可分为不同的价值类型。

2.3.2 房地产评估价值类型的种类

房地产评估价值类型可以从不同的角度进行分类，从房地产评估时的市场条件和评估对象使用状态的角度分类，价值类型分为市场价值和市场价值以外的价值；从房地产评估业务性质的角度分类，价值类型分为市场价值、投资价值、现状价值、抵押价值、课税价值、保险价值、残余价值、快速变现价值等多种价值类型。根据《资产评估价值类型指导意见》的规定，资产评估价值类型包括市场价值和市场价值以外的价值。其中，市场价值以外的价值类型包括投资价值、在用价值、清算价值、残余价值等。下面介绍房地产评估具体的价值类型。

1) 市场价值

市场价值是指自愿买方和自愿卖方在各自理性行事且未受任何强迫的情况下，评估对象在评估基准日进行正常公平交易的价值估计数额。也可理解为，市场价值是房地产在评估基准日公开市场上最高最佳使用条件下进行正常公平交易所能实现的交换价值的估计。房地产估价中将市场价值定义为估价对象经适当营销后，由熟悉情况、谨慎行事且不受强迫的交易双方，以公平交易方式在价值时点自愿进行交易的金额。

2) 投资价值

投资价值是指房地产对具有明确投资目标和特定投资偏好的特定投资者或某一类投资者所具有的价值。投资价值通常高于房地产的市场价值。投资价值与投资性房地产价值是两个不同的概念。投资性房地产价值是指特定主体以投资获利为目的而持有的房地产在公开市场上按其最佳用途实现的市场价值。

3) 现状价值

现状价值是指评估对象在某一特定时间的实际状况下的价值。或理解为，在评估特定目的和市场条件下，评估对象在现行的使用方式和使用状态下的价值。

4) 抵押价值

抵押价值是指抵押物相对于担保法等相关法律、法规及金融监管机关的有关规定所具有的价值。房地产估价中将抵押价值定义为估价对象假定未设立法定优先受偿权下的价值减去注册房地产估价师知悉的法定优先受偿款后的价值。其中，法定优先受偿款是假定在价值时点实现抵押权时，已存在的依法优先于本次抵押贷款受偿的款额，包括已抵押担保的债权数额、发包人拖欠承包人的建设工程价款、其他法定优先受偿款。

5）课税价值

课税价值是指评估对象相对于税法等相关法律、法规的有关规定和要求所具有的价值，即为征税目的而评估的价值。

6）保险价值

保险价值是指评估对象相对于财产保险等相关法律、法规和保险契约等的有关规定和要求所具有的价值，即为保险目的而评估的价值。

7）残余价值

残余价值是指评估对象非继续使用情况下的价值。残余价值主要指建筑物部分，不包括土地。

延伸阅读

资产评估价值
类型指导意见
（节选）

8）快速变现价值

快速变现价值是指在销售时间过短、达不到市场价值定义所要求的市场营销时间要求的情况下，变卖资产所能收到的合理价值数额。房地产估价中将快速变现价值定义为估价对象在没有充足的时间进行营销情况下的价值。

2.3.3　房地产评估价值类型的选择

房地产评估价值类型是房地产评估价值形式所归属的类别，而房地产评估价值是由房地产评估的特定目的要求的，并受评估对象的状况及市场条件的影响。因此，从根本上说，房地产评估价值归属于哪一种价值类型，即如何选择房地产评估价值类型，需要考虑房地产评估的特定目的、评估对象自身的状况和房地产评估的市场条件等因素的影响。

1）房地产评估的特定目的

房地产评估的特定目的是制约房地产评估价值类型的主要因素。从根本上讲，房地产评估价值类型是由房地产评估的特定目的决定的，而房地产评估的特定目的是为特定的房地产业务服务的，因此，不同的房地产业务对房地产评估价值类型提出了不同的要求。房地产评估的特定目的不但决定着房地产评估结果的具体用途，还会直接或间接地在宏观层面上影响房地产评估的过程及其运作条件，包括对评估对象的使用方式和使用状态的约束，以及对房地产评估市场条件的限定。相同的房地产在不同的评估特定目的下，由于房地产评估价值类型的不同，可能会有不同的评估结果。以产权变动特别是房地产交易为评估目的的房地产评估业务，通常选择市场价值为评估的价值类型；以非产权变动为目的的房地产评估可能选择市场价值，也可能选择市场价值以外的价值作为房地产评估的价值类型。价值类型不同，房地产评估方法也可能不同，从而导致评估结果不同。

2）评估对象自身的状况

评估对象的状况是制约房地产评估价值类型的重要因素。评估对象自身的功能、使用方式和利用状态是影响房地产评估价值的内在因素。不同功能的房地产会有不同的评估结果，同一房地产由于使用方式和使用状态不同也会有不同的评估结果。例如，有的房地产单独使用可以得到最佳的效用，有的房地产合并使用则可以有更大的效用。这就是说，不同类型的房地产，单独使用或合并使用将直接影响其效用的发挥，当然也就直接影响其评估值和价值类型。因此，估价师必须熟悉各种类型使用方式对其效用的影响，以及不同使用方式对其效用水平发挥的影响程度。作为评估对象，它的使用方式与使用空间首先是由房地产评估的特定目的和评估范围规范的。房地产评估的特定目的不仅是房地产评估的起点，还规定着房地产评估结果的具体用途，同时也在宏观上规范了被评估房地产的使用空间。房地产评估的特定目的对被评估房地产的使用方式，尤其是使用空间的规范，是通过房地产评估的基本前提假设体现出来的。

3）房地产评估的市场条件

房地产评估时所面临的市场条件及交易条件是房地产评估的外部环境，是影响房地产评估价值类型的重要因素。在不同的市场条件或交易环境中，即使相同的房地产也会有不同的评估结果和价值类型。在公开市场上，买者和卖者的地位是平等的，彼此都有获取足够市场信息的机会和时间，买卖双方的交易行为都是在自愿、理智而非强制的条件下进行的。在这种条件下，房地产的交换价值受市场机制的制约，并由市场行情决定，而不由个别交易决定。房地产在公开市场上实现的交换价值隐含着市场对该房地产在当时的条件下有效使用的社会认同。公开市场条件是评估房地产市场价值的基础。如果不具备公开市场条件，房地产评估的价值类型只能是市场价值以外的价值。例如，如果房地产是在某种外在的压力下出售或变现，房地产在市场上不会有充分的展示时间，也不会有充分的市场竞争，则市场表现为非公开的市场。在这种市场条件下，被评估房地产的价值类型显然不是市场价值，其评估结果通常要低于在公开市场假设前提下同等房地产的评估值。

2.3.4　房地产评估价值类型的作用

房地产评估价值类型作为房地产评估结果的价值属性及其表现形式，不仅决定和影响房地产评估结果的性质、内涵和数额，也对房地产评估方法和参数选择具有重要影响。明确价值类型，可以避免评估报告使用人错用评估结论。

1）价值类型决定和影响房地产评估结果

价值类型决定房地产评估结果的性质和内涵。同一房地产所选择的价值类型不同，房地产评估结果的性质和内涵也不同，这主要是由房地产的价值属性所决定的。价值属性是房地产本身所固有的特性和特征，价值类型是价值属性及其表现形式，因此一种价值与另一种价值具有质的不同，不同的价值具有不同的定义和内涵。价值类型不仅决定房地产评估结果的性质和内涵，还决定和影响评估结果数量的不同。不同的价值类型影响房地产评估假设的设定和评估方法及参数的选择，使同一房地产具有不同的评估结果。

2）价值类型影响评估方法和评估参数选择

评估方法和评估参数的选择通常应考虑评估的目、评估对象、价值类型等资产评估要素的影响，其中，价值类型确定了房地产评估结果的性质和内涵，对选择适宜的评估方法和评估参数提出了要求和约束。采用哪种评估方法能够满足价值类型所确定的房地产评估结果的性质和内涵要求，并选取相应的评估参数，得出合理的评估结论，哪种评估方法就应作为房地产评估业务中的首选方法。当然，房地产评估方法的选择还应考虑每种评估方法应用的前提条件。如果条件具备，每项房地产评估业务可以选择两种及以上评估方法。

3）价值类型避免评估报告使用人错用评估结论

房地产评估业务中，同一评估对象，由于受评估目的、市场条件等因素的影响，选择的价值类型不同，导致运用的评估方法和评估结果也不同，这容易导致房地产评估报告使用人对评估专业人员的评估行为及其评估结果产生歧义。因此，通过评估专业人员对房地产评估业务中的价值类型进行定义和说明，明确价值类型以及价值类型所确定的评估结果的性质和内涵，可以更清楚地表达评估结论，有效避免评估委托人和其他评估报告使用人误用评估结论。

2.4 房地产评估的原则

房地产评估的原则是人们在房地产评估的反复实践和理论探索中认识到的房地产价格形成和运动的客观规律，是经过总结的一些简明扼要的、在评估活动中应遵循的法则或标准。房地产价值虽然受许多复杂多变因素的影响，但其形成和运动过程具有基本的规律，不以个别人的主观意志为转移。因此，房地产评估必须遵循公认的工作原则和经济技术原则，运用科学的评估方法，把客观存在的房地产价值揭示和表达出来。

2.4.1 房地产评估的工作原则

房地产评估工作的性质决定了房地产评估机构及其评估专业人员在执业过程中应坚持独立性、客观性、公正性、科学性、谨慎性和保密性等工作原则。这些原则应作为房地产评估的最高行为准则，也是房地产评估机构及其评估专业人员必须遵守的职业道德规范。

1）独立性原则

独立性原则是指房地产评估机构及其评估专业人员独立地开展评估工作，不受委托人及外界意图及压力的影响。独立性原则包含两层含义：一是评估机构本身应该是一个独立的、不依附于他人的社会公正性中介组织，在利益及利害关系上与房地产业务各当事人没有任何联系。二是评估机构及其评估专业人员在执业过程中应始终坚持独立的第三者地位。

2）客观性原则

客观性原则是指房地产评估机构及其评估专业人员以客观事实为基础，实事求是地开展房地产评估工作。房地产评估机构及其评估专业人员在评估工作中必须以实际材料为基础，以确凿的事实和事物发展的内在规律为依据，以求实的态度为指针，实事求是地得出评估结果，而不能按自己的好恶或其他个人情感进行评估。

3）公正性原则

公正性原则是指房地产评估机构及其评估专业人员公平正直，不能有任何偏向地开展房地产评估工作。房地产评估行为服务于房地产业务的需要，而不是服务于房地产业务当事人任何一方的需要。房地产评估专业人员必须站在独立的"第三者"立场开展评估业务。房地产评估结果是评估专业人员认真调查研究，通过合乎逻辑的分析、推理得出的具有公正性的评估结论。

4）科学性原则

科学性原则是指房地产评估机构及其评估专业人员遵循科学的评估标准，以科学的态度制订评估方案，并采用科学的评估方法进行房地产评估。在整个评估工作中必须把主观评价与客观测算、静态分析与动态分析、定性分析与定量分析有机结合起来，使评估工作科学合理、真实可信。

5）谨慎性原则

谨慎性原则是指评估机构和评估专业人员采取严谨、审慎的工作态度，充分考虑各种影响价值因素的不确定，慎重作出可能导致评估结果偏高或偏低的职业判断，避免出现影响评估结论的有关行为和出具或者签署有重大遗漏的房地产评估报告。

6）保密性原则

保密性原则是指评估机构和评估专业人员在开展评估工作中应严格保守国家机密、商业秘密和个人隐私，不得在保密期限内向委托人以外的第三方提供保密信息，除非得到委托人的同意或者属于法律、行政法规允许的范围。

2.4.2　房地产评估的技术原则

房地产评估的技术原则是使不同的评估专业人员对房地产评估的基本前提在认识上一致，对同一评估对象在同一评估目的、同一评估时点下的评估结果接近，在评估活动中应遵循的规范或标准。房地产评估的技术原则主要有合法原则、最高最佳使用原则、替代原则、供求原则、预期原则、贡献原则和评估时点原则。

1）合法原则

合法原则是指房地产评估应以评估对象的合法产权、合法使用、合法处分等为前提进行。在合法产权方面，应以房地产权属证书、权属档案的记载或者其他合法证件为依据。现行的房地产权属证书有房屋权属证书、土地权属证书或者统一的房地产权证书。但是，不是只有合法产权的房地产才能作为评估对象，任何产权性质的房地产都可以成为评估对象，关键是合法产权的房地产就应该将其作为合法产权的房地产来评估，不合法产权的房地产就应该将其作为不合法产权的房地产来评估。在合法使用方面，应以城市规划、土地用途管制等房地产使用管制为房地产评估的依据。例如，如果城市规划规定了某宗土地的用途、建筑高度、容积率、建筑密度等，那么，对该宗土地进行评估就应以其使用符合这些规定为前提。在合法处分方面，应以法律、法规或合同等允许的处分方式（如买卖、抵押、抵债、赠与等）为依据。例如，法律、法规规定不得抵押的房地产，不应作为以抵押为评估目的的评估对象，没有抵押价值。如果委托人要求评估其抵押价值，那么其抵押价值为零。此外，合法性原则还要求房地产评估必须符合国家的有关房地产政策。

2）最高最佳使用原则

最高最佳使用原则是指房地产评估应以评估对象的最高最佳使用为前提进行。最高最佳使用是指房地产在法律允许的条件下，符合本地区持续发展的要求，且技术上经济合理，能给其权利人带来最大的长期利益的使用。该原则具体应从以下几个方面理解：①它应该是合法的。合法性是房地产使用的前提。某一特定区位的土地可以具有多种用途，可以做工业用、居住用，也可以做商业用。不同用途给权利人带来的收益也不同，而土地权利人都期望从所占有的土地上获得较多的收益，并根据这种期望来确定土地的利用方式。每一宗土地的最优使用，并不意味着区域性的土地最优使用，这是因为区域性土地利用是一个复杂的非线性系统。系统内各要素相互协同竞争，并不是简单的线性叠加关系。因此，房地产的最高最佳使用，不仅是从自身的角度来看是最优的，更应该是从区域整体的角度来看是最优的。只有其使用符合土地利用规划和城市规划，才能达到整体的最优，实现土地的优化配置和最优利用，同时也才能被政府所允许。②使用对其自身和区域来说应具有可持续性。土地是一种稀缺的和不可再生的自然资源，不同宗地间的使用是相互制约、相互影响的，且使用方式一旦被付诸实施就很难改变。因此，在确定其使用方式时，不仅要使之在当前的情况下最优，更要考虑未来的经济和社会发展、对环境的影响等因素，使其具有最好的可持续性。③在技术上可行。房地产的最高最佳使用往往与当前的技术水平联系在一起，应是在当前技术所能达到的情况下最优。否则，如果方案很好，但在技术上不能够实现，包括建筑材料性能、施工技术手段、环保措施等，那么房地产的最高最佳使用也只能是空中楼阁。④在经济上必须可行。投资房地产的最终目的是获得经济利益，因此仅有法律上允许、具有可持续性、技术上可行是不够的，还必须给其拥有者带来令其满意的收益。能否满足这一要求，要进行经济可行性检验。经济可行性检验的一般做法是：针对每一种使用方式，首先估计其未来可能的收入和支出现金流量，然后求其净现值。净现值大于或等于零的使用方式才具有经济可行性。⑤要有最大的产出。在满足上述条件的所有可行使用方式中，能使评估对象的价值达到最大的使用方式才是最高最佳的使用方式。

3）替代原则

替代原则是指评估对象房地产价值可以通过对市场上地域相近、类型相似、用途相同的交易实例价格进行比较修正后估测确定。市场上往往存在使用价值和质量都相同的商品。由于它们的效用相近，在对消费者消费需要满足方面也存在相互替代性，在竞争规律的作用下，在同一市场上，它们的价格会趋向一致。效用有差异的商品也会形成相对稳定的比价关系。这有利于科学合理地形成价格和价格体系，对市场上商品价格的形成具有检验、校正的作用。虽然房地产与工业品不同，具有个别性，是非均质商品，几乎不存在两幢完全相同的房地产，不能实行标准化生产，也不能进行批量定价，但在同一个市场中往往存在具有相同使用价值和质量的房地产。它们的效用相同或接近，相互之间地域和时点相近，类型相似，用途相同，因而具有较强的相互替代性。因此，同类型可替代的房地产之间在市场竞争的作用下，也会使它们的价格趋向接近或形成相对稳定的、均衡的比价关系。这样就可以根据替代原则进行房地产评估。在实际评估中，要找到各种条件完全相同的交易实例房地产是很困难的，甚至是不可能的，也没有必要。只要找到具有一定替代性的房地产交易实例作为参照物就可以了。通过比较，对它们之间的相异因素进行修正，就可以得出评估对象房地产的价值。

4）供求原则

供求原则是指在评估时一定要从动态的角度分析、把握房地产市场的供求状况及其发展趋势。房地产的价格最终是由市场上房地产的供给和需求状况决定的。在市场经济中，商品的价值由社会必要劳动时间决定，而商品的价格则在具体的市场供求双方力量均衡时形成，它既受供给方的影响，又受需求方的影响，围绕价值上下波动。若需求不变，供给增加，则价格下降；若供给不变，需求增加，则价格上涨。但要注意，房地产商品具有与一般商品不同的特点。它是一种特殊商品，其市场的供求关系与一般商品市场的供求关系也不完全相同。土地资源的有限性、稀缺性、固定性、不可再生性以及国家垄断城市土地所有权等特点，决定了它的市场是一种不完全竞争的区域性市场，而土地的一级市场更是一种垄断市场。土地一级市场被国家垄断，竞争很难在供给方面展开，使土地的供给缺乏弹性，需求则受人口增加、经济的发展和城市化的推进等因素的影响而处于不断扩张之中，因此土地价格甚至房地产价格在很大程度上由市场需求的状况决定。当然，市场供求状况对需求弹性较小的房地产价格影响大些，对需求弹性较大的房地产价格影响小些。从市场的细分角度来看，市场供求状况对不同细分市场的影响也是不同的。总之，在评估实践中，一定要充分注意房地产市场特别是土地市场的这种特殊供求关系及其发展趋势。

5）预期原则

预期原则是指根据房地产未来可预测的有关指标（收益、成本、使用年限等）估测房地产现实的价值。房地产的价格由市场上的供求决定，而供求不仅受当前市场上的各种因素影响，还受生产者和消费者对未来市场因素变化预期的影响。如果预期未来房地产价格上涨，当前市场对房地产的需求就会增加，而供给就有可能向后推移，造成供给减少，促使当前市场价格上升；反之，则会使价格下降。另外，在房地产评估中，一些评估方法本身就是建立在对未来合理预期的基础之上的，如地价是资本化了的地租，是未来地租的贴现值等。因此，房地产评估不仅需要过去和现在的收益资料，还需要考虑未来的收益能力。过去的收益只是为预测未来的房地产收益提供依据。房地产评估的预期原则，是指在房地产评估中必须综合分析影响房地产价格的各种因素，特别是未来因素的变化趋势，包括国际、国内的政治经济形势、城市建设规划、房地产市场上各类物业供需情况等因素，客观、科学、合理地预测房地产未来可能的收益，合理确定投资给权利人带来的利润总额，并据此评估房地产的价值。

6）贡献原则

贡献原则是指评估某一房地产价值应根据构成该房地产的各个组成部分的价值大小以及各组成部分对房地产整体的贡献程度进行。贡献原则反映的是房地产整体价值与房地产组成部分价值的关系。当对由多个部分构成的房地产进行评估时，应分析各个组成部分对整体房地产的贡献大小，或者在缺少某个组成部分时，整体房地产的损失大小，通过对房地产各组成部分的状况来判断房地产的整体价值。例如，房地产的收益是土地和建筑物等构成要素共同作用的结果，因此不论是土地还是建筑物带来的收益，对总体来说都是部分与整体的关系，是总收益的一部分。评估房地产价值时，可以通过估算土地、建筑物价值，进而求得房地产整体价值；也可以根据房地产整体价值及其构成部分对房地产的贡献度，估算土地或建筑物的价值。贡献原则也可以被用来确定土地或建筑物的追加投资及房地产的部分改良或改造对该房地产整体价值的贡献程度，以判断房地产的追加投资是否适当。此外，还可以通过将现在的最高最佳使用与投资后的最高最佳使用进行比较，以确定最高最佳使用的上升程度。

7）评估时点原则

评估时点原则是指房地产评估结果应是评估对象在某一特定时点的客观合理价值。由于房地产市场是不断变化的，房地产价格也会随着市场的变化而不断变化。在不同的时间，同一宗房地产往往会有不同的价格。另外，随着时间的推移，房地产本身的功能、新旧程度等也会发生变化。由此可见，房地产价格具有很强的时效性，每一个价格都对应一个具体的时间。如果没有对应的时间，价格就失去了意义。房地产评估不是估算出房地产在所有时间上的价值，而是估算评估对象在某一特定时点上的价值，而且这个特定时点既不是委托人也不是评估专业人员随意假定的，必须根据评估目的确定。房地产评估结果对应的特定时点就是评估时点，也称为评估基准日，一般用公历年、月、日表示。

本章小结

　　房地产评估是为满足委托人特定经济行为需要服务的，房地产评估目的就是房地产评估业务所要达到的目标。从委托人的角度理解，房地产评估目的是指房地产评估业务对应的经济行为对房地产评估结果的使用要求，或房地产评估结论的具体用途。从评估机构的角度理解，房地产评估目的是指根据委托评估某房地产的价值，为委托人特定经济行为提供价值参考依据。

　　房地产评估目的贯穿于房地产评估的全过程，影响评估专业人员对评估对象和评估范围的界定，制约着房地产评估价值类型的选择，是选择评估方法和评估参数的重要依据。

　　房地产评估假设是指为了保证房地产评估活动能够顺利进行、评估结果客观合理而设立的前提条件。房地产评估的常用假设主要有交易假设、公开市场假设、持续使用假设、最佳使用假设等。

　　评估假设对具体房地产业务中的房地产交易状况、市场状况和使用状况进行了合理的设定，使房地产评估活动在特定的框架内有序开展。它不仅是房地产评估工作顺利进行的基础条件，也是房地产评估结果客观合理的重要前提，对房地产评估价值类型具有重要影响。

　　房地产评估价值类型是指依据房地产评估结果价值属性及其表现形式。房地产评估价值属性是房地产评估结果本身所固有的性质和内涵，是一种房地产评估价值区别于其他评估价值的基本标志。不同的价值类型从不同的角度反映房地产的评估价值及其特征。不同属性的价值类型所代表的房地产评估价值不仅在性质上存在差别，在数量上往往也存在差异。

　　房地产评估价值类型可以从不同的角度进行分类。从房地产评估时的市场条件和评估对象使用状态的角度分类，价值类型分为市场价值和市场价值以外的价值；从房地产评估业务性质的角度分类，价值类型分为市场价值、投资价值、现状价值、抵押价值、保险价值、课税价值、快速变现价值等多种价值类型。根据《资产评估价值类型指导意见》的规定，资产评估价值类型包括市场价值和市场价值以外的价值。其中，市场价值以外的价值类型包括投资价值、在用价值、清算价值、残余价值等。

　　房地产评估价值归属于哪一种价值类型，即如何选择房地产评估价值类型，需要考虑房地产评估的特定目的、评估对象的状况和评估时所面临的市场条件等因素。

　　房地产评估工作的性质决定了房地产评估机构及其评估专业人员在执业过程中应坚持独立性、客观性、公正性、科学性、谨慎性和保密性等工作原则。这些原则应作为房地产评估的最高行为准则，也是房地产评估机构及其评估专业人员必须遵守的职业道德规范。

　　房地产评估的技术原则是使不同的评估专业人员对房地产评估的基本前提在认识上一致，对同一评估对象在同一评估目的、同一评估时点下的评估结果接近，在评估活动中应遵循的规范或标准。房地产评估的技术原则主要有合法原则、最高最佳使用原则、替代原则、供求原则、预期原则、贡献原则和评估时点原则等。

主要概念

　　房地产评估目的　客观合理价值　房地产评估的假设　交易假设　公开市场假设　持续使用假设　最佳使用假设　价值类型　市场价值　市场价值以外的价值　价值形式　合法原则　最高最佳使用原则　替代原则　供求原则　预期原则　贡献原则　评估时点原则

基本训练

■ 思考题

1.房地产评估目的有什么作用？

2.房地产评估有哪些常用假设？各常用假设的含义是什么？

3.房地产评估假设有什么作用？

4.房地产评估价值类型有什么作用？

5.如何理解房地产评估中的市场价值？

6.房地产评估有哪些技术原则？

7.如何理解房地产评估的合法原则？

8.如何理解房地产评估的最高最佳使用原则？

即测即评

第3章

房地产评估程序

通过对本章的学习，了解房地产评估程序的意义，掌握房地产评估程序的内容，熟悉房地产评估各工作环节的操作要求。具体目标是：

□ 知识目标

理解房地产评估程序的含义，明确执行房地产评估程序的各项要求，掌握评估业务基本事项、评估委托合同、评估计划、现场调查、评估资料、评定估算、评估报告、立卷归档的内容。

□ 技能目标

熟悉房地产评估各工作环节的工作内容和具体要求。

□ 能力目标

学会在实际从事房地产评估工作时运用房地产评估程序。

学习目标

★ 思维导图

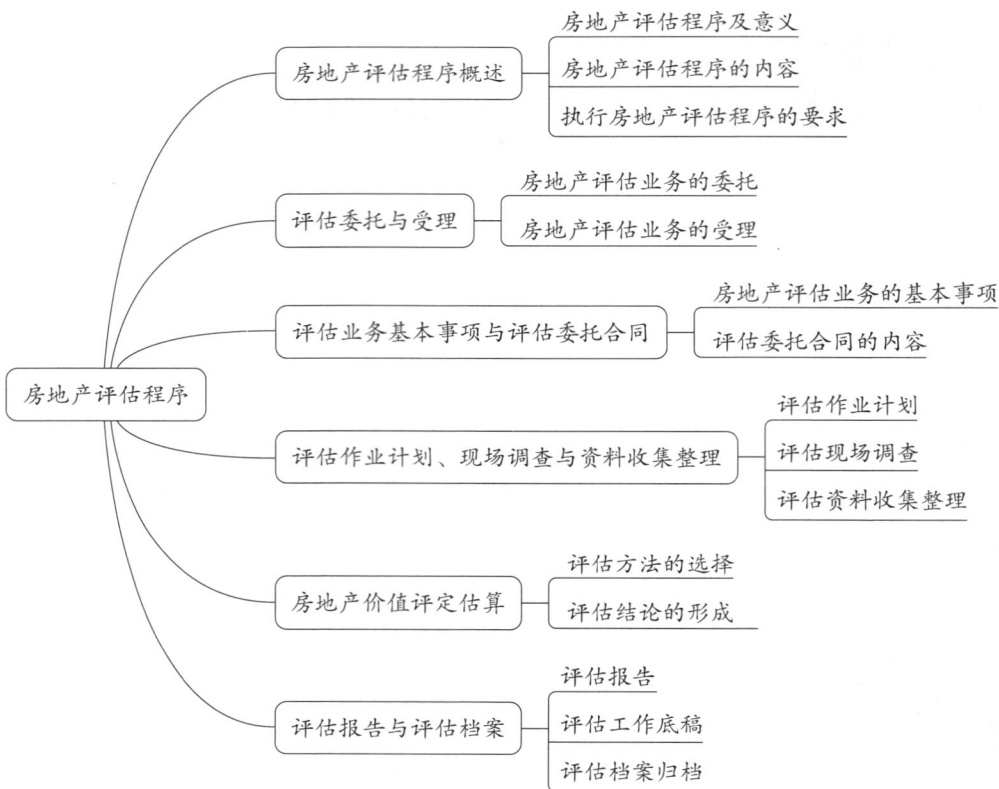

房地产评估程序
- 房地产评估程序概述
  - 房地产评估程序及意义
  - 房地产评估程序的内容
  - 执行房地产评估程序的要求
- 评估委托与受理
  - 房地产评估业务的委托
  - 房地产评估业务的受理
- 评估业务基本事项与评估委托合同
  - 房地产评估业务的基本事项
  - 评估委托合同的内容
- 评估作业计划、现场调查与资料收集整理
  - 评估作业计划
  - 评估现场调查
  - 评估资料收集整理
- 房地产价值评定估算
  - 评估方法的选择
  - 评估结论的形成
- 评估报告与评估档案
  - 评估报告
  - 评估工作底稿
  - 评估档案归档

3.1 房地产评估程序概述

房地产评估程序是执行房地产评估业务的工作步骤，包括从承接房地产评估业务至房地产评估档案归档管理等一系列过程，由许多具体的工作环节组成。评估机构及其评估专业人员执行房地产评估业务时，需要明确房地产评估的范围，合理获取房地产评估业务，遵循房地产评估的基本程序。

3.1.1 房地产评估程序及意义

房地产评估程序是指评估机构及其评估专业人员执行房地产评估业务所履行的系统性工作步骤。评估机构及其评估专业人员执行房地产评估业务，并非仅对房地产的价值进行主观的估算，而是需要履行一系列评估工作步骤，经过许多必要的评估工作环节。房地产评估程序的工作环节包括从承接房地产评估业务至房地产评估档案归档管理等一系列过程。评估机构及其评估专业人员执行房地产评估业务时，应当遵循房地产评估基本程序规范的要求。

正确履行房地产评估程序，对规范评估机构及其评估专业人员的房地产评估行为、提高房地产评估业务质量、防范房地产评估执业风险具有重要意义。

① 正确履行房地产评估程序有利于规范评估机构及其评估专业人员的房地产评估行为。房地产评估是一项系统性工作，评估专业人员执行房地产评估业务应当履行必要的工作程序，经过一系列工作环节。遵循房地产评估程序的基本要求对规范评估机构及其评估专业人员的评估行为、提升评估业务的规范化水平具有重要的意义。

② 正确履行房地产评估程序有利于提高评估业务质量。房地产评估业务质量的高低受许多因素影响，正确履行房地产评估程序是其中一个重要的环节，是提高房地产评估质量的基本保证。评估专业人员执行房地产评估业务时，应当履行房地产评估的基本程序，按照工作步骤有计划地开展评估工作，避免程序上出现疏漏，切实保证房地产评估的业务质量。

③ 正确履行房地产评估程序有利于防范评估执业风险。评估机构及其评估专业人员在执行房地产评估业务中存在一定的执业风险。评估程序存在瑕疵，不能得出公正合理的评估结论，就可能导致评估业务委托人或评估报告使用者的权益受到损失，评估机构及其专业人员将承担一定的经济和法律责任。因此，正确履行房地产评估程序是防范评估执业风险的重要手段。

3.1.2 房地产评估程序的内容

房地产评估程序是对房地产评估工作规律的归纳与总结，是房地产评估工作的操作指引，为房地产评估工作指明了具体的操作步骤。评估机构及其专业人员接受评估委托后，即可按照房地产评估程序规定的工作步骤及相关要求开展评估工作。房地产评估程序由具体的工作步骤组成。不同的房地产评估业务由于评估对象、评估目的、前提条件、评估方法等方面的差异，可能需要侧重不同的评估环节，但各项房地产评估业务具有相同的操作规程，其基本操作程序应当是一致的。评估机构及其专业人员在执行房地产评估业务时，需要遵循房地产评估程序的基本要求，并以此为指引开展房地产评估工作。

《资产评估法》对资产评估程序进行了原则性规范，资产评估行业主管部门和自律组织以执业准则、估价规范、估价规程等形式对房地产评估程序的内容与操作要求进行了具体规范。

（1）资产评估准则中的房地产评估程序

财政部及中国资产评估协会以执业准则的形式对资产评估机构执行房地产评估业务的程序进行了规范。财政部颁布的《资产评估基本准则》（财资〔2017〕43号）第八条规定："资产评估机构及其资产评估专业人员不得随意减少资产评估基本程序。"中国资产评估协会颁布的《资产评估执业准则——资产评估程序》（中评协〔2018〕36号）第四条规定："执行资产评估业务，应当遵守法律、行政法规和资产评估准则，坚持独立、客观、公正的原则，履行适当的评估程序。"中国资产评估协会颁布的《资产评估执业准则——不动产》（中评协〔2017〕38号）针对各项不动产的评估，提出了具体的操作要求。根据《资产评估执业准则——资产评估程序》的规定，结合房地产评估的具体情况，资产评估机构及其评估专业人员从事房地产评估业务应按下列程序进行：

① 明确房地产评估业务的基本事项；

② 签订房地产评估委托合同；

③ 编制房地产评估计划；

延伸阅读

《资产评估执业准则——资产评估程序》

④ 房地产评估现场调查；

⑤ 收集整理房地产评估资料；

⑥ 房地产价值评定估算；

⑦ 编制、出具房地产评估报告；

⑧ 整理归集房地产评估档案。

（2）房地产估价规范中的房地产评估程序

为了规范房地产估价行为，保障房地产估价质量，住房城乡建设部制定并发布了《房地产估价规范》（GB/T 50291-2015），以国家标准的形式对房地产估价程序进行了规范。房地产估价机构执行房地产估价业务应按下列程序进行：

① 受理估价委托；

② 确定估价基本事项；

③ 编制估价作业方案；

④ 搜集估价所需资料；

⑤ 实地查勘估价对象；

⑥ 选定估价方法进行测算；

⑦ 确定估价结果；

⑧ 撰写估价报告；

⑨ 审核估价报告；

⑩ 交付估价报告；

⑪ 估价资料归档。

（3）土地估价规程中的房地产评估程序

为规范国有城镇土地估价，科学揭示土地权益价值，促进土地市场的培育和建设，原国家质量监督检验检疫总局[1]及国家标准化管理委员会联合发布了《城镇土地估价规程》（GB/T 18508-2014），以国家标准的形式对土地估价程序进行了规范。土地估价机构执行宗地地价评估业务应按下列程序进行：

---

[1] 2018年改为国家市场监督管理总局。

① 明确估价基本事项；

② 拟订估价作业方案；

③ 收集估价所需资料；

④ 实地查勘；

⑤ 选定估价方法，测算宗地价格；

⑥ 确定估价结果；

⑦ 撰写估价报告；

⑧ 编辑整理评估报告书，估价资料归档。

《资产评估执业准则》、《房地产估价规范》和《城镇土地估价规程》关于房地产评估程序的要求基本相同，只是个别环节的细化程度稍有差异。

评估机构及其专业人员执行房地产评估业务需要履行的工作环节较多。我们可以按照操作的先后顺序将房地产评估基本程序划分为评估委托与受理、评估准备、评定估算与报告三个阶段。评估委托与受理阶段包括明确评估业务基本事项和签订评估委托合同两项工作内容；评估准备阶段包括编制评估计划、现场调查、收集整理评估资料三项工作内容；评定估算与报告阶段包括评定估算、编制审核和出具评估报告、评估档案归档三项工作内容。

3.1.3　执行房地产评估程序的要求

房地产评估程序是房地产评估工作步骤的系统性概括。资产评估机构及其评估专业人员在执行房地产评估业务时应当认真履行基本的评估程序。房地产评估程序对评估机构及其评估专业人员的要求包括以下几个方面：

1）不得随意删减评估程序，但可以适当调整其繁简程度

评估机构及其专业人员在没有正当理由和可靠依据的情况下，应当执行评估程序的相关要求，履行完整的评估程序，不得随意删减基本的评估程序。评估机构及其专业人员在执行具体房地产评估业务时，可以结合评估业务的具体情况，制定并实施适当的具体评估步骤。评估专业人员应当根据评估业务的具体情况以及重要性原则确定所履行各基本程序的繁简程度。当基本程序执行受限时，应当采取适当的替代程序或措施。

2）结合评估程序的要求，制定具体的实施步骤

房地产评估程序是执行一项完整的房地产评估业务时应该履行的主要工作内容及要求，针对每一基本程序还应有具体的实施安排或步骤。评估机构应当在评估基本程序的基础上，建立健全本机构的房地产评估程序制度。评估专业人员应当根据评估目的、评估对象、评估范围、业务规模的不同，在制订评估计划时落实现场调查、收集评估资料、确定估算方法的具体实施步骤。房地产评估是一项专业性较强的工作，评估师通常是在许多相关专业人员和助理人员的协同工作下完成评估业务的，评估师应当指导业务助理人员履行评估程序。

3）如果无法完全履行评估程序，可以决定终止评估业务

评估专业人员在执行房地产评估业务的过程中，因法律法规规定、客观条件限制，无法或者不能完全履行评估基本程序，可以根据能否采取必要措施弥补程序缺失和是否对评估结果产生重大影响，决定继续执行评估业务或者终止评估业务。经采取措施弥补程序缺失且未对评估结论产生重大影响时，资产评估机构及其评估专业人员可以继续开展业务。如果重大限制将对报告评估目的下的评估结论的合理性产生重大影响，或者无法判断其影响程度的，不得出具资产评估报告。无法或者不能完全履行资产评估基本程序时，评估人员应与委托人沟通。当委托方明知限制无法排除而又拒绝接受明确、充分披露下的评估结论，或评估专业人员认为即使进行充分披露也将影响报告的合理性时，评估专业人员应提出终止评估业务的要求，解除评估委托合同。

4）应当记录评估程序的履行情况，形成工作底稿

为规避房地产评估执业风险，评估机构及其评估专业人员在履行房地产评估程序时，应当完整、详细地记录所经过的工作步骤，留存所收集到的评估资料。评估程序的履行情况的记录可以是纸质形式，也可以是电子形式。评估程序的书面记录是评估工作底稿的重要内容，是证明完整、真实地履行评估程序的必要证据，对规避和防范评估执业风险有重要的作用。资产评估专业人员执行房地产评估业务，采用不同于资产评估准则规定的程序和方法时，不得违背评估基本准则的要求，并说明所采用程序和方法的合理性，以恰当的方式在评估报告中予以披露。

3.2 评估委托与受理

接受与受理评估委托是房地产评估的重要前提条件。只有受理了房地产评估业务，才能进行后续的一系列评估程序。在房地产评估委托与受理阶段，评估机构和评估专业人员需要明确房地产评估的范围，根据房地产评估业务的具体情况，在对自身专业胜任能力、独立性和业务风险承担能力进行综合分析与评价的基础上，合理承接房地产评估业务。

3.2.1 房地产评估业务的委托

接受委托是房地产评估程序的首要环节。只有获取了房地产评估业务委托，才能进行后续的一系列评估程序。评估机构通过承接房地产评估业务，收取一定的服务费用，可以保证评估机构的生存与发展，为社会提供高质量的房地产评估服务。

评估机构一般都有固定的办公场所，并设立专门的房地产评估业务人员接待客户，接受房地产委托人的业务咨询，通过双方的协商达成业务委托意向，获取房地产评估业务委托。评估机构及相关人员需要了解需求方的构成情况。评估的委托人可能是企业、其他组织或个人，也可能是政府或政府部门；评估的委托人可能是房

屋的所有权人、土地使用权人，也可能不是房屋所有权人或土地使用权人。评估机构及相关人员需要了解需求方的评估目的，如房地产转让、房地产抵押、房地产征税、房地产补偿等。

评估行业属于中介服务行业。社会上从事房地产评估业务的专业机构众多，市场竞争较为激烈，通过主动争取获取评估业务是一项重要的方式。评估机构需要不断提升自身的执业能力，不断提高服务质量，树立较好的职业声誉，加大宣传力度，以便承揽较多的房地产评估业务。但是，评估机构不应当采取不正当的竞争手段获取房地产评估业务。通过承诺评估出委托人预期的价值、压低评估服务收费、给予对方回扣或利诱、进行虚假宣传、诋毁竞争对手等方式承揽业务，不利于房地产评估业的健康发展。

3.2.2 房地产评估业务的受理

评估机构及其评估专业人员在受理房地产评估业务委托时，应严格遵守资产评估职业道德和行为规范的要求，根据评估业务的具体情况，对自身专业胜任能力、独立性和业务风险进行综合分析与评价，并由评估机构决定是否承接评估业务。受理房地产评估业务应当满足专业能力、独立性和业务风险控制要求，否则不得受理。受理委托时应当着重注意以下几个方面：

① 评估机构和评估专业人员应保持形式和实质上的独立。评估机构不得受理与其有利害关系的委托人委托的房地产评估业务。评估专业人员如果与委托人或者房地产评估业务相对人有利害关系，应当回避。

② 评估专业人员不应以个人名义接受房地产评估业务委托，而应该以评估机构的名义接受委托。受理的房地产评估业务由评估机构统一管理、统一收费。

③ 评估机构受理房地产评估业务时，应当充分考虑自身的业务能力，对评估风险进行分析，明确评估对象的范围、状态、数量，了解评估工作量及时间要求，不应受理明显不可能完成的房地产评估业务。

④ 一般情况下，评估机构及其评估专业人员不能同时受理为多个评估目的及要求而对同一房地产进行评估的业务委托，但可以受理同一委托人的多项房地产评估业务委托。

3.3 评估业务基本事项与评估委托合同

接受业务委托后，评估机构及其评估专业人员需要了解房地产评估业务的具体内容，明确房地产评估业务的基本事项。评估机构在决定承接房地产评估业务后，应当与委托人签订评估委托合同。

3.3.1 房地产评估业务的基本事项

房地产评估业务的基本事项是指构成评估委托业务的具体内容。接受房地产业务委托后，评估机构及其评估专业人员需要明确评估业务的基本事项，并对评估业务基本事项进行具体分析和评价，由评估机构决定是否承接此项评估委托。房地产评估业务的基本事项主要包括以下几个方面：

1）委托人、产权持有者和其他评估报告的使用者

评估机构从事房地产评估业务，必须接受委托人的委托，最终向委托人提交房地产评估报告。评估机构及其评估专业人员在明确评估业务基本事项阶段，应当对委托人的基本情况有清晰的了解，主要包括委托人的名称、法定代表人、经济类型、所属行业、注册地址等。

在明确了委托人的基本情况后，评估机构及其评估专业人员需要进一步了解房地产产权持有者的情况，明确委托人与产权持有者的关系。一般情况下，评估业务的委托人与评估对象的产权持有者是同一主体，委托人为特定的资产业务委托评估机构对自有产权的房地产进行评估。有时评估业务的委托人与房地产的产权持有者不是同一主体，委托人为特定的资产业务委托评估机构对他人持有产权的房地产进行评估。在评估业务开展之前，对除委托人以外的相关当事方的了解较为重要。如果委托人与产权持有者、资产管理者并非同一主体，房地产评估就需要事先征得管理者的同意，方能顺利地履行房地产评估的后续程序。

评估机构及其评估专业人员通过履行评估程序，得出评估结论，需要向委托人出具资产评估报告。评估报告只能用于评估报告载明的评估目的和用途，由评估报告载明的评估报告使用者使用。因此，在明确评估基本事项阶段，需要了解委托人对评估报告的期望用途，明确是否存在委托人以外的其他评估报告使用者，查明委托人与其他评估报告使用者之间的关系。

2）评估目的

接受房地产评估业务委托后，首先需要明确委托人房地产评估的目的。房地产评估目的是房地产评估所要达到的目标。任何房地产评估的一般目的均是房地产在评估时点的公允价值，但各项房地产评估业务的特定目的可以有所不同，而评估特定目的不同会影响房地产评估的价值类型和评估结果。房地产评估目的通常包括房地产转让、抵押、租赁、保险、投资、税收、征收、征用、企业产权变动以及财务报告等。

评估专业人员应当要求委托人明确房地产评估结果的预期用途，以确定房地产评估目的。房地产的评估目的一般由房地产评估专业人员根据委托人的需要进行合理确定并清晰表述。从评估目的的本质来说，房地产评估目的是由引发房地产评估业务的事项决定的，应当由委托人提出，但是房地产评估的委托人并非评估专业人员，可能不懂得评估目的的含义，不能够清楚地表述自己的评估目的，这样就需要评估专业人员与委托人交流，通过询问等方式了解其评估报告的用途，确定其房地产评估目的。评估目的确定后，需要委托人的最终认定。

3）评估对象及范围

在明确房地产评估目的后，需要进一步明确房地产的评估对象及范围。评估专业人员应当要求委托人明确房地产包含的内容，确定房地产评估对象。评估专业人员执行房地产评估业务，应当全面了解不动产的实物状况、权益状况和区位状况，掌握评估对象的主要特征。

（1）房地产的实物状况

房地产的评估对象包括土地、建筑物和土地与建筑物的合成体。评估专业人员需要明确评估对象是单独的土地，还是单独的建筑物，或是土地与建筑物的合成体，并进一步明确是单项房地产还是房地产组。在此基础上，需要对房地产评估对象的实物状况进行详细分析。如果评估对象为土地，需要了解土地的开发情况（生地或熟地），土地上是否附属建筑物或在建工程，土地目前的具体用途，以及土地面积、形状、临路状态、平整程度、地势、地质水文状况等。如果评估对象为建筑物，需要了解建筑物面积、建筑结构、平面布置、工程质量、新旧程度、装修情况、设施设备、楼层、朝向等。如果评估对象为包含不可分离的机器设备的房地产，评估专业人员应当关注机器设备与建筑物之间的关系，并进行合理的区分。如果评估对象为企业价值评估中的房地产，评估专业人员应当进一步明确评估对象是作为存货的房地产、投资性房地产还是自用房地产。

（2）房地产的权益状况

房地产的权益状况主要包括土地权利性质、权属、土地使用权年限，建筑物权属，设定的他项权利状况等。土地的权益包括所有权和使用权。我国实行国有土地所有权和使用权相分离的制度。城市土地归国家所有，农村土地归集体所有，国家对不同类型土地使用权的转让设立了最高出让年限。建筑物的权益也包括所有权和使用权，评估时需要区分建筑物的权属状况，对建筑物的价值进行评估。依据有关法律、法规，有些评估对象不能用于某些评估目的，或有些评估目的限制了评估对象的范围和内容，所以评估对象及其范围和内容既不能简单地根据委托人的要求确定，也不能根据评估专业人员的主观愿望随意确定，而应根据评估目的，依据法律、法规的规定，并在得到了委托人的认可后综合确定。一般情况下，房地产评估评价的是实际权益状况下的房地产的价值。不得随意设定房地产的权益状况进行评估。在有些情况下，可以根据房地产评估的特定目的设定的房地产的权益状况进行评估。在房地产评估中，需要明确评估对象的实际权益状况，并在此基础上根据房地产的评估目的，确定是评估实际权益状况下的房地产的价值，还是评估在设定权益状况下的房地产的价值。

（3）房地产的区位状况

房地产的价值受所在区域和周边环境的影响，所以在了解房地产的实物状况和权益状况之后，还需要明确房地产的具体位置及相关因素。房地产的区位状况主要包括坐落的地区、交通状况、生态环境状况、社会环境状况、区域配套设施情况等。需要注意的是，不同类型的房地产对区位状况的要求有所不同。

4）评估价值类型

房地产评估的价值类型是房地产评估结果的价值属性及其表现形式。评估专业人员执行房地产评估业务，应当根据评估目的等相关条件选择适当的价值类型，恰当运用评估方法，形成合理的评估结论。

房地产评估的价值一般分为市场价值和市场价值以外的价值两种类型。房地产的市场价值是指在公开、活跃的房地产市场条件下，具有一定数量的买方和卖方在各自理性行事且未受任何强迫的情况下，评估对象房地产在评估基准日进行正常公平交易的价值的估计数额。市场价值既是一种价值类型，又是一种价值形式。房地产的市场价值以外的价值也称为非市场价值，是所有不符合市场价值定义条件的其他价值的统称。房地产评估中的市场价值以外的价值主要包括投资价值、在用价值、清算价值、残余价值等。投资价值是指房地产对于具有明确投资目标的特定投资者或者某一类投资者所具有的价值估计数额。在用价值是指将房地产作为企业的组成部分或者要素资产，按其正在使用的方式和程度及其对所属企业的贡献的价值估计数额。清算价值是指在房地产处于被迫出售、快速变现等非正常市场条件下的价值估计数额。残余价值是指房屋建筑物拆零变现的价值估计数额。

房地产评估专业人员应当充分根据委托人评估房地产的特定目的、评估时的房地产市场条件和房地产评估对象的自身条件等因素，选择评估价值类型及形式。从房地产评估目的方面来看，以产权交易（转让）为目的的房地产评估，如果市场价值类型的条件具备，一般要求市场价值类型。以投资、继续使用、清算等为目的的房地产评估，如果不符合市场价值类型的条件，一般要求市场价值以外的价值类型。某些特定的房地产评估业务评估结论的价值类型可能会受到相关法律、法规或者契约的约束，如以抵（质）押为目的的评估业务、以税收为目的的评估业务、以保险为目的的评估业务、以财务报告为目的的评估业务等。这些评估业务的评估结论应当按照相关法律、法规或者契约等的规定选择评估结论的价值类型；相关法律、法规或者契约没有规定的，可以根据实际情况选择市场价值或者市场价值以外的价值类型，并予以定义。

5）评估基准日

评估基准日也称为评估时点日，是房地产评估结果所对应的日期。房地产的评估价值可能会因评估时点不同而有所不同。在进行房地产评估时，需要明确评估价值所对应的时点。房地产的评估时点是由房地产的评估目的决定的，通常由委托人提出，评估机构与委托人协商确定，一般选择与评估目的实现日较近的某个日期。评估时点通常用公历年、月、日表示。

在房地产评估中，最常见的是选择评估作业期（评估作业的起止时间）内某一日期作为评估时点，一般称为现实性评估。在特殊情况下，也可以选择过去某个日期或者未来某个日期作为评估时点。选择过去某个日期作为评估时点的称为追溯性评估，选择在未来某个日期作为评估时点的称为预测性评估。

6）房地产评估项目所涉及的需要批准的经济行为的审批情况

如果房地产评估项目所涉及的经济行为需要有关部门的审批，资产评估机构及其评估专业人员应当了解该经济行为获得批准的相关情况，获得有关部门批准经济行为的相关文件，作为房地产评估结论的支撑。

7）房地产评估报告的使用范围

评估机构及其评估专业人员在接受房地产评估委托时，应当与委托人进行沟通，了解本次评估是否有可能影响评估过程和结论的限制条件，以及评估报告的预期使用范围。为保证评估的质量，防范评估执业风险，评估机构及其评估专业人员应当与委托人就评估报告的使用范围进行协商，提出相应的限制条款，约定房地产评估报告的使用范围。

8）房地产评估报告提交的期限及方式

房地产评估报告的提交时间是指评估机构完成必要的评估程序、出具并提交评估报告的时间。评估机构及其评估专业人员需要根据评估业务工作量的大小、评估资料取得的难易程度以及其他相关条件确定评估作业期间。评估报告提交时间不宜确定为具体的日期，一般约定在委托人履行提供资料等义务后的一定期限内。资产评估报告制作完成后，需要按约定的方式向委托人提交。提交方式包括当面提交、邮寄提交等。

9）房地产评估服务费及支付方式

在明确了评估的有关事项后，评估机构及其评估专业人员应当就评估收费问题与委托人进行协商。评估机构及其评估专业人员需要告知委托人评估收费标准及有关规定，并就评估价值量和工作量进行估算，向委托人提出评估收费报价，并与其协商确定收费总额，约定评估收费的支付时间和方式。

10）委托人与评估专业人员工作配合与协助的事项

评估专业人员履行房地产评估程序，完成评估的工作环节，离不开委托人的协助与配合。评估机构及其评估专业人员在接受评估委托时，应当根据评估业务的具体情况，与委托人沟通，明确委托人需要协助完成的工作事项，规定具体的工作内容、人员安排与时间要求等。

3.3.2 评估委托合同的内容

评估委托合同是指评估机构与委托人签订的，明确房地产评估业务基本事项，约定评估机构和委托人权利、义务、违约责任和争议解决方式等内容的书面合同。资产评估机构承揽房地产评估业务，应当与委托人签订评估委托合同。房地产评估是一种中介服务活动，评估机构作为受托方，应完成委托人特定资产的估价服务。评估机构（受托方）与委托人应当以书面形式签订评估合同，以书面形式表达双方的权利义务关系，明确各自的责任。

评估委托合同的签约主体是评估机构（受托方）和委托人。评估机构应当具有与所承接房地产评估业务相适应的执业资格。委托人应当存在引发房地产评估的特定业务事项。评估机构及其评估专业人员在承接资产评估业务时，应当明确评估业务的基本事项，根据评估机构的资质和评估专业人员的专业能力，审慎判断是否签约。在签订评估委托合同时，资产评估专业人员应当就签订内容与委托人充分协商，明确评估业务合同的基本事项，并就合同的主要条款达成一致。

中国资产评估协会颁布的《资产评估执业准则——资产评估委托合同》规定，评估委托合同应当由评估机构的法定代表人（或者执行合伙事务合伙人）签字或并加盖资产评估机构印章。出具评估报告后，应将评估委托合同归入评估档案。

评估机构决定承接评估业务应当要求委托人依法签订评估委托合同，约定双方的权利和义务。如因委托人等原因导致无法及时签订评估委托合同，评估机构和评估专业人员应关注未及时签订评估委托合同开展房地产评估业务可能产生的风险，并采取必要措施保护自身的合法权益。根据《资产评估执业准则——资产评估委托合同》的规定，房地产评估委托合同应当包括下列内容：

① 评估机构和委托人的名称、住所。评估委托合同应当载明评估机构和委托人的名称、地址及其他事项。

② 评估目的。评估委托合同应当明确房地产评估的目的。评估委托合同载明的评估目的应当表述明确、清晰。

③ 评估对象和评估范围。评估委托合同应当明确房地产评估的对象和范围。评估专业人员应当与委托人进行沟通，根据房地产评估业务的要求和特点，在评估委托合同中以适当的方式表述评估对象和评估范围。

④ 评估基准日。评估委托合同应当明确房地产评估的时点，评估基准日通常以年、月、日表示。

⑤ 评估报告使用范围。评估委托合同应当明确评估报告的使用范围。使用范围包括评估报告使用人、目的及用途、使用时效、报告的摘抄引用或披露。

⑥ 评估报告提交期限和方式。评估委托合同应当约定完成评估业务并提交评估报告的期限和方式。

⑦ 评估服务费总额或者支付标准、支付时间、支付方式。评估委托合同应当明确评估服务费、计价货币种类、支付时间和方式，并明确评估服务费未包括的与评估服务相关的其他费用的内容及承担方式。

⑧ 评估机构和委托人的其他权利和义务。评估委托合同应当约定，委托人应当为评估机构、评估专业人员执行评估业务提供必要的工作条件和协助；委托人应当根据房地产评估业务需要，负责评估机构、评估专业人员与相关当事人之间的协调；委托人或者相关当事人应当对其提供的房地产评估申报资料及其他重要资料进行确认，包括但不限于签名、盖章、法律允许的其他方式等。

⑨ 违约责任和争议解决。评估委托合同应当约定签约各方的违约责任。签约

各方因不可抗力无法履行评估委托合同的，根据不可抗力的影响，部分或者全部免除责任，法律另有规定的除外。评估委托合同应当约定评估委托合同履行过程中产生争议时争议解决的方式和地点。

⑩ 签约时间。评估委托合同应当载明签字或者盖章的时间。

⑪ 签约地点。评估委托合同应当载明签字或者盖章的地点。

签订评估委托合同时尚未明确的内容，评估委托合同签约方可以采取签订补充合同或法律允许的其他形式作出后续约定。评估委托合同签订后，签约各方发现相关事项存在遗漏、约定不明确，或者在合同履行中约定内容发生变化，评估机构可以要求与委托人签订补充合同或者重新签订评估委托合同，或以法律允许的其他方式对评估委托合同的相关条款进行变更。

小资料

《房地产评估委托合同》示例

中华人民共和国住房和城乡建设部颁布的《房地产估价机构管理办法》对房地产估价委托合同应当包括的内容进行了规范，指出估价委托合同的主要内容应包括：①委托人的名称或者姓名和住所；②估价机构的名称和住所；③估价对象；④估价目的；⑤估价时点；⑥委托人的协助义务；⑦估价服务费及其支付方式；⑧估价报告交付的日期和方式；⑨违约责任；⑩解决争议的方法。其与《资产评估执业准则——资产评估委托合同》的规定基本一致。

3.4　评估作业计划、现场调查与资料收集整理

在明确了评估的基本事项，与委托人签订了评估委托合同后，即进入房地产评估的准备阶段。这一阶段的工作内容包括房地产评估作业计划的编制、房地产实体的现场调查、房地产评估资料的收集整理。

3.4.1　评估作业计划

房地产评估作业计划是评估机构及其专业人员为完成评估业务委托而拟订的作业方案，是对房地产评估工作步骤、工作时间和评估专业人员所作的规划和安排。资产评估专业人员应当根据评估业务具体情况编制评估计划，并合理确定评估计划的繁简程度。在明确了房地产评估基本事项的基础上，评估专业人员应对评估业务进行初步分析，根据所承接评估业务的具体情况编制合理的房地产评估作业计划。房地产评估作业计划一般在评估项目开展前编制。为保证有效地配置并合理利用各种资源，需要对未来可能进行的所有主要评估工作进行规划，依照评估工作程序的要求对现场调查、收集整理评估资料、评定估算、编制和提交评估报告等评估工作的各个具体环节进行规划。评估计划通常包括房地产评估业务实施的主要过程及时间进度、人员安排等内容。

1）设计评估业务的总体工作思路

评估机构及其评估专业人员在编制评估计划时，首先应当对评估项目进行深入分析，结合评估目的、评估对象、评估范围、业务规模、复杂程度、时间要求等相关因素确定评估的具体实施步骤。应根据资产评估的特定目的、资产的具体状况及评估时的市场条件，确定评估的价值类型，初步拟定评估途径和评估方法。不同的评估方法所需要的资料完全不同。在评估工作的初期事先拟定评估方法，可以提高评估工作效率，为后面的现场调查和资料搜集工作指引方向。

2）安排评估专业人员

应根据评估任务量的大小、性质及评估工作的难易程度，合理确定此项评估的人员数量及构成，并根据评估专业人员的特点和专项特长具体分配评估专业人员。《资产评估基本准则》规定，评估报告应当由至少两名承办该项业务的资产评估师和其他资产评估专业人员签名。法定评估业务，其评估报告应当由至少两名承办该项业务的资产评估师签名。《房地产估价规范》规定，决定受理估价委托后，应根据估价项目的规模、难度和完成时间确定参加估价的注册房地产估价师数量，并至少选派两名能胜任该估价工作的注册房地产估价师共同进行估价，且应明确其中一人为项目负责人。除应采用批量估价的项目外，每个估价项目应至少有一名注册房地产估价师全程参与受理估价委托、实地查勘估价对象、撰写估价报告等估价工作。

3）规划评估作业时间

应在与委托人共同商定的评估作业日期内，合理确定评估工作时间，并对各具体评估步骤的时间进度进行安排。评估专业人员可以根据评估业务的具体情况确定评估计划的繁简程度。对于小型评估项目，评估计划可以适当简化。大型、复杂的评估项目，应要求附以流程图、进度表，详细列示具体的操作安排。

4）测算评估经费

应根据评估工作的地点、评估专业人员的多少、评估工作时间的长短等合理安排评估所需经费，做到既满足需要，又节省资金。

评估作业计划编制完成后，需要上报评估机构负责人审核，经批准后方可实施。评估机构负责人应当对评估专业人员编制的评估作业计划进行审核，以保证评估计划的合理性。评估作业计划审核的重点内容是评估工作步骤是否完整、评估专业人员安排是否合理、评估时间进度是否可行、评估经费预算是否适当等。

评估作业计划批准后，评估作业人员应当按照计划开展评估工作。在评估业务执行过程中，评估专业人员应遵循拟订的作业计划安排。如果在执行评估作业计划过程中，评估对象的情况或相关因素发生了变化，可以对作业计划进行必要的修改、补充和完善，调整评估工作步骤，适当增加或减少评估专业人员，调整评估作业时间。

3.4.2 评估现场调查

现场调查是指评估专业人员亲临现场，实地查明房地产的现实状况，获取评估业务需要的基础资料，了解评估对象现状，关注评估对象法律权属。现场调查应当在评估对象房地产的所在地进行。评估专业人员应当深入现场，核实房地产的存在性和完整性，确认委托人和房地产占有方提供资料的真实性，勘查房地产的质量、结构和使用状况，查验房地产的法律权属资料，取得相应的调查资料。通过现场调查，评估专业人员应当确信或证明评估对象房地产是存在的、产权是清晰的，对房地产的基本状况具有充分的了解。

1）现场调查的内容

房地产评估的现场调查主要包括下列内容：

① 调查房地产的区域情况。应查明房地产具体坐落的位置（如区街号）、四至、与相邻建筑物（或土地）及道路的关系，还要观察附近的建筑布局、道路及交通状况、绿化及卫生状况、地形及地势状况、日照及通风状况。如果评估对象是商业房地产，还应对周边商业的繁华状况进行调查。

② 调查房地产的实体情况。确认房屋的面积、结构、装修和设备。查明房屋的建筑结构、楼层、朝向、布局、设备、装修状况、设备状况，了解房屋的建筑面积、使用面积、历史使用状况和目前的用途等。确定房屋建造年份。通过现场走访、调查，确定房屋的真实建造时间。

③ 调查房地产的使用情况。查明房地产的具体用途，查看房屋的地基基础、承重构件、屋面、地面、门窗、内外装饰、器具、电气照明、线路、装置、暖气、管道、设备状况，分别结构、装修、设备等评定建筑物的成新率。

不同的房地产评估项目，由于评估目的、评估对象等因素的不同，现场调查的具体内容不尽相同。评估专业人员应当根据评估项目的具体情况，确定具体的调查内容和调查方式。评估专业人员应在现场调查前与委托人进行必要的沟通，选择恰当的时间和方式，在委托人或资产占用方的陪同下进行现场调查，确保调查工作顺利进行。

2）现场调查的方式

现场调查人员应当通过询问、访谈、核对、监盘、勘查等方式进行一系列尽职调查工作。在现场调查过程中，评估专业人员要事先准备已设计好的专门表格，将有关调查情况和数据认真记录下来，形成"现场调查记录"，如有必要，还可以进行拍照或摄像。完成实地查勘后，现场调查人员和委托人中的陪同人员都应在"现场调查记录"上签字，并注明现场调查日期。所形成的文字记录、图像、录像可以作为评估的工作底稿和存档的基础资料。现场调查结束后，需要根据现场调查的情况，对评估对象房地产的资料进行必要的调整，并详细说明调查调整的原因、过程和结果。

3.4.3 评估资料收集整理

评估资料是评估专业人员进行评定估算所依据的数据、参数和证明材料。评估资料收集整理是房地产评估资料的收集、核查和验证、分析、归纳和整理的过程，为应用评估方法、得出评估结论及撰写评估报告提供依据。在现场调查工作结束后，即进入评估资料收集整理阶段，为评定估算准备充分的评估数据。

1）评估资料的收集

评估专业人员应当根据房地产评估业务的具体情况收集评估资料。收集的评估资料包括从委托人、产权持有人等相关当事人获取的内部资料；从政府部门、各类专业机构以及市场等其他渠道获取的外部资料。与现场调查所收集的勘查资料不同，评估专业人员需要在现场调查的基础上，进一步了解获取与判断房地产价值相关的其他资料，如市场调查资料、政府部门的有关规定、相关专业机构的分析报告或文件等，作为评估作价的依据。评估资料是否全面、真实、详细，将直接关系到评估结果的可靠性和准确性。只有充分地掌握评估资料，才能保证房地产的评估质量。评估机构及其专业人员在日常工作中就应当注重评估资料的收集，并根据所承接项目的情况确定收集资料的深度和广度，尽可能全面、翔实地占有资料，并采取必要措施确保资料来源的可靠性。

房地产评估资料主要包括以下几个方面：

① 引发房地产评估的经济行为文件。房地产评估有其特定目的，为特定经济行为（或资产业务）服务。评估专业人员应当取得引发房地产评估经济行为的相关文件，如房地产转让协议、房地产抵押合同、房地产拆迁通知等，作为房地产评估的行为依据，保证房地产评估的合法性、有效性。

② 房地产权属及许可文件。房地产的权属证明资料主要为不动产权证，没有颁发不动产权证的可以是国有土地使用证、集体土地所有证、集体土地使用证、土地他项权利证明书、农村土地承包经营权证、用地通知书、国有建设用地出让合同、划拨决定书、房屋所有权证、房屋他项权证、土地房屋权证、房地产权证、在建工程抵押登记证明等。房地产许可文件主要包括用地规划许可证、建设规划许可证、项目批准文件、开工证明等。

③ 房屋建筑工程资料，主要包括建筑物的面积、结构、平面布置、材料、设计、设备、施工质量、装修水平、新旧程度、周边环境、隐蔽工程等基本资料，建筑竣工图、电气竣工图、建设工程竣工验收报告等工程资料，以及土地面积、所在区位、临街状况、形状、地势、容积率、建筑密度、使用权年限、平整程度、地质水文状况等。

④ 房地产评估参数资料。评估专业人员在进行房地产价值评定估算时，需要取得相应的评估参数。不同的评估目的、价值类型和评估方法需要的评估参数不同。如果采用市场法进行评估，需要收集与评估对象房地产相同或类似的交易案

例。如果采用成本法进行评估，需要收集房地产的重置成本、贬值率等数据。如果采用收益法进行评估，需要收集房地产的预期收益、折现率、使用年限等数据。

评估专业人员应当要求委托人或相关当事人提供涉及评估对象和评估范围的详细资料。评估专业人员应当要求委托人或者相关当事人对其提供的资产评估申报资料及其他重要资料进行确认，确认的方式包括签字、盖章、法律允许的其他方式等。

2）评估资料的核查和验证

核查和验证是房地产评估程序中的一个重要环节。根据中华人民共和国《资产评估法》和《资产评估基本准则》的规定，房地产评估专业人员应当依法对评估活动中使用的有关文件、证明和资料的真实性、准确性、完整性进行核查和验证。

核查验证对象是指房地产评估专业人员在执行评估业务时可以通过合法途径获得并使用的有关文件、证明和资料，包括权属证明资料、财务报表、会计凭证、价格信息以及相关的专业报告等。核查验证对象可以是房地产评估相关当事人提供的，也可以是评估专业人员独立收集的，或者是政府部门、各类专业机构以及其他组织发布的。评估专业人员在执行核查验证程序时，可以在符合项目风险以及业务质量控制要求的前提下，根据核查验证对象对评估结论的重要性水平确定核查验证的范围。

核查验证的实施方式通常包括观察、询问、书面审查、实地调查、查询、函证、复核等。评估专业人员应当根据各类资料的特点，合理确定核查验证的实施方式。对某些复杂的资料，可以采取多种方式相结合的形式进行。

① 采用观察方式进行核查验证，应当关注观察方式的有效性和充分性。如果仅用观察方式不足以确认核查验证对象是否真实、准确和完整，还应当追加采用其他方式进行核查验证。对于重要的观察事项，应当记录观察对象、观察时间、观察地点、观察人员和观察结果，并对观察到的现象与核查验证对象是否一致发表明确意见。

② 采用询问方式进行核查验证，应当形成询问记录，并要求询问人和被询问人对询问记录采用签字或者盖章等方式予以确认。如果被询问人拒绝签字或者拒绝以其他方式予以确认，评估专业人员应当在书面记录中注明。

③ 采用书面审查方式进行核查验证，应当分析相关书面信息来源的可靠性，并通过核对原件等方式对书面信息的准确性和完整性进行核查，同时要求提供方在复印件上盖章。

④ 采用实地调查的方式进行核查验证，应当将实地调查情况形成书面记录，由相关当事人签字。如果实地调查涉及的单位为企业法人，需要根据调查事项的重要性和相关性判断是否需要单位盖章确认。如果相关当事人拒绝签字或者盖章，资产评估专业人员应当在书面记录中注明。

⑤ 采用查询方式进行核查验证，应当查询公告、网页或者其他载体相关信息，

通过对不同来源的信息进行对比、分析形成结论，并就查询的信息内容、时间、网址、载体等有关事项形成查询记录。

⑥ 采用函证方式进行核查验证，可以采用邮寄、快递、跟函、电子形式函证（包括传真、电子邮件、直接访问网站等）等方式发出和收回。信件回执、查询信函底稿和对方回函等资料应当由经办的资产评估专业人员签字。被询证人以传真、电子邮件等方式回函的，可以要求被询证人寄回询证函原件。被询证人未签署回执、未予签收或者在函证规定的期限内未回复的，由经办的评估专业人员对相关情况作出书面说明。

⑦ 采用复核方式进行核查验证，应当结合核查验证对象的特点，采取验算、校对等具体措施判断核查验证对象的真实性、准确性和完整性。对于重要的复核事项，应当记录复核过程、采取的措施、复核依据和复核结果，并且由复核人员进行签字确认。

履行核查验证程序的房地产评估专业人员应当具备必要的专业知识和实践经验。对超出评估专业人员胜任能力的核查验证事项，评估机构可以委托或者要求委托人委托相关专业机构出具专业意见。因法律法规规定、客观条件限制无法实施核查验证的事项，评估专业人员应当在工作底稿中予以说明，分析其对评估结论的影响程度，确信不足以对评估结论产生重大影响的前提下，在评估报告中予以披露。如果上述事项对评估结论产生重大影响或者无法判断其影响程度，资产评估机构不得出具资产评估报告。

3）评估资料的分析、归纳和整理

评估专业人员应当根据评估业务具体情况对收集的评估资料进行必要的分析、归纳和整理，形成评定估算和编制评估报告的依据。

评估专业人员应当对所收集的评估资料进行分析，分析查验评估资料的可靠性与可比性，检查评估资料是否与本项评估的目的与条件相符，甄别评估所需要的资料。对于不完善的评估资料，要及时进行修正与调整；对于不足的评估资料，要及时进行补充。

评估专业人员应当对评估资料进行归纳和整理，将评估资料按性质、内容、作用等分类归档，装订成册，并加以索引，待评定估算时使用，为合理选择评估方法、进行房地产价值估算奠定基础。

【案例3-1】NB资产评估有限责任公司接受委托，对某国有投资公司拟投资参股的某民营科技企业ABC集团公司进行企业价值评估，为某国有投资公司投资参股经营提供价值参考依据。NB资产评估有限责任公司执行了评估程序后，为其出具了资产评估报告。后经国家相关监督管理部门调查发现，ABC集团公司存在通过虚增土地资产等方法获得国家投资单位投资参股的现象。此项评估转由中国资产评估协会进行执业责任鉴定。

评估专家在审查了评估报告后认为，NB资产评估有限责任公司在土地使用权评估程序的履行和资产产权的核实等方面存在严重问题，错将ABC集团公司未履行合法手续所取得的两宗土地使用权计入总资产，导致ABC集团公司评估虚增土地资产。按有关规定，评估土地使用权采用重置成本法时，须根据评估目的实现后的土地使用权持有者欲取得该土地使用权所花费的全部费用确定土地使用权的评估价值。NB资产评估有限责任公司没有核查清楚企业是否实际支付了土地取得费用，仅依据企业和土地评估事务所提交的材料，即对土地使用权价值进行了评估。

从这个案例可以看出，严格履行房地产评估程序，核查委托人提供资料的可靠性，验证委托房地产的真实性、合法性和完整性，具有重要的意义。土地使用权资产价值较大，占企业资产总额和净资产的比例较高，在评估程序履行中应当重点安排核查和验证。根据《资产评估基本准则》的规定，尽管委托人和相关当事人依法对其提供资料的真实性、合法性、完整性负责，资产评估专业人员仍应保持足够的职业谨慎，依法对评估活动中使用的有关文件、证明和资料进行核查和验证。NB资产评估有限责任公司在此项评估中未完整履行评估程序，虚增了土地资产的评估价值，造成国有资产流失，应承担相应的经济责任。

3.5　房地产价值评定估算

接受房地产评估业务委托，在明确评估业务的基本事项、签订评估委托合同、编制评估作业计划、现场调查、资料收集整理工作结束后，即进入房地产评估的综合作业环节，对房地产价值进行评定估算。这一工作环节要求在充分分析房地产评估资料的基础上，恰当选择并运用房地产评估方法，形成初步的房地产评估结论，经综合分析及审核后确定房地产的评估结论。

3.5.1　评估方法的选择

房地产评估方法是评定估算房地产价值的技术手段。房地产的评估价值是在现有资料的基础上，运用特定的评估方法估测出来的。房地产评估的具体方法有许多，主要包括市场法、成本法、收益法、假设开发法、路线价法、基准地价修正法等。评估专业人员应当熟练掌握并正确运用这些评估方法。各种评估方法的基本原理、适用前提、计算过程等内容将在后面的章节中详细介绍。

1）影响评估方法选择的因素

房地产的评估方法有很多种，在具体的房地产评估执业过程中，评估专业人员应当根据各种评估方法的适用性以及评估对象的具体情况，合理选择评估方法。根据《资产评估基本准则》的规定，评估专业人员执行房地产评估业务，应当根据评估目的、评估对象、价值类型、资料收集情况等相关条件，分析评估方法的适用性，恰当选择评估方法，合理形成评估结论。

① 房地产评估目的及价值类型。房地产的评估目的是房地产评估所要达到的

目标，是委托人对房地产评估报告的具体用途。房地产评估的特定目的包括房地产转让、抵押、租赁、保险、投资、税收、征收、征用、企业产权变动、财务报告等。不同的评估目的要求的评估价值的类型也有所不同，决定了评估方法的选择顺序。例如，以房地产转让为目的的评估，通常要求市场价值类型，因此如果其他评估条件具备，应当首先选择市场法进行评估。

② 房地产评估对象的特点。房地产评估对象包括土地、建筑物和房地合一。每一种评估对象又分为若干种类。不同种类的房地产具有不同的特点，适用不同的评估方法。例如，住宅用途的房地产较为适用市场法进行评估，商业用途的房地产较为适用收益法进行评估，公益用途的房地产较为适用成本法进行评估，具有投资开发或再开发潜力的房地产较为适用假设开发法进行评估，批量土地的评估较为适用路线价法进行评估。

③ 评估方法的适用条件。每种评估方法均有其应用的前提条件，只有满足了其适用条件，才能得出准确的评估结论。选择市场法评估房地产价值时，评估对象的可比参照物应当具有活跃的公开市场，有关交易的必要信息可以获得。选择收益法评估房地产价值时，评估对象的未来收益应当可以合理预期并用货币计量，预期收益所对应的风险能够度量，收益期限能够确定或者合理预期。选择成本法评估房地产价值时，评估对象应当能正常使用或者在用，评估对象能够通过重置途径获得，评估对象的重置成本以及相关贬值能够合理估算。

④ 房地产评估数据的质量和数量的限制。每种评估方法的应用均以取得充分的、高质量的评估数据资料为基础。评估方法的选择受评估方法所需的数据资料及能否收集到主要的经济技术参数的制约。评估专业人员需要对已经取得的数据资料的质量和数量进行分析，在此基础上合理选择评估方法。如果采用市场法进行评估，应当可以取得房地产交易市场中可比的房地产交易资料；如果采用收益法进行评估，应当可以取得房地产的预期收益额、收益年限和折现率等资料；如果采用成本法进行评估，应当可以取得房地产的重置成本和各种贬值等资料。

2）运用两种以上评估方法

在选择房地产评估方法时，可以选择两种以上评估方法对同一房地产评估对象进行估算。《资产评估基本准则》规定："对于适合采用不同评估方法进行评估的，资产评估师和其他资产评估专业人员应当采用两种以上评估方法进行评估，通过比较分析合理形成评估结论。"评估专业人员在执行房地产评估业务时，应当对评估方法的适用性和影响因素进行分析，判断其是否适用两种以上评估方法。当评估对象适用两种以上评估方法时，应当选用所有适用的评估方法进行评估。

如果因方法的适用性或操作限制导致无法采用两种以上评估方法进行评估，评估专业人员可以采用一种方法进行评估。因适用性受限的，应在报告中披露其他基本评估方法不适用的原因。因操作受限的，应对所受的操作限制进行分析、说明。该限制应当是资产评估行业通常的执业方式普遍无法排除的，而不应以个别资产评估机构或个别资产评估师和其他资产评估专业人员的操作能力及条件作为判断标准。

中华人民共和国住房和城乡建设部颁布的《房地产估价规范》对房地产估价方法的选择作了规定：选用估价方法时，应根据估价对象及其所在地的房地产市场状况等客观条件，以比较法、收益法、成本法、假设开发法等估价方法进行适用性分析。估价方法的选用，应符合下列规定：①估价对象的同类房地产有较多交易的，应选用比较法。②估价对象或其同类房地产通常有租金等经济收入的，应选用收益法。③估价对象可假定为独立的开发建设项目进行重新开发建设的，宜选用成本法；当估价对象的同类房地产没有交易或交易很少，且估价对象或其同类房地产没有租金等经济收入时，应选用成本法。④估价对象具有开发或再开发潜力且开发完成后的价值可采用除成本法以外的方法测算的，应选用假设开发法。当估价对象仅适用一种估价方法进行估价时，可只选用一种方法进行估价。当估价对象适用两种或两种以上估价方法进行估价时，宜同时选用所有适用的估价方法进行估价，不得随意取舍；当必须取舍时，应在估价报告中说明并陈述理由。

3.5.2　评估结论的形成

在确定了评估方法后，即可根据所取得的评估资料，对房地产的价值进行估算，形成房地产评估的初步结果，再在进行综合分析的基础上，得出房地产最终的评估结论。

① 初步评估结果的形成。评估专业人员应当根据所采用的评估方法，选取相应的公式和参数进行分析、计算和判断，形成初步评估结果。评估的初步结果并不是评估的最终结果，只是在评估资料的基础上按一定评估方法计算出来的数值，需要后续的综合分析。

② 评估结论的确定。在初步评估结果的基础上，评估专业人员应对本次评估所使用的资料、经济技术参数等的数量、质量和选取依据的合理性进行综合分析，得出最终的评估结论。评估结论通常应当是确定的数值。如果委托人同意，评估结论也可以使用区间值表达。

采用两种以上评估方法评估时，评估专业人员应当对采用各种方法评估形成的初步评估结果进行分析比较，选择并确定最终评估结论。如果不同的评估方法结果差异较大，应当分析出现差异的原因，检查计算过程是否有误、基础数据是否准确、参数选择是否合理、公式选用是否恰当、方法选用是否正确。在确认所选用的估价方法估算出的结果无误之后，应根据具体情况计算求出一个综合结果。在计算求出一个综合结果的基础上，应考虑一些不可量化的影响因素，对该结果进行适当的调整，或取整，或认定该结果，作为最终的评估结论。

3.6 评估报告与评估档案

评估机构及其专业人员在执行必要的评估程序并形成评估结论后，应根据法律、法规和资产评估准则的要求编制房地产评估报告，及时向委托人出具评估报告。评估业务完成后，将评估报告、评估工作底稿及其他有关评估资料归档管理。

3.6.1 评估报告

评估报告是指评估机构及其资产评估专业人员遵守相关法律法规及资产评估准则的要求，根据委托，在执行必要的评估程序后，对评估对象在评估基准日特定目的下的价值发表的、由资产评估机构出具的书面意见。评估报告是房地产评估工作的最终成果，是房地产评估价值专家意见的书面表达。房地产评估报告阶段，包括评估报告编制、评估报告审核和评估报告提交三个环节。

① 评估报告编制。评估专业人员在履行了必要的评估程序后，需要根据评估报告准则的要求，撰写房地产评估报告。房地产评估报告的编制要求、基本内容、编制方法、格式标准等内容将在后续的章节中介绍。

② 评估报告审核。为保证评估报告的质量，评估机构应当建立评估报告内部复核制度，由评估复核人员按照评估报告的要求，对撰写出来的评估报告进行全面的复查、审核，并确认评估结果的合理性。经审核无误后的评估报告，方能对外出具。

③ 评估报告提交。评估机构应当按评估委托合同中规定的时间和方式，在规定的时间内以恰当的方式将房地产评估报告提交给委托人。在正式提交评估报告之前，评估机构及其专业人员可以与委托人等进行必要的沟通，听取委托人对评估结果的反馈意见。经过核准后的评估报告，相关人员签名盖章后以评估机构的名义出具。根据《资产评估执业准则——资产评估报告》的规定，评估报告应当由至少两名承办该项业务的资产评估专业人员签名并加盖评估机构印章。法定评估业务的评估报告应当由至少两名承办该项业务的资产评估师签名，并加盖资产评估机构印章。

3.6.2 评估工作底稿

评估工作底稿是指评估专业人员执行评估业务形成的，反映评估程序实施情况、支持评估结果的工作底稿、评估报告及其他相关资料。评估专业人员在提交评估报告后，应当按照法律、法规和资产评估准则的要求对工作底稿进行整理，与评估报告和其他材料一起形成评估档案。

评估专业人员在执行房地产评估业务过程中会形成一些工作记录，也会留存一些评估相关资料。这些工作记录和相关资料完整地描述了评估专业人员的评估程序与工作步骤，全面地反映了评估的实施情况，支持最终所做的评估结果。将评估过程中的工作记录和相关资料以工作底稿的形式进行管理，有利于提高评估的质量，防范评估执业风险，加强评估行业的自律管理。

评估工作底稿应当如实反映和记录评估的全过程。在评估程序实施的各阶段，包括签订评估委托合同、编制评估计划、现场调查、收集评估资料、评定估算、编制和提交评估报告等，都应当将工作过程如实地记录和反映在工作底稿中。工作底稿应当反映评估程序实施情况，支持评估结果。工作底稿应当真实完整、重点突出、记录清晰。评估专业人员可以根据评估业务的具体情况，合理确定工作底稿的繁简程度。工作底稿通常分为管理类工作底稿和操作类工作底稿两类。

1）管理类工作底稿

管理类工作底稿是评估专业人员在执行评估业务的过程中，为承接、计划、控制和管理评估业务所形成的工作记录及相关资料。管理类工作底稿侧重于评估项目的组织管理过程和评估报告的质量控制，主要包括评估业务基本事项的记录、评估委托合同、评估计划、评估业务执行过程中对重大问题的处理记录、评估报告的审核记录等。

2）操作类工作底稿

操作类工作底稿是评估专业人员在履行现场调查、收集评估资料和评定估算程序时所形成的工作记录及相关资料。操作类工作底稿侧重于评估的操作过程。操作类工作底稿的内容因评估目的、评估对象和评估方法等不同而有所差异，通常包括以下内容：①现场调查记录与相关资料，包括委托人提供的房地产资料、现场调查记录、房地产的权属证明材料。②收集的评估资料，包括房地产的市场数据与分析资料，房地产的鉴定报告，房地产的档案文件，委托人及相关当事方提供的说明、证明和承诺，其他相关资料。③评定估算过程记录，包括重要参数的选取和形成过程记录，价值分析、计算、判断过程记录，评估结果形成过程记录，其他相关资料。

工作底稿可以是纸质文档，也可以是电子文档或者其他介质形式的文档。评估专业人员可以根据评估业务的具体情况谨慎选择工作底稿的形式。电子或者其他介质形式的重要工作底稿，如评估业务执行过程中对重大问题的处理记录，对评估结果有重大影响的现场勘查记录、询价记录和评定估算过程记录等，应当同时形成纸质文档。

3.6.3　评估档案归档

评估资料归档是房地产评估程序的最终环节。评估机构在向委托人提交房地产评估报告后，评估机构及其专业人员应当将在房地产评估工作中形成的，与评估业务相关的各种评估资料予以归档，并按有关规定进行保存、使用、销毁。评估资料的归档管理有助于评估机构建立完备的评估基础资料，提高评估业务水平；有助于解决日后可能发生的评估纠纷，降低执业风险；有助于行政主管部门和行业组织进行有关检查，评价评估服务质量。

归档的评估资料应尽量全面，包括评估过程中形成的报表数据、鉴定材料、产权资料、文字说明、图片照片、声明承诺等不同形式的记录记载，具体内容一般包括：向委托人出具的评估报告（包括附件）、工作底稿包括的内容（评估业务基本事项的记录、评估委托合同、评估计划、评估业务执行过程中对重大问题的处理记录、评估报告的审核记录、现场调查记录与相关资料、收集的评估资料、评定估算过程记录等）、评估机构及其专业人员认为有必要保存的其他评估资料。

评估机构及其评估专业人员应当及时将工作底稿与评估报告等一并归入评估业务档案，并由所在评估机构按照国家有关档案管理的法律、法规及《资产评估执业准则——资产评估档案》的规定妥善管理。评估业务档案要求自评估报告日起保存期限不少于15年，属于法定资产评估业务的，不少于30年。对于电子文档或者其他介质的评估业务档案，评估机构应当采取适当措施保证信息的完整性和有效性。评估机构不得在规定的保存期内删改或者销毁已完成归档的评估业务档案。工作底稿的管理应当执行保密制度。除司法部门、依法有权审核评估业务的政府部门、评估行业协会按法定或规定程序进行查询等情形外，工作底稿不得对外提供。

延伸阅读

《资产评估执业准则——资产评估档案》

为规范资产评估档案的形成及管理行为，保护资产评估当事人合法权益和公共利益，中国资产评估协会颁布了《资产评估执业准则——资产评估档案》（中评协〔2017〕37号），对评估工作底稿的编制、评估档案的归集和管理行为进行了规范。

本章小结

房地产评估程序是指评估机构及其评估专业人员执行房地产评估业务所履行的系统性工作步骤，包括从承接房地产评估业务至房地产评估档案立卷归档等一系列过程。房地产评估程序通常包括以下几个主要环节：明确房地产评估业务基本事项、签订房地产评估委托合同、编制房地产评估作业计划、现场调查、收集整理房地产评估资料、房地产价值评定估算、编制、审核和出具房地产评估报告、整理归集房地产评估档案。

在房地产评估的委托与受理阶段，评估机构和评估专业人员需要明确房地产评估的范围，根据房地产评估对象的具体情况，在对自身专业胜任能力、独立性和业务风险承担能力进行综合分析与评价的基础上，合理承接房地产评估业务。房地产评估的范围即房地产评估对象构成的内容，包括土地、建筑物和房地合一三种情况。房地产评估是由评估机构及其专业人员对房地产的价值进行分析、估算并发表专业意见的行为和过程。

接受业务委托后，评估机构及其评估专业人员需要明确评估的基本事项，主要包括委托人情况、评估目的、评估对象及范围、评估价值类型、评估基准日、经济行为的审批情况、评估报告的使用范围、评估报告提交的期限及方式、评估服务费及支付方式、配合与协助的事项等。评估机构在决定承接评估业务后，应当与委托人签订评估委托合同。评估委托合同是评估机构与委托人签订的，明确房地产评估业务基本事项，约定评估机构和委托人权利、义务、违约责任和争议解决方式等内容的书面合同。

进入房地产评估的准备阶段，主要工作内容包括房地产评估作业计划的编制、房地产的现场调查、房地产评估资料的收集整理。评估作业计划是评估机构及其专业人员为完成评估业务委托而拟订的作业方案，是对房地产评估工作步骤、工作时间和评估专业人员所作的规划和安排。现场调查要求房地产评估专业人员亲临现场，实地查明房地产的现实状况，获取评估业务需要的基础资料，了解评估对象现状，关注评估对象法律权属。评估资料的收集整理是房地产评估资料的收集、核查和验证、分析、归纳和整理的过程，为应用评估方法、得出评估结论及撰写评估报告提供依据。进入房地产价值的评定估算阶段，评估机构及其专业人员应当对所收集的评估资料进行整理、分析和归纳，根据各种评估方法的适用性以及评估对象的具体情况，合理选择评估方法，对房地产的价值进行估算，形成房地产评估的初步结果，再在进行综合分析的基础上，得出房地产的最终的评估结论。

评估机构及其专业人员在执行必要的评估程序并形成评估结果后，应根据法律、法规和资产评估准则的要求编制房地产评估报告，及时向委托人出具评估报告。评估业务完成后，将评估报告、评估工作底稿及其他有关评估资料归档管理。

主要概念

房地产评估程序　评估业务基本事项　评估委托合同　评估作业计划　现场调查　评估资料　评定估算　评估报告　评估工作底稿　评估档案归档

基本训练

■ 思考题

1.什么是房地产评估程序？正确履行房地产评估程序有何意义？

2.房地产评估程序通常包括哪些环节？

3.房地产评估需要明确的基本事项包括哪些内容？

4.什么是房地产评估委托合同？房地产评估委托合同包括哪些内容？

5.什么是房地产评估作业计划？评估作业计划包括哪些内容？

6.什么是房地产评估的评估工作底稿？工作底稿包括哪些种类？

即测即评

第4章

市场法

本章学习目标是使学生掌握市场法评估的基本内容与基本方法。其具体目标包括：

□ 知识目标

理解市场法的内涵；了解市场法的理论依据、市场法适用的条件和范围，以及理解交易资料搜集、可比实例选取的目标和要求；理解可比实例标准化、交易情况修正、交易日期修正、区域因素修正和个别因素修正的含义。

□ 技能目标

掌握可比实例标准化、交易情况修正、交易日期修正、区域因素修正和个别因素修正的分析和计算。

□ 能力目标

运用市场法对交易性房地产进行评估，包括合理选择可比实例，对评估中的各种参数作出客观、准确判断，以及分析、确定评估结论等。

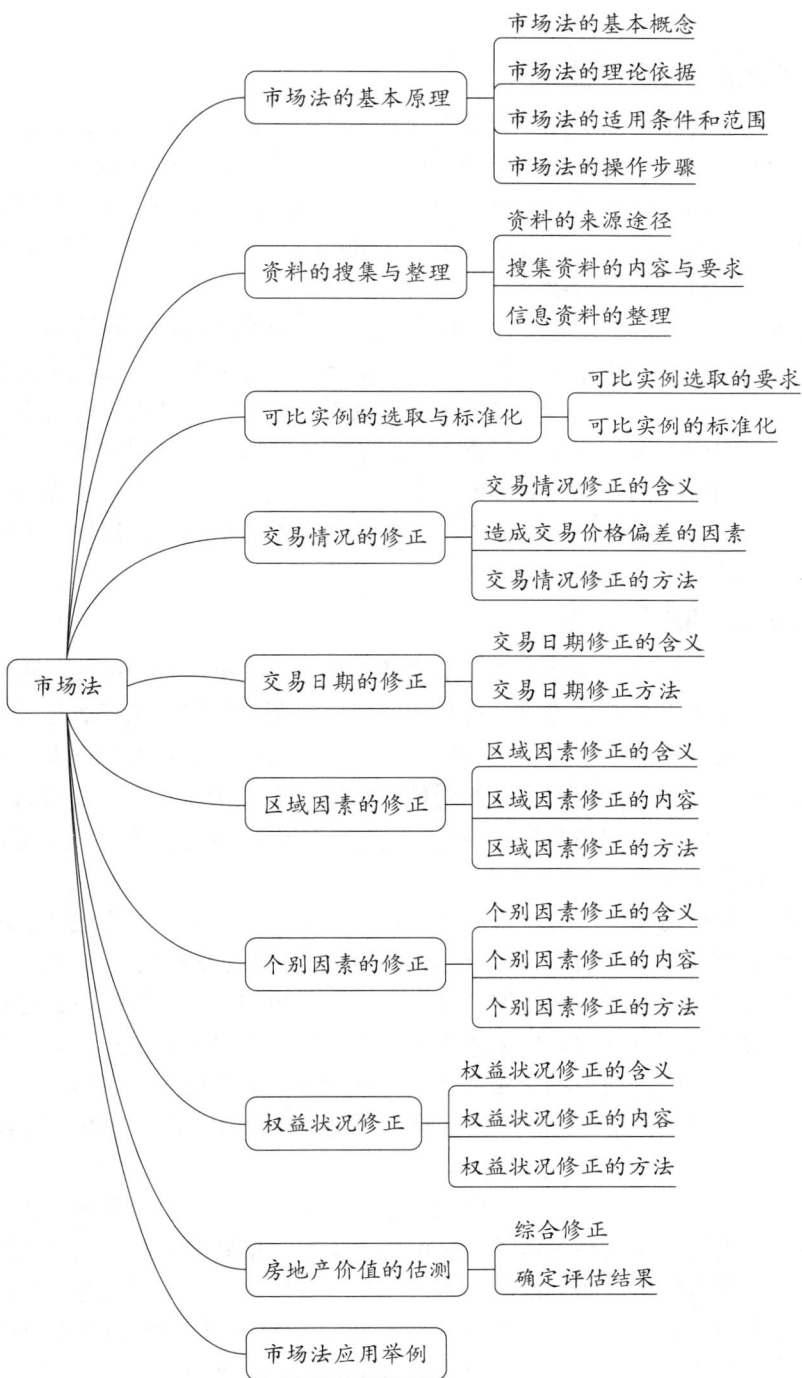

★思维导图

市场法

- 市场法的基本原理
  - 市场法的基本概念
  - 市场法的理论依据
  - 市场法的适用条件和范围
  - 市场法的操作步骤
- 资料的搜集与整理
  - 资料的来源途径
  - 搜集资料的内容与要求
  - 信息资料的整理
- 可比实例的选取与标准化
  - 可比实例选取的要求
  - 可比实例的标准化
- 交易情况的修正
  - 交易情况修正的含义
  - 造成交易价格偏差的因素
  - 交易情况修正的方法
- 交易日期的修正
  - 交易日期修正的含义
  - 交易日期修正方法
- 区域因素的修正
  - 区域因素修正的含义
  - 区域因素修正的内容
  - 区域因素修正的方法
- 个别因素的修正
  - 个别因素修正的含义
  - 个别因素修正的内容
  - 个别因素修正的方法
- 权益状况修正
  - 权益状况修正的含义
  - 权益状况修正的内容
  - 权益状况修正的方法
- 房地产价值的估测
  - 综合修正
  - 确定评估结果
- 市场法应用举例

4.1　市场法的基本原理

4.1.1　市场法的基本概念

市场法是将评估对象房地产与近期交易的类似房地产进行比较，并以类似房地产的价格为基础，经过因素修正得到评估对象房地产价值的评估方法。

市场法又称市场比较法、交易实例比较法、现行市价法等，是当今国际上房地产评估中应用较为广泛的一种方法。市场法既可以对房地产（房地合一）价值进行评估，又可以单独对土地价值进行评估。

对市场法基本概念的理解应注意以下几点：①类似房地产又称为可比实例或参照物，是指与评估对象在区位、权利状况、实体特征等方面具有较强可比性的房地产，可包括已销售、待售或已签订购买合同的类似房地产。②近期交易通常是指类似房地产交易时间与评估基准日接近。③因素修正是分析评估对象和类似房地产的价值产生差异的影响因素，并对影响因素量化和调整。这些因素可能包括房地产的产权状况，买卖双方的动机，融资条件，交易时点的市场状况，房地产的区位、实体特征，收益性房地产的经济特征等。

4.1.2　市场法的理论依据

市场法的理论依据是房地产价格形成的替代原理。根据替代原理，市场上的任何经济主体都谋求以最小的代价取得最大的效用，所以他们在选择商品时会选择效用最大而价格最低的商品。当效用与价格相比趋于效用太小或者价格太高时，购买者就会放弃购买。因此，效用均等的同种商品价格应该相等。在同一市场中同时存在两个以上具有同等效用的替代商品时，商品的价格就会由于替代关系而通过竞争最终促使价格趋于一致。

替代原理同样适用于房地产市场。从理论上讲，效用相等的房地产通过市场竞争，其价格最终会基本趋于一致。在房地产市场上参与交易的双方都是具有理性的。买方要在市场上购置一宗房地产时，他所愿意出的最高的价格不会超过近期市场上已经成交的与其所要购置房地产相类似的房地产的交易价格；卖方也不会同意低于相类似房地产的近期市场交易价格出售其所拥有的房地产。买卖双方只能以市场上已成交的类似房地产价格作为基准，通过协商，以双方均认可的合理价格成交。

从房地产评估的角度来看，在房地产市场交易中，尽管由于房地产位置的固定性、交易的个别性以及交易主体各方对市场的了解、偏好和交易情况的偶然性等原因，房地产的交易价格可能会偏离常态，但是依靠评估专业人员的专业知识和评估经验，根据类似房地产的市场交易价格，通过对交易情况、交易日期、区域因素、个别因素等进行适当修正，可以判断评估对象房地产的价值。

4.1.3 市场法的适用条件和范围

市场法的适用条件是具备发育完善的房地产市场，并且在市场上能够搜集到大量的与被评估房地产相类似的市场交易实例资料。当有充足的、近期的、可靠的交易实例以显示房地产市场价值时，市场法可以应用于各种类型房地产价值评估。当市场不成熟、市场交易数量不足时，市场法的应用将受到限制。

市场法通常是交易性房地产价值评估的首选方法。市场法适用于该类房地产评估，是因为同一市场中存在许多类似房地产的交易实例，如普通住宅、高档公寓、别墅、写字楼、商铺、标准厂房、房地产开发用地等。

4.1.4 市场法的操作步骤

运用市场法时，评估专业人员一般按以下4个步骤进行操作：

（1）搜集房地产交易资料，包括房地产成交、待售、卖方出价、买方出价等方面的信息，目标是找到一组与评估对象尽量相似的可比交易实例。

（2）选取可比交易实例。验证所得资料的真实准确性，确认交易能反映正常市场条件，对所搜集的资料进行筛选，从中选出与评估对象具有较强可比性的交易实例。

（3）对可比实例价格进行修正，包括可比实例价格换算和价格修正，价格换算即建立价格可比基础，价格修正即对影响可比实例与评估对象之间价格差异的因素进行量化和修正。

（4）房地产价值的估测。把得到的多个可比实例比较分析和修正后的价格进行技术处理，确定被评估房地产的最终评估结果。

4.2 资料的搜集与整理

运用市场法评估房地产需要评估专业人员搜集大量房地产成交、待售、卖方出价、买方出价等方面的交易资料，其中已完成房地产交易的资料是最可靠的价值依据。房地产交易信息资料是市场法评估的前提和保证。

4.2.1 资料的来源途径

评估专业人员要经常性地积累和搜集尽可能多的交易资料，而不要等到需要采用市场法评估时才临时去搜集。搜集房地产交易信息资料主要有以下几种途径：

（1）政府有关部门的房地产信息资料：包括政府出让土地使用权的价格资料，政府或其授权部门确定、公布的基准地价、标定地价、房屋重置价格及房地产市场价格资料，房地产权利人转让房地产时向政府有关部门申报的成交价格资料。

（2）各类媒体的房地产信息资料：如网站、报刊上有关房地产出售、出租的广告、交易信息等资料。

（3）中介机构的房地产信息资料：如中介机构代理的房地产出售、出租的信息资料。

（4）其他来源：如房地产开发商、房地产交易当事人、银行有关人员、法院有关人员、其他评估机构及评估专业人员掌握的房地产信息资料。

4.2.2　搜集资料的内容与要求

评估专业人员在搜集资料时，应尽可能搜集较多的内容，所搜集的交易资料一般包括：

（1）交易实例房地产状况资料，如房地产的坐落位置、用途、产权状况、建筑物及土地的面积、四至、临街状况、建筑物的建筑结构、设备及装修情况、建筑物的建造时间及使用状况、基础设施及交通状况、周围环境等。

（2）交易价格，包括已成交房地产的总价及单价、待出售房地产的要价或广告价等。

（3）交易日期。

（4）交易情况，包括买卖双方的情况及关系、交易目的、交易方式（如公开、协议、招标、拍卖、挂牌等）、交易税费的负担方式等。

（5）付款方式，如一次性付款、分期付款、贷款方式付款等。

（6）市场状况，如房地产市场供求状况、房地产价格总水平、交易的频繁程度等。

评估专业人员对于搜集到的每一个交易实例、每一个内容，都需要查证，做到准确无误，保证资料的完整性和真实性。为了避免在搜集交易实例时遗漏重要的内容并保证所搜集内容的统一性和规范化，最好事先将房地产分为不同的类型，如分为住宅、公寓、写字楼、公建、购物中心、宾馆、综合性房地产、工业房地产、农业房地产等。针对这些不同类型的房地产，将所需要搜集的内容制作成统一的"交易实例调查表"（见表4-1）。

4.2.3　信息资料的整理

资料搜集是房地产评估的基础性工作。评估机构应对搜集的各类资料进行归类和整理，建立资料档案和资料库。资料库中的各类交易实例资料应分类存档，如分为商品住宅类交易实例资料、公建类房地产交易实例资料、公寓及写字楼交易实例资料、商服类房地产交易实例资料、综合性房地产交易实例资料、工业房地产交易实例资料、农业房地产交易实例资料等。可根据需要，分别建立房地产交易实例的电子档案和文字档案。电子档案包括有关信息资料的电子文档、电子图片、视频文件、扫描文件等，可存入电脑或制成光盘分类别编号存档。文字档案包括交易实例调查表、照片、待售房地产广告宣传资料及其他交易信息资料。文字档案也应分类编号存档。对于同一个交易实例，电子档案和文字档案应该编排相同的档案号。

表4-1　　　　　　　　　　　　交易实例调查表

名　称	
坐　落	
卖　方	
买　方	
成交日期	
成交价格	
付款方式	
房地产状况说明	实物状况说明
	区位状况说明
	权益状况说明
交易情况说明	

位置图　　　　　　　　　　　　　　　　　　形象图

调查人员：　　　　　　　调查日期：　　年　　月　　日

4.3　可比实例的选取与标准化

评估专业人员通常搜集的房地产交易实例资料较多，但在对某一具体房地产评估时，不是任何交易实例都可以直接作为参照物用以比较的，需要对所获取的交易实例资料进行筛选，从中选取可供参照比较的可比实例。可比实例通常是指与评估对象房地产在所处区域、用途、实体特征、权利性质、交易时间、交易类型、交易价格等方面具有较强可比性的交易实例。

4.3.1　可比实例选取的要求

可比实例的选取应注意交易实例与评估对象房地产之间的可比性，具体体现在以下方面：

1）所处区域的可比性

所处区域的可比性要求交易实例与评估对象处于同一区域或同一供求范围内的类似区域。选择可比实例最好选择与评估对象处于同一区域的交易实例，这样可以消除区域因素对房地产价格的影响。例如，评估大连天津街区域某公建的价值，交易实例最好在大连天津街区域内选择；评估大连某小区商品住宅的价值，交易实例最好在该小区内选择。评估时，如果在同一区域内没有可供比较的交易实例，也可以在同一供求范围内的类似区域选择。例如，评估大连天津街区域某公建的价值，也可以在大连中山广场、青泥洼桥等邻近区域或同等级别的区域中选择交易实例；评估大连某小区商品住宅的价值，也可以选取位于大连市区相邻或类似区域、规模、档次的住宅小区的交易实例。

2）用途的可比性

用途的可比性要求交易实例的用途应与评估对象的用途相同。由于用途不同，房地产效用也不同，房地产价格就会存在很大差异。选择用途相同的交易实例可以消除效用的差异对房地产价格的影响。用途相同最好是交易实例与评估对象的具体用途相同，如交易实例与评估对象同样是普通住宅、高档公寓、商务办公楼、百货商场、宾馆、饭店、普通工业厂房等；也可以选择大类用途相同的交易实例，如居住用途房地产、商业用途房地产、工业用途房地产、农业用途房地产等大类用途方面与评估对象相同。

3）实体特征的可比性

实体特征的可比性要求交易实例的实体特征与评估对象接近。选择实体特征接近的交易实例可以消除个别因素的差异对房地产价格的影响。实体特征的可比性主要体现在以下几个方面：①交易实例的建筑结构与评估对象相同，如钢结构、钢筋混凝土结构、砖混结构、砖木结构等；②交易实例的规模应与评估对象的规模相当，如交易实例的土地面积、房屋总建筑面积等与评估对象不应相差太多；③交易实例的档次应与评估对象的档次相当，如交易实例在建筑风格、建筑式样、装修水平、设备水平等方面与评估对象应相当；④交易实例在其他方面与评估对象应接近，如交易实例在土地的形状、地形、地质、地貌，房屋的楼层、朝向、临街状态、新旧程度方面应与评估对象接近。

4）权利性质的可比性

权利性质的可比性要求交易实例的权利性质应与评估对象的权利性质相同。权利性质的不同会造成房地产价格上的较大差异。例如，交易实例应在国有土地使用权、集体土地使用权、出让土地使用权、划拨土地使用权、商品住宅、经济适用房、房屋所有权、房屋使用权等方面与评估对象相同。如果二者权利性质不相同，一般不能作为可比实例。

5）交易时间的可比性

交易时间的可比性要求交易实例的交易日期应与评估基准日接近。交易日期接近通常是指交易实例的交易时间离评估基准日越近越好，但没有统一的时间间隔规定，可视房地产市场价格变动情况而定。如果房地产市场变化较快，可比实例应选择1年以内或更短时间内的交易实例；如果房地产市场长期比较平稳，则可比实例可选择较早之前发生的交易实例，但一般认为最长不能超过5年。

6）交易方式的可比性

交易方式的可比性要求交易实例的交易方式应与评估目的相吻合。房地产交易一般是指房地产买卖，具体可分为协议、招标、拍卖、挂牌等方式。房地产评估业务，包括以房地产转让、抵押、课税、房屋征收补偿为目的的房地产评估业务，多数要求选取房地产买卖中协议方式的交易实例。

7）交易状况的可比性

交易状况的可比性要求交易实例的交易应该是正常交易或可修正为正常交易。正常交易是房地产交易双方在公平、平等、自愿、信息通畅情况下达成的交易。正常交易所形成的交易价格通常是一种公平合理的市场价格。如果交易实例是非正常交易，如关联企业之间、亲朋之间的交易等，但其可以修正为正常交易，则该交易实例也可作为比较实例。

此外，选取可比实例的数量也有一定的要求。为了避免由于可比实例数量少对评估结果造成的偏差，可比实例应选择多个，一般要求选取3个以上、10个以下，通常为3～5个。

4.3.2　可比实例的标准化

可比实例选取以后，应对这些可比实例的单价、付款方式、币种和货币单位、面积的内涵和单位等进行换算处理，使其成交价格之间口径一致、相互可比，为进行后续的比较修正建立共同的基础。

1）统一付款方式

房地产交易的付款方式通常有一次性付款和分期付款两种。评估中，为了便于可比实例与评估对象的比较，交易价格通常以一次付清所需要支付的金额为基准。这就需要根据货币时间价值原理，将比较实例分期付款的交易价格折算为交易日期一次性付款的数额。

【例4-1】某房地产于2024年2月交易，总交易价格为85万元，其中首付款为总房价的20%，其余款项于2024年12月结清，银行1年期贷款利率为4.35%，则该房地产在2024年2月一次性付款的价格为多少？

该房地产在2024年2月一次性付款的价格=$85 \times 20\% + \dfrac{85 \times (1 - 20\%)}{(1 + 4.35\% \div 12)^{10}}$

$$=82.58（万元）$$

2）统一采用单价

统一采用单价是将可比实例的价格统一为单位面积的价格，以单位面积作为比较单位。房地及建筑物通常为单位建筑面积、单位套内建筑面积、单位使用面积或者单位出租面积上的价格。土地除了单位土地面积上的价格，还可以为单位建筑面积上的价格——楼面地价。评估时，还可以根据具体评估对象的类型选择其他比较单位，如旅馆以每客房或床位为比较单位，餐馆、影剧院以每座位为比较单位，高尔夫球场以每球洞、每会员或者每局（年度球局数）为比较单位，停车场以每停车位为比较单位，网球场以每球场为比较单位等。

3）统一币种和货币单位

比较实例应采用统一币种进行比较。不同币种的交易价格应该进行价格之间的换算。不同币种间价格换算通常采用成交日期的汇率，但如果先按照原币种的价格进行交易日期调整，则对进行了交易日期调整后的价格，应采用评估基准日的汇率进行换算。外汇汇率一般选用国家外汇管理部门公布的外汇牌价的买入、卖出中间价。

按照使用习惯，人民币、美元、日元、港币等币种通常都采用"元"为货币单位。

4）统一面积内涵和面积单位

在房地产交易中，计价单位有建筑面积、套内建筑面积、使用面积等几种内涵。评估比较时，需要将不同的计价单位进行换算统一。它们之间的换算公式如下：

建筑面积价格=套内建筑面积价格×$\dfrac{套内建筑面积}{建筑面积}$

建筑面积价格=使用面积价格×$\dfrac{使用面积}{建筑面积}$

套内建筑面积价格=使用面积价格×$\dfrac{使用面积}{套内建筑面积}$

在房地产面积单位方面，中国（除港澳台地区）通常采用平方米（土地面积单位除了平方米，有时还采用亩、公顷），美国、英国及中国香港等习惯采用平方英尺，日本、韩国及中国台湾等一般采用坪。各种单位之间的换算如下：

1公顷=15亩=10 000平方米

1亩=666.67平方米

1平方英尺=0.0929平方米

1坪=3.3058平方米

将公顷、亩、平方英尺、坪下的价格换算为平方米下的价格如下：

平方米下的价格=公顷下的价格÷10 000

平方米下的价格=亩下的价格÷666.67

平方米下的价格=平方英尺下的价格÷0.0929

平方米下的价格=坪下的价格÷3.3058

【例4-2】运用市场法评估某房地产价值，搜集了甲、乙、丙3个交易实例。3个交易实例的有关资料见表4-2。其他有关资料如下：①人民币的年利率为7.2%，美元的年利率为6.1%；②人民币与美元的市场汇率为1美元等于7.4元人民币，人民币与港币的市场汇率为1港元等于0.86元人民币；③建筑面积、套内建筑面积和使用面积的换算为1平方英尺套内建筑面积等于0.82平方英尺建筑面积，1平方英尺使用面积等于0.75平方英尺建筑面积；④1平方英尺等于0.0929平方米。

表4-2　　　　　　　　　　　　　交易实例情况表

项　　目		甲	乙	丙
房地产面积	内　涵	建筑面积	套内建筑面积	使用面积
	数　量	150平方米	2 300平方英尺	1 800平方英尺
交易价格		85万元人民币	20万美元	135万港元
付款方式		首付17万元，第二期于半年后付34万元，第三期于1年后付34万元	首付4万美元，第二期于两个季度后付16万美元	一次性付款135万港元

如果选取上述3个交易实例作为比较实例，试在对其成交价格做有关修正之前进行可比实例的标准化处理。

对上述3个交易实例进行可比实例的标准化处理，包括统一付款方式、统一采用价格、统一币种和货币单位、统一面积内涵和面积单位。具体处理方法如下：

①统一付款方式：

如果以在交易日期一次性付款为基准，则：

甲总价$=17+\dfrac{34}{(1+7.2\%)^{0.5}}+\dfrac{34}{1+7.2\%}=81.56$（万元人民币）

乙总价$=4+\dfrac{16}{(1+6.1\%\div4)^{2}}=19.52$（万美元）

丙总价=135万港元

②统一采用单价：

甲单价$=\dfrac{81.56\times10\,000}{150}=5\,437$（元人民币/平方米建筑面积）

乙单价$=\dfrac{19.52\times10\,000}{2\,300}=85$（美元/平方英尺套内建筑面积）

丙单价$=\dfrac{135\times10\,000}{1\,800}=750$（港元/平方英尺使用面积）

③统一币种和货币单位：

如果以人民币为基准，则需要将乙交易实例的美元、丙交易实例的港币换算为人民币元，则：

甲单价=5 437元人民币/平方米建筑面积

乙单价=85×7.4=629（元人民币/平方英尺套内建筑面积）

丙单价=750×0.86=645（元人民币/平方英尺使用面积）

④统一面积内涵和面积单位：

如果面积内涵以建筑面积为基准，面积单位以平方米为基准，则应对套内建筑面积、使用面积以及平方英尺等进行换算，则：

甲单价=5 437元人民币/平方米建筑面积

乙单价=629×0.82÷0.0929=5 552（元人民币/平方米建筑面积）

丙单价=645×0.75÷0.0929=5 207（元人民币/平方米建筑面积）

4.4 交易情况的修正

4.4.1 交易情况修正的含义

可比实例的交易价格可能是正常的，也可能是非正常的。如果选择的可比实例的交易价格是非正常的，就需要进行交易情况的修正。交易情况修正就是剔除交易行为中的一些特殊因素所造成的交易价格偏差，将可比实例的非正常交易价格修正为正常交易价格。

4.4.2 造成交易价格偏差的因素

由于房地产具有不可位移性、个别性以及投资大量性等特性，房地产的交易价格往往容易受交易中的一些特殊因素影响，从而使其偏离正常的市场价格。造成交易价格偏差的因素主要包括以下几个方面：

（1）利害关系人之间的交易，如亲友之间、关联企业之间的交易，交易价格通常低于或高于正常市场价格。

（2）急于出售或急于购买的交易，如急于偿还到期的债务、急于办理出国移民等出售房地产，交易价格往往偏低；再如急于做生意、开公司等购买房地产，交易价格往往偏高。

（3）特殊房地产的交易，如公司破产清算的房地产、预售商品住宅、开发小区的清盘房等的交易价格往往低于正常市场价格；未出售的房地产，其交易价通常体现为广告价、要价，则交易价格往往高于正常市场价格。

（4）卖方或买方不了解市场行情的交易。如果卖方不了解市场行情，盲目出售，成交价格往往偏低；如果买方不了解市场行情，盲目购买，成交价格往往偏高。

（5）相邻房地产的合并交易，如形状不规则或面积、规模过小的房地产与相邻房地产合并后效用会增加，相邻房地产的拥有者往往愿意以较高的价格购买，成交价格往往高于其单独存在、与其不相邻交易时的正常市场价格。

（6）交易税非正常负担的交易。在房地产交易中，有的为逃避交易税，签订的是虚假交易合同，买卖双方进行税负转嫁，造成交易价格不含或少含应缴的税费，交易价格低于正常市场价格。

4.4.3　交易情况修正的方法

非正常交易情况下的交易实例一般不宜选为可比实例，但当可选择的交易实例较少而不得不选用时，则应对其进行交易情况的修正。交易情况修正的方法主要有系数修正法和差额调整法。

1）系数修正法

系数修正法是通过可比实例的交易价格乘以交易情况修正系数确定可比实例正常市场价格的方法。其一般公式为：

可比实例正常市场价格=可比实例交易价格×交易情况修正系数

交易情况修正系数通常以正常交易价格为基准来确定，交易情况修正系数公式可具体表示为：

$$交易情况修正系数=\frac{100}{(\ \ \ )}$$

式中，分子中的100为可比实例正常交易价格的基准值，分母括号中的数值根据可比实例交易价格偏离正常交易价格的程度来确定。假设价格偏离程度用S%表示，则分母括号中的数值为100+S。S%为正值表明可比实例的交易价格比其正常市场价格高，S%为负值表明可比实例的交易价格比其正常市场价格低。

【例4-3】可比实例的交易价格为6 000元/平方米，经分析，可比实例的交易价格比其正常市场价格高5%，则可比实例正常市场价格是多少？

$$可比实例正常市场价格=6\ 000×\frac{100}{100+5}=5\ 714（元/平方米）$$

【例4-4】可比实例的交易价格为5 500元/平方米，经分析，可比实例的交易价格比其正常市场价格低3%，则可比实例正常市场价格是多少？

$$可比实例正常市场价格=5\ 500×\frac{100}{100-3}=5\ 670（元/平方米）$$

2）差额调整法

差额调整法是以可比实例交易价格为基础，加上交易情况修正数额得到可比实例正常市场价格的方法。其一般公式为：

可比实例正常市场价格=可比实例交易价格+交易情况修正数额

式中，交易情况修正数额如果是正值，表明可比实例交易价格比可比实例正常市场价格低；如果是负值，表明可比实例交易价格比可比实例正常市场价格高。

【例4-5】可比实例的交易价格为5 800元/平方米，经分析，可比实例的交易价格比其正常市场价格低300元/平方米，则可比实例正常市场价格是多少？

可比实例正常市场价格=5 800+300=6 100（元/平方米）

【例4-6】可比实例的交易价格为6 700元/平方米，假设可比实例的交易价格比其正常市场价格高400元/平方米，则可比实例正常市场价格是多少？

可比实例正常市场价格=6 700-400=6 300（元/平方米）

4.5 交易日期的修正

4.5.1 交易日期修正的含义

可比实例的交易价格是其交易日期的价格，该价格是在可比实例交易时的市场条件下形成的。由于可比实例交易日与评估基准日时点上的差异，房地产的市场状况可能发生了变化，房地产价格水平也会发生变化。这就需要对可比实例进行适当的交易日期修正。交易日期修正是指利用价格指数将可比实例交易时的价格水平下的交易价格调整为评估基准日价格水平下的价格。

4.5.2 交易日期修正方法

交易日期修正的基本思路是以可比实例交易日期的价格为基础，乘以相应的价格指数或价格修正系数得到可比实例在评估基准日价格水平下的交易价格。交易日期修正的关键问题是合理选择和运用房地产的价格指数。由于不同地区、不同用途或不同类型的房地产价格变动的方向和程度不同，价格指数应选择可比实例所在地区的同类房地产价格指数。具体运用时可根据获得价格指数资料的情况，采用定基指数或环比指数进行修正。如果价格指数不能获得，评估专业人员也可以在对某类房地产价格水平变化情况进行分析的基础上，确定价格修正系数。

小资料

价格指数相关知识

1）运用定基价格指数修正

定基价格指数是指在一定时期内对比基期固定不变的价格指数。如果能够获得本地区同类房地产的定基价格指数或定基价格变动指数，可运用下列公式进行交易日期修正：

$$交易日期修正后的可比实例价格=可比实例交易价格×\frac{评估基准日价格指数}{可比实例交易日价格指数}$$

或

$$交易日期修正后的可比实例价格=可比实例交易价格×\frac{1+评估基准日价格变动指数}{1+可比实例交易日价格变动指数}$$

【例4-7】可比实例在2023年5月的交易价格为13 500元/平方米。该地区同类房地产2023年5月的定基价格指数为107.6%，10月的定基价格指数为103.5%。对其进行交易日期修正，修正到2023年10月的价格为多少？

修正到2023年10月的价格$=13\,500\times\dfrac{103.5\%}{107.6\%}=12\,986$（元/平方米）

【例4-8】可比实例在2023年3月的交易价格为13 800元/平方米。该地区同类房地产2023年3月的定基价格变动指数为3.7%，6月的定基价格变动指数为2.5%。对其进行交易日期修正，修正到2023年6月的价格为多少？

修正到2023年6月的价格$=13\,800\times\dfrac{1+2.5\%}{1+3.7\%}=13\,640$（元/平方米）

2）运用环比价格指数修正

环比价格指数是指报告期价格与前一时期价格水平之比，它表明价格逐期的变化情况。如果能够获得本地区同类房地产的环比价格指数或环比价格变动指数，可运用下列公式进行交易日期修正：

交易日期修正后的可比实例价格=可比实例交易价格×∏各期环比价格指数

交易日期修正后的可比实例价格=可比实例交易价格×∏（1+各期环比价格变动指数）

【例4-9】可比实例在2023年6月的交易价格为13 000元/平方米。该地区同类房地产2023年7月至10月的环比价格指数分别为103.6%、98.3%、103.5%、104.7%。对其进行交易日期修正，修正到2023年10月的价格为多少？

修正到2023年10月的价格$=13\,000\times103.6\%\times98.3\%\times103.5\%\times104.7\%=14\,346$（元/平方米）

【例4-10】可比实例在2023年5月的交易价格为13 600元/平方米。该地区同类房地产2023年6月至10月的价格与上月相比的变动率分别为1.6%、2.3%、−1.5%、1.7%、2.1%。对其进行交易日期修正，修正到2023年10月的价格为多少？

修正到2023年10月的价格$=13\,600\times(1+1.6\%)\times(1+2.3\%)\times(1-1.5\%)\times(1+1.7\%)\times(1+2.1\%)$
　　　　　　　　　　$=14\,457$（元/平方米）

3）运用价格变动分析法修正

当不能获得本地区某类房地产定基价格指数和环比价格指数资料时，评估专业人员可以通过调查本地区过去的类似房地产的价格变化情况，或者根据有关机构、新闻媒体发布的房地产价格变动信息资料，判断这类房地产价格随时间变动的趋势和幅度，运用价格变动分析法进行交易日期修正。该方法是以可比实例交易日期的价格水平为基准（基准值定为100），根据本地区同类房地产价格随时间变化的情况，测算出评估基准日的该类房地产的价格变动水平及价格总水平，并用评估基准日的该类房地产的价格总水平与可比实例交易日的价格水平（100）的比作为交易日期修正系数。此方法的交易日期修正公式为：

交易日期修正后的可比实例价格=可比实例交易价格$\times\dfrac{(\quad)}{100}$

式中，分子括号中数值的确定的思路是先估测某类房地产价格变动指标数值，然后用100加上价格变动指标数值得到价格总水平指标数值，如某类房地产从可比实例交易日期到评估基准日价格上涨了5%，则括号中的数值为105（100+5）。

【例4-11】可比实例在2023年10月的价格为16 500元/平方米，需要将其交易价格修正到2024年3月的市场价格。评估专业人员经过市场调查，获得A、B、C、D、E 5宗类似房地产的价格信息，见表4-3。

表4-3   类似房地产价格信息表

项　目	A	B	C	D	E
2024年3月价格（元/平方米）	16 880	16 320	16 710	16 520	16 540
2023年10月价格（元/平方米）	17 120	16 550	16 950	16 730	16 850
价格增长率	−1.40%	−1.39%	−1.42%	−1.26%	−1.84%

将可比实例交易价格修正到2024年3月的市场价格为多少？

价格平均增值率=−（1.40%+1.39%+1.42%+1.26%+1.84%）÷5=−1.46%

交易日期修正后的可比实例价格=16 500×$\dfrac{100-1.46}{100}$=16 259（元/平方米）

4.6　区域因素的修正

4.6.1　区域因素修正的含义

　　房地产的价格与房地产所处的区域密切相关。不同区域内房地产的区域特征，如交通、环境、配套设施等存在差异，决定了房地产的效用不同，房地产的价格也不同。区域因素修正就是剔除房地产区域特征所造成的交易价格偏差，将可比实例区域特征下的交易价格修正为评估对象区域特征下的价格。

4.6.2　区域因素修正的内容

　　区域因素修正的内容应根据商业、工业、住宅等房地产的不同类型而确定，主要包括商业繁华程度、交通状况、环境状况、基础设施、公共设施等影响房地产价格的因素。其中，商业繁华程度表现为商业区的规模、店铺数量、客流量、交易额等方面；交通状况主要表现为道路的通达程度，交通的便捷程度，距离火车站、飞机场、码头等交通设施的远近等；环境状况包括自然环境和人文环境；基础设施主要指给排水、供电、供气、供热等设施的完备程度；公共设施主要指文化教育、医疗卫生、金融保险、商业服务、邮电通信等公共建筑的完备程度。

4.6.3　区域因素修正的方法

　　房地产区域因素修正的思路是：首先，列出对评估对象价格有影响的各种区域因素；其次，判定评估对象和可比实例在这些因素方面的状况；再次，将可比实例与评估对象在这些因素方面的状况进行逐项比较，找出它们之间的差异造成的价格差异程度；最后，根据价格差异程度对可比实例的价格进行调整。房地产区域因素修正的方法有系数修正法和差额调整法。

1）系数修正法

系数修正法是将可比实例与评估对象的区域因素进行比较，确定各区域因素对可比实例与评估对象价格影响的修正系数，用可比实例交易价格乘以各区域因素修正系数得到可比实例在评估对象区域特征下的价格的方法。运用系数修正法对房地产进行区域因素修正的一般公式为：

可比实例在评估对象区域特征下的价格=可比实例交易价格×区域因素修正系数

系数修正法的关键是确定区域因素修正系数。区域因素修正系数的确定方法有直接比较法和间接比较法两种。

（1）直接比较法

直接比较法是以评估对象的区域特征为基准，采用可比实例的区域因素与评估对象的区域因素直接比较以确定区域因素修正系数的方法。直接比较法是确定区域因素修正系数最常用的方法。

直接比较法的具体思路是：首先，以评估对象的区域特征为基准（通常定为100分），将所选择的可比实例的区域因素与评估对象的区域因素逐项比较打分。如果可比实例的区域特征好于评估对象的区域特征，打的分数就高于100；相反，打的分数就低于100。其次，根据各项区域因素对房地产价格的影响程度，分别给出不同的权重，再将可比实例对应的各项区域因素的实际得分分别乘以对应的权重，得到可比实例的综合得分。最后，将评估对象区域因素值（100）除以可比实例的区域因素综合得分，得出可比实例的区域因素修正系数。采用直接比较法确定区域因素修正系数的一般公式为：

$$区域因素修正系数=\frac{100}{（\quad）}$$

式中，括号内应填写的数字为将可比实例与评估对象进行比较后的区域因素综合得分。具体做法是，分别对各可比实例与评估对象所对应的区域因素进行比较打分，然后对各项打分进行加权平均得到各可比实例的区域因素综合得分，具体的打分方法见表4-4。

表4-4　　　　　　　　　　　区域因素修正直接比较表

区域因素	权重	评估对象	可比实例A	可比实例B	可比实例C
因素1	F_1	100			
因素2	F_2	100			
因素3	F_3	100			
⋮	⋮	⋮			
因素n	F_n	100			
综合	1	100			

【例4-12】评估对象与可比实例A、B、C的区域比较因素、相应的权重及比较打分情况见表4-5，试求可比实例A、B、C的区域因素修正系数。

表4-5 区域因素修正直接比较表

区域因素	权重	评估对象	可比实例A	可比实例B	可比实例C
商业繁华度	0.15	100	103	100	98
道路通达度	0.08	100	100	100	100
交通便捷度	0.12	100	101	100	97
离市中心的距离	0.14	100	102	100	95
离交通设施的距离	0.06	100	98	100	101
自然环境状况	0.12	100	102	100	97
人文环境状况	0.10	100	103	100	98
基础设施状况	0.10	100	101	100	99
公共设施状况	0.13	100	105	100	96
综合	1	100	102	100	97.5

通过打分和对各项得分进行加权平均，可比实例A、B、C的区域因素综合得分分别为102、100、97.5，则3个可比实例的区域因素修正系数分别为：

可比实例A区域因素修正系数 $=\dfrac{100}{102}=0.9804$

可比实例B区域因素修正系数 $=\dfrac{100}{100}=1$

可比实例C区域因素修正系数 $=\dfrac{100}{97.5}=1.0256$

（2）间接比较法

间接比较法是以标准房地产的区域特征为基准，采用可比实例的区域因素、评估对象的区域因素分别与标准房地产的区域因素进行比较，以确定区域因素修正系数的方法。

间接比较法的具体思路是：首先，设定一个标准房地产的区域特征，以标准房地产的区域特征为基准（通常定为100分），分别将所选择的可比实例的区域因素、评估对象的区域因素逐项与标准房地产进行比较打分，具体打分方法与直接比较法相同，从而得到可比实例和评估对象的综合得分；其次，用评估对象区域因素综合得分除以可比实例的区域因素综合得分，得出可比实例的区域因素修正系数。采用间接比较法确定区域因素修正系数的一般公式为：

区域因素修正系数 $=\dfrac{(\qquad)}{(\qquad)}$

式中，分子括号内应填写的数字为评估对象与标准房地产比较后的区域因素综合得分，分母括号内应填写的数字为可比实例与标准房地产比较后的区域因素综合得分。具体的打分方法见表4-6。

表4-6　　　　　　　　　　　区域因素修正间接比较表

区域因素	权重	标准房地产	评估对象	可比实例A	可比实例B	可比实例C
因素1	F_1	100				
因素2	F_2	100				
因素3	F_3	100				
⋮	⋮	⋮				
因素n	F_n	100				
综合	1	100				

【例4-13】评估对象、可比实例A、B、C与标准房地产的区域比较因素、相应的权重及比较打分情况见表4-7，试求可比实例A、B、C的区域因素修正系数。

表4-7　　　　　　　　　　　区域因素修正间接比较表

区域因素	权重	标准房地产	评估对象	可比实例A	可比实例B	可比实例C
商业繁华度	0.15	100	101	103	100	98
道路通达度	0.08	100	102	100	100	100
交通便捷度	0.12	100	101	101	100	97
离市中心的距离	0.14	100	100	102	100	95
离交通设施的距离	0.06	100	99	98	100	101
自然环境状况	0.12	100	102	102	100	97
人文环境状况	0.10	100	101	103	100	98
基础设施状况	0.10	100	102	101	100	99
公共设施状况	0.13	100	100	105	100	96
综合	1	100	100.9	102	100	97.5

通过打分和对各项得分进行加权平均，评估对象以及可比实例A、B、C的区域因素综合得分分别为100.9、102、100、97.5，则3个可比实例的区域因素修正系数为：

可比实例A区域因素修正系数$=\dfrac{100.9}{102}=0.9892$

可比实例B区域因素修正系数$=\dfrac{100.9}{100}=1.0090$

可比实例C区域因素修正系数$=\dfrac{100.9}{97.5}=1.0349$

2）差额调整法

差额调整法是将可比实例与评估对象的区域因素进行比较，确定各区域因素对可比实例与评估对象价格影响的调整数额，用可比实例交易价格加上各区域因素调整数额得到可比实例在评估对象区域特征下的价格的方法。运用差额调整法对房地产进行区域因素修正的一般公式为：

可比实例在评估对象区域特征下的价格=可比实例交易价格+区域因素调整数额

4.7　个别因素的修正

4.7.1　个别因素修正的含义

房地产的用途、实体状况等个别因素对房地产的价格也具有很大影响，但对于不同类型的房地产来说，影响其价格的个别因素也会有所不同。个别因素修正就是剔除房地产个别特征所造成的交易价格偏差，将可比实例自身特征下的交易价格修正为评估对象自身特征下的价格。

4.7.2　个别因素修正的内容

个别因素修正的内容可以从土地和建筑物两个方面分析。如果单独评估土地，只需考虑影响土地价格的个别因素；如果评估建筑物，则两个方面的因素都要考虑。

小资料

土地个别因素修正的内容主要包括土地的具体位置、土地的临街状态、土地面积、土地形状、地势、基础设施状况等。

建筑物个别因素修正的内容主要包括建筑物的建筑规模、建筑结构、建筑式样、朝向、楼层、平面布置、设备、装修、新旧程度、建造质量等。

容积率相关知识

4.7.3　个别因素修正的方法

房地产个别因素修正的方法与区域因素修正的方法基本相同，通常也采用系数修正法和差额调整法。

1）系数修正法

系数修正法是将可比实例与评估对象的个别因素进行比较，确定各个别因素对可比实例与评估对象价格影响的修正系数，用可比实例交易价格乘以各个别因素修正系数得到可比实例在评估对象自身特征下的价格的方法。运用系数修正法对房地产进行个别因素修正的一般公式为：

可比实例修正为评估对象自身特征下的价格=可比实例交易价格×个别因素修正系数

其中，个别因素修正系数的确定方法也采用直接比较法和间接比较法两种。

（1）直接比较法

直接比较法是以评估对象的个别因素特征为基准，采用可比实例的个别因素与评估对象的个别因素直接比较以确定个别因素修正系数的方法。采用直接比较法确定个别因素修正系数的一般公式为：

$$个别因素修正系数=\frac{100}{(\quad)}$$

式中，分子100代表评估对象个别因素的值，分母括号内应填写的数字为可比实例与评估对象比较后的个别因素综合得分。具体的打分方法见表4-8。

表4-8 个别因素修正直接比较表

个别因素	权重	评估对象	可比实例A	可比实例B	可比实例C
因素1	F_1	100			
因素2	F_2	100			
因素3	F_3	100			
⋮	⋮	⋮			
因素n	F_n	100			
综合	1	100			

【例4-14】评估对象与可比实例A、B、C的个别比较因素、相应的权重及比较打分情况见表4-9，试求可比实例A、B、C的个别因素修正系数。

表4-9 个别因素修正直接比较表

个别因素	权重	评估对象	可比实例A	可比实例B	可比实例C
坐落位置	0.16	100	105	101	95
临街状况	0.10	100	102	102	99
建筑结构	0.12	100	100	100	100
建筑质量	0.13	100	102	99	98
新旧程度	0.13	100	98	105	95
权利状况	0.12	100	104	100	97
装修水平	0.06	100	103	101	98
设备状况	0.05	100	101	103	99
周边环境	0.13	100	105	102	96
综合	1	100	102.4	101.4	97.1

通过打分和对各项得分进行加权平均，可比实例A、B、C的个别因素综合得分分别为102.4、101.4、97.1，则3个可比实例的个别因素修正系数为：

$$可比实例A个别因素修正系数=\frac{100}{102.4}=0.9766$$

$$可比实例B个别因素修正系数=\frac{100}{101.4}=0.9862$$

$$可比实例C个别因素修正系数=\frac{100}{97.1}=1.0299$$

（2）间接比较法

间接比较法是以标准房地产的个别因素特征为基准，采用可比实例的个别因素、评估对象的个别因素分别与标准房地产的个别因素进行比较以确定个别因素修正系数的方法。采用间接比较法确定个别因素修正系数的一般公式为：

$$个别因素修正系数=\frac{(\quad)}{(\quad)}$$

式中，分子括号内应填写的数字为评估对象与标准房地产比较后的个别因素综合得分，分母括号内应填写的数字为可比实例与标准房地产比较后的个别因素综合得分。具体的打分方法见表4-10。

表4-10　　　　　　　　　个别因素修正间接比较表

个别因素	权重	标准房地产	评估对象	可比实例A	可比实例B	可比实例C
因素1	F_1	100				
因素2	F_2	100				
因素3	F_3	100				
⋮	⋮	⋮				
因素n	F_n	100				
综合	1	100				

【例4-15】评估对象、可比实例A、B、C与标准房地产的个别比较因素、相应的权重及比较打分情况见表4-11，试求可比实例A、B、C的个别因素修正系数。

表4-11　　　　　　　　　个别因素修正间接比较表

个别因素	权重	标准房地产	评估对象	可比实例A	可比实例B	可比实例C
坐落位置	0.16	100	102	105	101	95
临街状况	0.10	100	101	102	102	99
建筑结构	0.12	100	100	100	100	100
建筑质量	0.13	100	100	102	99	98

个别因素	权重	标准房地产	评估对象	可比实例A	可比实例B	可比实例C
新旧程度	0.13	100	101	98	105	95
权利状况	0.12	100	102	104	100	97
装修水平	0.06	100	97	103	101	98
设备状况	0.05	100	98	101	103	99
周边环境	0.13	100	101	105	102	96
综合	1	100	100.6	102.4	101.4	97.1

通过打分和对各项得分进行加权平均，评估对象以及可比实例A、B、C的个别因素综合得分分别为100.6、102.4、101.4、97.1，则3个可比实例的个别因素修正系数为：

$$可比实例A个别因素修正系数=\frac{100.6}{102.4}=0.9824$$

$$可比实例B个别因素修正系数=\frac{100.6}{101.4}=0.9921$$

$$可比实例C个别因素修正系数=\frac{100.6}{97.1}=1.0360$$

2）差额调整法

差额调整法是将可比实例与评估对象的个别因素进行比较，确定各个别因素对可比实例与评估对象价格影响的调整数额，用可比实例交易价格加上各个别因素调整数额得到可比实例在评估对象自身特征下的价格的方法。运用差额调整法对房地产进行个别因素修正的一般公式为：

可比实例修正为评估对象自身特征下的价格=可比实例交易价格+个别因素调整数额

4.8 权益状况修正

4.8.1 权益状况修正的含义

房地产的土地使用权年限、规划条件等权益状况对房地产的价格具有很大影响。权益状况修正就是剔除房地产权益状况特征所造成的交易价格偏差，将可比实例权益状况下的交易价格修正为评估对象权益状况下的价格。

4.8.2 权益状况修正的内容

在选取可比实例时，要求可比实例的权利性质与评估对象的权利性质相同，因此权益状况修正的内容主要是土地使用权年限、规划条件（如容积率）、用益物权设立情况、担保物权设立情况、租赁或占用情况、拖欠税费情况、查封等形式限制权利情况、权属清晰情况等。

4.8.3　权益状况修正的方法

　　房地产权益状况修正的方法与区域因素修正的方法基本相同，通常采用系数修正法。系数修正法是将可比实例与评估对象的权益状况素进行比较，确定各权益状况对可比实例与评估对象价格影响的修正系数，用可比实例交易价格乘以各权益状况修正系数得到可比实例在评估对象权益状况下的价格的方法。运用系数修正法对房地产进行权益状况修正的一般公式为：

　　可比实例修正为评估对象权益状况下的价格=可比实例交易价格×权益状况修正系数

　　权益状况修正系数通常是以评估对象的权益状况为基准，采用可比实例的权益状况与评估对象的权益状况直接比较的方法确定。确定权益状况修正系数的公式为：

$$权益状况修正系数=\frac{100}{(\quad)}$$

　　式中，分子100代表评估对象权益状况的值，分母括号内应填写的数字为可比实例与评估对象比较后的权益状况综合得分。具体的打分方法见表4-12。如果评估对象为土地，土地使用权年限和容积率等权益状况对地价影响较大，可以对土地使用权年限和容积率等进行单独修正。

表4-12　　　　　　　　　　　　权益状况修正打分表

权益状况	权重	评估对象	可比实例A	可比实例B	可比实例C
因素1	F1	100			
因素2	F2	100			
因素3	F3	100			
⋮	⋮	⋮			
因素n	Fn	100			
综合	1	100			

　　【例4-16】评估对象与可比实例A、B、C的个别比较因素、相应的权重及比较打分情况见表4-13，试求可比实例A、B、C的权益状况修正系数。

表4-13　　　　　　　　　　　　个别因素修正打分表

权益状况	权重	评估对象	可比实例A	可比实例B	可比实例C
土地使用权年限	0.16	100	105	101	98
规划条件	0.14	100	102	99	95
用益物权设立情况	0.13	100	100	100	100

续表

权益状况	权重	评估对象	可比实例A	可比实例B	可比实例C
担保物权设立情况	0.13	100	100	100	100
租赁或占用情况	0.12	100	100	100	100
拖欠税费情况	0.12	100	100	100	100
查封情况	0.10	100	100	100	100
权属清晰情况	0.10	100	100	100	100
综合	1	100	101.08	100.02	98.98

通过打分和对各项得分进行加权平均，可比实例 A、B、C 的权益状况综合得分分别为 101.08、100.02、98.98，则 3 个可比实例的权益状况修正系数为：

$$可比实例A权益状况修正系数=\frac{100}{101.08}=0.9893$$

$$可比实例B权益状况修正系数=\frac{100}{100.02}=0.9998$$

$$可比实例C权益状况修正系数=\frac{100}{98.98}=1.0103$$

4.9　房地产价值的估测

通过对所选择的可比实例的交易价格进行交易情况、交易日期、区域因素、个别因素等方面进行综合修正后，得到相应的比准价值，再对每个可比实例的比准价值进行技术处理，得出评估对象的价值。

4.9.1　综合修正

对影响房地产的各种因素进行综合修正，可以采用系数修正法和差额调整法进行。

1）系数修正法

系数修正法综合修正公式为：

$$\frac{比准}{价值}=\frac{可比实例}{交易价格}\times\frac{交易情况}{修正系数}\times\frac{交易日期}{修正系数}\times\frac{区域因素}{修正系数}\times\frac{个别因素}{修正系数}$$

由于确定区域因素和个别因素修正系数时，有直接比较法和间接比较法两种具体方法，因此，运用系数修正法进行综合修正的公式可分为下列两种情况：

（1）直接比较法

用直接比较法计算比准价值的公式为：

$$比准价值=可比实例交易价格\times\frac{100}{(\ )}\times\frac{(\ )}{100}\times\frac{100}{(\ )}\times\frac{100}{(\ )}$$

上式中的4个分式分别代表交易情况修正、交易日期修正、区域因素修正和个别因素修正。各分式分子、分母的含义及括号中数值的确定方法参见前文中的交易情况修正、交易日期修正、区域因素修正和个别因素修正中直接比较法的内容。

【例4-17】可比实例与评估对象有关资料如下：可比实例的交易价格为8 500元/平方米；可比实例交易价格比正常交易价格偏高5%；评估基准日房地产价格与可比实例交易日相比上涨了3%；与评估对象相比，可比实例的区域因素和个别因素综合得分为108和97，则可比实例的比准价值为多少？

可比实例的比准价值$=8\ 500\times\dfrac{100}{105}\times\dfrac{103}{100}\times\dfrac{100}{108}\times\dfrac{100}{97}=7\ 959$（元/平方米）

（2）间接比较法

用间接比较法计算比准价值的公式为：

比准价值$=$可比实例交易价格$\times\dfrac{100}{(\ \ )}\times\dfrac{(\ \ )}{100}\times\dfrac{(\ \ )}{(\ \ )}\times\dfrac{(\ \ )}{(\ \ )}$

上式中各分式分子、分母的含义及括号中数值的确定方法参见前文中的交易情况修正、交易日期修正、区域因素修正和个别因素修正中间接比较法的内容。

【例4-18】可比实例与评估对象有关资料如下：可比实例的交易价格为7 800元/平方米；可比实例交易价格比正常交易价格偏低3%；评估基准日房地产价格与可比实例交易日相比下降了5%；与标准房地产相比，评估对象、可比实例的区域因素综合得分为102、104，个别因素综合得分为106、98，则可比实例的比准价值为多少？

可比实例的比准价值$=7\ 800\times\dfrac{100}{97}\times\dfrac{95}{100}\times\dfrac{102}{104}\times\dfrac{106}{98}=8\ 104$（元/平方米）

2）差额调整法

差额调整法综合修正公式为：

$$\text{比准价值} = \text{可比实例交易价格} + \text{交易情况修正值} + \text{交易日期修正值} + \text{区域因素修正值} + \text{个别因素修正值}$$

【例4-19】可比实例与评估对象有关资料如下：可比实例的交易价格为8 200元/平方米；可比实例交易价格比正常交易价格每平方米低80元；可比实例交易价格与评估基准日房地产价格相比每平方米低350元；可比实例区域内的房地产价格比评估对象区域内房地产价格每平方米高120元；可比实例与评估对象个别特征相比房价每平方米低60元，则可比实例的比准价值为多少？

可比实例的比准价值$=8\ 200+80+350-120+60=8\ 570$（元/平方米）

4.9.2　确定评估结果

每个可比实例的交易价格经过各因素修正后，都会相应地得出一个比准价值。为了保证评估结果的客观性，运用市场法评估一般要选择多个（通常为3~5个）可比实例，这样就会得出多个比准价值，最后还要对多个比准价值进行技术处理，确定最终评估结果。具体方法有简单算术平均法、加权平均法、中位数法、众数法等。在上述各种方法的运用中，选择各比准价值的中位数来确定评估结论不一定客观，计算出的比准价值很少有数额相同的情况，因此，中位数法和众数法在运用中受到一定限制。常用的方法是简单算术平均法和加权平均法。

1）简单算术平均法

简单算术平均法是将多个参照物交易实例修正后的初步评估结果简单地算术平均后，作为评估对象房地产的最终评估价值。简单算术平均法的计算公式如下：

$$P = \frac{\sum\limits_{i=1}^{n} P_i}{n}$$

式中：P为评估对象的价值；P_i为第i个可比实例的比准价值；n为可比实例个数。

【例4-20】4个可比实例交易价格修正后得出的比准价值分别为8 500元/平方米、8 800元/平方米、8 200元/平方米、8 300元/平方米，则用简单算术平均法计算的评估对象房地产的价值为多少？

用简单算术平均法计算的评估对象房地产的价值=（8 500+8 800+8 200+8 300）÷4
=8 450（元/平方米）

2）加权平均法

加权平均法首先判定各个比准价值与评估对象的接近程度，并根据接近程度赋予每个比准价值以相应的权重，然后将加权平均后的比准价值作为评估对象的价值。加权平均法的计算公式如下：

$$P = \sum\limits_{i}^{n} P_i f_i$$

$$f_1 + f_2 + \cdots + f_n = 1$$

式中：P为评估对象的价值；P_i为第i个可比实例的比准价值；f_i为第i个比准价值P_i的权重；n为可比实例个数。

【例4-21】4个可比实例交易价格修正后得出的比准价值分别为8 500元/平方米、8 800元/平方米、8 200元/平方米、8 300元/平方米，如果赋予4个比准价值的权重分别为0.4、0.1、0.2、0.3，则用加权平均法计算的评估对象房地产的价值为多少？

用加权平均法计算的评估对象房地产的价值=8 500×0.4+8 800×0.1+8 200×0.2+8 300×0.3
=8 410（元/平方米）

4.10　市场法应用举例

【例4-22】运用市场法评估公建房的市场价值。

（1）评估对象概况

评估对象房地产为滨海市黄海南路80号阳光小区9号楼一层公建，建筑面积为

1 400平方米，具体情况如下：

①位置与环境。评估对象房地产位于滨海市黄海南路80号阳光住宅小区。小区北面靠山，南面俯瞰大海，地势北高南低，依山傍水。小区南靠滨海市主要交通干道黄海南路，总建筑面积16万平方米，各类住宅共1 300套，规划为南北向30栋多层和小高层住宅。小区中央设有宽阔的中央公园，各种配套设施齐全。小区内的交通组织体系采用完全人车分流设计，车道全部设置在社区的外围，真正确保住宅区内部居住生活环境的安静与安全。小区周边交通发达，通过此地的公交线路有十几条。

②占用土地的基本情况。评估对象所在的住宅小区总占地面积为98 000平方米，其中商服用地9 900平方米、住宅用地88 100平方米。根据滨海市政府〔2008〕40号文件，该地块土地级别为六级。该土地已取得了国有土地使用证，证号为滨海市国用（2008）字第58号。

③评估对象房屋的基本情况。评估对象房屋是阳光小区9号楼，建于2011年，9号楼共13层，总建筑面积为11 000平方米，其中一层公建1 400平方米。公建层高3.3米，全部为框架结构，按八级抗震烈度设防。9号楼位于整个小区的中心，中央公园的北侧。评估对象房屋的外装修为塑钢门窗，西班牙瓦，进口高档外墙黏土砖；内装修为水泥地面，墙面、天棚刮大白。评估对象房屋有完善的水、暖、电设施，冷水管采用无毒、无味、无腐蚀性的进口塑料管，热水管采用紫铜管，并设置了结构化布线系统，主干线采用室外光缆。

（2）评估要求

评估该房地产2024年4月1日的市场价值。

（3）评估过程

①选择评估方法。该类房地产有较多的交易实例，故采用市场法进行评估。

②搜集有关的评估资料，选择可比实例。通过对所选择的类似房地产交易资料的分析和筛选，确定可比性较强的3个交易案例作为可比实例。

可比实例A：阳光小区12号楼一层公建。该建筑建于2011年，位于评估对象房地产东侧，中央公园的东北角；框架剪力墙结构；外装修为塑钢门窗，西班牙瓦，进口高档外墙黏土砖；内装修为水泥地面，墙面、天棚刮大白；水、暖、电设施完善，冷水采用无毒、无味、无腐蚀性的进口塑料管，热水管采用紫铜管，并设置了结构化布线系统，主干线采用室外光缆。其售价为15 300元/平方米，成交日期为2024年2月，当时为期房。

可比实例B：光明住宅小区的步行商业街一层公建。光明小区位于阳光小区东侧900米，南靠滨海市主要交通干道黄海南路，东邻幸福路，小区临幸福路一侧有多家店铺。可比实例位于阳光小区中部，建于2010年，其建筑结构、装修水平及设备状况与评估对象房地产基本相同，售价为15 800元/平方米，成交日期为2023年9月，交易情况为清盘。

可比实例C：阳光小区西侧，靠近黄海南路的一层公建。该可比实例为一临街公建，建于2010年，其建筑结构、设备状况与评估对象房地产基本相同，该建筑室内进行了精装修，售价为17 000元/平方米，成交日期为2023年11月。

③对可比实例进行交易情况、时间因素、区域因素和个别因素修正。评估对象房地产与3个可比实例各种因素比较情况见表4-14。

表4-14　　　　　　　　　　因素条件说明表

比较因素	评估对象及可比实例	评估对象	可比实例A	可比实例B	可比实例C
	交易日期		2024年2月	2023年9月	2023年11月
	交易情况	正常	期房	清盘	正常
	权益状况	相同	相同	相同	相同
区域因素	商服繁华度	一般	一般	一般	好
	离市中心的距离	相同	相同	稍近	相同
	交通便捷度	较好	较好	好	好
	道路通达度	较好	较好	好	好
	土地级别	六级	六级	六级	六级
	环境质量优劣度	较好	较好	较好	较好
	绿地覆盖度	较好	较好	较好	较好
	基础设施完善度	较好	较好	较好	较好
	公用设施完备度	较好	较好	较好	较好
	规划限制	相同	相同	相同	相同
个别因素	小区内所处位置	较好	较好	较好	好
	临街状况	较好	较好	较好	好
	新旧程度	优	优	优	优
	楼层	一层	一层	一层	一层
	朝向	南北	南北	南北	南北
	建筑结构	框剪	框剪	框剪	框剪
	建筑质量	较好	较好	较好	较好
	建筑物用途	相同	相同	相同	相同
	装修水平	较好	较好	较好	好
	设备状况	好	好	好	好
	物业管理	优	优	优	优

A.进行交易情况修正。经分析，3个可比实例中，可比实例A为期房，与正常交易相比，交易价格偏低7%，交易情况修正系数为100/93；可比实例B为清盘房，与正常交易相比，交易价格偏低5%，交易情况修正系数为100/95；可比实例C为正常交易，交易情况修正系数为100/100。

B.进行交易日期修正。经调查分析，滨海市2024年4月该类房地产的市场价格与2024年2月、2023年9月和2023年11月相比分别下降了1%、3%和2%，则可比实例A、可比实例B和可比实例C的交易日期修正系数分别为：99/100、97/100、98/100。

C.进行区域因素修正。将可比实例A、可比实例B和可比实例C的各区域因素分别与评估对象房地产进行比较，然后打分，并通过加权平均分别得到综合得分，最后得出可比实例A、可比实例B和可比实例C的区域因素修正系数分别为：100/100、100/101.5、100/101.6，具体打分及计算情况见表4-15。

表4-15　　　　　　　　　　　　区域因素直接比较表

区域因素	权重	评估对象	可比实例A	可比实例B	可比实例C
商服繁华度	0.15	100	100	105	103
离市中心的距离	0.13	100	100	101	100
交通便捷度	0.12	100	100	103	105
道路通达度	0.11	100	100	102	105
土地级别	0.07	100	100	100	100
环境质量优劣度	0.10	100	100	100	100
绿地覆盖度	0.08	100	100	100	100
基础设施完善度	0.10	100	100	100	100
公用设施完备度	0.09	100	100	100	100
规划限制	0.05	100	100	100	100
比较结果	1	100	100	101.5	101.6

D.进行个别因素修正。将可比实例A、可比实例B和可比实例C的各个别因素分别与评估对象房地产进行比较，然后打分，并通过加权平均分别得到综合得分，最后得出可比实例A、可比实例B和可比实例C的个别因素修正系数分别为：100/99.6、100/100.2、100/101.4，具体打分及计算情况见表4-16。

表4-16 个别因素直接比较表

个别因素	权重	评估对象	可比实例A	可比实例B	可比实例C
在小区内所处位置	0.12	100	98	100	105
临街状况	0.15	100	99	101	105
新旧程度	0.10	100	100	100	100
楼层	0.08	100	100	100	100
朝向	0.07	100	100	100	100
建筑结构	0.15	100	100	100	100
建筑质量	0.12	100	100	100	100
建筑物用途	0.09	100	100	100	100
装修水平	0.04	100	100	100	103
设备状况	0.05	100	100	100	100
物业管理	0.03	100	100	100	100
比较结果	1	100	99.6	100.2	101.5

E.计算评估对象房地产价值。首先计算3个可比实例的比准价值，计算过程见表4-17。通过对3个可比实例的可比性分析，对可比实例A、可比实例B和可比实例C分别给出不同的权重0.5、0.2、0.3，采用加权平均法计算评估对象房地产的单价为16 195元/平方米（16 353×0.5+15 862×0.2+16 155×0.3）。

表4-17 房地产价值计算表

	可比实例A	可比实例B	可比实例C
实际成交价格（元/平方米）	15 300	15 800	17 000
交易情况修正	100/93	100/95	100/100
交易日期修正	99/100	97/100	98/100
区域因素修正	100/100	100/101.5	100/101.6
个别因素修正	100/99.6	100/100.2	100/101.5
权益状况修正	100/100	100/100	100/100
比准价值（元/平方米）	16 353	15 862	16 155

（4）评估结果

房地产单价=16 195元/平方米

房地产总价=1 400×16 195=22 673 000（元）=2 267.3（万元）

本章小结

市场法又称市场比较法、交易实例比较法、现行市价法等，是将评估对象房地产与近期交易的类似房地产进行比较，并以类似房地产的价格为基础，经过因素修正得到评估对象房地产价值的评估方法。市场法既可以对房地产（房地合一）价值进行评估，也可以单独对土地价值进行评估。

市场法的理论依据是替代原理。从理论上讲，效用相等的房地产通过市场竞争，其价格最终会基本趋于一致。从房地产评估的角度来看，房地产市场交易中，尽管由于房地产位置的固定性、交易的个别性以及交易主体各方对市场的了解、偏好和交易情况的偶然性等原因，房地产的交易价格可能会偏离常态。但是，依靠评估专业人员的专业知识和评估经验，根据类似房地产的市场交易价格，通过对各种因素等进行适当修正，可以判断评估对象房地产的价值。

市场法的适用条件是具备发育完善的房地产市场，并且在市场上能够搜集到大量的与被评估房地产相类似的市场交易实例资料。当有充足的、近期的、可靠的交易实例以显示房地产市场价值时，市场法可以应用于各种类型房地产价值评估。当市场不成熟、市场交易数量不足时，市场法的应用将受到限制。市场法通常是交易性房地产价值评估的首选方法。市场法很少应用于特殊用途房地产评估。市场法用于收益房地产的评估受到一定限制。

市场法一般按以下4个步骤进行操作：①搜集房地产交易资料；②选取可比交易实例；③对可比实例价格进行修正；④确定评估对象价值。评估专业人员通常需要对所获取的交易实例资料进行筛选，从中选取可供参照比较的可比实例。可比实例通常是指与评估对象房地产在所处区域、用途、实体特征、权利性质、交易时间、交易类型、交易价格等方面具有较强可比性的交易实例。

可比实例选取以后，应对这些可比实例的单价、付款方式、币种和货币单位、面积的内涵和单位等进行换算处理，使其成交价格之间口径一致、相互可比，为进行后续的比较修正建立共同的基础。

市场法运用的重点内容是采用具体的方法对可比实例进行交易情况、时间因素、区域因素、个别因素、权益状况因素等的修正，将可比实例的实际交易价格修正为评估对象自身情况或状态下的比准价值，然后采用合理的方法对各比准价值进行综合修正，最终确定评估对象的价值。

主要概念

市场法　可比实例　交易情况修正　交易日期修正　价格指数　定基价格指

数　环比价格指数　区域因素修正　个别因素修正　容积率

基本训练

■ 思考题

1.什么是市场法？市场法适用的条件是什么？

2.搜集交易案例资料的途径主要有哪些？

3.搜集交易案例时应搜集哪些内容？

4.选择可比实例应符合哪些要求？

5.为什么要建立价格比较基础？建立价格比较基础包括哪些方面？

6.造成房地产价格偏离正常市场价格的因素有哪些？

7.如何进行交易情况修正？

8.交易日期修正的方法有哪些？

9.什么是区域因素修正？区域因素修正包括哪些内容？

10.什么是个别因素修正？个别因素修正包括哪些内容？

11.为什么要对土地使用年限和容积率进行单独修正？

12.如何将多个比准价值综合成最终的评估值？

■ 计算题

1.评估城市规划确定的某块住宅用地2023年5月10日的市场价值，有关资料如下：

（1）该地块总面积为1 800平方米。

（2）选择的可比实例A、B、C的交易日期和交易价格为：可比实例A为2022年12月10日进行的交易，交易价格为3 520元/平方米；可比实例B为2023年2月10日进行的交易，交易价格为3 480元/平方米；可比实例C为2023年4月10日进行的交易，交易价格为3 600元/平方米。

（3）经分析，可比实例A为正常交易，可比实例B的交易价格比正常价格低3%，可比实例C的交易价格比正常价格高5%。

（4）可比实例A、B、C交易时的定基价格指数分别为105%、112%、118%，评估基准日的定基价格指数为125%。

（5）与评估对象比较可比实例A、B、C的区域因素综合打分分别为102、98、96。

（6）与评估对象比较可比实例A、B、C的个别因素综合打分分别为104、101、97。

试根据上述资料，运用市场法评估该土地的价值。

2.某写字楼的建筑面积1 500平方米，其他有关资料如下：

（1）可比实例的交易日期和交易价格（见表4-18）。

表4-18 可比实例的交易日期和交易价格

	可比实例A	可比实例B	可比实例C
交易日期	2023.03.01	2023.02.01	2023.07.01
交易价格（元/平方米）	19 000	18 800	19 200

（2）可比实例交易情况（见表4-19）。

表4-19 可比实例交易情况

	可比实例A	可比实例B	可比实例C
交易情况	2%	–1%	5%

表4-19中正值表示可比实例交易价格高于正常交易价格的幅度，负值表示可比实例交易价格低于正常交易价格的幅度。

（3）该类房地产价格变化情况（见表4-20）。

表4-20 该类房地产价格变化情况

月 份	1	2	3	4	5	6	7	8	9
环比价格指数	100%	100.5%	98.6%	102.3%	101.2%	97.4%	101.6%	99.8%	98.1%

（4）可比实例区域因素直接比较与打分（见表4-21）。

表4-21 可比实例区域因素直接比较与打分

区域因素	权重	评估对象	可比实例A	可比实例B	可比实例C
因素1	0.4	100	98	92	108
因素2	0.35	100	105	96	97
因素3	0.25	100	103	98	104

（5）可比实例个别因素直接比较综合打分（见表4-22）。

表4-22 可比实例个别因素直接比较综合打分

	评估对象	可比实例A	可比实例B	可比实例C
个别因素综合得分	100	103	108	94

（6）可比实例权益状况直接比较综合打分（见表4-23）。

表4-23 可比权益状况直接比较综合打分

	评估对象	可比实例A	可比实例B	可比实例C
权益状况综合得分	100	100	100	99

试运用上述资料，评估该写字楼2023年9月1日的市场价值。

计算题参考答案

即测即评

第5章

成本法

本章学习目标是使学生理解房地产评估成本法的基本原理，掌握房地产评估成本法的基本程序与评估方法。其具体目标包括：

□ 知识目标

理解成本法评估的含义、理论依据、评估思路；理解重置成本的构成与计算方法；理解各种贬值的含义与计算方法；了解房屋完损等级的评定标准。

□ 技能目标

掌握各种情况下土地和房屋建筑物重置成本的各组成部分的计算方法；掌握房地产贬值相关的各参数的估测方法和房地产贬值的估测方法。

□ 能力目标

具备运用成本法进行房地产评估操作的能力。

★思维导图

```
                                成本法的基本概念
                    成本法的基本原理 ── 成本法的理论依据
                                成本法评估的适用条件和范围
                                成本法的操作步骤

                    房地产重置成本及估测 ── 房地产的重置成本的含义及分类
                                    房地产重置成本的估测

                                房地产贬值的含义及分类
                                房地产贬值估测的基本思路
                    房地产贬值及估测 ── 房地产实体性贬值的估测
                                房地产功能性贬值的估测
                                房地产经济性贬值的估测

   成本法                        土地价值的估算
                    房地产价值的估算 ── 建筑物价值的估算
                                房地价值的估算

                                完好房的标准
                                基本完好房的标准
                    房屋完损等级的评定标准 ── 一般损坏房的标准
                                严重损坏房的标准

                    成本法应用举例
```

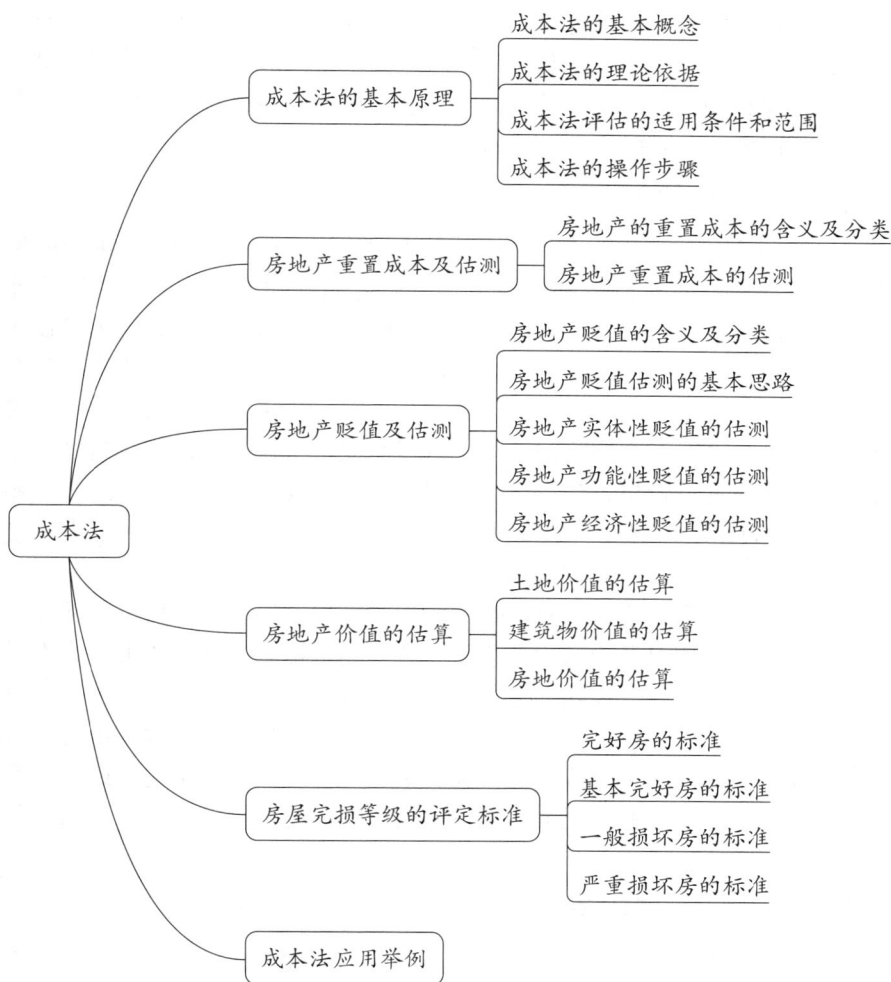

5.1　成本法的基本原理

5.1.1　成本法的基本概念

成本法是通过估测房地产的重置成本，扣除房地产各种贬值，以确定评估对象房地产价值的评估方法。

运用成本法评估房地产价值，并非核算房地产的建造成本，而是从成本角度估测房地产的价值。成本法中的成本不同于会计核算中的成本，在评估时主要从以下三个方面把握：第一，成本法中的房地产成本不但包括会计账目中成本项目所记录的成本费用，还应当包括房地产的正常利润、资金的利息等。第二，成本法中的成本是客观成本，是在正常的技术条件和生产方式下所发生的成本，而不是个别房地产企业在房地产的实际开发过程中的实际成本。客观成本可以高于、等于或低于实际成本。第三，成本法中的成本是与评估时点相联系的成本，也就是评估时点的成本，而与会计账目确认的时间无关。评估时必须根据评估时点的价格水平和客观成本费用标准来确定评估中的房地产成本。

5.1.2　成本法的理论依据

成本法的理论基础是劳动价值论。在具体的价格形成过程中，房地产的价格是由买卖双方在市场上形成的。他们在劳动价值论的基础上分别依据替代原理来决策。从卖方角度来看，对其开发完成后房地产的销售价格一般不会低于其投入资金的机会成本，所投入资金的机会成本是其最低要价。如果低于这一价格，开发商的投资收益就会低于其资金的替代用途，甚至会亏本。从买方的角度来看，其愿意购买的价格不能高于功能和效用相同的其他替代品或自己建造的价格。这是买方的最高出价。如果高于这一价格，买方就会购买其替代品或自建。因此，经过市场这一"看不见的手"的作用，房地产成交价格应是供需双方都能够接受的价格，也就是低于买方的最高出价、高于卖方最低要价的某一价格。

在现实中，房地产的价格直接由其为买方带来的效用决定，而不是开发商所投入的成本。成本的增减只有与效用相关时才会影响价格。如果不相关，成本增加再多也不会影响价格，即如果投入的边际效益高，较少的投入就会带来较大的价格增加；反之，较多的投入也只能带来较小的价格增加。在短期内，现实市场中可能会由于开发商投资边际效益不高或市场情况发生变化而使买方可接受的最高价低于卖方可接受的最低价。在这种情况下，开发商的房地产要么卖不出去，要么折价亏本卖出。

5.1.3　成本法评估的适用条件和范围

原则上，所有房地产都可以使用成本法评估，但成本法更适用于那些既无收益资料又很少发生市场交易的使用其他方法无法进行评估的房地产。

成本法评估的范围主要包括公用、公益用房地产，如学校教学楼、图书馆、体育馆、医院、政府办公楼、部队营房、公园等，以及其他非标准的房地产，如化工厂、钢铁厂、发电厂、码头、机场等。这些非标准房地产是根据个别用户的特殊需要特别设计开发的。对单纯建筑物的评估，一般情况下，成本法更便于操作。此外，成本法评估的结果，通常更容易被房地产保险或其他损害赔偿当事人所接受，尤其房地产的局部损毁赔偿。

由于土地的价格主要取决于它的效用，并非仅仅是它所花费的成本，土地取得和开发成本加利税并不一定能客观反映其市场价值。因此，成本法在土地评估中的应用范围会受到一定限制。

5.1.4 成本法的操作步骤

成本法的评估步骤一般分为下列四步：

（1）收集有关房地产开发的成本、税费、利润等资料。根据评估时点的标准收集相关的造价、税费利润率等资料。

（2）估算房地产的重置成本。在收集了丰富评估资料的基础上，运用重置成本估测方法估算房地产的重置成本。

（3）估算房地产的各种贬值。在房地产重置成本的基础上，估算房地产的实体贬值、经济贬值和功能贬值。

（4）估测房地产的评估价值。在以上评估步骤的基础上，将房地产的重置成本扣除各种贬值，得出评估对象房地产最终的评估价值。

5.2 房地产重置成本及估测

5.2.1 房地产的重置成本的含义及分类

房地产的重置成本是指按照评估时的价格水平重新建造或购置全新的房地产所花费的全部成本。房地产的重置成本包括更新重置成本和复原重置成本。

1）更新重置成本

更新重置成本是根据评估时的实际情况，即根据评估时的技术、工艺，当前的人工、材料、机械的价格水平，重新建造一幢与原建筑物在功能、效用上相同的新建筑物的正常成本。更新重置成本中所强调的是功能和效用相同，技术、工艺和材料可根据当前的条件来选择，不必一定与原建筑相同。随着科学技术的不断发展，建筑材料、技术和工艺也在不断地发展，其替代产品也会越来越多。扣除通货膨胀的影响，其实际成本或价格是趋于下降的。因此，在实际评估时，对建筑物价值的评估一般都采用更新重置成本。

2）复原重置成本

复原重置成本是在评估时的人工、材料、机械等价格水平条件下，用与评估对象完全相同的建筑材料、建筑技术和工艺，重新建造一幢与原建筑物完全相同的新建筑物的正常成本。复原重置成本强调的是完全相同，是一种完全的复原。随着环境的变化、自然原材料的减少以及建筑技术工艺的不断发展，传统材料的供应可能减少，有些传统工艺也可能失传。由于受这些因素的影响，随着时间的流逝，对评估对象按原材料和工艺复原的难度会越来越大，成本也会越来越高。因此，在实际评估中，只有那些具有较大保护价值和特殊意义的建筑物，才可能采用复原重置成本进行评估，如特殊性的宗教建筑物等。

房地产评估中还存在工程造价、重置造价等指标。工程造价是建筑承包商（建筑施工企业）所要的价格，对开发商或建设单位来说，它是房地产项目建设过程中支付的全部的建筑安装工程费用。重置造价是指在评估时的价格水平下重新建造房地产，开发商或建设单位所支付的全部建筑安装工程费用。重置造价是重置成本的重要组成部分。重置成本是开发商销售给最终消费者或投资者时的价格。

重置成本是客观成本，而不是某项目或开发商的实际成本。客观成本是在评估时点开发建造该房地产时，社会的平均投入水平，众多开发商的平均投入；实际成本是某个开发商在开发建造该房地产时的实际投入。评估中重置成本是客观成本，而不是实际成本。在现实生活中，房地产的价格主要取决于其效用，而不是投入的成本多少，成本的增减必须与效用相关才能形成价格。也就是说，房地产的投入成本多，其价值并不一定就高；房地产的投入成本少，其价值也不一定就低。

重置成本需要结合市场供求进行分析。短期内，当市场供大于求时，利润可能为负值；当市场供不应求时，利润可能会很高。也就是说，随着市场供求的变化，客观成本可能变化不大，房地产的价格却可能变化较大，相应地使开发商的利润有一个较大的变化，即在评估时，可以通过利润的变化来修正房地产价格随市场供求的变化。

5.2.2 房地产重置成本的估测

成本法是以房地产价格中各种成本费用、利润等构成部分的累加来估算房地产价值的方法，在运用成本法进行评估时，首先要搞清楚房地产重置成本的构成。现实中，房地产重置成本的构成成分极其复杂，不同地区、不同时期、不同类型的房地产往往会有不同的构成；同一地区、同一时期、同一类型的房地产，其重置成本构成也会由于划分标准或角度不同而各异。从开发商获得土地开始到房屋竣工销售出去的整个过程来看，房地产重置成本通常由如下七项构成，即土地取得成本、开发成本、管理费用、投资利息、开发利润、销售费用、销售税金等。

1）土地取得成本

土地取得成本是取得土地使用权所支付的全部成本费用。土地取得成本的构成与土地取得方式有关，而土地取得方式有市场购买土地、征收集体土地和征收国有土地上房屋取得土地等三种方式。

（1）市场购买土地

土地取得成本包括土地购置价格和相关税费。土地购置价格是土地购买方支付给土地出让或转让方的土地总价（含增值税）；相关税费主要包括契税、印花税等。土地购置价格通常采用市场法、基准地价修正法求取；相关税费通常根据税法及中央和地方政府有关规定计算。

（2）征收集体土地

土地取得成本包括土地征收补偿费用、相关税费和其他相关费用。土地征收补偿费用一般包括土地补偿费、安置补助费、住宅补偿费、地上物和青苗补偿费、被征地农民社保费用等；相关税费一般包括耕地占用税、新菜地开发建设基金、耕地开垦费、征地管理费等；其他相关费用主要包括地上物拆除费、市政基础设施建设费、建设用地使用权出让金等。土地征收补偿费用按省、自治区、直辖市政府规定的标准计算；相关税费按省、自治区、直辖市政府规定的标准计算，其中，耕地占用税按税法规定计算；其他相关费用依照规定的标准或采用市场法求取。

（3）征收国有土地上房屋取得土地

土地取得成本包括房屋征收补偿费用和相关费用。房屋征收补偿费用通常包括被征收房屋补偿费、搬迁费、临时安置费、停产停业损失补偿费、相关补助和奖励等；相关费用一般包括房屋征收评估费、房屋征收服务费和其他相关费用，其中，其他相关费用主要包括地上物拆除费、市政基础设施建设费、建设用地使用权出让金等。房屋征收补偿费用一般按评估价值和房屋征收规定标准确定；房屋征收评估费、房屋征收服务费按规定收费标准确定；其他相关费用依照规定的标准或采用市场法求取。

2）开发成本

开发成本可分为土地开发成本和房屋建造成本两部分，是在取得土地后进行土地开发和房屋建设所需的直接费用、税金等，具体包括：

（1）前期费用

前期费用包括前期可行性研究、规划、设计、地质勘测以及施工通水、通电、通路和平整场地等土地开发工程费支出。前期费用可按建筑安装工程费用或项目总投资的一个百分比估算，也可根据实际工作量，参照有关计费标准估算。

（2）建筑安装工程费

建筑安装工程费是指直接用于建筑安装工程建设的总成本费用，主要包括建筑工程费、设备及安装工程费以及室内装修工程费等。建筑安装工程费可采用单位比较法、指数调整法、重置核算法等方法估算。单位比较法是采用与近期建成的具有较强可比性的类似房屋单位工程造价比较，将类似房屋单位工程造价修正为评估对象房屋工程造价的方法。指数调整法是以评估对象房屋的工程决算资料为基础，运用价格指数、费用变动率等指标将原工程决算中的建筑安装工程费数额调整到评估时点数额的方法。重置核算法是根据评估对象房屋建筑安装工程费构成，按现行的建筑材料及配件、价格水平和费用标准重新核算得到评估对象房屋现行建筑安装工程费的方法。

（3）基础及配套设施建设费

基础及配套设施建设费为经规划部门批准建设的、国家建设项目用地规划红线以内的道路、供水、排水、电力、通信、燃气、热力等的建设以及配套设施发生的费用。基础设施建设费按照政府的城市规划定额指标计算；配套设施建设费可按建筑安装工程费的估算方法确定。

（4）城市基础设施配套费

城市基础设施配套费是指按城市总体规划的要求，为筹集城市市政公用基础设施建设资金所收取的费用，它按建设项目的建筑面积计征，专项用于城市基础设施和城市公用设施建设，包括城市道路、桥梁、公共交通、供水、燃气、污水处理、集中供热、园林、绿化、路灯、环境卫生、中小学、幼儿园等设施的建设。该项费用按政府规定的费用标准计算。

（5）其他费用

其他费用是指除上述4项费用之外，房屋建设中的其他费用支出，如人防工程费、白蚁防治费、工程监理费、工程检测费、竣工验收费等，按当地政府规定的标准计算。

评估时，可将基础设施建设费归入土地开发成本，配套及公共设施建设费视具体情况，归入土地开发成本或房屋建造成本，或者在两者之间进行合理分配，其他费用一般归入房屋建造成本。

3）管理费用

管理费用是指房地产开发企业为组织和管理房地产开发活动所发生的费用，主要包括房地产开发企业的人员工资、福利费、办公费、差旅费等。为便于分析和计量，在进行评估时，一般将其按土地取得成本与开发成本之和的一定比率来测算。

4）投资利息

投资利息就是资金的时间价值。在房地产评估中，投资者贷款需要向银行偿还贷款利息。投资者利用自有资金投入，可视为利息的损失，因此，应以土地取得成本、开发成本、管理费用之和为基数计算投资利息。利息率应选择评估基准日银行贷款的利率。如果选择一年期贷款利率，则用复利计息；如果选择与项目建设期相同期限的贷款利率，则采用单利计息。土地取得成本的计息期一般为整个开发建设期；开发成本和管理费用的计息期一般为开发建设期的一半。

在估算投资利息时，应选择评估基准日银行贷款利率。银行根据不同的贷款期限规定了不同的贷款利率（见表5-1）。选择不同的贷款利率，应选用相对应的计息方式。例如，某房地产的开发建设期为4年，评估时，如果选择1年期的贷款利率4.35%，则应该按照复利计息，而如果选择4年期的贷款利率4.75%，则应该按照单利计息。

表5-1　　　　　　　　　　银行贷款利率表（2024年）

种类	年利率
一、短期贷款	
1年以内（含1年）	4.35%
二、中长期贷款	
1至5年（含5年）	4.75%
三、长期贷款	
5年以上	4.90%

5）开发利润

开发利润是房地产开发项目正常情况下获得的投资利润。开发利润以开发项目的投资额为基数乘以投资利润率获得，投资额通常为土地取得成本、开发成本和管理费用之和，利润率选择房地产开发行业开发某类房地产的平均利润率。投资利润率还有总投资利润率和年投资利润率之分。总投资利润率是指房地产开发项目所获得的利润总额与项目总投资额的比率，反映整个房地产开发项目总的盈利水平。年投资利润率是指房地产开发项目在开发经营期内一个正常年份的年利润总额或项目开发经营期内年平均利润总额与项目总投资的比率，反映整个房地产开发项目的年盈利水平。评估实务中，通常采用总投资利润率。

6）销售费用

销售税费是房地产开发项目销售过程中发生的费用，主要包括广告宣传费、销售代理费等。销售费用估算有两种思路：一是按土地取得成本、开发成本、管理费用、投资利息、开发利润之和为基数换算成不含增值税的销售价格，再乘以销售费用率计算。二是按土地取得成本、开发成本、管理费用、投资利息、开发利润之和为基数换算成含增值税的销售价格，再乘销售费用率计算。两种估算思路的销售费用率不同。计算公式为：

$$销售费用 = \frac{土地取得成本 + 开发成本 + 管理费用 + 投资利息 + 开发利润}{(1 - 销售费用率) \times (1 - 增值税税率或征收率)} \times 销售费用率$$

7）销售税金

销售税金主要指增值税及附加，增值税附加包括城市维护建设税和教育费附加。增值税及附加按税法有关规定计算。增值税通常以土地取得成本、开发成本、管理费用、投资利息、开发利润、销售费用为基数乘以增值税税率或征收率计算。销售 2016 年 4 月 30 日前开发（自建）的不动产，一般纳税人和小规模纳税人都按 5% 的征收率计算增值税；销售 2016 年 5 月 1 日以后开发（自建）的不动产，一般纳税人按 9% 的税率计算增值税，小规模纳税人按 5% 的征收率计算增值税。城市维护建设税按增值税税额的 7% 计算，教育费附加和地方教育附加按增值税税额的 3% 和 2% 计算。

延伸阅读

财政部、国家税务总局《营业税改征增值税试点实施办法》（节选）

延伸阅读

财政部、国家税务总局《营业税改征增值税试点有关事项的规定》（节选1）

【例 5-1】评估对象为某钢筋混凝土结构房屋，该房屋建于 2016 年，经调查测算，该土地的购置价格及税费为 500 万元，开发成本为 1 250 万元，管理费用为土地取得成本和开发成本的 3%，建设期为 2 年，第一年投入开发成本和管理费用 60%，第二年投入 40%，为均匀投入，银行贷款年利率为 4.35%，项目总投资利润率为 20%，销售费用率为 4%（按不含税价格计算），增值税的征收率为 5%，城市维护建设税税率为 7%，教育费附加征收比率为 3%，地方教育附加征收率为 2%。试估算该建筑物 2023 年 10 月的重置成本。

（1）土地取得成本=500万元

（2）开发成本=1 250（万元）

（3）管理费用=（500+1 250）×3%=52.50（万元）

（4）投资利息=500×［（1+4.35%）²-1］+（1 250+52.50）×60%×［（1+4.35%）¹·⁵-1］+（1 250+52.50）×40%×［（1+4.35%）⁰·⁵-1］=107.20（万元）

（5）开发利润=（500+1 250+52.50）×20%=360.50（万元）

（6）销售费用=（500+1 250+52.50+107.20+360.50）÷（1-4%）×4%=94.59（万元）

（7）增值税=（500+1 250+52.50+107.20+360.50+94.59）×5%=118.24（万元）

（8）城市维护建设税=118.24×7%=8.28（万元）

（9）教育费附加=118.24×3%=3.55（万元）

（10）地方教育附加=118.24×2%=2.36（万元）

（11）增值税及附加=118.24+8.28+3.55+2.36=132.43（万元）

（12）重置成本=500+1 250+52.50+107.20+360.50+94.59+132.43=2 497.22（万元）

5.3 房地产贬值及估测

5.3.1 房地产贬值的含义及分类

1）房地产贬值的含义

房地产贬值是指房地产由于使用、技术进步以及外部因素等造成房地产价值降低。在估测房地产重置成本之后，为了估算出旧房地产的评估价值就必须测算出其建筑物的贬值。房地产贬值额是房地产在评估时点的重置成本与其市场价值之间的差额。

小资料5-1

房地产贬值在《房地产估价规范》中也称为折旧。它与会计上的折旧虽有相似之处，但其区别是本质性的，它们是同名不同义的概念。会计上的折旧注重的是原始价值的分摊、补偿或回收，其计算基础是资产的账面原值，不随时间的变化而变化，且账面原值与累计折旧额的差被称为资产的账面净价值，无须与市场价值一致；本节所讲的评估上的贬值注重的是市场价值的真实减损，其计算基础是重置成本，它会因评估时点不同而不同，且重置成本与贬值总额的差被视为建筑物的实际市场价值评估值。也可以说，会计上的折旧是按照某种规则计算出来的建筑物形式上的损耗，而评估上的贬值是房地产的真实价值损耗。所以，在现实中常常会出现这样的情况：有些房地产尽管在会计账面上净值不为零，折旧还没有提足，但从评估的角度来看其市场价值已经等于零，贬值等于重置成本；其他一些房地产尽管在会计账面上净值为零，折旧已经提足，但从评估的角度来看其市场价值却还很高，贬值额很低，远远低于其重置成本。

在实际评估时值得我们注意的是，虽然评估中的贬值是建筑物价值的真实损耗，但由于受当前我国土地使用制度的影响，即在现制度下，土地使用权的年限是有限的，建筑物经济寿命与其占用土地的剩余使用年限可能会不一致。在土地剩余使用年限短于建筑物的经济使用寿命的情况下，虽然建筑物的实际损耗不是很大，价值还很高，但对其所有者来说，价值却没有那么高，因为土地使用权年限到期，房地产就有可能被政府无偿收回。如果发生这种情况，不管房地产的状况如何，对其所有者来说，其价值都是零。

根据《中华人民共和国城市房地产管理法》第二十一条的规定，土地使用权出让合同约定的使用年限届满，土地使用者需要继续使用土地的，应当至迟于届满前一年申请续期，除根据社会公共利益需要收回该幅土地的，应当予以批准。经批准予续期的，应当重新签订土地使用权出让合同，依照规定支付土地使用权出让金。土地使用权出让合同约定的使用年限届满，土地使用者未申请续期或者虽申请续期但依照前款规定未获批准的，土地使用权由国家无偿收回。

2）房地产贬值的分类

在评估中，根据引起房地产贬值的原因，可将其分为三类，即实体性贬值、功能性贬值和经济性贬值。

（1）实体性贬值

实体性贬值是房地产的物质实体的损耗所造成的价值损失，通常又称为物质磨损或有形损耗。实体性贬值一般由自然经过的老朽、正常使用的磨损、意外的破坏损毁和延迟维修的损坏残存等原因引起。

自然经过的老朽是自然力作用的结果，其损耗程度一般与建筑物在评估时点的实际经过年数成正比，如风吹、日晒、雨淋等引起的腐朽、风化、老化、基础下沉等。这种自然力的作用程度一般与建筑物所在地的气候和环境条件有关，如在多雨地区，各种木结构更容易腐朽。

正常使用的磨损是房地产在正常使用过程中，人类活动和生产活动中各因素对建筑物价值所产生的损耗。这种磨损与建筑物的使用性质、使用强度和使用年数有关，且与后两个因素正相关。居住建筑的磨损速度一般要慢于工业建筑。在工业建筑中，处于有腐蚀性生产环境的建筑磨损速度要快于无腐蚀性生产环境的建筑。

意外的破坏损毁是正常使用以外的突发性的天灾人祸引起的建筑物的功能或效用受损而其价值产生的损耗。这种损毁有些是可修复的，有些是不可修复的或需要付出很大的代价才能修复的。意外破坏损毁分由自然力引起的，如地震、洪水、台风等，和人为造成的，如火灾、意外事故等。延迟维修的损坏残存主要是维修保养不善造成的，建筑物及其构件会由于预防、保养和修理措施不及时、不适当而产生不应有的损坏，如木门窗上的油漆脱落没有及时修理而使其木框腐朽。

（2）功能性贬值

功能性贬值是指由于规划设计水平提高、技术进步、消费观念变化等原因导致建筑物在功能方面的相对残缺、落后或不适用所造成的价值损失，通常又称为精神磨损或无形损耗，如建筑式样过时，内部布局过时，缺乏现在人们认为的必要设施、设备等。当住宅流行大厅时，没有厅或厅较小的住宅就存在功能缺陷。

（3）经济性贬值

经济性贬值是指建筑物本身以外的各种不利因素所造成的价值损失，通常又称为外部性贬值，其外部因素包括供过于求、自然环境恶化、噪声、空气污染、交通拥挤、城市规划改变、政府政策变化等。如在一个高级住宅区的附近建设一座工厂就会导致该住宅区的住宅价值下降，这就是经济性贬值，又如在经济不景气时期，房地产的价值也会降低。

5.3.2 房地产贬值估测的基本思路

成本法评估中贬值的求取不是按照某种规则所计算出来的建筑物形式上的损耗，而是建筑物的真实价值损耗，并且只有用实际已使用年限和尚可使用年限才能反映与建筑物真实价值损耗相对应的使用年限和给所有者带来效益的剩余使用年限。上面这些参数只与建筑物的现实状况有关，与账面记录或实际经过年数没有直接的关系，所以在会计上所用的各种贬值计算方法和公式不可能在计算房地产评估中的贬值时直接使用，只能借用这些公式表达其评估结果。在评估时，公式中的各参数值只有通过现场鉴定、调查才能确定，各种账面值只能作为参考。评估中贬值的求取思路应该是以现场考察、鉴定建筑物的现实状况，调查所处的现实市场状况、周围环境、经营收益状况等因素为主，综合各种相关资料确定建筑物的实际已使用年限、尚可使用年限或贬值额。贬值的求取步骤为：首先进行现场考察，鉴定建筑物的基础、建筑、结构、装修、设备等部分的现实状况，并调查相关房地产的市场供求、周围环境等外部环境状况；其次，根据这些鉴定和调查资料，通过一定的方法确定建筑物的实际已使用年限、尚可使用年限，或直接评定出贬值额。

5.3.3 房地产实体性贬值的估测

房地产实体性贬值主要体现在建筑物部分。建筑物实体性贬值是由自然力作用和人们使用等引起建筑物老化、磨损或损坏造成的建筑物价值损失。建筑物实体性贬值一般通过实体性贬值率或成新率估算，评估实务中主要用成新率指标，下面主要介绍成新率的估算方法。

1）年限法

年限法是用建筑物尚可使用年限占建筑物总使用年限的比率作为建筑物成新率的方法。数学式为：

$$成新率 = \frac{尚可使用年限}{实际已使用年限 + 尚可使用年限} \times 100\%$$

建筑物实际已使用年限是指建筑物有效使用年限，一般是根据建筑物的施工、使用、维护和更新改造等状况，在名义已使用年限的基础上进行适当的加减调整得出的。建筑物总使用年限为建筑物实际已使用年限与尚可使用年限之和。建筑物的总使用年限根据建筑物的经济寿命确定，建筑物的经济寿命是建筑物对房地产价值有贡献的时间，即建筑物自竣工时起至其对房地产价值不再有贡献时止的时间。建筑物尚可使用年限是从评估时点到建筑物经济寿命截止的时间。

运用年限法的关键是合理估算建筑物尚可使用年限。建筑物尚可使用年限通常是根据建筑物的总使用年限减去实际已使用年限确定，建筑物总使用年限可参考建筑物耐用年限指标（见表5-2），并根据建筑物建造质量、现行状态、维修保养状况、更新改造或大修理情况进行全面分析确定。

表5-2　　　　　　　　　　　　**房屋耐用年限参考表**　　　　　　　　　　单位：年

房屋结构	生产用房	非生产用房
钢结构	70	80
钢筋混凝土结构	50	60
砖混结构	40	50
砖木结构	30	40

确定建筑物总使用年限时，应注意土地使用年限对建筑物经济寿命的影响。对于住宅建筑，由于《民法典》规定"住宅建设用地使用权期限届满的，自动续期"，因此不考虑土地使用年限对建筑物经济寿命的影响。对于非住宅建筑，如果建筑物经济寿命比土地使用期限短，应按照建筑物经济寿命确定建筑物总使用年限。如果建筑物经济寿命比土地使用期限长，分为两种情况：一是无特殊约定，出让合同约定建设用地使用权期间届满需要无偿收回建设用地使用权时，根据收回时建筑物的残余价值给予土地使用者相应补偿，应按照建筑物经济寿命确定建筑物总使用年限。二是有特殊约定，出让合同约定建设用地使用权期间届满需要无偿收回建设用地使用权时，建筑物也无偿收回，应按照建筑物经济寿命减去土地使用权年限到期后的那部分寿命确定建筑物总使用年限。由于建筑物经济寿命受土地使用年限的制约，第二种情况下求取的成新率是反映了建筑物实体性贬值和经济性贬值的综合成新率。

年限法在运用中还可以分别求取建筑物结构、装修、设备各部分的成新率，然后对三部分成新率进行加权平均来确定建筑物的成新率。

【例5-2】某房地产建筑结构为钢筋混凝土结构，重置成本为900万元，该房地产已经使用了15年，经分析，其总使用年限为60年，则该房地产的实体性贬值额为多少？

该房地产的实体性贬值额为：

$$900 \times \left(1 - \frac{60-15}{60}\right) = 225（万元）$$

2）观察法

观察法是将建筑物分为结构、装修、设备三个部分，评估专业人员依据建筑物不同成新率的评分标准，通过现场勘查，对每个部分再按不同项目分别打分，并对结构、装修和设备三个部分的得分分别给出不同的权重（修正系数），最后根据加权平均值确定建筑物的成新率。计算公式为：

成新率=结构部分合计得分×G+装修部分合计得分×S+设备部分合计得分×B

式中：G 为结构部分的评分修正系数；S 为装修部分的评分修正系数；B 为设备部分的评分修正系数。

评估专业人员采用打分法测定建筑物的成新率，一般通过填制《房屋建筑物成新率评定表》来完成，其格式见表5-3。

表5-3　　　　　　　　　　房屋建筑物成新率评定表

建筑名称		结构类型		建造年份		层数		建筑面积	
分部	序号	项目	评分	评分依据					
结构部分	1	地基基础		是否有足够承载力，有无不均匀下沉					
	2	承重构件		是否完好坚固，梁、板、柱有无裂缝、变形、露筋					
	3	非承重墙		墙体有无腐蚀、损坏，预制板节点是否牢固					
	4	屋面		是否渗漏，防水、隔热、保暖层是否完好					
	5	楼地面		整体面层是否牢固，有无空鼓、起砂、下沉、裂缝					
	6	（1+2+3+4+5）×G							
装修部分	7	门窗		是否完好无损、开关灵活，玻璃五金是否齐全					
	8	外装饰		是否完整、黏结牢固，有无剥落					
	9	内装饰		是否完整牢固，有无空鼓、裂缝、剥落					
	10	细木装修		是否完好无损，有无变形，油漆是否完好、有光泽					
	11	（7+8+9+10）×S							
设备部分	12	水卫		上下水是否通畅，各种器具是否完好、齐备					
	13	电气照明		线路、装置是否完好、牢固，绝缘是否良好					
	14	暖气		管道、设备是否完好无堵漏，使用是否正常					
	15	（12+13+14）×B							
总计（6+11+15）					成新率				

采用观察法应注意的问题包括以下几点：

一是打分标准是否合理，可依据原城乡建设环境保护部①颁布的《房屋完损等级评定标准》来判断。它将房屋的结构、装修、设备等组成部分的完好程度划分为5个等级：（1）完好房，成新率为80%～100%；（2）基本完好房，成新率为60%～80%；（3）一般损坏房，成新率为40%～60%；（4）严重损坏房，成新率在40%以下；（5）危险房，仅余残值。

二是实际打分是否客观合理，这一点主要靠评估专业人员的专业知识和实际评估操作经验判断。

三是成新率评分修正系数的确定是否合理。成新率评分修正系数主要依据结构、装修、设备各部分价值在整个建筑物中所占比重大小来确定，同时，建筑物的不同结构类型、装修的豪华程度等都会对其产生影响，评估专业人员应根据评估对象建筑物的实际情况，认真分析和测算，制定出科学合理的成新率评分修正系数。不同结构类型房屋成新率的评分修正系数见表5-4。

表5-4　　　　　　　　不同结构类型房屋成新率的评分修正系数

层数	钢筋混凝土结构			混合结构			砖木结构			其他结构		
	结构部分	装修部分	设备部分	结构部分	装修部分	设备部分	结构部分	装修部分	设备部分	结构部分	装修部分	设备部分
单层	0.85	0.05	0.1	0.7	0.2	0.1	0.8	0.15	0.05	0.87	0.1	0.03
二、三层	0.8	0.1	0.1	0.6	0.2	0.2	0.7	0.2	0.1			
四、五、六层	0.75	0.12	0.13	0.55	0.15	0.3						
七层以上	0.8	0.1	0.1									

【例5-3】对某建筑物进行评估，经评估专业人员现场勘查、打分，结构、装修和设备部分的得分分别为86、75和80，三部分的权重分别为0.75、0.12和0.13，则该建筑物的成新率为多少？

该建筑物的成新率=（86×0.75+75×0.12+80×0.13）÷100×100%=84%

5.3.4　房地产功能性贬值的估测

房地产功能性贬值是指由于技术革新、建筑工艺改进、建筑设计理念更新，引起原有建筑物的基本装修和设备陈旧落后，建筑物不能满足现实生产、经营或居住的需要，使其价值降低。房地产功能性贬值可采取以下方法估测：

1）修复费用法

修复费用法是通过修复原有建筑物的功能使其达到能够满足现实需要所花费的修复费用确定房地产功能性贬值的方法。运用该方法时，应注意在修复建筑物功能

---

① 2018年改为生态环境部。

的同时，往往也修复了建筑物的实体。在这种情况下，修复费用等于房地产功能性贬值和一部分实体性贬值。

2）收益损失折现法

收益损失折现法是通过求取房地产的未来收益净损失额的现值确定房地产功能性贬值的方法。运用该方法时需注意的是引起房地产收益损失的原因是房地产功能陈旧，而不是其他原因。

5.3.5 房地产经济性贬值的估测

房地产的经济性贬值是指由于宏观经济环境、市场竞争、政府有关房地产制度及政策、税收政策、交通管制、自然环境、人口因素、人们的心理因素等外界条件的变化，使建筑物的利用率下降、收益损失，导致其价值降低。房地产经济性贬值可采取以下方法估测：

1）年限法

年限法是估算土地经济性贬值的方法，该方法是用土地已使用年限占土地总使用年限的比率作为土地经济性贬值率的方法。土地已使用年限是指从获得土地使用权开始到评估时点的年限。土地总使用年限通常指土地的最高出让年限。土地经济性贬值等于土地重置成本与经济性贬值率的积。

2）收益损失折现法

收益损失折现法是通过求取房地产的未来收益净损失额的现值确定房地产经济性贬值的方法。运用该方法时需注意的是引起房地产收益损失的原因是房地产本身以外的因素，而不是房地产自身的原因。

在估算房地产经济性贬值时也应考虑外界因素造成房地产价值增值的情况，此时需要估算的是房地产的经济性溢价而不是经济性贬值。

5.4 房地产价值的估算

房地产价值是通过房地产的重置成本扣减各项贬值或房地产重置成本乘以成新率后获得。房地产有土地、建筑物和房地三种存在形态。下面介绍土地价值、建筑物价值和房地价值的估算。

5.4.1 土地价值的估算

单独评估土地价值时，通常用土地重置成本减去土地经济性贬值来估算土地的价值。土地重置成本可根据市场购买土地、征收集体土地、征收国有土地上房屋取得土地等不同的土地使用权取得方式估算。土地通常不存在实体性贬值和功能性贬值，如果存在受土地使用权年限影响使土地价值损失的情况，应估算土地的经济性贬值。土地价值的评估计算公式为：

土地价值=土地重置成本－土地经济性贬值

【例5-4】某建设用地为2017年通过征收农地获得的土地使用权，土地使用权年限为50年，当时支付的土地征收补偿费用为1 200万元，相关费用为350万元，其他相关费用为800万元。经调查分析，2023年该建设用地的土地征收补偿费用、相关费、其他相关费用与2017年相比分别上涨了20%、8%、12%。试估算该建设用地2023年的价值。

（1）土地重置成本=1 200×（1+20%）+350×（1+8%）+800×（1+12%）

               =2 714（万元）

（2）土地经济性贬值=$2\ 714×\dfrac{6}{50}$=325.68（万元）

（3）土地价值=2 714−325.68=2 388.32（万元）

5.4.2 建筑物价值的估算

单独评估建筑物价值时，以建筑物的重置成本扣减建筑物各种贬值来确定建筑物的评估价值。建筑物的贬值包括实体性贬值、功能性贬值和经济性贬值。建筑物价值的评估计算公式为：

建筑物价值=建筑物重置成本−实体性贬值−功能性贬值−经济性贬值

建筑物价值=建筑物重置成本×成新率−功能性贬值−经济性贬值

建筑物重置成本=建筑物建造成本+管理费用+投资利息+开发利润+销售费用+销售税金

【例5-5】评估对象为一幢办公楼，钢筋混凝土结构，建筑面积为1 200平方米，建成于2011年，2023年评估。经调查分析，2023年该类房屋的单位工程造价为2 300元/平方米，管理费为工程造价的3%，建设期为2年，银行1年期贷款率为4.35%，总投资利润率为20%，销售费用率为4%（按不含税价格计算），增值税及附加综合税费率为5.6%，该办公楼的经济寿命为60年。试估算该办公楼的价值。

（1）建造成本=1 200×2 300=2 760 000（元）=276（万元）

（2）管理费用=276×3%=8.28（万元）

（3）投资利息=（276+8.28）×4.35%=12.37（万元）

（4）开发利润=（276+8.28）×20%=56.86（万元）

（5）销售费用=$\dfrac{276+8.28+12.37+56.86}{1-4\%}$×4%=14.73（万元）

（6）销售税金=（276+8.28+12.37+56.86+14.73）×5.6%=20.62（万元）

（7）重置成本=276+8.28+12.37+56.86+14.73+20.62=388.86（万元）

（8）成新率=$\dfrac{60-12}{60}$=80%

（9）评估值=388.86×80%=311.09（万元）

5.4.3 房地价值的估算

评估房地价值时，通常是分别估算土地价值和建筑物价值并将两部分价值相加确定房地价值。评估房地价值的评估计算公式为：

房地价值=土地价值+建筑物价值

土地价值=土地重置成本-土地经济性贬值

建筑物价值=建筑物重置成本×成新率-功能性贬值-经济性贬值

【例5-6】评估对象为一幢办公楼，该办公楼2005年取得土地使用权，土地出让合同无特殊约定，土地取得成本为500万元，土地使用权年限为50年。该办公楼建成于2007年，历史成本为1 800万元，评估时点为2023年。经调查分析估算，该办公楼土地2023年的市场价值为860万元，购买该土地的相关税费为35万元，运用重置核算法估算该办公楼的重置成本为2 500万元，办公楼的经济寿命为60年。根据上述资料，估算该办公楼2023年价值。

（1）土地价值=860+35=895（万元）

（2）建筑物重置成本=2 500万元

（3）成新率=$\frac{60-16}{60}$=73.33%

（4）评估值=895+2 500×73.33%=2 728.25（万元）

5.5 房屋完损等级的评定标准

房屋的完损等级与房屋的建造年代、修建质量、维修保养、使用过程中的改造更新等状况有关。当前在评估中普遍使用的房屋完损等级评定标准是原城乡建设环境保护部[①]1984年11月8日颁布的《房屋完损等级评定标准》和1984年12月12日颁布的《经租房屋清产估价原则》（以下通称"标准"），评估时可参照这些标准进行评定。根据标准，房屋完损等级评定按结构将房屋分成钢筋混凝土结构、混合结构、砖木结构、其他结构等四类，又分别按完损程度分为完好房、基本完好房、一般损坏房、严重损坏房、危险房等五级共十个新旧成数。在具体进行房屋质量等级评定时将房屋分成结构、装修、设备三大项。每一大项又细分为一些具体的指标，其中结构项包括基础、承重构件、非承重墙、屋面、楼地面；装修项包括门窗、外抹灰、内抹灰、顶棚、细木装修；设备项包括水卫、电照、暖气及特种设备（如消防栓、避雷装置等）。为了便于在评估中使用，现对标准中的规定并参考其他资料对不同新旧成数的标准进行较详细的叙述。

5.5.1 完好房的标准

完好房包括十成新、九成新和八成新的房屋。

1）十成新的标准

（1）钢筋混凝土结构

一般竣工期距评估时点6年以内。如有特殊情况，有特别损坏的，评定等级参见下列相应各成新标准的说明。

---

① 2018年改为生态环境部。

（2）混合结构

一般竣工期距评估时点6年以内。如有特殊情况，有特别损坏的，评定等级参见下列相应各成新标准的说明。

（3）砖木结构

一般竣工期距评估时点5年以内。如有特殊情况，有特别损坏的，评定等级参见下列相应各成新标准的说明。

（4）其他结构

一般竣工期距评估时点4年以内。如有特殊情况，有特别损坏的，评定等级参见下列相应各成新标准的说明。

2）九成新的标准

（1）钢筋混凝土结构

结构项：①地基基础。有足够的承载能力，无不均匀沉降。②承重构件。完好牢固。③非承重墙。砖墙完好坚固，无腐蚀、损坏，预制墙板节点安装牢固，拼缝处密实不渗漏。④屋面。不渗漏，防水层、隔热层、保温层完好，排水通畅。⑤楼地面。整体面层完好平整，硬木楼地面平整坚固、油漆完好，块料面层完整牢固。

装修项：①门窗。框、扇和油漆完好无损，开关灵活。②内外粉刷。完好无损（风裂除外）。③顶棚。完好牢固，无变形。④细木装饰。油漆完好，基层完整牢固。

设备项：①水卫。上、下水管道畅通无阻，各种卫生器具完好。②电照。电器设备、各种线路、各种照明装置完好无损，安装牢固，绝缘性能良好。③暖气。设备管道完好，性能正常。④特种设备。完好无损，性能正常。

（2）混合结构

结构项：①地基基础。有足够的承载能力，无不均匀沉降。②承重构件。砖墙、柱、屋架完好牢固。③非承重墙。墙体平直完好无损。④屋面。不渗漏，防水层、隔热层、保温层完好，排水通畅。⑤楼地面。整体面层完好平整，硬木楼地面平整坚固、油漆完好，块料面层完整牢固。

装修项：①门窗。框、扇和油漆完好无损，开关灵活。②内外粉刷。完好无损（风裂除外）。③顶棚。完好牢固，无变形。④细木装饰。油漆完好，基层完整牢固。

设备项：①水卫。上、下水管道畅通无阻，各种卫生器具完好。②电照。电器设备、各种线路、各种照明装置完好无损，安装牢固，绝缘性能良好。③暖气。设备管道完好，性能正常。④特种设备。完好无损，性能正常。

（3）砖木结构

结构项：①地基基础。有足够的承载能力，无不均匀沉降。②承重构件。完好牢固，无变形、腐朽、节点松动。③非承重墙。墙体平直完好。④屋面。不渗漏，木基层平整牢固，瓦面完好无损，排水通畅。⑤楼地面。整体面层完好平整，硬木楼地面平整坚固、油漆完好，块料面层完整牢固。

装修项：①门窗。框、扇和油漆完好无损，开关灵活。②内外粉刷。完好无损（风裂除外）。③顶棚。完好牢固，无变形。④细木装饰。油漆完好，基层完整牢固。

设备项：①水卫。上、下水管道畅通无阻，各种卫生器具完好。②电照。电器设备、各种线路、各种照明装置完好无损，安装牢固，绝缘性能良好。③暖气。设备管道完好，性能正常。④特种设备。完好无损，性能正常。

（4）其他结构

结构项：①承重构件。竹、木构件节点牢固，无断裂、腐蚀、蛀蚀。②非承重墙。围护墙完好无损。③屋面。不渗漏，平整牢固，排水通畅。④地面。平整完好，密实。

装修项：①门窗。完好无损，开关灵活。②内外粉刷。完好无损。③顶棚。完好牢固。

设备项：能正常使用，符合安全要求。

3）八成新的标准

在完损等级评定时，完损情况介于九成新和七成新之间的为八成新。

5.5.2　基本完好房的标准

基本完好房包括七成新和六成新的房屋。

1）七成新的标准

（1）钢筋混凝土结构

结构项：①地基基础。有足够的承载能力，有少量不均匀沉降，但已稳定。②承重构件。基本完好。③非承重墙。外墙面稍有风化，轻微开裂，预制墙板拼缝处不够密实，稍有渗漏，局部稍有破坏。④屋面。局部渗漏，隔热层、保温层有局部损坏。卷材防水稍有空鼓、翘边和封口不严；油膏防水发现龟裂；刚性防水稍有纤维状裂缝；块体防水层稍有脱壳现象，排水基本通畅。⑤楼地面。整体面层稍有裂缝、空鼓、起砂；硬木楼地面稍有磨损，油漆尚好；块料面层稍有裂缝脱落。

装修项：①门窗。稍有开关失灵，少量变形、腐蚀，五金少量残缺，油漆尚好。②内外粉刷。稍有脱灰、空鼓和裂缝。③顶棚。面层稍有脱钉翘角、松动、裂缝，部分压条损坏。④细木装饰。稍有松动、残缺，油漆尚完好。

设备项：①水卫。上、下水管道基本畅通，各种卫生器具基本完好，个别零件缺损。②电照。电器设备、各种线路、各种照明装置基本完好，个别零件缺损。③暖气。设备管道基本完好、通畅，稍有锈蚀，个别零件损坏，基本能正常供暖。④特种设备。现状基本完好，个别零件损坏，能正常使用。

（2）混合结构

结构项：①地基基础。有足够的承载能力，有少量不均匀沉降，但已稳定。②承重构件。基本完好，承重砖墙（柱）、砌块有少量细裂缝。③非承重墙。外墙面稍有风化，轻微开裂，局部稍有破坏。④屋面。局部渗漏，隔热层、保温层有局部损坏。卷材防水稍有空鼓、翘边和封口不严；油膏防水发现龟裂；刚性防水稍有纤维状裂缝；块体防水层稍有脱壳现象，排水基本通畅。⑤楼地面。整体面层稍有裂缝、空鼓、起砂；硬木楼地面稍有磨损，油漆尚好；块料面层稍有裂缝脱落。

装修项：①门窗。稍有开关失灵，少量变形、腐蚀，五金少量残缺，油漆尚好。②内外粉刷。稍有脱灰、空鼓和裂缝。③顶棚。面层稍有脱钉翘角、松动、裂缝，部分压条损坏。④细木装饰。稍有松动、残缺，油漆尚完好。

设备项：①水卫。上、下水管道基本畅通，各种卫生器具基本完好，个别零件缺损。②电照。电器设备、各种线路、各种照明装置基本完好，个别零件缺损。③暖气。设备管道基本完好、通畅，稍有锈蚀，个别零件损坏，基本能正常供暖。④特种设备。现状基本完好，个别零件损坏，能正常使用。

（3）砖木结构

结构项：①地基基础。有足够的承载能力，稍有不均匀沉降，但已稳定。②承重构件。砖墙基本完好，木柱架稍有损坏，个别节点有松动，铁件有轻微锈蚀。③非承重墙。基本完好。④屋面。局部渗漏，稍有翘曲，瓦面有少量破损、松动，脊灰稍有开裂。⑤楼地面。整体面层基本平整完好，硬木楼地面部分磨损、油漆尚好，块料面层稍有磨损。

装修项：①门窗。稍有开关失灵，少量变形、腐蚀，五金少量残缺，油漆失光。②内外粉刷。稍有脱灰、空鼓和裂缝，勾缝砂浆有少量松酥脱落。③顶棚。无明显变形，面层稍有脱钉翘角、松动、裂缝，部分压条损坏。

设备项：①水卫。上、下水管道基本畅通，各种卫生器具基本完好，个别零件缺损。②电照。电器设备、各种线路、各种照明装置基本完好，个别零件缺损。③暖气。设备管道基本完好、通畅，稍有锈蚀，个别零件损坏，基本能正常供暖。④特种设备。现状基本完好，个别零件损坏，能正常使用。

（4）其他结构

结构项：①承重构件。竹、木构件节点较牢固，有少量腐蚀、蛀蚀。②非承重墙。围护墙有少量破损。③屋面。稍有渗漏、翘曲，瓦块有风化、破损，油毡、芦苇席屋面有少量破洞。④地面。表面不平整。

装修项：①门窗。部分开关失灵，玻璃、五金不全。②内外粉刷。稍有脱灰、空鼓和裂缝。③顶棚。面层稍有破损。

设备项：临时电线照明，能够使用。

2）六成新的标准

在完损等级评定时，完损情况比七成新稍差为六成新。

5.5.3 一般损坏房的标准

一般损坏房包括四成新和五成新的房屋。

1）四成新的标准

（1）钢筋混凝土结构

结构项：①地基基础。承载能力不足，有较大不均匀沉降，对上部结构已产生一定的影响。②承重构件。有轻微裂缝，砼剥落，露筋锈蚀。③非承重墙。墙面局部破坏，部分立筋松动变形，失修严重。④屋面。局部渗漏，隔热层、保温层严重损坏。⑤楼地面。整体面层裂缝、空鼓剥落，严重起砂；硬木楼地面腐朽、蛀蚀、翘裂、松动，油漆老化。

装修项：①门窗。开关不灵，翘曲脱壳，木质腐朽，钢门窗变形，玻璃五金残缺不全，油漆老化剥落。②内外粉刷。部分剥落、空鼓和裂缝，贴面掉角、脱落。③顶棚。面层有局部破坏，有明显下垂变形。④细木装饰。木材部分腐朽、蛀蚀残缺，油漆老化。

设备项：①水卫。上、下水管道不够畅通，管道有锈蚀，个别滴、漏、冒，各种卫生器具部分损坏，零件残缺不全。②电照。电器设备陈旧，电线部分老化，少量照明装置有损坏。③暖气。部分管道锈蚀严重，暖气供应不正常。④特种设备。不能保证正常使用。

（2）混合结构

结构项：①地基基础。承载能力不足，有较大不均匀沉降，对上部结构已产生一定的影响。②承重构件。墙、柱产生下沉开裂，屋架有局部变形、腐蚀、筋锈蚀。③非承重墙。部分开裂，失修严重。④屋面。局部漏雨，隔热层、保温层严重损坏，屋面局部高低不平，排水设施锈蚀、裂缝。⑤楼地面。整体面层局部裂缝、空鼓剥落，严重起砂；硬木楼地面腐朽、蛀蚀、翘裂、松动，油漆老化。

装修项：①门窗。开关不灵，翘曲脱壳，木质腐朽，钢门窗变形，玻璃五金残缺不全，油漆老化剥落。②内外粉刷。部分剥落、空鼓和裂缝，勒脚严重侵蚀风化。③顶棚。局部破坏，吊筋松动，木筋翘裂，下垂变形。

设备项：①水卫。上、下水管道不够畅通，管道有锈蚀，个别滴、漏、冒，各种卫生器具部分损坏，零件残缺不全。②电照。电器设备陈旧，电线部分老化，少量照明装置有损坏。③暖气。部分管道锈蚀严重，暖气供应不正常。④特种设备。不能保证正常使用。

（3）砖木结构

结构项：①地基基础。承载能力不足，有较大不均匀沉降，对上部结构已产生一定的影响。②承重构件。承重砖墙局部撕裂，木结构局部倾斜、下垂、侧向变形、腐朽蛀蚀，少数节点松动、脱落，铁件锈蚀。③非承重墙。部分裂缝严重。④屋面。基层部分下垂、腐朽、漏雨，排水设施锈蚀、裂缝。⑤楼地面。水泥地面裂缝、磨损露石；硬木楼地面腐朽、蛀蚀、翘裂、松动，油漆老化。

装修项：①门窗。部分变形、残缺，开关不灵，翘曲脱壳，木质腐朽，钢门窗变形，玻璃五金残缺不全，油漆老化剥落。②内外粉刷。风化较重，部分剥落、空鼓和裂缝，勾缝砂浆酥松脱落。③顶棚。局部破坏，吊筋松动下垂，面层破坏脱落。

设备项：①水卫。上、下水管道不够畅通，管道有锈蚀，个别滴、漏、冒，各种卫生器具部分损坏，零件残缺不全。②电照。电器设备陈旧，电线部分老化，少量照明装置有损坏。③暖气。部分管道锈蚀严重，暖气供应不正常。④特种设备。不能保证正常使用。

（4）其他结构

结构项：①承重构件。竹、木构件节点个别松动，材料开裂、蛀蚀、腐朽，局部变形。②非承重墙。围护砖墙风化严重，芦席、板条、竹笆墙糟烂严重。③屋面。局部漏雨，基层腐朽变形，瓦块局部风化、破损。④地面。磨损严重，有坑洼。

装修项：①门窗。部分变形、残缺，开关不灵，玻璃五金残缺不全，油漆老化剥落。②内外粉刷。风化较重，部分剥落、空鼓和裂缝。③顶棚。面层破坏脱落。

2）五成新的标准

在完损等级评定时，完损情况稍好于四成新的为五成新。

5.5.4　严重损坏房的标准

严重损坏房包括两成新和三成新的房屋。

1）两成新的标准

（1）钢筋混凝土结构

结构项：①地基基础。强度不足，有明显的不均匀沉降，影响上部结构的安全使用。②承重构件。严重损坏，有明显的下垂变形、裂缝，砼剥落，露筋锈蚀。③非承重墙。墙面有严重裂缝、倾斜、腐蚀，间隔墙立筋松动、断裂，面层严重破损。④屋面。严重漏雨，隔热层、保温层严重损坏。⑤楼地面。整体面层严重起砂、裂缝、剥落；硬木楼地面严重翘裂、腐朽、蛀蚀、松动，油漆老化。

装修项：①门窗。部分开关不灵，剥落，木质腐朽、翘裂，钢门窗严重变形锈蚀，玻璃五金残缺不全，油漆老化剥落。②内外粉刷。严重剥落、空鼓和裂缝。③顶棚。面层破坏、残缺不全，严重下垂变形，吊筋松动，木筋弯曲翘裂、腐朽虫蚀、个别断裂。④细木装饰。木材腐朽、蛀蚀残缺不全，油漆严重老化。

设备项：①水卫。上、下水管道严重堵塞、锈蚀、漏水，各种卫生器具有较大部分损坏，零件残缺不全。②电照。电器设备陈旧残缺，电线普遍老化、凌乱，照明装置残缺不全，绝缘不符合安全用电要求。③暖气。设备、管道锈蚀严重，零件损坏、残缺不全，跑、冒、滴现象严重，基本无法正常使用。④特种设备。严重损坏，已无法使用。

（2）混合结构

结构项：①地基基础。强度不足，有明显的不均匀沉降，影响上部结构的安全使用。②承重构件。墙、柱严重破坏，有明显的倾斜变形，屋架节点腐朽，有明显下垂或倾斜变形。③非承重墙。墙面有严重裂缝、倾斜、腐蚀，间隔墙立筋松动、断裂，面层严重破损。④屋面。严重漏雨，隔热层、保温层严重损坏。⑤楼地面。整体面层严重起砂、裂缝、剥落；硬木楼地面严重翘裂、腐朽、蛀蚀、松动，油漆老化。

装修项：①门窗。部分开关不灵，剥落，木质腐朽、翘裂，钢门窗严重变形锈蚀，玻璃五金残缺不全，油漆老化剥落。②内外粉刷。严重剥落、空鼓和裂缝。③顶棚。面层破坏、残缺不全，严重下垂变形，吊筋松动，木筋弯曲翘裂、腐朽虫蚀、个别断裂。④细木装饰。木材腐朽、蛀蚀残缺不全，油漆严重老化。

设备项：①水卫。上、下水管道严重堵塞、锈蚀、漏水，各种卫生器具有较大部分损坏，零件残缺不全。②电照。电器设备陈旧残缺，电线普遍老化、凌乱，照明装置残缺不全，绝缘不符合安全用电要求。③暖气。设备、管道锈蚀严重，零件损坏、残缺不全，跑、冒、滴现象严重，基本无法正常使用。④特种设备。严重损坏，已无法使用。

（3）砖木结构

结构项：①地基基础。强度不足，有明显的不均匀沉降，影响上部结构的安全使用。②承重构件。承重砖墙严重倾斜、裂缝，木结构严重倾斜、下垂、侧向变形、腐朽蛀蚀，少数榫头折断拔出，铁件少量残缺、严重锈蚀。③非承重墙。墙体裂缝、倾斜严重。④屋面。基层部分严重下垂、腐朽、漏雨，排水设施锈蚀、裂缝。

装修项：①门窗。大部分开关不灵，变形、残缺、翘曲脱壳严重，木质腐朽，钢门窗变形，玻璃五金残缺不全，油漆老化剥落。②内外粉刷。风化较重，普遍剥落、空鼓和裂缝，勾缝砂浆酥松脱落。③顶棚。严重破坏，吊筋严重松动下垂，面层破烂不堪。

设备项：①水卫。上、下水管道严重堵塞、锈蚀、漏水，各种卫生器具有较大部分损坏，零件残缺不全。②电照。电器设备陈旧残缺，电线普遍老化、凌乱，照明装置残缺不全，绝缘不符合安全用电要求。③暖气。设备、管道锈蚀严重，零件损坏、残缺不全，跑、冒、滴现象严重，基本无法正常使用。④特种设备。严重损坏，已无法使用。

（4）其他结构

结构项：①承重构件。竹、木构件节点大部分松动，材料开裂、蛀蚀、腐朽，局部变形。②非承重墙。围护砖墙严重损坏、倾斜，芦席、板条、竹笆墙糟烂严重。③屋面。严重漏雨，基层腐朽变形破坏，瓦块局部风化、破损。④地面。严重磨损，坑洼积水，高低不平。

装修项：①门窗。大部分变形、残缺，开关不灵，玻璃五金残缺不全，油漆老化剥落。②内外粉刷。风化较重，严重剥落、空鼓和裂缝。③顶棚。面层严重破坏脱落。

2）三成新的标准

在完损等级评定时，完损情况稍好于两成新的为三成新。

低于严重损坏房标准的为危险房屋。

5.6 成本法应用举例

【例5-7】评估对象是坐落于某城市工业区内的一个非标准的工业厂房，总建筑面积2 500平方米，总占地面积3 000平方米；土地使用权是2015年通过出让的方式获得的，使用权年限为50年；房屋建筑物于2016年建成交付使用，结构为钢筋混凝土结构。试估测该工业厂房2023年的价值。

评估过程如下：

（1）选择评估方法。该评估对象为非标准工业厂房，很难找到可进行比较的交易实例。如果其收益也较难测算，而相关的成本资料较多，用成本法进行评估是最合适的选择。

（2）选择计算公式。该评估对象是旧房地产，其计算公式为：

评估对象房地产的价值=土地价值+房屋建筑物重置成本×成新率

（3）估算土地价值。如果该评估对象所在的区域为城市建成区，通过直接求取其重新开发成本的方法估测其重置成本会很难，在这种情况下可采用市场法（利用当地类似土地使用权的转让价格来求取）和成本法（具体是利用征用农地的费用加土地开发费和土地使用权出让金等，再加上地段差价调节的办法来求取）。假设本区域内评估时点附近有同类土地（除区位略有不同外，其他条件都相同）交易，交易价为每平方米3 500元，土地使用年限为50年。

土地价值=3 500×3 000×$\dfrac{50-8}{50}$=8 820 000（元）=882（万元）

（4）估测建筑物重置成本。假设评估时点与评估对象建筑物类似建筑物的重置成本为每平方米建筑面积2 200元，则其总重置成本为：

总重置成本 =2 200×2 500 =5 500 000（元）=550（万元）

（5）估测建筑物成新率。假设建筑物维修保养正常，实际已使用年限与名义已使用年限相同，为7年；该工业厂房为非腐蚀性的生产用房，其经济寿命为50年，此年数比竣工投入使用后剩余的土地使用权剩余年限（49年）长，假定土地出让合同无特殊约定，则建筑物成新率为：

$$\frac{50-7}{50}\times100\%=86\%$$

（6）估算房地产价值。

房地产价值=882+550×86%=1 355（万元）

评估对象在评估时点2023年年底的价值总额为1 355万元，折合每平方米建筑面积5 420元。

本章小结

成本法是通过房地产成本的各构成部分的累加来估算房地产价值的方法，其基本步骤是先求取评估对象在评估时点的重置成本，然后扣除贬值，以此估算评估对象的客观合理价值。在运用成本法评估时要注意以下两点：一是评估时用的是客观成本，而不是某项目或开发商的实际成本；二是要结合市场供求分析来确定评估价值。另外，在成本法中，应注意更新重置成本、复原重置成本和重置造价的不同内涵。

成本法的理论基础是劳动价值论。在具体的价格形成过程中，房地产的价格通常是由买卖双方在市场上形成的。他们在劳动价值论的基础上分别依据替代原理来决策。从卖方角度来看，其开发完成后房地产的销售价格一般不会低于其投入资金的机会成本，所投入资金的机会成本是其最低要价。从买方的角度来看，其愿意购买的价格不能高于其他功能和效用相同的替代品或自己建造的价格。

原则上，所有待评估的房地产都可以使用成本法，但成本法更适用于那些使用其他方法无法评估的房地产，如那些既无收益资料又很少发生市场交易的房地产。成本法的评估步骤一般分为：收集有关房地产开发的成本、税费、利润等资料；估算房地产的重置成本；估算房地产的各种贬值；估测最终评估价值。

房地产更新重置成本是根据当前的实际情况，即根据当前的技术、工艺，当前的人工、材料、机械的价格水平，重新建造一幢与原建筑物在功能、效用上相同的新建筑物的正常成本。复原重置成本是在当前的人工、材料、机械等价格水平条件下，用与评估对象完全相同的建筑材料、建筑技术和工艺，重新建造一幢与原建筑物完全相同的新建筑物的正常价格。重置造价是建筑承包商（建筑施工企业）所收取的价格，对开发商或业主来说，它是建设过程中发生的成本。

从开发商的角度来看，即从获得土地开始，一直到竣工销售出去整个过程的房地产价格构成为：土地取得成本、开发成本、管理费用、销售费用、开发利润、销售税金。房地产的评估价值等于房地产的重置成本扣减房地产的各种贬值。

求取房地合一的重置成本，一般是先求取土地的重置成本和房屋建筑物的重置成本，然后再求和就得到了房地合一情况下的重置成本。求取房屋重置成本的步骤一般是先求取建筑物的重置造价再加上相应的开发费用、税金、利润后得到重置成本。

房地产贬值是指由于使用以及外部因素等造成房地产价值降低。在估测房地产重置成本之后，为了估算出旧房地产的评估价值就必须测算出其建筑物的贬值。房地产贬值额是房地产在评估时点的重置成本与其市场价值之间的差额。根据引起建筑物贬值的原因，可将其分为实体性贬值、功能性贬值和经济性贬值。

实体性贬值是房地产的物质实体的损耗所造成的价值损失，通常又称为物质磨损或有形损耗。房地产功能性贬值是指由于技术革新、建筑工艺改进、建筑设计理念更新，引起原有建筑物的基本装修和设备陈旧落后，建筑物不能满足现实生产、经营或居住的需要，使其价值降低。房地产的经济性贬值是指由于宏观经济环境、市场竞争、政府有关房地产制度及政策、税收政策、交通管制、自然环境、人口因素、人们的心理因素等外界因素的变化，使建筑物的利用率下降，收益损失，导致其价值降低。

主要概念

成本法　更新重置成本　复原重置成本　重置造价　土地取得成本　开发成本　管理费用　投资利息　销售费用　销售税费　开发利润　实体性贬值　功能性贬值　经济性贬值　经济寿命　成新率　尚可使用年限　实际已使用年限

基本训练

■ 思考题

1.成本法的含义及理论依据是什么？

2.成本法的适用条件和范围是什么？

3.房地产重置成本由哪些因素构成？

4.常用的重置造价的求取方法有哪些？

5.在确定建筑物总使用年限时，建筑物按结构分为哪几类？

6.常用的房地产实体性贬值的计算方法有哪些？

7.怎样理解成本法中的开发利润？

8.什么是房地产的更新重置成本和复原重置成本？

9.怎样理解总使用年限、已使用年限、尚可使用年限之间的关系？

10.房地产评估中贬值的本质是什么？与会计折旧概念有哪些区别？

11.为什么确定房地产贬值必须进行现场鉴定？

■ 计算题

某对象为办公楼，土地面积为 500 平方米，建筑面积为 1 500 平方米，土地为 2015 年以出让方式取得，土地使用权年限为 50 年，土地出让合同无特殊规定，当时的土地取得成本为 2 500 元/平方米。2017 年该办公楼建成投入使用，评估基准日为 2023 年 12 月 20 日。经调查，2023 年该办公楼建设用地取得成本为 2 800 元/平方米，办公楼的建造成本为 2 300 元/平方米，管理费用为建造成本的 2%，银行一年期贷款利率为 4.35%，项目投资利润率为 18%，销售费用率为 3%，增值税及附加综合税费率为 5.6%，该办公楼的经济寿命年限为 60 年。

要求：试运用上述资料，评估该办公楼价值。

计算题参考答案

即测即评

第6章

收益法

本章学习目标是使学生掌握收益法的基本原理和用收益法评估房地产价值的计算方法，及收益法中各参数的含义与计算方法。其具体目标包括：

□ 知识目标

理解收益法评估的基本原理、理论依据、适用条件和范围；明确房地产预期收益、折现率和收益期限的含义和口径；掌握收益法的评估模型。

□ 技能目标

掌握不同收益类型房地产的预期收益、折现率和收益期限的估测方法，学会运用收益法模型评估房地产的价值。

□ 能力目标

熟练运用收益法对各类收益性房地产的价值进行评估。

学习目标

★ 思维导图

```
                                         ┌ 收益法的基本概念
                          ┌─────────────┐├ 收益法的理论依据
                          │收益法的基本原理│┤
                          └─────────────┘├ 收益法的适用条件和范围
                                         └ 收益法的操作步骤

                          ┌───────────────┐┌ 房地产预期收益的含义
                          │房地产预期收益及估测│┤
                          └───────────────┘└ 房地产的预期收益估测

                                         ┌ 房地产折现率的含义
                          ┌─────────────┐├ 房地产折现率的种类
                          │房地产折现率及估测│┤
          ┌────┐          └─────────────┘└ 房地产折现率的估测
          │收益法│
          └────┘                         ┌ 房地产收益期限的含义
                          ┌───────────────┐├ 土地收益期限的估测
                          │房地产收益期限及估测│┤
                          └───────────────┘├ 建筑物收益期限的估测
                                          └ 房地合一收益期限的估测

                          ┌──────────────┐┌ 收益法评估公式
                          │房地产价值的估测 │┤
                          └──────────────┘└ 不同条件下房地产价值估测

                          ┌─────────────┐
                          │ 收益法应用举例 │
                          └─────────────┘
```

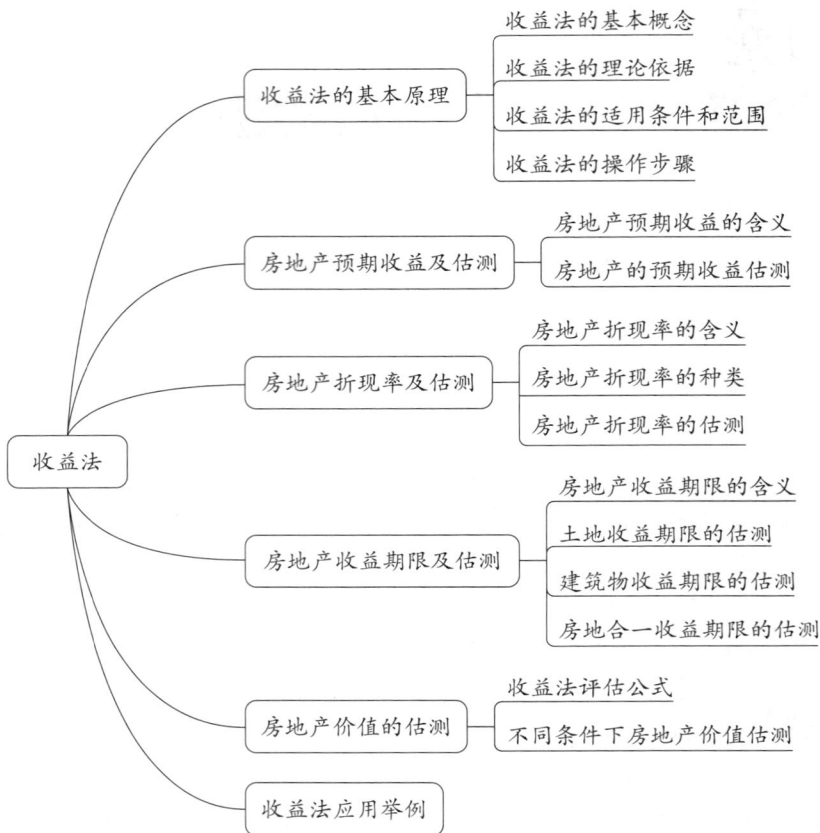

6.1 收益法的基本原理

6.1.1 收益法的基本概念

收益法是通过估测评估对象房地产的预期收益和收益期限，选用适当的折现率将房地产预期收益折算为现值，以确定房地产价值的思路及方法。收益法也称收益资本化法、收益现值法等，是将房地产未来的净收益通过资本化求取房地产价值。房地产的价值与由房地产带来的未来收益有关，利用资本化率或折现率的资本转化机制，将房地产未来的净收益转换为评估时点的价值就是评估房地产的价值。

用收益法评估房地产的价值，是基于房地产未来给其权利人带来的净收益，这与投资者投资购买房地产主要不是为了获得房地产本身，而是为了获取房地产未来的现金流量是一致的。在用收益法对房地产进行评估时，必须尽量模仿投资者的投资行为。任何违背房地产投资的一般规律、不符合房地产投资者的行为模式的评估，其依据都是站不住脚的，评估结果也是难以令人信服的。一般用于衡量房地产投资的未来绩效的指标就是收益率。只有投资者认定某项投资的预期收益率超过或等于其可接受的最低限度的收益率时，才会作出投资决策。因而除净收益外，运用收益法进行房地产评估的另一个最重要任务就是确定一定的报酬率。在评估的是房地产市场价值的情况下，这个报酬率或收益率必须被大多数的房地产投资者所认可，能够客观反映当前和对未来一段时期合理预期的房地产投资绩效。

6.1.2　收益法的理论依据

收益法以预期原理作为理论依据。用收益法评估房地产价值最重要的是房地产未来的净收益和收益率，是基于投资者对其未来所能获取的收益及满足程度的预期，而不是基于其历史价格、生产它所投入的成本。但是，这并不意味着现在和过去的历史资料与评估过程没有关系，它是预测未来的动向和情势的基础，是对未来预期合理性的保证。

购买者所支付的价格应与其所购买的房地产在他的权利期限内所产生的收益现值相当，而出卖者所得到的价格应与他放弃房地产的未来收益权所损失收益的现值相当，否则，这一交易就不能实现。所以，这一供需双方都能接受的房地产在权利期限内所产生收益的现值就是房地产的价格。

6.1.3　收益法的适用条件和范围

收益法评估房地产价值涉及三个基本要素：一是被评估资产的预期收益；二是折现率或资本化率；三是被评估资产取得预期收益的持续时间。因此，应用收益法评估房地产价值的前提条件是：第一，房地产应当具有预期收益或者潜在预期收益，并且预期收益的数额可以可靠地估测；第二，房地产预期收益的风险可以预测，以便估测房地产的期望收益率；第三，房地产预期收益的年限可以估测。在用收益法对房地产进行评估时，评估对象的收益是与评估对象直接相关的经济参数，由评估对象自身的性质直接决定。因此，在房地产的评估中，收益法的适用条件只能是有收益或有潜在收益的房地产，且这种收益必须是可用货币度量的持续性收益。所谓收益性房地产是指房地产作为整体性资产或整体性资产中的一部分具有实质性的获利能力，如可用于经营和出租的房地产等。而潜在收益性房地产则是指具有应用于收益性用途的潜在可能性。

评估专业人员执行房地产评估业务，应当根据评估对象特点、价值类型、资料收集情况等相关条件，分析收益法的适用范围，恰当选择评估方法。收益法主要适用于收益性房地产，其范围主要包括商场、商务办公楼、公寓、商店、宾馆、酒店、餐馆、游乐场、影剧院等房地产。而目前不具有现实收益，如自用住宅、办公楼等房地产，其收益可以用具有收益性的同类或相类似的房地产作为参照，如住宅作为自用时，无现实收益，当用于出租时就可以获得收益。房地产所产生的收益有些是可以用货币来度量的，有些则无法（或者说很难）用货币来度量，如政府办公楼、学校教学楼、公园内的建筑等以公用、公益为使用目的的房地产，其收益往往是难以用货币来度量的，收益法不适用于此类房地产的评估。

6.1.4　收益法的操作步骤

用收益法评估房地产的价值，主要包括以下步骤：

（1）收集有关评估对象房地产的资料。评估资料是运用收益法评估房地产价值所依据的数据、参数和证明材料。评估专业人员应当对评估资料进行核查、验证、分析和整理，形成评定估算和编制评估报告的依据。

（2）估测房地产未来的预期收益和收益期限。预期收益和收益期限是收益法的两个重要的参数，评估专业人员应当根据所收集到的资料，合理测算评估对象房地产的预期收益和收益期限。

（3）估测房地产的折现率。折现率是将未来各期间房地产的预期收益换算为评估时点价值的比率。评估专业人员运用收益法评估房地产价值时，应当根据房地产的收益风险，合理测算房地产的折现率。

（4）计算并确定房地产评估价值。选择恰当的收益法评估模型，计算预期收益的现值，确定评估对象房地产的价值。

6.2　房地产预期收益及估测

预期收益是收益法的基本参数之一。评估专业人员运用收益法评估房地产价值时，应当根据房地产的收益类型，测算房地产的预期收入和运营费用，估测房地产的预期收益。

6.2.1　房地产预期收益的含义

房地产预期收益是评估对象房地产在评估基准日后续的期间，在合理经营或正常运用的前提下，预期能够实现或带来收益的数额。房地产预期收益非现实收益，而是在未来各期间可能实现的收益。房地产预期收益非实际收益，而是一种客观收益，应当是排除了不正常和偶然因素，在合理经营或正常运用情况下的收益。房地产预期收益一般分布在房地产的存续期间，一般以年度为计量期间，分年度测算。

6.2.2　房地产的预期收益估测

房地产预期收益是房地产预期收入和预期运营费用的差额。估测预期收益时，首先测算房地产的预期收入和房地产的预期费用，然后用房地产的预期收入减去房地产的预期费用。估算房地产预期收益的基本公式为：

预期收益=预期收入−预期费用

1）房地产预期收入估测

房地产预期收入是以评估对象房地产或类似房地产的现实客观收入为基础，并对房地产未来收入状况进行分析、预测和估算得到的。房地产的现实客观收入是剔除了特殊的、偶然的因素之后，房地产所能得到的正常收入。

收益性房地产取得收入的方式主要有出租和营业两大类，出租的房地产预期收入为租赁收入，经营的房地产预期收入为营业收入。评估中，经营的房地产如果能够通过市场比较测算出租赁收入，应以租赁收入作为预期收入。因此，基于租赁收入估测房地产预期收入是收益法的典型形式。下面重点介绍出租的房地产租赁收入的估测方法。

出租的房地产的租赁收入有潜在租金收入和有效租金收入之分。潜在租金收入是假定房地产在充分利用、无空置状况下可获得的预期收入。有效租金收入是潜在收入扣除空置、拖欠租金以及其他原因造成的收入损失后所得到的预期收入。房地产预期收入应为房地产的有效租金收入，计算公式为：

有效租金收入=潜在租金收入−空置等造成的收入损失

在预测潜在租金收入时，应区分市场租金和合同租金。市场租金是客观租金，是指在现行市场条件下，某潜在租户为租用某宗房地产而付出的租金价格。合同租金是出租人与承租人约定的实际租金。在预测潜在收入时用市场租金，如果合同租金与市场租金相近，也可以用合同租金。

在具体预测时要注意，市场租金水平受许多因素的影响。这些因素包括：①国民经济发展前景；②房地产所在地区的经济形势；③所在地区对于该类房地产的需求情况；④所在地区类似房地产的供给竞争状况。

例如，在确定办公楼市场租金时要考虑该地区内可能租用写字间的现有公司数量和新公司建立的可能性，这些公司现在和将来可能会雇用的职员数，以及每个职员所需的办公空间大小等。在具体确定这些因素时往往会遇到很多困难，因为它们通常建立在许多复杂而又不确定的实际情况之上，如公司办公方式的变化（特别是受技术的影响）就有可能使变化前后所需的职员数量以及每个职员所需的办公面积有较大的变化。

类似地，公寓楼的市场租金要受其所在区域的人口结构及家庭收入水平、其他类似物业供给等因素的影响。而零售业用房地产的市场租金除了要受该地区人口结构及家庭平均收入水平的制约外，还要受各家庭用于从零售店购买各种商品及劳务的部分占家庭总收入的百分比等情况的影响。

在建筑物经济寿命的延续过程中，由于受潜在用户对可租用房地产的需求量的变化及（或）可租用房地产供给量的变化的影响，其市场租金会发生多次变动，这将导致租赁房地产租金收入的不断变动。因此，预测市场租金时，应该充分考虑上述因素的变化对房地产市场租金的影响。

评估时，要注意租金的一致性和可比性，如有的写字楼和商业中心的租金以单位平方米租赁净面积（租户占据的楼面面积）计算，有的则以租赁总面积（租赁净面积加上走廊、休息室、大厅等公共面积）计算。租金可按每月或每年多少金额来表示，每月租金不能和每年租金相比。出租房地产的潜在租金收入可以根据租赁面积和租金标准进行计算。计算公式为：

潜在租金收入=租赁面积×租金标准

受房地产租赁市场供求状况、市场租金水平、旧租户到期搬出后房屋整修情况等因素的影响，在房地产存续期间并不能将所有空间都租赁出去，因此，估测租金收入应充分考虑房地产存续期间的空置损失。空置损失一般通过空置率计算，空置率是房地产未出租面积占总出租面积的比重，可根据实际情况按建筑面积、使用面积等参数计算。例如，房地产总建筑面积为1 000平方米，实际出租面积为800平方米，则空置率为20%。有些房地产也可按其他参数计算，如宾馆可按未入住房间占全部房间的比重计算。

空置率应该是客观的，评估时需考虑不同时期、不同类型房地产的平均空置水平。潜在租金收入扣除空置损失后，即有效租金收入。

有效租金收入=潜在租金收入×（1-空置率）

2）房地产预期费用估测

房地产预期费用是房地产取得未来预期收入必须支付的运营费用。房地产预期费用是以评估对象房地产或类似房地产的现实客观运营费用为基础，并对房地产未来运营费用情况分析、预测和估算得到的。本部分重点介绍出租的房地产预期费用的估测。

出租的房地产的预期费用是指为租赁房地产而必须支付的运营费用。出租的房地产的预期费用主要包括租赁期间正常的维修费用、管理费用、保险费用、税金及附加。

（1）维修费用

维修费用是指房屋的正常维护、修理等方面的费用支出。维修费用是周期费用，它不是每年都发生的，包括房地产的常规维修保养费用和设备更新费用，评估时以房地产存续期间的年平均维修费用计算。

房地产的维修费用主要包括：①内部、外部油漆和装修费。内部油漆和装修费通常是在一个租户到期，而另一个租户尚未进入之前发生的。它的发生周期主要由租户的平均更换周期决定。而对于外装修来说，费用的发生因具体评估对象的不同，其差异会更大，评估时应根据不同对象确定。②管道、线路和设备的维护费。管道和电气设备的修理费受其现实状况影响较大，如一个新的、设计良好的且安装质量较好的系统，可能运行许多年都不需要维修。与此相反，一个旧的或质量低劣的线路或管道系统，可能经常会因电线被烧断、管道渗漏或被废物阻塞，需要大笔的维修开支。③房屋结构的不常规修理费。一个建筑物的结构主要指墙、板、柱、基础和屋面等。对于房屋来说，这一部分是最具有耐久性的，但有时也需要局部的维修和更新，尤其是屋面，如一个平坦的卷材防水屋面可能需要时常进行小块修补，但每20年甚至更长的时间才需要一次完全更新或表面更新。④设备更新费。在建筑物的剩余经济寿命期内，主要机器设备的更新通常需要较大的支出额，这样就会造成有设备更新支出的年份，净营业收入急剧下降，而无设备更新支出的年份，净营业收入又会增加。为了使净营业收入更加稳定，每年应计提一部分固定费用作为稳定的储备支出。

维修费用与房屋的价值相关，也与所取得的租金收入有一定的联系。维修费用估测通常有两种方法：一是按照房屋重置价值的一定比率估算，二是按照年租金收入的一定比率估算。计算公式如下：

维修费用=房屋重置价值×维修费用率

或

维修费用=租金收入×维修费用率

（2）管理费用

管理费用指对出租房屋进行必要管理所需的费用，包括人员开支和用品消耗。出租型房地产的管理费用主要包括广告及促销费用、公共事业费、管理人员工资和办公费等。

①广告及促销费用。房地产的出租是将房屋租赁给承租人的行为，同时也是一种销售行为，它需要将房屋出租的信息传达给所有潜在的承租人。该项费用是向潜在租户作宣传所用的费用。

②公共事业费。公共事业费通常包括物业费、水费、电费、燃料费和空调费等。

物业费是物业产权人、使用人委托物业管理单位对居住小区内的房屋建筑及其设备、公用设施、绿化、卫生、交通、治安和环境等项目进行日常维护、修缮、整治及提供其他与居民生活相关的服务所收取的费用。物业费用根据出租房地产所在小区的物业费标准计算。

水费的数额在很大程度上取决于房间套数，因为水的消费是随楼房中每套间人数的增加而增加的。此外，游泳池、喷泉、夏天需洒水的绿化地带等也需要一定的用水量。用水量最好根据过去两至三年实际收费的资料来估计。

燃料费由燃油、天然气和煤的成本组成。影响燃料耗用量的因素有：锅炉的技术性能，供暖系统的设计水平，房屋的面积、保温的水平、采光、设计质量和取暖控制系统的位置等。但主要影响因素为采暖面积的大小和系统的新旧程度，一般所用的采暖系统越旧，燃料费用越高。

空调费是使用中央空调系统所需要交纳的费用。空调系统由一系列供暖、制冷、清洁及湿度控制设备组成，以便空气在一个特定的循环中流动。在中央空调系统中，每个人可以通过各自所在房间的开关调节冷、暖效果，以达到所期望的温度，但这一系统的运营费用很高，其准确的运行成本需要根据足够数量的系统运行资料确定。

电费包括公共用电费用和承租人的套内用电费用。公共用电是指大厅和其他公共地方的照明和动力用电，如外部照明、洗衣房设备的用电，中央通风系统、锅炉控制和其他中央设备、游泳池电动泵用电等。承租人套内用电是指他们自己的内部照明用电、电器使用用电等。电费取决于上述两方面用电费用之和。

对于出租房屋发生的水、电、燃气、暖气、通信、有线电视、宽带等费用，如果由出租人承担，通常需要扣除。评估中还应该根据评估目的、评估对象的情况，考虑是否扣除房屋中的家具等创造的收益。

③管理人员工资和办公费。房地产出租一般需要专人管理，应当按当地的工资标准支付工资及社会保险费。房地产出租过程中，还会发生一些办公费用，如办公用品费、打字复印费、律师费等。

管理费用与出租房屋建筑面积相关，也与所取得的租金收入有一定的联系。管理费用估测通常有两种方法：一是按照出租房屋建筑面积的一定标准估算，二是按照年租金收入的一定比率估算。计算公式如下：

管理费用=房屋建筑面积×单位面积管理费用

或者：

管理费用=租金收入×管理费用率

（3）保险费用

保险费用指房产所有人为保障火灾、爆炸、雷击等自然灾害和意外事故造成的房屋损失而向保险公司支付的费用。

保险费用与出租房屋的保险价值相关，通常按照房屋重置价值和保险费率估算。计算公式如下：

保险费用=房屋重置价值×保险费率

（4）税金及附加

对于房地产的出租人来说，税金是其运营费用中的一项重要支出，由政府的税务部门收取，是政府税收的重要组成部分。房地产出租有关的税金主要有房产税、城镇土地使用税和增值税及附加。

①房产税。房产税是以房屋为征税对象，以房屋的计税余值或租金收入为计税依据，向产权所有人征收的一种财产税。房产出租的以房产租金收入为房产税的计税依据，按房产租金收入的12%计征房产税，个人出租房屋的房产税税率为4%。计算房产税使用的租金收入为不含增值税的租金收入。计算公式如下：

应纳房产税=不含增值税租金收入×房产税税率

不含增值税租金收入=租金收入÷（1+增值税税率）

不含增值税租金收入=租金收入÷（1+征收率）

②城镇土地使用税。城镇土地使用税是指在城市、县城、建制镇、工矿区范围内使用土地的单位和个人，以实际占用的土地面积为计税依据，依照规定由土地所在地的税务机关征收的一种税负。城镇土地使用税以纳税人实际占用的土地面积为计税依据，依照规定税额计算征收。城镇土地使用税每平方米年税额由地方政府根据实际情况制定，税额幅度通常为每年0.6元/平方米至30元/平方米。计算公式如下：

应纳城镇土地使用税=土地面积×单位面积税额标准

③增值税及附加。增值税是以商品（含应税劳务）在流转过程中产生的增值额作为计税依据而征收的一种流转税。税金附加根据增值税的应纳税额计算，主要包括城市维护建设税、教育费附加和地方教育附加。增值税以不含税的租金收入为计算依据，一般纳税人按9%的税率计算，小规模纳税人按5%的征收率计算。个人出租住房按1.5%的征收率计算。计算公式如下：

应纳增值税=增值税销项税额−增值税进项税额

=不含增值税租金收入×增值税税率−增值税进项税额

应纳增值税=不含增值税租金收入×征收率

增值税附加包括城市维护建设税、教育费附加和地方教育附加。城市维护建设税按照增值税应纳税额的7%计算，教育费附加按照增值税应纳税额的3%计算，地方教育附加按照增值税应纳税额的2%计算。计算公式如下：

城市维护建设税=增值税税额×城市维护建设税税率

教育费附加=增值税税额×教育费附加费率

地方教育附加=增值税税额×地方教育附加费率

3）不同收益类型房地产预期收益估测

（1）出租的房地产预期收益估测

出租的房地产是收益法评估的典型对象，出租的房地产预期收益通常为有效租金收入扣除出租人负担的运营费用后的余额。计算公式为：

预期收益=有效租金收入−维修费用−管理费用−保险费用−税金附加

评估时应注意，对于已抵押的房地产，扣减的运营费用不含抵押贷款还本付息额；对于房地产出租必备的设施设备，如电器、家具等的折旧，通常应在运营费用中扣减；运营费用中的税金及附加不包含所得税。

【例6-1】评估对象房地产为待出租写字楼，建筑面积为1 000平方米。类似写字楼的市场租金为每月90元/平方米，平均空置率为10%。维修费用为租金收入的1.5%，管理费用为租金收入的3%，保险费用为房屋重置价值的0.15%，房屋重置价值为1 150万元，房产税税率为12%，城镇土地使用税税额标准为每年15元/平方米，采用简易方法计税的增值税征收率为5%，城市维护建设税税率为7%，教育费附加费率为3%，地方教育附加费率为2%。房地产的预期收益计算如下：

①计算预期收入

有效租金收入=90×1 000×12×（1-10%）=972 000（元）

不含增值税租金收入=972 000÷（1+5%）=925 714.29（元）

②计算预期运营费用

维修费用=972 000×1.5%=14 580（元）

管理费用=972 000×3%=29 160（元）

保险费用=11 500 000×0.15%=17 250（元）

房产税=925 714.29×12%=111 085.71（元）

城镇土地使用税=1 000×15=15 000（元）

增值税=925 714.29×5%=46 285.71（元）

城市维护建设税=46 285.71×7%=3 240.00（元）

教育费附加=46 285.71×3%=1 388.57（元）

地方教育附加=46 285.71×2%=925.71（元）

运营费用合计=14 580+29 160+17 250+111 085.71+15 000+46 285.71+3 240.00+1 388.57+925.71
　　　　　=238 916（元）

③年预期收益

年预期收益=972 000-238 916=733 084（元）

（2）自营的房地产预期收益估测

自营的房地产的最大特点是，房地产所有者同时也是经营者，房地产租金与经营者利润没有分开。自营的房地产包括商服经营型房地产、工业生产型房地产、农地等。自营的房地产预期收益通常为营业收入减去营业成本、营业费用、税金及附加、管理费用、财务费用、经营利润。评估计算公式为：

预期收益=营业收入-营业成本-营业费用-税金及附加-管理费用-财务费用-正常经营利润

评估时应注意，营业收入、营业成本、营业费用、税金及附加、管理费用、财务费用等指标，应以委托人提供的财务报表为基础进行预测；正常经营利润是指房地产经营中不考虑房地产贡献，其他资产（其他固定资产、流动资产、无形资产等）创造的利润，应按行业的平均利润率水平计算。

【例6-2】评估对象房地产为所有者自己经营的饭店。经测算，其年营业收入为520 000元，营业成本、税金及附加、营业费用、管理费用、财务费用共计360 000元。按照饭店的资金投入和正常的利润率计算，其年正常经营利润为90 000元。房地产的预期收益计算如下：

预期收益=520 000-360 000-90 000=70 000（元）

（3）自用或尚未使用的房地产预期收益估测

自用或尚未使用的房地产是指业主自用或暂时空置的房地产，如住宅、写字楼等。自用或未使用的房地产的预期收益可比照有收益的类似房地产的有关资料进行测算，或通过类似房地产的收益额直接比较和调整得出。

【例6-3】评估对象房地产为暂时空置的写字楼，建筑面积1 500平方米，经调查，同类写字楼的市场租金水平为每年950元/平方米，空置率为15%左右，运营费用为有效租金的25%左右。房地产的预期收益计算如下：

预期收益=1 500×950×（1−15%）×（1−25%）=908 438（元）

（4）混合收益的房地产预期收益估测

混合收益的房地产是指具有多种收益类型的房地产，如宾馆及其客房、会议室、餐厅、商务中心、娱乐中心等。混合收益的房地产的预期收益可按下列三种思路估测：一是把费用分为变动费用和固定费用，将测算出的各种类型的收入分别减去相应的变动费用，予以加总后再减去总的固定费用。二是先测算各种类型的收入，然后测算各种类型的费用，再将总收入减去总费用。三是把混合收益的房地产看成各种单一收益型房地产的简单组合，分别测算出各自的收益额，然后将所有收益额相加。

【例6-4】评估对象房地产为某宾馆，其营业收入主要来源于客房、餐饮、洗浴中心，经测算，客房的年营业收入为3 500万元，运营成本为1 200万元，餐饮的年营业收入为2 800万元，运营成本为1 600万元，洗浴中心的年营业收入为2 300万元，运营成本为1 000万元，该宾馆的年固定成本为950万元。房地产的预期收益计算如下：

延伸阅读

财政部、国家税务总局《营业税改征增值税试点有关事项的规定》（节选2）

预期收益=（3 500−1 200）+（2 800−1 600）+（2 300−1 000）−950=3 850（万元）

6.3　房地产折现率及估测

折现率是收益法评估房地产价值的基本参数，对房地产评估价值有着重要的影响。评估专业人员运用收益法评估房地产价值时，应当根据房地产的收益风险，合理测算房地产的折现率。

6.3.1　房地产折现率的含义

折现率是将未来各期间房地产的预期收益换算为评估时点价值的比率。折现率是投资者向一宗房地产投资所要求的收益率，通常被用来将未来的收入转化为现时的价值，也就是现值。它是一种收益率，其高低主要取决于该宗房地产的风险情况。在确定房地产的折现率时，应选择那些与获取评估对象房地产的预期收益具有同等风险的投资的收益率。此外，要注意不同地区、不同时期、不同用途或不同类型的房地产，由于投资的风险不同，折现率也不尽相同。

6.3.2　房地产折现率的种类

房地产有土地、建筑物、房地等不同的存在形态，在评估中，由于评估对象不同，应采用的折现率也有所不同，主要有以下几种类型：

1）土地折现率

土地折现率是求取单纯土地的价值时所采用的折现率。这时对应的纯收益是土地自身的纯收益，而不应包含建筑物及其他方面的收益。

2）建筑物折现率

建筑物折现率是求取单纯建筑物的价值时所采用的折现率。这时对应的纯收益是建筑物自身的纯收益，而不应包含土地及其他方面的收益。

3）综合折现率

综合折现率是求取房地合一价值时采用的折现率。这时对应的纯收益是土地和建筑物共同产生的纯收益。

6.3.3 房地产折现率的估测

在进行折现率的测算时，评估专业人员应当收集市场利率水平、行业平均投资收益率和评估对象实际收益率等资料，在综合判断的基础上，利用一定的技术方法估测评估对象所采用的折现率。

1）市场提取法

市场提取法是在市场上选取多个（通常为3个以上）与评估对象相似的房地产作为可比实例，并根据可比实例的收益与价格的比率计算出折现率，然后求出各可比实例折现率的平均值，在进行综合分析的基础上，确定评估对象房地产的折现率。该方法运用时，通常假设可比实例的各年收益相等，收益期限永续。该方法的公式为：

$$r=\sum_{i=1}^{n} \frac{A_i}{P_i} \div n$$

式中：r为评估对象房地产的折现率；A_i为交易实例i的收益；P_i为交易实例i的价格；n为交易实例个数。

【例6-5】选择4个与评估对象房地产相类似的可比实例，各可比实例有关数据资料见表6-1。

表6-1 交易实例及相关资料

交易实例	收益（万元/年）	价格（万元）	折现率（%）
1	15	165	9.09
2	24	216	11.11
3	52	498	10.44
4	87	863	10.08

根据表中的数据资料，采用简单算术平均数法求得：

折现率=（9.09%+11.11%+10.44%+10.08%）÷4

=10.18%

2）累加法

累加法是以无风险收益率加上风险收益率来确定房地产折现率的方法。无风险收益率又称安全利率，是指无风险的资本投资收益率，房地产评估中通常选择一年期定期存款利率或一年期国债利率作为无风险收益率。风险收益率是根据评估对象所在地区、行业、市场等对房地产投资的影响综合确定的。房地产评估中风险收益率通常又分解为投资风险补偿率、管理负担补偿率、缺乏流动性补偿率、投资带来的优惠率等。该方法的细化公式为：

折现率=安全利率+投资风险补偿率+管理负担补偿率+缺乏流动性补偿率−投资带来的优惠率

式中，投资风险补偿率是指当投资者投资于收益不确定、具有一定风险性的房地产时，要求对其承担额外风险的补偿。管理负担补偿率是指投资者要求对其所承担的额外管理工作的补偿，一项投资所承担的管理工作量越多，吸引力就会越小。缺乏流动性补偿率是指投资者对所投资的资金因缺乏流动性所要求的补偿。投资带来的优惠率是指因投资房地产可能获得的额外好处，投资者会降低其所要求的报酬率。

【例6-6】对某收益性房地产进行评估，采用累加法确定折现率，有关资料如下：评估时银行一年期存款利率为1.5%，经分析估测，投资风险补偿率为2%，管理负担补偿率为0.1%，缺乏流动性补偿率为1.5%，投资带来的优惠率为0.1%，则折现率为：

折现率=1.5%+2%+0.1%+1.5%−0.1%=5%

3）投资收益率排序插入法

投资收益率排序插入法的基本依据是投资的收益率与其所承担的风险成正比，收益率越高，其风险越大，收益率越低，则风险越小。它的基本操作步骤和内容如下：

（1）调查、搜集评估对象所在地区的各种投资（如国债、银行存款、保险、企业债券、银行贷款、各种房地产投资、股票等），及与它们相对应的风险程度和收益率资料。

（2）以投资的类型及风险程度为横坐标轴，以投资收益率为纵坐标轴，将所搜集的投资类型及风险与对应的投资收益率制成如图6-1所示的曲线图。

（3）将评估对象的风险程度与图6-1横坐标轴上的投资类型的风险程度进行分析比较，并考虑投资的流动性、管理的难易程度以及作为资产的安全性等因素后，判断出与其风险程度相等投资在横坐标轴上的位置。

（4）根据图6-1，在纵坐标轴上找出与评估对象风险相对应的投资收益率就是要求取的折现率。

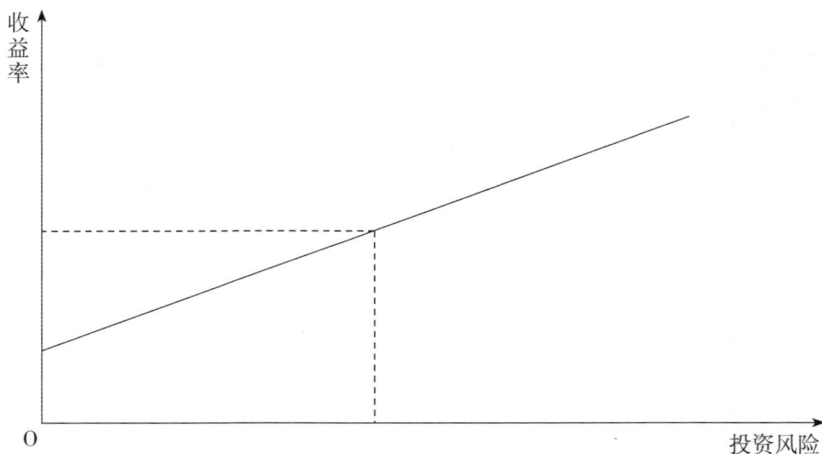

图6-1　投资收益率排序插入法示意图

6.4　房地产收益期限及估测

评估专业人员运用收益法评估房地产价值时，应当根据土地使用权年限、建筑物经济寿命和房地产的具体状况，合理测算房地产的收益期限。

6.4.1　房地产收益期限的含义

房地产收益期限是指评估对象房地产在评估基准日后续能够持续形成预期收益的时间，一般以年度为计量单位，所以也称为房地产的收益年限。

房地产收益期限的估测，应当根据相关法律及房地产的具体状况，测算土地剩余使用权年限、建筑物剩余经济寿命，合理估测不同类型房地产的收益年限。

6.4.2　土地收益期限的估测

单独土地评估，土地收益年限的确定，应考虑土地的不同取得方式。对于以有偿出让方式取得土地使用权的情况，土地收益年限为土地剩余使用权年限，可根据土地使用权证中载明的土地使用权年限（通常为某类用地出让的最高年限）减去土地已使用年限确定。对于以无偿划拨方式取得土地使用权的情况，土地收益年限为永续，但以划拨方式取得使用权进行租赁经营的，应按规定向政府缴纳土地收益，评估时所确定的土地收益应为正常土地租赁收益扣除按规定向政府缴纳土地收益后的余额。

6.4.3　建筑物收益期限的估测

单独建筑物评估，建筑物收益年限为建筑物的剩余经济寿命年限，可根据建筑物总使用年限减去已使用年限确定。建筑物总使用年限通常根据建筑物的建筑结构、建造质量、使用和维修保养情况，结合同类建筑物平均经济寿命情况确定。建筑物已使用年限为建筑物从投入使用到评估时点的使用年限。

6.4.4　房地合一收益期限的估测

房地评估即为土地和建筑物合成一体情况下的房地产评估，房地产收益年限应根据土地剩余使用权年限和建筑物剩余经济寿命年限长短的不同情况分别确定。

1）土地年限和建筑物年限相等

对于土地剩余使用权年限和建筑物剩余经济寿命年限相等的情况，可根据土地剩余使用权年限或建筑物剩余经济寿命年限确定房地产收益年限。

2）土地年限比建筑物年限短

对于土地剩余使用权年限比建筑物剩余经济寿命年限短的情况，应根据土地剩余使用权年限确定房地产收益年限（如图6-2所示）。估测房地产价值时分为两种情形：一是出让合同约定土地使用权期间届满后无偿收回土地使用权及地上建筑物，此情形下，房地产价值应以收益期间内的房地产预期收益的现值计算。二是出让合同未约定土地使用权年限期间届满后无偿收回土地使用权及地上建筑物，此情形下，房地产价值应以收益期间内房地产预期收益的现值加上建筑物在收益期结束时的价值的现值计算。

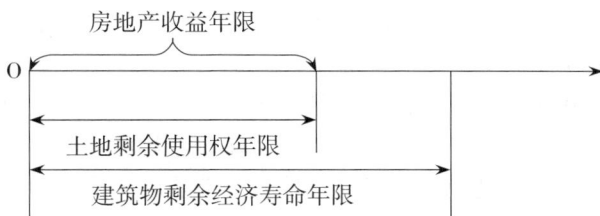

图6-2　土地年限比建筑物年限短

3）土地年限比建筑物年限长

对于土地剩余使用权年限比建筑物剩余经济寿命年限长的情况，以土地剩余使用权年限为房地产总的收益年限（如图6-3所示）。但对房地产的收益折现分两段进行：第一段以建筑物剩余经济寿命为界，将房地合一的收益折现；第二段将土地剩余使用权年限超过建筑物剩余经济寿命年限的土地收益折现。以两段期限的收益现值之和作为房地产的评估价值。

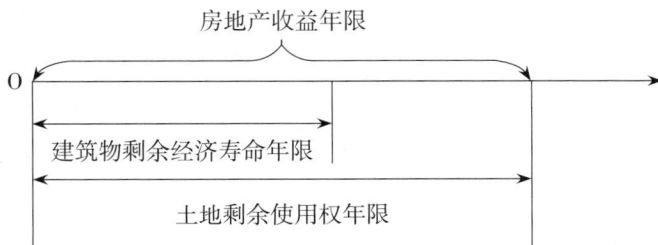

图6-3　土地年限比建筑物年限长

6.5 房地产价值的估测

6.5.1 收益法评估公式

房地产的收益有每年固定不变，每年按某个固定的数额递增或递减，每年按某个固定的比率递增或递减，以及其他有规则的变动几种情况。评估时，应与上述的收益类型对照，判断该未来预期收益流量属于哪种类型，再结合收入期限，选择相应的计算公式进行计算。

1）基本公式

它是收益折现法基本原理的数学表达式。所谓基本公式是指它适应任意的未来收入流量情况。具体公式为：

$$V = \frac{a_1}{1+r} + \frac{a_2}{(1+r)^2} + \frac{a_3}{(1+r)^3} + \cdots + \frac{a_{n-1}}{(1+r)^{n-1}} + \frac{a_n}{(1+r)^n} + \frac{V_n}{(1+r)^n}$$

$$= \sum_{i=1}^{n} \frac{a_i}{(1+r)^i} + \frac{V_n}{(1+r)^n}$$

式中：V为房地产价值；V_n为持有期末转售价值；a_1，a_2，a_3，$\cdots$，a_{n-1}，a_n为房地产未来每年的预期收益（假设均发生在年末）；r为折现率；n为房地产自评估时点起至持有期末的年限。

上述公式在实际评估中难以操作，除非收益年限比较短，所以它只有理论分析上的意义。根据该公式中a按不同规律变化，在n为无限年和有限年的情况下可以导出下述各种公式。也就是说，下述的各种公式都是该公式的特例。

2）无限年且其他因素不变的公式

当a每年不变，且具有无限收益期时，评估计算公式就变为：

$$V = \frac{a}{r}$$

式中：V为房地产价值；r为折现率。

3）有限年且其他因素不变的公式

当a每年不变，而具有有限收益期n时，评估计算公式就变为：

$$V = \frac{a}{r}\left[1 - \frac{1}{(1+r)^n}\right]$$

上述公式既可以直接用于计算价格，也可以进行不同年限的价格换算，比较不同年限的价格高低。

当a每年不变，而持有n年后转售时，评估计算公式就变为：

$$V = \frac{a}{r}\left[1 - \frac{1}{(1+r)^n}\right] + \frac{V_n}{(1+r)^n}$$

式中：V为房地产价值；V_n为持有期末转售价值；r为折现率；n为房地产自评估时点起至持有期末的年限。

4）净收益在前若干年有变化的公式

当 a 前 t 年每年有变化，而 t 年后每年不变，且具有无限收益期时，评估计算公式就变为：

$$V = \sum_{i=1}^{t} \frac{a_i}{(1+r)^i} + \frac{a}{r(1+r)^t}$$

当 a 前 t 年每年有变化，而 t 年后每年不变，且总共具有有限收益期 n 时，评估计算公式就变为：

$$V = \sum_{i=1}^{t} \frac{a_i}{(1+r)^i} + \frac{a}{r(1+r)^t}\left[1 - \frac{1}{(1+r)^{n-t}}\right]$$

当 a 前 t 年每年有变化，而 t 年后每年不变，且总共持有 n 年后转售（n≥t）时，评估计算公式就变为：

$$V = \sum_{i=1}^{t} \frac{a_i}{(1+r)^i} + \frac{a}{r(1+r)^t}\left[1 - \frac{1}{(1+r)^{n-t}}\right] + \frac{V_n}{(1+r)^n}$$

式中：V 为房地产价值；V_n 为持有期末转售价值；r 为折现率；n 为房地产自评估时点起至持有期末的年限。

5）净收益按等差级数递增的公式

当 a 每年以某一金额 b 按等差级数递增变化，且具有无限收益期时，评估计算公式就变为：

$$V = \frac{a}{r} + \frac{b}{r^2}$$

当 a 每年以某一金额 b 按等差级数递增变化，且具有有限收益期 n 时，评估计算公式就变为：

$$V = \left(\frac{a}{r} + \frac{b}{r^2}\right)\left[1 - \frac{1}{(1+r)^n}\right] - \frac{b}{r} \times \frac{n}{(1+r)^n}$$

当 a 每年以某一金额 b 按等差级数递增变化，且持有 n 期后转售时，评估计算公式就变为：

$$V = \left(\frac{a}{r} + \frac{b}{r^2}\right)\left[1 - \frac{1}{(1+r)^n}\right] - \frac{b}{r} \times \frac{n}{(1+r)^n} + \frac{V_n}{(1+r)^n}$$

式中：V 为房地产价值；r 为折现率；n 为房地产自评估时点起至持有期末的年限。

6）净收益按等差级数递减的公式

当 a 每年以某一金额 b 按等差级数递减变化，且具有无限收益期时，评估计算公式就变为：

$$V = \frac{a}{r} - \frac{b}{r^2}$$

当 a 每年以某一金额 b 按等差级数递减变化，且具有有限收益期 n 时，评估计算公式就变为：

$$V = \left(\frac{a}{r} - \frac{b}{r^2} \right) \left[1 - \frac{1}{(1 + r)^n} \right] + \frac{b}{r} \times \frac{n}{(1 + r)^n}$$

当 a 每年以某一金额 b 按等差级数递减变化，且持有 n 期后转售时，评估计算公式就变为：

$$V = \left(\frac{a}{r} - \frac{b}{r^2} \right) \left[1 - \frac{1}{(1 + r)^n} \right] + \frac{b}{r} \times \frac{n}{(1 + r)^n} + \frac{V_n}{(1 + r)^n}$$

式中：V 为房地产价值；r 为折现率；n 为房地产自评估时点起至持有期末的年限。

7）净收益按一定比率递增的公式

当 a 每年以某一比率 g 递增变化，且具有无限收益期时，评估计算公式就变为：

$$V = \frac{a}{r - g}$$

当 a 每年以某一比率 g 递增变化，且具有有限收益期 n 时，评估计算公式就变为：

$$V = \frac{a}{r - g} \left[1 - \left(\frac{1 + g}{1 + r} \right)^n \right]$$

当 a 每年以某一比率 g 递增变化，且持有 n 期后转售时，评估计算公式就变为：

$$V = \frac{a}{r - g} \left[1 - \left(\frac{1 + g}{1 + r} \right)^n \right] + \frac{V_n}{(1 + r)^n}$$

式中：V 为房地产价值；V_n 为持有期末转售价值；r 为折现率；n 为房地产自评估时点起至持有期末的年限。

8）净收益按一定比率递减的公式

当 a 每年以某一比率 g 递减变化，且具有无限收益期时，评估计算公式就变为：

$$V = \frac{a}{r + g}$$

当 a 每年以某一比率 g 递减变化，且具有有限收益期 n 时，评估计算公式就变为：

$$V = \frac{a}{r + g} \left[1 - \left(\frac{1 - g}{1 + r} \right)^n \right]$$

当 a 每年以某一比率 g 递减变化，且持有 n 期后转售时，评估计算公式就变为：

$$V = \frac{a}{r + g} \left[1 - \left(\frac{1 - g}{1 + r} \right)^n \right] + \frac{V_n}{(1 + r)^n}$$

式中：V 为房地产价值；V_n 为持有期末转售价值；r 为折现率；n 为房地产自评估时点起至持有期末的年限。

9）年金法公式

年金法是将房地产的预期收益进行年金化处理，然后再把已年金化的房地产预期收益进行收益还原，估测房地产的价值。评估计算公式为：

$$V = \frac{\sum_{i=1}^{n}[a_i \times (1+r)^{-i}] \div (V/A，r，n)}{r}$$

式中：（V/A，r，n）为年金现值系数；V为房地产价值；r为折现率；n为房地产自评估时点起至持有期末的年限。

上述收益法评估公式中，有限年且其他因素不变的公式是房地产评估中常用的公式，应注意土地剩余使用年限与建筑物剩余经济寿命不同、土地出让政策不同的情况下，评估公式的具体运用。

6.5.2　不同条件下房地产价值估测

1）土地年限短于建筑物年限且政府不对建筑物价值进行补偿的情况

当评估对象房地产土地剩余使用权年限短于建筑物剩余经济寿命年限，政府收回土地使用权不对建筑物价值进行补偿时，房地产价值应以收益期间内的房地产预期收益的现值计算。评估计算公式为：

$$V = \frac{a}{r}\left[1 - \frac{1}{(1+r)^n}\right]$$

该评估计算公式也适用于单纯土地价值评估、单纯建筑物价值评估、房地合一情况下土地剩余使用权年限与建筑物剩余经济寿命年限相等房地产价值评估。

【例6-7】某写字楼是5年前以出让方式取得的建设用地使用权，土地面积为500平方米，土地出让年限为50年，不可续期，并且政府到期收回土地使用权不对建筑物价值进行补偿。写字楼于获得土地使用权2年后建成并投入使用，写字楼建筑面积1 500平方米，经济寿命年限为60年。该区域写字楼正常的租金标准为每月160元/平方米建筑面积，空置率为10%。写字楼的运营费用情况如下：维修费用为租金收入的2%，管理费用为租金收入的3%，保险费用为每年32 000元，房产税税率为12%，城镇土地使用税税额标准为每年15元/平方米，增值税征收率为5%，城市维护建设税税率为7%，教育费附加费率为3%，地方教育附加费率为2%，写字楼的预期收益率为10%。根据上述资料，估算该写字楼的价值。

（1）估算预期收入

有效租金收入=1 500×160×12×（1-10%）=2 592 000（元）

不含税租金收入=2 592 000÷（1+5%）=2 468 571（元）

（2）估算预期运营费用

维修费用=2 592 000×2%=51 840（元）

管理费用=2 592 000×3%=77 760（元）

保险费用=32 000元

房产税=2 468 571×12%=296 229（元）

城镇土地使用税=500×15=7 500（元）

增值税=2 468 571×5%=123 429（元）

城市维护建设税=123 429×7%=8 640（元）

教育费附加=123 429×3%=3 703（元）

地方教育附加=123 429×2%=2 469（元）

运营费用=51 840+77 760+32 000+296 229+7 500+123 429+8 640+3 703+2 469=603 570（元）

（3）估算预期收益

预期收益=2 592 000−603 570=1 988 430（元）

（4）确定收益年限

收益年限=50−5=45（年）

（5）计算评估值

$$评估价值 = \frac{1\,988\,430}{10\%} \times \left[1 - \frac{1}{(1+10\%)^{45}}\right] = 19\,611\,503(元) \approx 1\,961.15(万元)$$

2）土地年限短于建筑物年限且政府对建筑物价值进行补偿的情况

当评估对象房地产土地剩余使用权年限短于建筑物剩余经济寿命年限，政府收回土地使用权对建筑物价值进行补偿时，房地产价值应以收益期间内房地产预期收益的现值加上建筑物在收益期结束时的价值的现值计算。评估计算公式为：

$$V = \frac{a}{r}\left[1 - \frac{1}{(1+r)^n}\right] + \frac{V_n}{(1+r)^n}$$

该评估计算公式也适用于预计房地产在未来某时点进行转让情况的房地产价值评估。

【例6-8】某写字楼建筑面积为2 500平方米，现在的市场价格为15 000元/平方米，目前房地产市场不景气，其市场租金为每月90元/平方米，空置率为15%，该写字楼的运营费用为市场租金的25%。预测房地产市场价格3年后会回升，到那时该写字楼的市场价格将达到16 000元/平方米，转让该写字楼的税费约为市场价格的8%。如果投资者要求该类投资的报酬率为10%，试估算该写字楼目前的市场价值。

（1）写字楼的预期收益=90×12×2 500×（1−15%）×（1−25%）=1 721 250（元）

=172.125（万元）

（2）写字楼3年后的预期价值=16 000×2 500×（1−8%）=36 800 000（元）=3 680（万元）

（3）写字楼目前的市场价值为：

$$V = \frac{a}{r}\left[1 - \frac{1}{(1+r)^n}\right] + \frac{V_n}{(1+r)^n}$$

$$= \frac{172.125}{10\%} \times \left[1 - \frac{1}{(1+10\%)^3}\right] + \frac{3\,680}{(1+10\%)^3}$$

$$=428.05+2\,764.84$$

$$=3\,192.89（万元）$$

3）土地年限长于建筑物年限的情况

当评估对象房地产土地剩余使用权年限长于建筑物剩余经济寿命年限时，对房地产的收益折现分两段进行：第一段以建筑物剩余经济寿命年限为界，将房地合一的收益折现；第二段将土地剩余使用权年限超过建筑物剩余经济寿命年限的土地收益折现。以两段期限的收益现值之和作为房地产价值。评估计算公式为：

$$V=\frac{a}{r}[1-\frac{1}{(1+r)^n}]+\frac{a_1}{r_1(1+r_1)^n}[1-\frac{1}{(1+r_1)^{N-n}}]$$

【例6-9】评估对象为某收益性房地产，建筑物剩余经济寿命年限为30年，土地剩余使用权年限为40年，房地合一的年预期收益为120万元，土地未来年预期收益为30万元，综合折现率为8%，土地折现率为5%，试估算该房地产价值。

该房地产价值为：

$$
\begin{aligned}
V&=\frac{a}{r}[1-\frac{1}{(1+r)^n}]+\frac{a_1}{r_1(1+r_1)^n}[1-\frac{1}{(1+r_1)^{N-n}}]\\
&=\frac{120}{8\%}\times[1-\frac{1}{(1+8\%)^{30}}]+\frac{30}{5\%(1+5\%)^{30}}\times[1-\frac{1}{(1+5\%)^{40-30}}]\\
&=1\,350.93+53.60=1\,404.53（万元）
\end{aligned}
$$

相关知识

直接资本化法

6.6　收益法应用举例

【例6-10】某评估机构接受委托，对某出租写字楼的价值进行评估，为确定写字楼的转让价格提供依据。评估对象写字楼位于城市中心商务区，土地性质为商业用地，土地面积为500平方米，房屋建筑面积为1 500平方米。评估专业人员选用收益法对写字楼的价值进行了评估，价值类型为市场价值，评估基准日为2023年12月31日。评估过程如下：

（1）估测预期收入

评估对象房地产用于出租，其预期收入表现为租金收入。评估专业人员调取了写字楼的出租资料，目前，该写字楼租金标准为每月150元/平方米建筑面积，空置率为12%。评估专业人员经过市场调查与预测，2024年该区域写字楼正常的租金标准为每月160元/平方米建筑面积，空置率为10%。据此，评估专业人员估测了评估对象房地产的预期租金收入。

租金收入=1 500×160×12×（1-10%）=2 592 000（元）

评估专业人员假设该写字楼采用简易方法计算增值税，征收率为5%。为计算房产税、增值税及附加，评估专业人员将租金收入换算为不含增值税的租金收入。

不含税租金收入=2 592 000÷（1+5%）=2 468 571.43（元）

（2）估测预期运营费用

出租型房地产的预期运营费用主要包括租赁期间正常的维修费用、管理费用、保险费用、税费。评估专业人员根据租赁合同规定的费用承担情况，以及2024年的费用支出水平，测算了各项运营费用（不包括税金及附加）的计算标准或数额。维修费用为租金收入的2%；管理费用为租金收入的3%；保险费用根据建筑物的保险价值计算，每年为32 000元。据此，评估专业人员估测了评估对象房地产的预期运营费用（不包括税金及附加）。

维修费用=2 592 000×2%=51 840（元）

管理费用=2 592 000×3%=77 760（元）

运营费用合计=51 840+77 760+32 000=161 600（元）

由于采用简易方法计算增值税，上述运营费用中并没有扣除可以抵扣的增值税进项税额，为包括增值税进项税额的运营费用。

（3）估测税金及附加

出租型房地产的税金及附加主要有房产税、城镇土地使用税、增值税，以及城市维护建设税和教育费附加。根据税法及地方税务机构的规定，房产税税率为12%，城镇土地使用税税额标准为每年15元/平方米，简易方法计税的增值税征收率为5%，城市维护建设税税率为7%，教育费附加费率为3%，地方教育附加费率为2%。据此，评估专业人员估测了评估对象房地产的税金及附加。

房产税=2 468 571.43×12%=296 228.57（元）

城镇土地使用税=500×15=7 500（元）

增值税=2 468 571.43×5%=123 428.57（元）

城市维护建设税=123 428.57×7%=8 640.00（元）

教育费附加=123 428.57×3%=3 702.86（元）

地方教育附加=123 428.57×2%=2 468.57（元）

税金及附加合计=296 228.57+7 500+123 428.57+8 640+3 702.86+2 468.57=441 969（元）

由于评估专业人员以含增值税的租金收入为预期收入，所以增值税列在税费项目中。在简易计税方式下，如果以不含增值税的租金收入为预期收入（已经扣除了增值税），则增值税不列入税费项目中。

（4）计算预期收益

出租型房地产的预期收益是房地产预期收入与运营费用（包括税金及附加）的差额。评估专业人员根据估测出的预期收入和运营费用，计算出年预期收益。

预期收益=2 592 000-（161 600+441 969）=1 988 431（元）

评估专业人员经过市场分析，确信该区域写字楼市场租金稳定，在收益期内不会发生大的变化。为此，评估专业人员确定评估对象房地产在评估基准日后的运营期间内，每年的预期收益均为1 988 431元。

（5）估测折现率

评估专业人员收集了国债利率和房地产出租市场利率水平，对该房地产收益的风险情况进行了分析，采用累加法估测评估对象房地产的折现率。评估时点银行一年期存款利率为1.5%，经分析预测，投资风险补偿率为3%，管理负担补偿率为0.1%，缺乏流动性补偿率为1.5%，投资带来的优惠率为0.1%，则：

折现率=1.5%+3%+0.1%+1.5%-0.1%=6%

（6）估测收益期限

评估对象房地产为土地和建筑物合成一体情况下的房地产，其收益期限的估测需要考虑土地使用权剩余年限和建筑物剩余经济寿命年限。评估专业人员经过调查，该土地使用权是2008年12月5日取得的，土地性质为商业用地，最高使用年限为40年，出让合同未约定土地使用权期间届满后无偿收回土地使用权及地上建筑物。评估专业人员对建筑物进行了专业检测，预计其剩余经济寿命为45年。

土地剩余使用权年限=40-15=25（年）

建筑物剩余经济寿命年限=45年

对于土地剩余使用权年限比建筑物剩余经济寿命年限短的情况，应根据土地剩余使用权年限确定房地产收益年限，因此，评估专业人员确定的收益期限为25年。

（7）计算评估价值

房地产价值为收益期间内房地产预期收益的现值与收益期结束时建筑物价值的现值之和。经预测，收益期结束时建筑物价值为337 500元，则房地产的价值为：

$$房地产价值=\frac{1\,988\,431}{6\%} \times [1 - \frac{1}{(1 + 6\%)^{25}}] + \frac{337\,500}{(1 + 6\%)^{25}} = 25\,497\,459（元）= 2\,549.75（万元）$$

（8）评估结果

评估专业人员经过评定估算，评估对象房地产于评估基准日2023年12月31日的评估价值为2 549.75万元。

本章小结

收益法是通过估测评估对象房地产的预期收益和收益期限，选用适当的折现率和收益期限将房地产预期收益折算为现值，以确定房地产价值的思路及方法。收益法以预期原理作为理论依据。应用收益法评估房地产价值的前提条件，一是房地产应当具有预期收益或者潜在预期收益，二是房地产预期收益的风险可以预测，三是房地产预期收益的年限可以估测。

房地产预期收益是评估对象房地产在评估基准日后续的期间，在合理经营或正常运用的前提下，预期能够实现或带来收益的数额。房地产预期收益并非现实收益，而是在未来各期间可能实现的收益。房地产预期收益并非实际收益，而是一种客观收益。房地产预期收益是房地产预期收入和预期运营费用的差额。出租的房地产的预期运营费用包括维修费用、管理费用、保险费用和税费。经营的房地产的运营费用包括营业成本、营业费用、税金及附加、管理费用和财务费用。

折现率是将未来各期间房地产的预期收益换算为评估时点价值的比率。房地产的折现率实质上是一种期望的投资收益率，由无风险收益率和风险收益率构成。在房地产评估中，折现率的种类包括土地折现率、建筑物折现率和综合折现率。房地产折现率的估测方法包括市场提取法、累加法和投资收益率排序插入法等。

房地产收益期限是指评估对象房地产在评估基准日后续能够持续形成预期收益的时间。土地收益年限的确定应考虑土地的不同取得方式，以出让方式取得的土地使用权，土地收益年限为土地剩余使用权年限；以无偿划拨方式取得的土地使用权，土地收益年限为永续。建筑物收益年限为建筑物的剩余经济寿命年限，可根据建筑物总使用年限减去已使用年限确定。房地产收益年限应根据土地剩余使用权和建筑物剩余经济寿命年限长短的不同情况分别确定。

房地产价值是通过估算被评估房地产的未来各期的预期收益，并选用适当的折现率将其分别折算到评估时点的价值。

主要概念

收益法　预期收益　预期收入　租金收入　潜在租金收入　有效租金收入　运营费用　维修费用　管理费用　折现率　收益期限

基本训练

■ 思考题

1.什么是收益法？其应用的前提条件是什么？

2.如何测算出租型房地产的预期收入？

3.出租的房地产的预期运营费用包括哪些内容？

4.房地产折现率有哪些种类？

5.估测房地产折现率的方法有哪些？

6.什么是房地产收益期限？其表现形式有哪些？

7.如何估测房地合一情况下房地产的收益期限？

■ 计算题

1.评估对象房地产为出租商铺，建筑面积为300平方米，设有25个铺位。评估专业人员经过测算，每个铺位的月租金收入（含增值税）为1 800元，空置率预计为5%。该商铺的维修费用、管理费用和保险费用占租金收入（含增值税）的8%。房产税税率为12%，增值税征收率为5%（简易方法），城市维护建设税税率为7%，教育费附加费率为3%，地方教育附加费率为2%，免征城镇土地使用税。计算该商铺的年预期收益。

2.某评估机构接受委托，对某商业中心五楼的转让价值进行评估。该楼层建筑面积250平方米，剩余使用年限为15年。评估专业人员对其使用情况进行了分析，认为最佳使用方式为分割出租。评估专业人员对预期收益进行了估测，前三年的预期收入分别为85万元、90万元和95万元，第四年及以后的经营期间预期收益均为

100万元。评估专业人员对商业中心的收益风险进行了分析，要求的风险收益率为6%，目前，风险收益率为3%。计算商业中心五楼转让价值的评估值。

计算题参考答案

即测即评

第7章

假设开发法

本章学习目标是使学生掌握假设开发法评估的基本内容与基本方法。其具体目标包括：

□ 知识目标

理解假设开发法的内涵、假设开发法的理论依据、假设开发法适用的条件和范围。

□ 技能目标

掌握假设开发法的评估计算公式，掌握假设开发法评估步骤及各项指标、参数的确定思路与方法。

□ 能力目标

运用假设开发法对待开发的土地、在建工程、旧房等房地产项目进行评定估算。

★ 思维导图

```
                                    ┌── 假设开发法的概念
                  ┌─ 假设开发法的基本原理 ──┼── 假设开发法的理论依据
                  │                 └── 假设开发法适用的条件和范围
                  │
                  │                 ┌── 假设开发法的基本公式
                  ├─ 假设开发法的评估计算公式 ┼── 按评估对象细化的公式
                  │                 └── 按开发后的经营方式细化的公式
                  │
假设开发法 ─────────┤                 ┌── 调查待开发房地产的基本情况
                  │                 ├── 选择最佳的开发利用方式
                  │                 ├── 估计开发经营期
                  ├─ 假设开发法的评估步骤 ───┼── 预测开发完成后房地产价值
                  │                 ├── 估算开发成本、管理费用、投资利息、开发利润、销售税费
                  │                 └── 待开发房地产价值估测
                  │
                  │                 ┌── 待开发土地价值的估测
                  └─ 假设开发法应用举例 ───┼── 在建工程价值的估测
                                    └── 旧房价值的估测
```

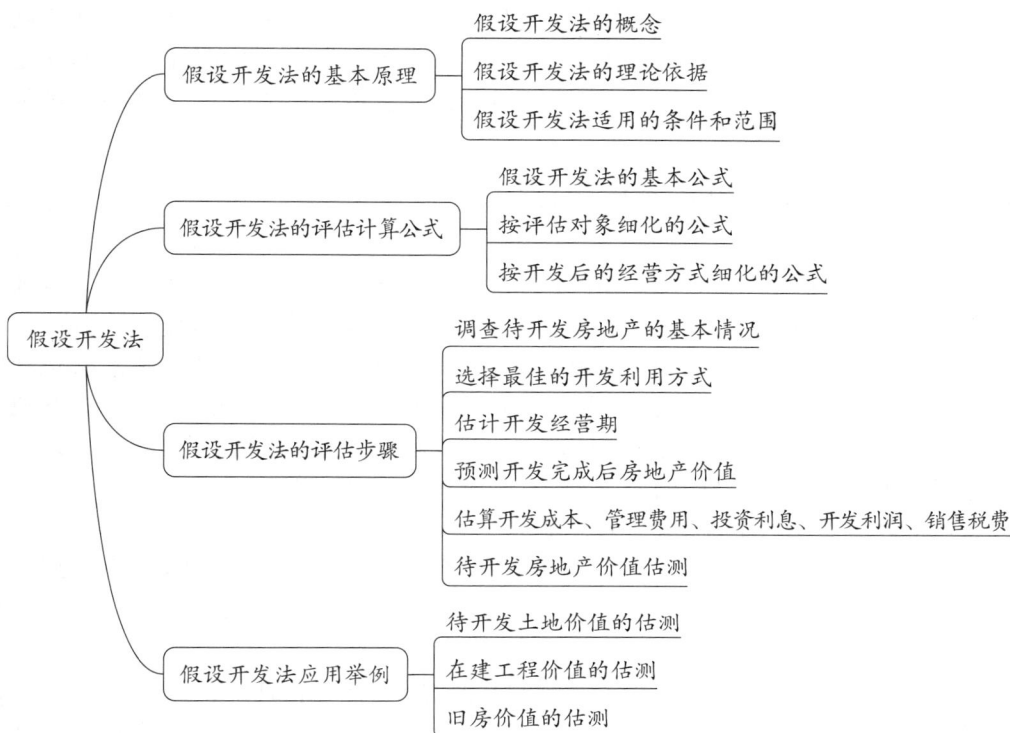

7.1 假设开发法的基本原理

7.1.1 假设开发法的概念

假设开发法又称预期开发法、剩余法，它是首先预测评估对象预期开发完成后的价值，然后减去预期的开发成本、利润和税费等，以此确定评估对象价值的方法。假设开发法的本质是以房地产的预期收益能力为导向求取评估对象的价值。

7.1.2 假设开发法的理论依据

假设开发法的理论依据是预期原理。简单地理解，预期原理是指根据未来时空的潜能说明现实。假设开发法的思路是根据房地产未来预期收益状况、未来开发成本状况等来判断其现实的价值。

根据预期原理，开发商欲投资开发一宗房地产，由于存在竞争，其投资目的是希望获取社会正常利润。因此，他首先得仔细研究所开发房地产的内外条件，如坐落位置、面积大小、周围环境、交通状况、规划所允许的用途、建筑密度（建筑物

底层面积与土地总面积的比率）、容积率等，然后进行最佳开发利用方式的设计，包括使用用途和使用强度，同时，预测开发完成最有效设计后的房地产转让或租赁出去的价格是多少，以及为了开发建造房地产发生的开发建设成本、获得的正常利润以及应缴纳的税费。这样开发商就知道了愿意为待开发房地产支付的最高价格是多少。这个最高价格等于预期开发完成后的价值减去开发成本、开发利润和缴纳税金后的余额。

7.1.3 假设开发法适用的条件和范围

1）适用条件

假设开发法适用于具有开发和再开发潜力，并且其开发完成后的价值可以合理确定的不动产。假设开发法运用的关键是房地产最佳开发利用方式的选择和对未来开发完成后房地产价值的预测。要做到上述两点，就要求有一个良好的社会环境和稳定、规范的房地产市场。具体来说，应具备下列条件：①要有统一、完善的房地产法律法规体系；②要有稳定、透明的房地产业政策；③要有完整、公开的房地产信息库；④要有稳定、清晰的房地产投资与交易的税费政策。

具备上述条件，评估专业人员就能对房地产市场状况，包括房地产供求变化、房地产市场价格未来走势等进行基本的把握。在运用假设开发法评估时，容易对未来房地产价格、开发成本、开发利润等各种指标、参数进行合理预测。

2）适用范围

假设开发法适用于具有开发和再开发潜力的房地产价值评估，如待开发土地、在建工程、可装修改造或可改变用途的旧房等，以下统称为"待开发房地产"。具体适用范围有如下几个方面：

（1）生地。通过将生地开发成熟地或在生地上进行房屋建设后的价值估测生地价值。

（2）毛地。通过将毛地开发成熟地或在毛地上进行房屋建设后的价值估测毛地价值。

（3）熟地。通过在熟地上进行房屋建设后的价值估测熟地价值。

（4）在建工程。通过在建工程续建完成后的价值估测在建工程价值。

（5）旧房。通过对旧房进行装修、改建、扩建后的价值估测旧房价值。

（6）其他。如确定拟开发土地的最高价格，确定开发项目的预期利润、最高费用等。

7.2 假设开发法的评估计算公式

7.2.1 假设开发法的基本公式

根据假设开发法评估的思路，其评估计算的基本公式为：

$$待开发房地产价值 = 开发完成后房地产价值 - 开发成本 - 管理费用 - 投资利息 - 开发利润 - 销售费用 - 销售税金 - 取得待开发房地产的税费$$

式中，开发完成后房地产价值是房地产未来预期的价值，待开发房地产投资开发前后的状态不同，其价值构成不同，开发后房地产经营方式不同，房地产价值估测的思路也不同。开发成本是指房地产开发建设过程中所支付的全部成本费用，根据待开发房地产的不同，可分为土地开发成本、房屋建造成本、在建工程续建成本、旧房装修改造成本等。管理费用是指开发商进行房地产开发应支付的正常的管理费用。投资利息是指根据房地产开发总的投资额和合理的开发建设期计算的利息。开发利润是指开发商进行房地产开发应获得的正常合理利润。销售税费是指房地产销售过程中支付或缴纳的销售费用、增值税及附加、交易手续费等。取得待开发房地产的税费是指房地产交易中由买方缴纳的契税、交易手续费等。

应注意的是，假设开发法的基本公式所计算出来的待开发房地产价值是一个未来的值，如果评估目的是要估测待开发房地产现时价值，还应对未来的价值进行折现。

7.2.2　按评估对象细化的公式

假设开发法基本公式的运用，要把握待开发房地产在开发前后的状况。根据待开发房地产在开发前后状况的不同，可将假设开发法基本公式进行细化。

1）求生地价值的公式

（1）适用于将生地开发成熟地的公式

$$生地价值 = 开发完成后的熟地价值 - 由生地开发成熟地的开发成本 - 管理费用 - 投资利息 - 开发利润 - 销售费用 - 销售税金$$

（2）适用于在生地上进行房屋建设的公式

$$生地价值 = 开发完成后的房地产价值 - 由生地建成房屋的开发成本 - 管理费用 - 投资利息 - 开发利润 - 销售费用 - 销售税金$$

2）求毛地价值的公式

（1）适用于将毛地开发成熟地的公式

$$毛地价值 = 开发完成后的熟地价值 - 由毛地开发成熟地的开发成本 - 管理费用 - 投资利息 - 开发利润 - 销售费用 - 销售税金$$

（2）适用于在毛地上进行房屋建设的公式

$$毛地价值 = 开发完成后的房地产价值 - 由毛地建成房屋的开发成本 - 管理费用 - 投资利息 - 开发利润 - 销售费用 - 销售税金$$

3）求熟地价值的公式

$$熟地价值 = 开发完成后的房地产价值 - 由熟地建成房屋的开发成本 - 管理费用 - 投资利息 - 开发利润 - 销售费用 - 销售税金$$

4）求在建工程价值的公式

$$\begin{array}{r@{}l}\text{在建工程}\\ \text{价值}\end{array} = \begin{array}{r@{}l}\text{续建完成后}\\ \text{的房地产价值}\end{array} - \begin{array}{r@{}l}\text{续建}\\ \text{成本}\end{array} - \begin{array}{r@{}l}\text{管理}\\ \text{费用}\end{array} - \begin{array}{r@{}l}\text{投资}\\ \text{利息}\end{array} - \begin{array}{r@{}l}\text{续建投资}\\ \text{利润}\end{array} - \begin{array}{r@{}l}\text{销售}\\ \text{费用}\end{array} - \begin{array}{r@{}l}\text{销售}\\ \text{税金}\end{array}$$

5）求旧房价值的公式

$$\text{旧房价值} = \begin{array}{r@{}l}\text{装修改造完成后}\\ \text{房地产价值}\end{array} - \begin{array}{r@{}l}\text{装修改造}\\ \text{成本}\end{array} - \begin{array}{r@{}l}\text{管理}\\ \text{费用}\end{array} - \begin{array}{r@{}l}\text{投资}\\ \text{利息}\end{array} - \begin{array}{r@{}l}\text{装修改造}\\ \text{投资利润}\end{array} - \begin{array}{r@{}l}\text{销售}\\ \text{费用}\end{array} - \begin{array}{r@{}l}\text{销售}\\ \text{税金}\end{array}$$

7.2.3 按开发后的经营方式细化的公式

假设开发法基本公式的运用，还要把握待开发房地产在开发后的经营方式。根据开发后房地产的经营方式不同，可将假设开发法基本公式具体细化。

1）开发后出售的公式

$V = V_P - C$

式中：V 为待开发房地产价值；V_P 为用市场法或长期趋势法测算的开发完成后的房地产价值；C 为应扣除项目。

2）开发后出租、直接经营的公式

$V = V_R - C$

式中：V 为待开发房地产价值；V_R 为用收益法测算的开发完成后的房地产价值；C 为应扣除项目。

7.3 假设开发法的评估步骤

运用假设开发法评估一般按以下步骤进行操作：调查待开发房地产的基本情况；选择最佳的开发利用方式；估计开发经营期；预测开发完成后房地产价值；估算开发成本、管理费用、投资利息、开发利润、销售税费；计算并确定待开发房地产的价值。

7.3.1 调查待开发房地产的基本情况

调查待开发房地产的基本情况是运用假设开发法评估的首要工作，具体应该调查和明确待开发房地产的区位状况、实体状况和权利状况。

（1）调查待开发房地产的区位状况，包括调查待开发房地产所在城市的类型与功能，是大城市还是中小城市，是国家级的经济中心还是区域性的经济中心，是工业城市、交通港口城市还是有特殊功能的城市；调查待开发房地产所在城市内部的性质，是商业区、住宅区还是工业区，是老城区还是新城区；调查待开发房地产具体的坐落位置、临街状况等。

（2）调查待开发房地产的实体状况，包括调查土地面积大小、形状、平整情况、地质状态、开发程度、基础设施情况、交通状况等；调查在建工程进度、完工情况、开发成本的投入情况等；调查旧建筑物的建筑结构、用途、建筑规模、建造时间、新旧程度、装修水平等。

（3）调查待开发房地产的权利状况，包括调查土地的权利性质、使用年限、交易有无限制；调查在建工程审批手续是否完备，产权归属情况；调查房屋的权利性质，是否存在其他权利事项等。

7.3.2　选择最佳的开发利用方式

选择最佳的开发利用方式是假设开发法能否成功运用的关键。最佳是指能适应市场发展的需要，可获取最大盈利的开发方式。应在政府城市规划所允许的范围内选取最佳的开发方式，包括房地产用途、建筑规模、建筑高度、建筑式样。选择最佳的开发利用方式，最重要的是选择最佳的房地产用途及设计方案，通常需要考虑现实社会需要程度和未来发展趋势来确定。

7.3.3　估计开发经营期

估计开发经营期的目的是预测开发完成后房地产的售价或租金，把握开发成本、管理费用、销售税费等发生的时间和数额，以及合理确定折现期和计息期等。

开发经营期是指从取得待开发房地产日期开始到未来开发完成后的房地产经营结束日期为止所经历的时间。开发经营期可分为开发建设期和经营期。

开发建设期是指从取得待开发房地产开始到未来开发完成（竣工）为止所经历的时间。对于在土地上进行房屋建设的情况，开发建设期可分为前期和建造期。前期是指从取得待开发房地产开始到动工开发所经历的时间。建造期是指从动工开发到房屋开发完成所经历的时间。

经营期根据未来开发完成后房地产的不同经营方式进行具体划分。对于销售（包括预售）的房地产，其经营期即为销售期。销售期是指从房地产开始销售到将房地产全部销售完毕所经历的时间。在有房地产预售的情况下，销售期与开发建设期有重合。对于出租、营业的房地产，其经营期为整个运营期。运营期是指从待开发房地产开发完成到开发完成后房地产经济寿命结束所经历的时间。根据未来开发完成后房地产的不同经营方式，开发经营期以及开发建设期和经营期的关系可以用不同的图形来表示。

1）开发完成后房地产销售方式

开发完成后房地产销售的开发建设期和经营期的关系如图7-1所示。

2）开发完成后房地产出租、营业方式

开发完成后房地产出租、营业或自用的开发建设期和经营期的关系如图7-2所示。

估计开发经营期，可根据同一地区、相同类型、同等规模的类似开发项目已有的开发经营期来估计确定，但不应考虑特殊的、非正常因素对开发建设期和经营期的影响。

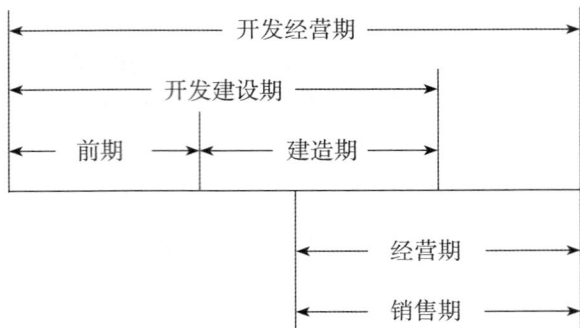

图7-1　房地产销售的开发经营期

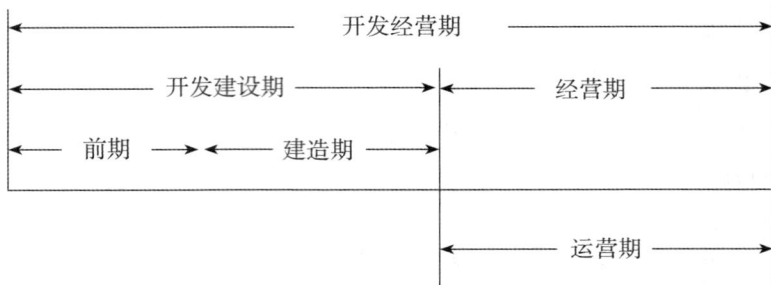

图7-2　房地产出租、营业的开发经营期

7.3.4　预测开发完成后房地产价值

开发完成后房地产价值是指开发完成时房地产的市场价值。该市场价值所对应的日期，通常也是开发完成的日期，而不是购买待开发房地产时或开发期间的某个日期，但在市场较好时考虑预售和在市场不好时考虑延期销售的例外。根据房地产的不同经营方式，开发后房地产价值，可通过两个途径取得。

1）出售房地产价值的预测

对于出售房地产，应按当时市场上同类用途、性质和结构的房地产的市场交易价格，采用市场法，并考虑类似房地产价格的未来变动趋势，或采用市场法与长期趋势法相结合的方式，根据类似房地产过去和现在的价格及未来可能的变化趋势来推算开发完成后房地产的价值。

【例7-1】对2023年2月某宗房地产开发用地进行评估，该宗地为住宅用地，开发期为1年。经市场调查，2023年2月与拟开发建设住宅小区相类似的3个住宅小区的平均房价分别是7 200元/平方米、7 350元/平方米、7 180元/平方米。经分析，未来1年中该类住宅价格每月平均环比递增1.5%左右，试预测2024年2月拟开发住宅开发完成后的市场价值。

拟开发住宅2024年2月的价值为：

（7 200 +7 350 +7 180）÷3=7 243（元/平方米）

拟开发住宅开发完成后的市场价值为：

7 243×（1+1.5%）^{12}=8 660（元/平方米）

2）出租、营业房地产价值的预测

对于出租和营业的房地产，如宾馆、饭店、商店、写字楼等，预测其开发完成后的价值，可根据当时市场上同类地区、相同用途的房地产租金水平或经营收益水平，预测其租赁或经营收益，再采用收益法将该收益折现，求得开发完成后的房地产价值。

【例7-2】根据当前市场租金水平，预测未来建成的某写字楼每平方米使用面积的月租金为80元，房屋空置率为10%，可供出租的使用面积为25 000平方米，运营期为58年，运营费用占租金的20%，期望的投资报酬率为12%，则该写字楼开发完成后的价值为多少？

该写字楼开发完成后的价值为：

$$\frac{25\,000 \times 80 \times (1-10\%) \times 12 \times (1-20\%)}{12\%} \times \left[1-\frac{1}{(1+12\%)^{58}}\right] \div 10\,000 = 14\,379.88（万元）$$

7.3.5　估算开发成本、管理费用、投资利息、开发利润、销售费用、销售税金

假设开发法可以视为成本法的倒算法，在实际评估操作中对开发成本、管理费用、投资利息、开发利润、销售费用、销售税金等进行估算时，可根据当地房地产价格构成情况来分项测算，测算的方法与成本法相同，所不同的是需要预测。

1）估算开发成本、管理费用

开发成本、管理费用可以采用市场比较的思路，通过当地同类房地产开发项目当前的开发成本和管理费用来推算，如果预计建筑材料价格、建筑设备加工、建筑人工费等在未来可能有较大的变化，还要考虑其未来变化对开发成本和管理费用的影响。

2）估算投资利息

估算投资利息应把握应计息的项目、计息期、利率、计息方式等几个方面。

（1）计息的项目。计息的项目应该是取得待开发房地产的全部投资，具体包括：①待开发房地产价值；②开发成本；③管理费用。

（2）计息期。计息期是某项费用应计算利息的时间长度。计息期的起点是该项费用发生的时间点，终点是开发期结束的时间点（不考虑预售和延期销售的情况）。由于计息项目发生的时间不同，不同费用的计息期各不相同，如待开发房地产价值、取得待开发房地产的税费是假设在评估时点一次付清，其计息期的起点是评估时点，计息期是整个开发建设期。开发成本、管理费用不是发生在一个时间点，而是在开发建设期内连续发生，计息时通常将其假设为在所发生的时间段内均匀发生，具体视为发生在该时间段的期中，则其计息期应为整个开发建设期的一半。

【例7-3】某宗土地的评估时点为2021年6月1日，该土地的开发建设期为2年，预计于2023年5月31日开发完成，土地取得价值及应负担税费一次性投入，土地开发成本、管理费用分2年均匀投入。有关投资信息资料及计息期见表7-1。

表7-1 房地产投资信息资料及计息期

项目	待开发房地产价值、投资者购买待开发房地产应负担的税费	开发成本、管理费用	
		第一年	第二年
资金投入时间段	2021.06.01—2023.05.31	2021.06.01—2023.05.31	2021.06.01—2023.05.31
计息期起点	2021.06.01	2022.01.01	2023.01.01
计息期终点	2023.05.31	2023.05.31	2023.05.31
计息期长度	2年	1.5年	0.5年

（3）利率。资金的时间价值是同量资金在两个不同时点的价值之差，用绝对量来反映，为"利息"，用相对量来反映，为"利率"。利率是用百分比表示的单位时间内增加的利息与本金之比，即：

$$利率 = \frac{单位时间内增加的利息}{本金} \times 100\%$$

利率通常按年来计算，精确的测算也可按半年、季、月来计算，年利率与季利率、月利率之间的关系为：

$$季利率 = \frac{年利率}{4}$$

$$月利率 = \frac{年利率}{12}$$

在估算投资利息时，应选择评估基准日银行贷款利率。银行根据不同的贷款期限规定了不同的贷款利率，选择不同的贷款利率，应选用相对应的计息方式。评估时，如果选择1年期的贷款利率，则应该按照复利计息，如果选择多年期的贷款利率，则应该按照单利计息。

（4）计息方式。计息方式有单利计息和复利计息两种。计息方式应与所选择的利率相对应，即如果选择1年期银行贷款利率（开发建设期长于1年），应复利计息，如果选择与开发建设期相同期限的银行贷款利率，应单利计息。

【例7-4】某房地产开发成本为1 200万元，开发建设期为3年，开发成本在整个开发建设期均匀投入，银行1年期贷款利率为4.35%，3年期贷款利率为4.75%，试用1年期贷款利率和3年期贷款利率分别计算房地产开发成本应计的利息。

用1年期贷款利率计算房地产开发成本应计的利息为：

1 200×［（1+4.35%）$^{1.5}$−1］=79.15（万元）

用3年期贷款利率计算房地产开发成本应计的利息为：

1 200×4.75%×1.5=85.5（万元）

3）估算开发利润

开发利润是房地产开发应获得的预期合理利润。估算开发利润应把握计算利润的项目和利润率两个方面。计算利润的项目应包括待开发房地产价值、开发成本、管理费用等三部分内容。利润率应选择房地产行业开发某类房地产的平均投资利润率。另外，还要注意项目总投资利润率和年投资利润率之分，评估时，一般选择总投资利润率。开发利润是在房地产开发完成后实现的，该利润是不同时点的投资额在房地产开发建设完成时点所表现出来的投资收益，估算开发利润时，可直接以不同时点的投资额之和为基数进行计算，而无需将这些不同时点的投资额折算到某一时点。

4）估算销售费用

销售费用包括中介代理费、广告宣传费等，应考虑房地产销售费用的一般水平，销售费用按开发完成后房地产价值的一定比例估算。

5）估算销售税金

销售税金包括增值税、城市维护建设税、教育费附加、地方教育附加等。增值税以不含税的销售额乘以增值税税率减去进项税额或直接乘以征收率计算，增值税税率为9%，小规模纳税人征收率为5%；城市维护建设税、教育费附加和地方教育附加通常按增值税税额的7%、3%和2%计算。

7.3.6　待开发房地产价值估测

将以上已估算得到的数据代入假设开发法的评估计算公式，并结合评估专业人员的经验和其他评估方法，对计算得到的评估结果进行分析及修正，最终确定待开发房地产的价值。

在计算和确定待开发房地产价值时，应注意以下两个方面的问题：

（1）按公式计算得到的待开发房地产价值是开发完成时点的价值，需要将该时点的价值进行折现，折算成投资者购买待开发房地产时点（评估基准日）的价值。该价值是含增值税及相关税费的价值。计算公式为：

$$V=V_n×\frac{1}{(1+r)^n}$$

（2）评估待开发土地价值时，通常需要估算出土地总价、土地单价和楼面地价等多个地价。其中，楼面地价是按房屋单位建筑面积平均分摊的土地价格，其计算公式为：

楼面地价=土地价格÷建筑面积

　　　　=土地单价÷容积率

7.4 假设开发法应用举例

7.4.1 待开发土地价值的估测

【例7-5】运用假设开发法评估某宗熟地2024年4月15日的市场价值，有关资料如下：

（1）评估对象为"七通一平"的空地，面积为1 000平方米，且土地形状规则，允许用途为商住混合，允许建筑容积率为7，建筑密度≤50%，土地使用年限为50年，出售时间为2024年4月15日。

（2）根据规划的要求和市场调查，该地块最佳开发方式为：建筑密度为50%，建造商业居住混合楼，框架结构，总建筑面积为7 000平方米，单层建筑面积均为500平方米，共14层，其中，1~2层为商业用房，共1 000平方米，3~14层为住宅，共6 000平方米。

（3）预计开发建设期为2年，即2026年4月开发完成。

（4）预计建造完成后，商业楼即可全部售出，住宅楼的80%在建造完成后可售出，剩余20%半年后才能售出。开发完成时点商业楼的售价为2.40万元/平方米，住宅楼的售价为1.25万元/平方米。

（5）经估测，总开发成本（包括管理费）为1 800万元。在未来2年的开发建设期内，开发费用的投入情况为：第一年投入60%，第二年投入40%。

（6）经调查分析，银行一年期贷款年利息率为4.35%，房地产行业开发同类房地产项目的平均利润率为25%，销售费用率为3.5%，增值税税率为9%，城市维护建设税税率为7%，教育费附加费率为3%，地方教育附加费率为2%，折现率为10%。经估算，增值税的进项税额为460万元。

根据上述资料，估算该宗土地的土地总价、土地单价、楼面地价。

设该宗土地评估时点的土地总价为 V，开发完成时点的土地总价为 V_n。

开发完成后房地产价值=2.40×1 000+1.25×6 000× $\left[80\%+\dfrac{20\%}{(1+10\%)^{0.5}}\right]$

$$=9\,830.19（万元）$$

总开发成本（包括管理费）=1 800万元

投资利息 =V× $\left[(1+4.35\%)^2-1\right]$ +1 800×60%× $\left[(1+4.35\%)^{1.5}-1\right]$ +1 800×40%× $\left[(1+4.35\%)^{0.5}-1\right]$

$$=0.0889V+86.72$$

开发利润= $\left[V+1\,800\right]$ ×25%=0.25V+450

销售费用=9 830.19×3.5%=344.06（万元）

增值税= $\dfrac{9\,830.19}{(1+9\%)}$ ×9%−460=351.67（万元）

城市维护建设税=351.67×7%=24.62（万元）

教育费附加=351.67×3%=10.55（万元）

地方教育附加=351.67×2%=7.03（万元）

增值税及附加=351.67+24.62+10.55+7.03=393.87（万元）

V_n=9 830.19−1 800−（0.0889V+86.72）−（0.25V+450）−344.06−393.87

$V=V_n \times \dfrac{1}{(1+10\%)^2}$

（1+10%）^{2}V=9 830.19−1 800−（0.0889V+86.72）−（0.25V+450）−344.06−393.87

$V=\dfrac{9\,830.19-1\,800-86.72-450-344.06-393.87}{(1+10\%)^2+0.0889+0.25}$=4 361.51（万元）

土地单价=4 361.51×10 000÷1 000=43 615（元/平方米）

楼面地价=43 615÷7=6 231（元/平方米）

7.4.2　在建工程价值的估测

【例7-6】运用假设开发法评估某在建写字楼2024年4月1日的市场价值，有关资料如下：

（1）该写字楼用地于2022年4月1日通过出让方式获得50年的土地使用权，总用地面积2 800平方米，规划容积率为4。

（2）该写字楼于2022年10月1日开工建设，开发建设期为1.5年，至2024年4月1日完成了主体结构，开发成本及管理费用为每平方米建筑面积2 250元。

（3）预计该项目完工并投入使用尚需1年，还需投入60%的开发成本及管理费用。

（4）该写字楼建成后即可出租，预计可出租面积的月租金为85元/平方米，可出租面积为建筑面积的70%，出租率为90%，出租的运营费用（包括应缴纳的税费）为预期租金收入的25%。

（5）银行一年期贷款利率为4.35%，房地产开发项目的投资利润率为15%，房地产销售费用及销售税金预计为开发完成后价值的9%，折现率为12%。

根据上述资料，估算该在建工程的总价和单价。

设该在建工程评估时点的总价为V，开发完成时点的总价为V_n。

房地产总建筑面积=2 800×4=11 200（平方米）

预期收益=11 200×70%×90%×85×12×（1−25%）÷10 000=539.78（万元）

房地产收益期限=50−0.5−1.5=48（年）

开发完成后房地产价值=$\dfrac{539.78}{12\%} \times \left[1-\dfrac{1}{(1+12\%)^{48}}\right]$=4 478.64（万元）

续建成本及管理费用=11 200×2 250×60%÷10 000=1 512（万元）

续建投资利息=V×4.35%+1 512×4.35%÷2=0.0435V+32.89

续建投资利润=（V+1 512）×15%=0.15V+226.80

销售费用及销售税金=4 478.64×9%=403.08（万元）

V_n=4 478.64−1 512−（0.0435V+32.89）−（0.15V+226.80）−403.08

$$V=V_n \times \frac{1}{1+12\%}$$

$$V=\frac{4\,478.64-1\,512-32.89-226.80-403.08}{1+12\%+0.0435+0.15}=1\,753.99（万元）$$

在建工程单价=1 753.99×10 000÷11 200=1 566.06（元/平方米）

7.4.3　旧房价值的估测

【例7-7】运用假设开发法评估某旧厂房的市场价值，有关资料如下：

（1）该厂房建筑面积为4 500平方米，根据坐落位置和环境，适宜装修改造成商场出售，并可获得政府批准，房屋改变用途后需补交土地使用权出让金420元/平方米（按建筑面积计），同时取得40年土地使用权。

（2）预计装修改造工程为期1年，装修改造费为每平方米建筑面积800元。

（3）装修改造完成后即可全部出售，预计售价为8 500元/平方米。

（4）银行一年期贷款利率为4.35%，销售费用及销售税金为售价的8%，装修改造投资利润率为15%，折现率为10%。

根据上述资料，估算该旧厂房的总价和单价。

设该宗旧厂房评估时点的总价为V，装修改造完成时点的总价为V_n。

装修改造完成后房地产价值=4 500×8 500÷10 000=3 825（万元）

缴纳土地出让金总额=4 500×420÷10 000=189（万元）

装修改造总费用=4 500×800÷10 000=360（万元）

装修改造投资利息=［V+189］×4.35%+360×4.35%÷2
　　　　　　　　　=0.0435 V+16.05

装修改造利润=（V+189）×15%+360×15%=0.15V+82.35

销售费用及销售税金=3 825×8%=306（万元）

V_n=3 825−360−（0.0435V+16.05）−（0.15V+82.35）−306

$$V=V_n \times \frac{1}{1+10\%}$$

$$V=\frac{3\,825-360-16.05-82.35-306}{(1+10\%)+0.0435+0.15}=2\,366.14（万元）$$

旧厂房单价=2 366.14×10 000÷4 500=5 258（元/平方米）

本章小结

假设开发法是集市场法、成本法和收益法于一体的房地产评估方法。假设开发法又称预期开发法、剩余法，它是首先预测评估对象预期开发完成后的价值，然后减去预期的开发成本、利润和税费等，以此确定评估对象价值的方法。假设开发法的本质是以房地产的预期收益能力为导向求取评估对象的价值。

假设开发法的理论依据是预期原理。根据预期原理，开发商欲投资开发一宗房地产，由于存在竞争，其投资目的是希望获取社会正常利润。因此，他首先得仔细研究所开发房地产的内外条件，然后进行最佳开发利用方式的设计，同时，预测开发完成最有效设计后的房地产转让或租赁出去的价格是多少，以及为了开发建造房地产发生的开发建设成本、获得的正常利润以及应缴纳的税费，这样开发商就知道了愿意为待开发房地产支付的最高价格是多少，这个最高价格等于预期开发完成后的价值减去开发成本、开发利润和缴纳税金后的余额。

假设开发法适用于具有开发和再开发潜力，并且其开发完成后的价值可以合理确定的不动产。假设开发法运用的关键是房地产最佳开发利用方式的选择和对未来开发完成后房地产价值的预测。要做到上述两点，就要求有一个良好的社会环境和稳定、规范的房地产市场。具体来说，应具备下列条件：①要有统一、完善的房地产法律法规体系；②要有稳定、透明的房地产业政策；③要有完整、公开的房地产信息库；④要有稳定、清晰的房地产投资与交易的税费政策。

假设开发法适用于具有开发和再开发潜力的房地产价值评估，如待开发土地（包括生地、毛地、熟地）、在建工程、可装修改造或可改变用途的旧房等。运用假设开发法评估一般按以下步骤进行操作：①调查待开发房地产的基本情况；②选择最佳的开发利用方式；③估计开发经营期；④预测开发完成后房地产的价值；⑤估算开发成本、管理费用、投资利息、开发利润、销售费用、销售税金；⑥计算并确定待开发房地产价值。

假设开发法运用中应重点把握最佳开发利用方式的选择、开发完成后房地产价值的预测、开发经营期的确定，以及投资利息、开发利润、销售费用、销售税金的估算。

主要概念

假设开发法　待开发房地产　最佳开发利用方式　开发经营期　投资利息　开发利润　楼面地价

基本训练

■ 思考题

1.什么是假设开发法？假设开发法适用的条件是什么？

2.假设开发法的理论依据是什么？

3.假设开发法适用于哪些房地产评估？

4.假设开发法的评估步骤有哪些？

5.假设开发法评估的基本公式是什么？

6.确定开发经营期有何意义？

7.房地产销售和房地产营业的开发经营期有何不同？

8.如何求取开发完成后房地产价值？

9.如何求取开发成本、管理费用？

10.如何求取投资利息？

11.如何求取开发利润？

12.如何求取销售费用？

13.如何求取销售税金？

■ **计算题**

运用假设开发法评估某成片荒地的价值，有关资料如下：该荒地的面积为1 200平方米，适宜进行"五通一平"的开发后分块转让，可转让土地面积的比率为70%，附近地区与之位置相当的"小块""五通一平"熟地的单价为850元/平方米；将该荒地开发成熟地的开发期预计为2年；开发成本、管理费用测算为15万元/平方米；银行一年期贷款利率为4.35%；项目开发利润率为20%，土地使用权转让由卖方支付的销售费用及销售税金为转让价格的7%，折现率为10%。

试运用上述资料，估算该成片荒地的总价和单价。

计算题参考答案

即测即评

第8章

路线价法

学习目标

本章学习目标是使学生掌握路线价法评估的基本内容与基本方法。其具体目标包括：

□ 知识目标

理解路线价法的内涵、路线价法的理论依据、路线价法适用的条件和范围。

□ 技能目标

掌握路线价法评估计算公式，掌握路线价法评估步骤、临街深度价格修正率表的制作，掌握各类临街土地的评估思路与方法。

□ 能力目标

运用路线价法对一边临街土地、两边临街土地、街角地等典型临街土地价值进行评估。

★ 思维导图

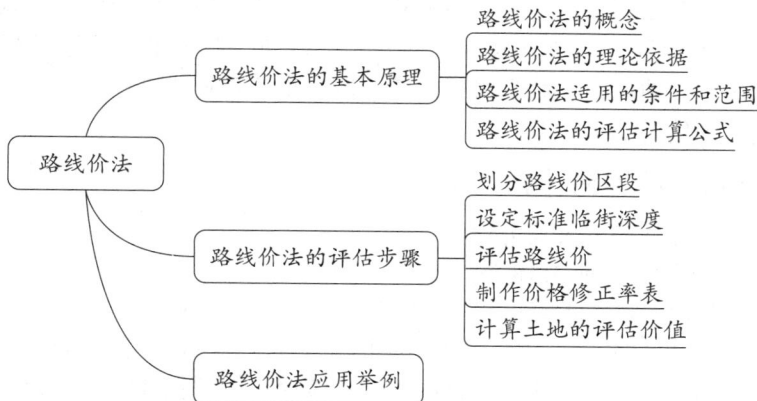

- 路线价法
  - 路线价法的基本原理
    - 路线价法的概念
    - 路线价法的理论依据
    - 路线价法适用的条件和范围
    - 路线价法的评估计算公式
  - 路线价法的评估步骤
    - 划分路线价区段
    - 设定标准临街深度
    - 评估路线价
    - 制作价格修正率表
    - 计算土地的评估价值
  - 路线价法应用举例

8.1 路线价法的基本原理

8.1.1 路线价法的概念

路线价是在特定街道上设定标准临街深度，从中选取若干标准临街宗地所求取的平均价格。路线价法是根据某特定街道的路线价，配合深度价格修正率表和其他修正率表，计算出该街道其他临街土地价值的评估方法。路线价法是土地批量评估中常用的方法。

8.1.2 路线价法的理论依据

路线价法实质上是市场法的一种派生方法，其理论依据与市场法相同，是房地产价格形成的替代原理。在路线价法中，"标准临街宗地"可视为市场法中的"可比实例"，路线价是若干"标准临街宗地"的平均价格，可视为市场法中"可比实例价格"，该街道其他临街土地价值，是以路线价为基准，考虑其临街深度、土地形状（如矩形、三角形、梯形、不规则形状）、临街状况（如一面临街地、前后两面临街地、街角地）、临街宽度等，进行适当的修正求得，这些修正类似于市场法中的区域因素修正和个别因素修正。路线价法与市场法的主要区别在于：一是路线价法需要对临街深度、土地形状、临街状况、临街宽度等因素进行修正，市场法需要对交易情况、交易日期、区域因素和个别因素等进行修正。二是路线价法是利用相同的"可比实例价格"——路线价，同时评估出许多"评估对象"——该街道其他临街土地的价值，市场法是利用多个"可比实例价格"，仅评估一个"评估对象"的价值。三是路线价法只适用于临街土地（主要是商业用地）价值的评估，市场法不仅适用于各类土地价值的评估，也适用于房地价值的评估。

8.1.3 路线价法适用的条件和范围

路线价法适用的前提条件是街道较规整，街道两侧临街的土地排列较整齐。

路线价法主要适用于城镇街道两侧商业用地价值评估。路线价法被认为是一种快速、相对公平合理，能节省人力、财力，可以同时对大批量土地进行评估的方法，特别适用于土地课税、城市房屋拆迁补偿、土地重划或其他需要在大范围内对大量土地进行评估的情形。

8.1.4 路线价法的评估计算公式

路线价法的评估基本公式为：

土地单价=路线价×深度价格修正率

土地总价=路线价×深度价格修正率×土地面积

采用此方法评估时，如果街道两边的土地另有特殊条件存在，如街角地、两面临街地、不规则形地等，则还要进行因素的加减修正，评估计算公式为：

土地单价=路线价×深度价格修正率×其他价格修正率

土地总价=路线价×深度价格修正率×其他价格修正率×土地面积

8.2 路线价法的评估步骤

运用路线价法评估一般按以下步骤进行操作：①划分路线价区段；②设定标准临街深度；③评估路线价；④制作价格修正率表；⑤计算土地价值。

8.2.1 划分路线价区段

路线价区段是沿着街道两侧带状分布的。一个路线价区段是指具有同一路线价的地段。在划分路线价区段时，应将可及性相当、地块相连的土地划分为同一路线价区段。两个路线价区段的分界线，原则上是地价有显著差异的地点，通常以十字路或丁字路的中心处划分，但在较繁华的街道有时需将两个路口之间的地段划分为两个以上的路线价区段，分别设定不同的路线价。而在某些不繁华的街道，有时需将数个路口划分为一个路线价区段。此外，在同一街道上，两侧繁华程度有显著差异时，应以街道中心为界线，将该街道两侧各自视为一个路线价区段。

8.2.2 设定标准临街深度

标准临街深度简称标准深度。标准临街深度是地价变化的转折点，由此向街道方向，地价受街道影响而逐渐提高；由此远离街道方向，地价逐渐下降。设定的标准临街深度通常是路线价区段内各宗临街土地的临街深度的众数，如某路线价区段的临街宗地大部分深度为18米，则标准深度应设定为18米。如果临街深度普遍为25米，则标准深度也应设定为25米。将路线价区段内各宗临街土地的临街深度的众数设定为标准临街深度，有利于编制深度百分率表和简化评估计算工作量。

8.2.3 评估路线价

路线价是设定在街道上的若干标准临街宗地的平均单位地价。路线价的求取通常是在同一路线价区段内选取若干标准临街宗地，然后用市场法、收益法等评估方法，分别求出它们的单位地价，并把各标准临街宗地的单位地价进行算术平均（或取众数），最终得出该路线价区段的路线价。路线价通常为土地单价，也可为楼面地价，可用货币表示，也可用相对数表示，如用点数来表示，将一个城市中路线价最高的路线价区段以1 000点表示，其他路线价区段的点数依此确定。

评估路线价的重要前提是选取标准临街宗地，标准临街宗地是路线价区段内具有代表性的宗地。选取标准临街宗地的具体要求是：①一面临街；②土地形状为矩形；③临街深度为标准临街深度；④临街宽度为标准临街宽度；⑤用途为所在路线价区段具有代表性的用途；⑥容积率为所在路线价区段具有代表性的容积率；⑦土地使用年限、土地生熟程度等方面具有代表性。

8.2.4 制作价格修正率表

价格修正率表包括临街深度价格修正率表和其他价格修正率表。临街深度价格修正率表通常也称为深度指数表或深度百分率表。临街深度价格修正率是指由于宗地临街深度的差异而引起土地价格变化的程度。临街深度价格修正率表是将土地随临街深度的不同而引起相对价格的变化编制成的表格。其他价格修正率是指由于宗地临街宽度、临街状况（如前后两面临街地、街角地）、土地形状等方面的差异而引起的土地价格变化的程度。其他价格修正率表是将土地随临街宽度、临街状况、土地形状等的不同而引起相对价格的变化编制成的表格。下面主要介绍临街深度价格修正率表的制作原理及方法。

1）临街深度价格修正率表的制作原理

临街深度价格修正率表的制作原理是临街宗地的各部分价值随远离街道而有递减的趋势，即距街道深度越深，接近性越差，价值就越低。如果将临街的土地划分为许多与街道平行的细条，由于越接近街道的细条的利用价值越大，越远离街道的细条的利用价值越小，则接近街道的细条的价值高于远离街道的细条的价值。如图8-1所示，有一临街深度为n米的矩形宗地，假设以某个单位（在此为1米）将其划分为许多与街道平行的细条。如果从街道方向起按顺序以 a_1，a_2，a_3，…，a_{n-1}，a_n 来表示各细条，则有 a_1 的价值大于 a_2 的价值，a_2 的价值大于 a_3 的价值……a_{n-1} 的价值大于 a_n 的价值。从相邻两细条的价值之差来看，a_1 与 a_2 的价值之差最大，a_2 与 a_3 的价值之差次之，以此类推，a_{n-1} 与 a_n 的价值之差接近于零。

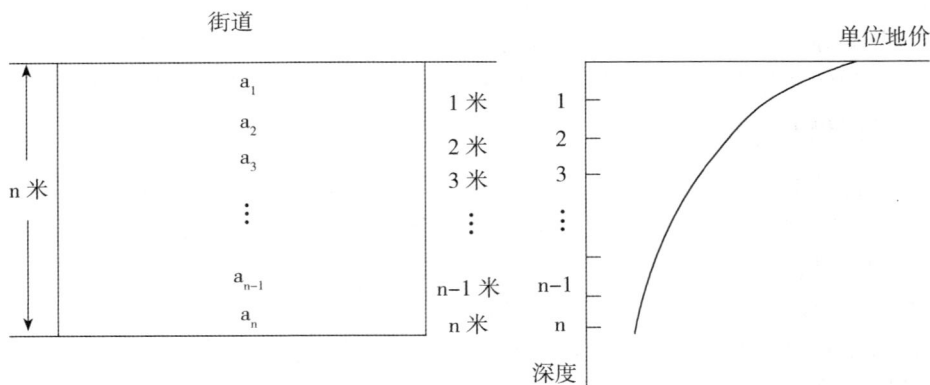

图8-1 临街深度价格递减率

如果将各细条的价值折算为相对数，便可以制成临街深度价格修正率表，以此来揭示宗地的价值随其临街深度递减的规律。制作临街深度价格修正率表通常依据"四三二一"法则、苏慕斯法则、霍夫曼法则、哈柏法则等。

（1）"四三二一"法则。该法则将标准临街深度100英尺的临街土地划分为与街道平行的四等份，每份为25英尺，然后从临街方向开始，第一个25英尺土地的价值占整块土地价值的40%，第二个25英尺土地的价值占整块土地价值的30%，第三个25英尺土地的价值占整块土地价值的20%，第四个25英尺土地的价值占整块土地价值的10%。如果超过100英尺，则按"九八七六"法则来补充，即超过100英尺的第一个25英尺土地价值为临街深度100英尺土地价值的9%，第二个25英尺土地价值为临街深度100英尺土地价值的8%，第三个25英尺土地价值为临街深度100英尺土地价值的7%，第四个25英尺土地价值为临街深度100英尺土地价值的6%。

（2）苏慕斯法则。该法则认为深度为100英尺的土地价值，前一半临街50英尺部分价值占整块土地价值的72.5%，后一半临街50英尺部分价值占整块土地价值的27.5%，若再深50英尺，则该宗地所增加的价值仅为整块土地价值的15%。

（3）霍夫曼法则。该法则认为深度为100英尺的临街标准宗地，将深度四等分的情况下，从临街方向开始，第一个25英尺土地的价值占整块土地价值的37.5%，第二个25英尺土地的价值占整块土地价值的29.5%，第三个25英尺土地的价值占整块土地价值的20.7%，第四个25英尺土地的价值占整块土地价值的12.3%。

（4）哈柏法则。该法则认为土地的价值与其临街深度的平方根成正比，当标准深度为100英尺，其临街深度价格修正率是临街深度平方根的10倍，即：

$$临街深度价格修正率 = 10 \times \sqrt{深度} \times 100\%$$

2）临街深度价格修正率表的制作方法

临街深度价格修正率表的指标有单独深度价格修正率、累计深度价格修正率和平均深度价格修正率三种。如图8-1所示，假设 a_1，a_2，a_3，$\cdots$，a_{n-1}，a_n 分别表示各细条的价值占整块土地价值的比率。

单独价格修正率的关系为：

$$a_1 > a_2 > a_3 > \cdots > a_{n-1} > a_n$$

累计深度价格修正率的关系为：

$$a_1 < a_1 + a_2 < a_1 + a_2 + a_3 < \cdots < a_1 + a_2 + a_3 + \cdots + a_{n-1} + a_n$$

平均深度价格修正率的关系为：

$$a_1 > \frac{a_1 + a_2}{2} > \frac{a_1 + a_2 + a_3}{3} > \cdots > \frac{a_1 + a_2 + a_3 + \cdots + a_{n+1} + a_n}{n}$$

下面以"四三二一"法则为例说明临街深度价格修正率表的制作过程。根据"四三二一"法则，标准临街深度为100英尺，级距为25英尺的宗地，单独深度价格修正率为40%、30%、20%、10%、9%、8%、7%、6%，如图8-2所示。

单独深度价格修正率为：

$$40\% > 30\% > 20\% > 10\% > 9\% > 8\% > 7\% > 6\%$$

累计深度价格修正率为：

$$40\% < 70\% < 90\% < 100\% < 109\% < 117\% < 124\% < 130\%$$

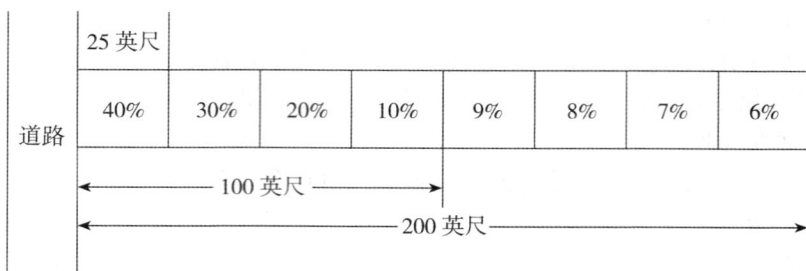

图8-2　"四三二一"法则原理示意图

平均深度价格修正率为：

40%>35%>30%>25%>21.8%>19.5%>17.71%>16.25%

将上述平均深度价格修正率中标准临街深度100英尺的深度价格修正率25%转换成100%，同时，各种对应关系不变，在上述不等式各边同时乘以4得到：

160%>140%>120%>100%>87.2%>78%>70.84%>65%

将临街深度价格修正率用表来表示，见表8-1。

表8-1　　　　　　　　　临街深度价格修正率

临街深度（英尺）	25	50	75	100	125	150	175	200
"四三二一"法则（%）	40	30	20	10	9	8	7	6
单独深度价格修正率（%）	40	30	20	10	9	8	7	6
累计深度价格修正率（%）	40	70	90	100	109	117	124	130
平均深度价格修正率（%）	160	140	120	100	87.2	78	70.84	65

平均深度价格修正率与累计深度价格修正率的关系还可以用如下公式表示：

$$平均深度价格修正率=累计深度价格修正率\times\frac{标准临街深度}{所给临街深度}$$

8.2.5　计算土地的评估价值

根据路线价、临街深度价格修正率表和其他修正率表以及宗地面积就可计算各宗土地的价值。计算土地价值时，应注意平均深度价格修正率和累计深度价格修正率的正确运用，当以标准临街宗地的单价作为路线价时，应采用平均深度价格修正率；当以标准临街宗地的总价或单位宽度的标准临街宗地（如临街宽度1英尺，临街深度100英尺）的总价作为路线价时，应采用累计深度价格修正率。由于土地的临街状况、土地的形状等方面的不同，路线价法的具体计算公式也有所不同。下面介绍几种典型临街土地价值的计算方法。

1）一面临街矩形土地价值的计算

一面临街矩形土地价值的计算，是先查出其所在区段的路线价，再根据其临街深度查出相应的临街深度价格修正率，用路线价乘以临街平均深度价格修正率得出土地的单价，土地单价再乘以土地面积得到土地的总价。计算公式为：

V（单价）=u×dv

V（总价）=u×dv×（f×d）

式中：V为土地价值；u为路线价（土地单价）；dv为临街平均深度价格修正率；f为临街宽度；d为临街深度。

2）前后两面临街矩形土地价值的计算

前后两面临街矩形土地价值的计算，是先确定高价街（也称前街）与低价街（也称后街）影响范围的分界线，再以此分界线将前后两面临街矩形土地分为前后两部分，然后根据两部分各自所临街道的路线价和临街深度分别计算价值，再将两部分价值相加得到土地的价值。计算公式为：

V（总价）=$u_0 \times dv_0 \times f \times d_0 + u_1 \times dv_1 \times f \times (d-d_0)$

V（单价）=$\dfrac{u_0 \times dv_0 \times f \times d_0 + u_1 \times dv_1 \times f \times (d-d_0)}{f \times d}$

式中：V为土地价值；u_0为前街路线价（土地单价）；dv_0为前街临街平均深度价格修正率；f为临街宽度；d_0为前街影响深度；u_1为后街路线价（土地单价）；dv_1为后街临街平均深度价格修正率；d为总深度。

分界线的求取公式为：

前街影响深度=总深度×$\dfrac{前街路线价}{前街路线价 + 后街路线价}$

后街影响深度=总深度×$\dfrac{后街路线价}{前街路线价 + 后街路线价}$

前街影响深度、后街影响深度与总深度的关系为：

后街影响深度=总深度−前街影响深度

3）矩形街角地价的计算

街角地是指位于十字路或丁字路口的土地。矩形街角地价的计算，是先求取高价街（也称正街）的价值，再计算低价街（也称旁街）的影响加价，然后加总得到土地的价值。计算公式为：

V（单价）=$u_0 \times dv_0 + u_1 \times dv_1 \times t$

V（总价）=$(u_0 \times dv_0 + u_1 \times dv_1 \times t) \times (f \times d)$

式中：V为土地价值；u_0为正街路线价（土地单价）；dv_0为正街临街平均深度价格修正率；u_1为旁街路线价（土地单价）；dv_1为旁街临街平均深度价格修正率；t为旁街影响加价率；f为临街宽度；d为临街深度。

4）三角形土地价值的计算

三角形土地包括一边临街直角三角形土地和其他三角形土地。一边临街三角形土地价值的计算，是先将该三角形土地作辅助线，使其成为一面临街的矩形土地，依照一面临街矩形土地单价的计算方法计算出矩形土地的单价，然后乘以三角形土地价格修正率（一边临街直角三角形土地价值占一面临街矩形土地价值的百分率）得出一边临街三角形土地的单价。一边临街三角形土地的单价乘以该三角形土地的面积即得到该三角形土地的总价。其他三角形土地价值的计算，是先将该三角形土地作辅助线，使其成为一边临街的直角三角形土地，然后依照上述方法计算出一边临街直角三角形土地的价值，再相减，即可得到该三角形土地的价值。三角形土地价值的计算公式为：

V（单价）=u×dv×h

V（总价）=u×dv×h×（f×d÷2）

式中：V为土地价值；u为路线价（土地单价）；dv为临街平均深度价格修正率；h为三角形土地价格修正率；f为临街宽度；d为临街深度。

5）其他形状临街土地价值的计算

其他形状临街土地（如梯形、平行四边形土地）价值的计算，是先将其划分为矩形、三角形土地，然后分别计算这些矩形、三角形土地的价值，再相加减即可得到该土地的价值。

8.3 路线价法应用举例

【例8-1】图8-3是一块矩形一面临街地，临街深度为15.24米（即50英尺）、临街宽度为25米，其所在区段的路线价为2 500元/平方米。根据表8-1中的临街深度价格修正率，计算该临街土地的单价和总价。

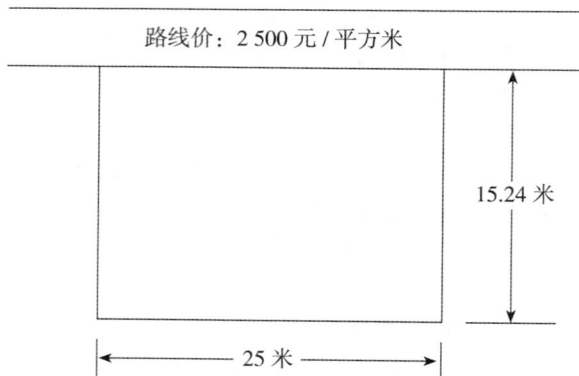

路线价：2 500元/平方米

15.24米

25米

图8-3 一面临街的矩形土地

由于路线价是用土地的单价表示的，所以，土地的单价应该用路线价乘以平均深度价格修正率求得，则：

土地单价=路线价×平均深度价格修正率=2 500×140%=3 500（元/平方米）

土地总价=土地单价×土地面积=3 500×25×15.24÷10 000=133.35（万元）

【例8-2】图8-4是一块前后两面临街、总深度30米、临街宽度40米的矩形土地，其所在区段的前街路线价为3 000元/平方米，后街路线价为2 000元/平方米。根据表8-1中的临街深度价格修正率，试计算该土地的单价和总价。

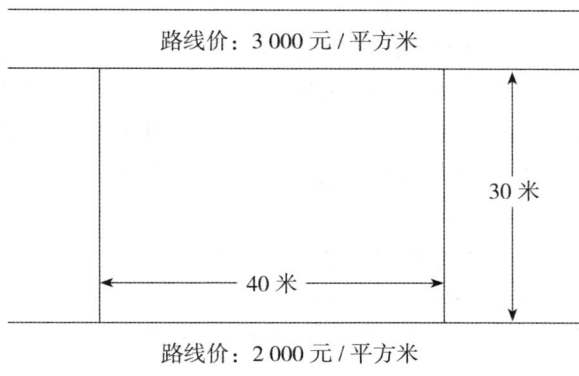

路线价：3 000 元 / 平方米

30 米

40 米

路线价：2 000 元 / 平方米

图8-4　两面临街的矩形土地

该块前后两面临街矩形土地的前街和后街影响深度计算如下：

$$前街影响深度=总深度\times\frac{前街路线价}{前街路线价 + 后街路线价}=30\times\frac{3\,000}{3\,000 + 2\,000}=18（米）$$

$$后街影响深度=总深度-前街影响深度=30-18=12（米）$$

根据表8-1中的临街深度价格修正率的有关数据推算（1米=3.28084英尺），前街影响深度18米（约59英尺）和后街影响深度12米（约39英尺）的平均深度价格修正率采用内插法计算约为133%和149%，则：

土地总价=3 000×133%×40×18+2 000×149%×40×12=4 303 200（元）

土地单价=4 303 200÷（40×30）=3 586（元/平方米）

【例8-3】图8-5是一块矩形街角地，正街路线价为2 500元/平方米，旁街路线价为1 500元/平方米，临正街深度为15.24米（50英尺），临旁街深度为22.86米（75英尺）。假设旁街影响加价率为18%，根据表8-1中的临街深度价格修正率，计算该土地的单价和总价。

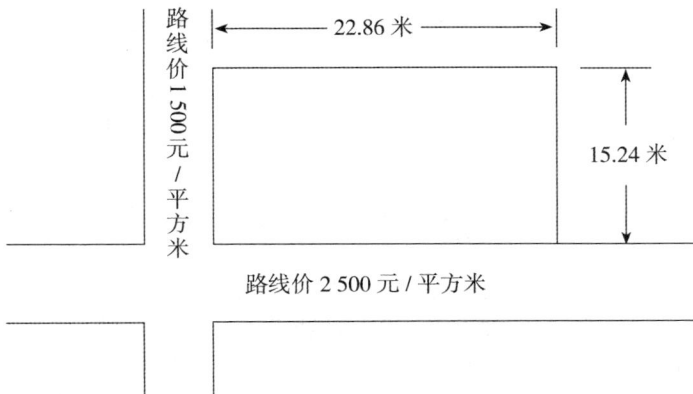

路线价 1 500 元 / 平方米

22.86 米

15.24 米

路线价 2 500 元 / 平方米

图8-5　矩形街角地

该块矩形街角地的单价和总价计算如下：

土地单价=2 500×140%+1 500×120%×18%=3 824（元/平方米）

土地总价=3 824×22.86×15.24÷10 000=133.22（万元）

【例8-4】图8-6是一块临街三角形 ABC 土地，路线价为 600 元/平方英尺。AD 是垂直于 BC 的辅助线，AD（临街深度）为 90 英尺，BD 为 65 英尺，DC 为 20 英尺。如果临街深度 90 英尺的一面临街矩形土地的平均深度价格修正率为 108%，临街深度 90 英尺的三角形土地价格修正率为 64%，计算该三角形 ABC 土地的单价和总价。

该临街三角形 ABC 土地的单价和总价计算如下：

土地单价=600×108%×64%=414.72（元/平方英尺）

土地总价=414.72×（85×90÷2）÷10 000=158.63（万元）

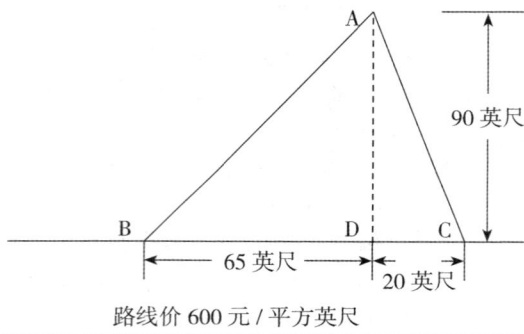

图8-6 一边临街三角形土地

【例8-5】图8-7是一块临街梯形 ABCD 土地，路线价为 800 元/平方英尺。AF、BE 是垂直于 DC 的辅助线，AF、BE（临街深度）为 80 英尺，FD 为 15 英尺，DC 为 60 英尺，CE 为 30 英尺。如果临街深度 80 英尺的一面临街矩形土地的平均深度价格修正率为 116%，临街深度 80 英尺的三角形土地价格修正率为 63%，计算该梯形 ABCD 土地的总价和单价。

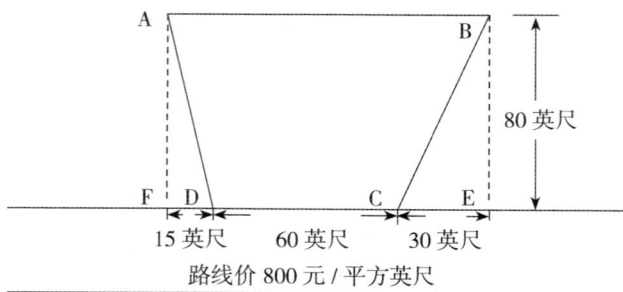

图8-7 一边临街梯形土地

经分析，梯形 ABCD 土地的价值等于矩形 ABEF 土地价值减去三角形 AFD 土地和三角形 BCE 土地的价值。

矩形ABEF土地价值=800×116%×（15+60+30）×80÷10 000=779.52（万元）

三角形AFD土地价值=800×116%×63%×（15×80÷2）÷10 000=35.08（万元）

三角形BCE土地价值=800×116%×63%×（30×80÷2）÷10 000=70.16（万元）

梯形ABCD土地总价=779.52-35.08-70.16=674.28（万元）

梯形ABCD土地单价=674.28÷［（60+15+60+30）×80÷2］×10 000=1 022（元/平方英尺）

本章小结

路线价是在特定街道上设定标准临街深度，从中选取若干标准临街宗地所求取的平均价格。路线价法是根据某特定街道的路线价，配合深度价格修正率表和其他修正率表，计算出该街道其他临街土地价值的评估方法。路线价法是土地批量评估中常用的方法。路线价法实质上是市场法的一种派生方法，其理论依据与市场法相同，是房地产价格形成的替代原理。在路线价法中，标准临街宗地可视为市场法中的可比实例，路线价可视为市场法中的可比实例价格。

路线价法适用的前提条件是街道较规整，街道两侧临街的土地排列较整齐。路线价法主要适用于城镇街道两侧商业用地价值评估。路线价法被认为是一种快速、相对公平合理，能节省人力、财力，可以同时对大批量土地进行评估的方法，特别适用于土地课税、城市房屋拆迁补偿、土地重划或其他需要在大范围内对大量土地进行评估的情形。

运用路线价法评估一般按以下步骤进行操作：划分路线价区段；设定标准临街深度；评估路线价；制作价格修正率表；计算土地价值。

路线价区段是沿着街道两侧带状分布的。一个路线价区段是指具有同一路线价的地段。在划分路线价区段时，应将可及性相当、地块相连的土地划分为同一路线价区段。

标准临街深度简称标准深度。标准临街深度是地价变化的转折点，由此向街道方向，地价受街道影响而逐渐提高；由此远离街道方向，地价逐渐下降。设定的标准临街深度通常是路线价区段内各宗临街土地的临街深度的众数。

路线价是设定在街道上的若干标准临街宗地的平均单位地价。路线价的求取通常是在同一路线价区段内选取若干标准临街宗地，然后用市场法、收益法等评估方法，分别求出它们的单位地价，并求各标准临街宗地单位地价的算术平均（或取众数），最终得出该路线价区段的路线价。

价格修正率表有临街深度价格修正率表和其他价格修正率表。临街深度价格修正率表通常也称为深度指数表或深度百分率表。临街深度价格修正率是指由于宗地临街深度的差异而引起土地价格变化的程度。临街深度价格修正率表是将土地随临街深度的不同而引起相对价格差异的关系编制成的表格。其他价格修正率是指由于宗地临街宽度、临街状况、土地形状等方面的差异而引起的土地价格变化的程度。其他价格修正率表是将土地随临街宽度、临街状况、土地形状等的不同而引起相对价格差异的关系编制成的表格。

计算土地价值时，应注意平均深度价格修正率和累计深度价格修正率的正确运用，当以标准临街宗地的单价作为路线价时，应采用平均深度价格修正率；当以标准临街宗地的总价或单位宽度的标准临街宗地的总价作为路线价时，应采用累计深度价格修正率。由于土地的临街状况、土地的形状等方面的不同，路线价法的具体计算公式也有所不同。

主要概念

路线价　路线价法　路线价区段　标准临街深度　临街深度价格修正率表"四三二一"法则　苏慕斯法则　霍夫曼法则　哈柏法则　其他价格修正率表　街角地

基本训练

■ 思考题

1.什么是路线价法？路线价法适用的条件是什么？

2.路线价法的理论依据是什么？

3.路线价法与一般的市场法有何异同？

4.路线价法主要适用于哪些土地评估？

5.路线价法的评估步骤有哪些？

6.如何划分路线价区段？

7.如何设定标准临街深度？

8.如何评估路线价？

9.标准临街宗地应符合哪些条件？

10.价格修正率表有哪两种？它们的含义是什么？

11.临街深度价格修正率有哪三种？它们之间的关系如何？

12."四三二一"法则的基本含义是什么？

■ 计算题

图8-8矩形街角地ABCD的正街临街深度为50英尺，旁街临街深度为40英尺；一边临街三角形EFC土地的临街深度为25英尺，临街宽度为30英尺；一边临街梯形GHKF土地的临街深度为75英尺，临街宽度为20英尺。正街路线价为1 000元/平方英尺，旁街路线价为600元/平方英尺，旁街影响加价率为20%，临街深度为25英尺的三角形土地价格修正率为56.5%，临街深度为75英尺的三角形土地价格修正率为62.5%。

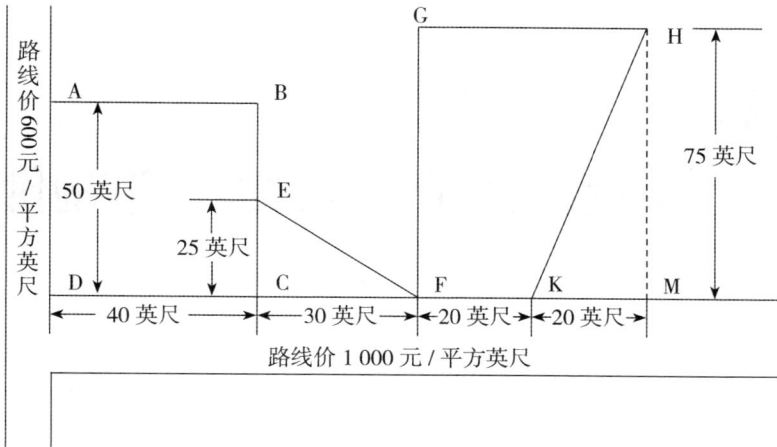

图8-8　矩形街角地、一边临街三角形土地和梯形土地

运用上述资料，根据表8-1中的临街深度价格修正率，分别计算矩形街角地ABCD、一边临街三角形EFC土地和一边临街梯形GHKF土地的价值。

计算题参考答案

即测即评

第9章

城镇土地分等定级及基准地价评估

学习目标

本章学习目标是使学生了解城镇土地分等定级与基准地价评估的内容、程序与基本方法；掌握高层建筑地价分摊的基本思路与方法。其具体目标包括：

☐ 知识目标

理解城镇土地分等定级的内涵、体系和分类，理解影响城镇土地分等定级的相关因素及具体因子；了解城镇土地分等定级的内容、程序及基本方法；理解基准地价的含义、类型、特征，熟悉基准地价评估的程序和方法；理解高层建筑地价分摊的基本思想、方法及各分摊方法的优缺点。

☐ 技能目标

熟悉基准地价评估的常用方法和计算过程；掌握高层建筑地价分摊的方法及计算。

☐ 能力目标

会利用城镇基准地价的评估方法进行基准地价评估；会利用高层建筑地价分摊方法合理进行地价分摊。

★ 思维导图

```
                          ┌─ 城镇土地分等定级的含义及体系
            ┌─ 城镇土地的分等定级 ├─ 城镇土地分等定级的技术程序和内容
            │             └─ 城镇土地分等定级的主要影响因素与方法
            │
城镇土地分等定级 │             ┌─ 基准地价的含义、类型与特征
及基准地价评估   ├─ 基准地价的评估 ├─ 基准地价评估的程序
            │             └─ 基准地价评估的思路与方法
            │
            │             ┌─ 高层建筑地价分摊的作用
            └─ 高层建筑地价的分摊 ├─ 影响高层建筑地价分摊的因素
                          └─ 高层建筑地价分摊方法
```

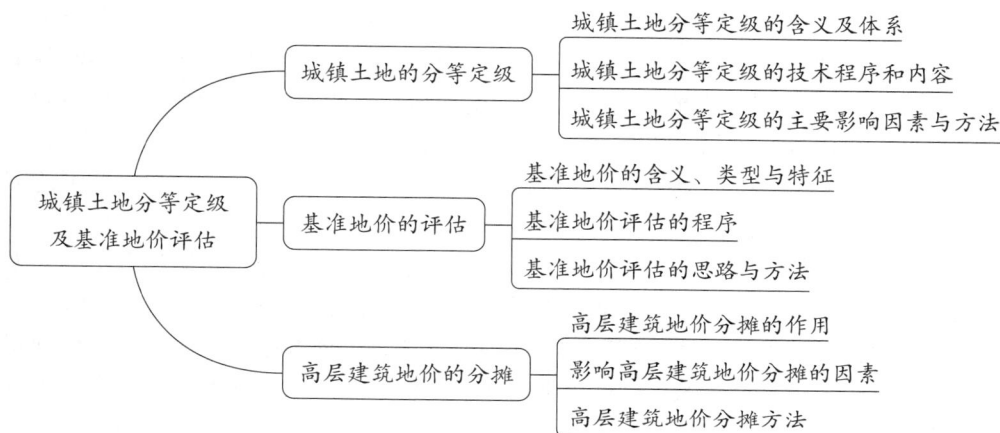

9.1　城镇土地的分等定级

9.1.1　城镇土地分等定级的含义及体系

1）城镇土地分等定级的含义

土地分等定级是当前我国城市地产管理和评估的一项基础性工作。城镇土地分等定级是土地分等定级的一部分，是根据城镇土地的经济属性、自然属性及其在城镇社会经济活动中的地位和作用，综合评定土地质量，划分城镇土地等级的过程。也就是在特定的目的下，对土地的质量和使用效益及其在空间上的分布差异状况所进行的评定，并用等级序列对其差异或优劣程度所作的表示。在土地评价科学的范畴里，它是土地评价的一种类型，最终取得大比例尺精细的等级化评价结果。在土地管理工作中，土地分等定级是以土地质量状况为具体工作对象的，是衡量土地质量好坏的必要手段。城镇土地分等定级包括城镇土地分等和城镇土地定级。

城镇土地分等是通过对影响城镇土地质量的经济、社会、自然等各项因素的综合分析，揭示城镇之间土地质量的地域差异，运用定量和定性相结合的方法对城镇土地质量进行分类排队，评定城镇土地等别的活动。

城镇土地定级是根据城镇土地的经济、自然两方面属性及其在社会经济活动中的地位、作用，对城镇土地使用价值进行综合分析，揭示城镇内部土地质量的地域差异，评定城镇土地级别的活动。

2）城镇土地分等定级的体系

城镇土地分等定级分为"等"和"级"两个层次。城镇土地的等、级是城镇土地质量的综合反映，城镇土地等的高低是对城镇土地的总体质量优劣的反映，城镇

土地级的高低是对城镇内部各地块的质量优劣的反映。

各个城镇由于受地理位置、交通条件、周围经济、自然地理环境，以及人们改造土地所进行的投入不同的影响，其在地域中发挥的作用和所处的地位也会产生很大的差异。这种差异会表现为土地生产力的高低。这些生产力的差异最终会使各个城镇的土地产生不同的土地收益。也就是说，地域条件好，土地级差收益高的城镇，土地等级也高；地域条件差，土地级差收益差的城镇，土地等级也低。因此，土地等级反映一定范围内城镇之间土地的地域差异或宏观区位差异，是在全国范围内各城镇之间土地质量高低的排列顺序。

各城镇内部的土地由不同区位和利用方式的地块构成，由于它们具有不同的人工投入、自然条件、社会经济条件，也会形成不同的土地级差收益：区位条件好，土地级差收益高的地块土地级别就高；区位条件差，土地级差收益低的地块级别就低。因此，土地级别反映城镇内部土地的区位条件和利用效益的差异，是土地质量高低在各城镇内部的统一排列顺序。

土地质量是土地的综合属性，是土地对经济和社会活动过程及其结果产生影响的一种量度。城镇土地分等定级的实质是对不同区位条件下产生的土地生产率的衡量，也是通过直接或间接方法评定地价相似区域的过程。根据定级的目的、对象、方法不同，土地的定级可以划分为土地综合定级、土地分类定级、城市规划定级、地价分区定级四种。

（1）土地综合定级

土地综合定级是根据影响土地区位及其他影响土地利用效益的经济、自然、社会因素，对区域内土地用同一标准评定级别。

（2）土地分类定级

土地分类定级是按照主要的用地类型分别确定定级因素及贡献大小，对一定区域内的土地用全域覆盖法评定出各主要用地类型的级别，及其在空间上的分布。

（3）城市规划定级

城市规划定级是依据城市发展规划对土地质量及使用价值的影响状况，在土地现状定级的基础上，评定土地级别的过程。

（4）地价分区定级

地价分区定级是先利用土地交易资料直接评估地价，然后按地价水平差异及其在空间上的分布规律来划分土地级别的过程。

3）土地分等定级的原则

（1）综合分析原则。土地分等定级应对影响土地质量的各种经济、社会、自然因素进行综合分析，按差异划分土地的等和级。土地等和级既能反映土地在经济效益上的差异，也能反映出社会、生态等其他方面综合效益的差异。

（2）主导因素原则。土地分等定级应根据影响城镇土地质量优劣的因素种类及其作用的差异，重点分析对土地等和级起控制和主导作用的因素，在评定土地的等和级的过程中应突出主导因素的影响。

（3）地域分异原则。土地分等应充分考虑城镇的宏观地理位置，与区域经济发展水平保持相对一致，使其结果符合城镇本身的经济特征。土地定级应掌握土地区位条件和特性的分布与组合规律，分析城镇内各地域由于区位条件不同而产生的土地质量差异，将类似地域划归同一土地级。

（4）级差收益原则。土地分等定级应符合区域和城镇内部的土地级差收益。在初步划分的土地等和级的基础上对级差收益明显的地区和有关行业进行级差收益测算，测算值作为确定土地等和级的重要参考依据。

（5）定量与定性结合原则。土地定级应尽量把定性的、经验性的分析进行量化，以定量计算为主，必要时才对某些现阶段难以定量的社会、经济因素采用定性分析，以减少人为任意性，提高土地等和级的精度。一般在确定城镇土地等和级的初步方案时以定量分析为主，城镇土地等和级的调整和最终定案以定性分析为主。

9.1.2 城镇土地分等定级的技术程序和内容

1）城镇土地分等定级的技术程序

根据原国土资源部①颁布的《城镇土地分等定级规程》（GB/T18507-2014），城镇土地分等定级的技术程序和内容应为：

（1）城镇土地分等的技术程序

① 建立影响城镇间土地等的因素体系。

② 确定各因素因子的相应权重。

③ 分析因素因子的影响方式，建立评价体系。

④ 对各城镇因素因子的评价指标值进行标准化处理，加权计算各城镇的总分值，并初步划分城镇土地等。

⑤ 验证分等初步结果，制订分等基本方案，并征求意见，对城镇土地等进行调整并定案。

⑥ 编制城镇土地分等成果图件、报告和基础资料汇编。

（2）城镇土地定级的技术程序

① 建立影响城镇土地定级的因素体系。

② 确定各因素的相应权重。

③ 计算各因素的指标值和作用分，编制各因素的指标值与作用分值的对照表。

④ 划分城镇土地定级单元。

⑤ 计算单元内各因素的分值，加权求和计算总分值，按总分的分布排列和实际情况，初步划分土地级。

⑥ 进行土地收益测算或市场交易价格定级，对初步划分的土地级进行验证和调整。

---

① 2018年改为自然资源部。

⑦ 编制城镇土地定级成果图件、报告和基础资料汇编。

2）城镇土地分等定级的内容

（1）城镇土地分等的内容

① 城镇土地分等准备工作及外业调查。

② 城镇土地分等因素选取、资料整理及定量化。

③ 城镇分值计算及土地等的初步划分。

④ 验证、调整分等初步结果，评定城镇土地等。

⑤ 编制城镇分等成果。

⑥ 城镇土地分等成果验收。

⑦ 成果应用与更新。

（2）城镇土地定级的内容

① 城镇土地定级准备工作及外业调查。

② 城镇土地定级因素选取、资料整理及定量化。

③ 单元分值计算及土地级评定。

④ 编制城镇土地级别图及量算面积。

⑤ 城镇土地级的边界落实及分宗整理。

⑥ 编写城镇土地定级报告。

⑦ 城镇土地定级成果验收。

⑧ 成果归档和资料更新。

9.1.3 城镇土地分等定级的主要影响因素与方法

1）城镇土地分等的主要影响因素因子

（1）城镇区位因素，相应涉及的因子有交通区位、城镇对外辐射能力。

（2）城镇集聚规模因素，相应涉及的因子有城镇人口规模、城镇人口密度、城镇非农产业规模、城镇工业经济规模。

（3）城镇基础设施规模因素，相应涉及的因子有道路状况、供水状况、供气状况、排水状况。

（4）城镇用地投入产出水平因素，相应涉及的因子有城镇非农业产出效果、城镇商业活动强度、城镇建设固定资产投资强度、城镇劳动力投入强度。

（5）区域经济发展水平因素，相应涉及的因子有国内生产总值、财政状况、固定资产投资状况、商业活动、外贸活动。

（6）区域综合服务能力因素，相应涉及的因子有科技水平、金融状况、邮电服务能力。

（7）区域土地供应潜力因素，相应涉及的因子有区域农业人口人均耕地、区域人口密度。

2）城镇土地定级的主要影响因素

城市是各种社会经济活动的中心，是建筑、基础设施、人类活动等所构成的复杂系统，影响土地级别的因素复杂多样，其主要有市地区位、城市设施、环境质量、人口状况等几个方面。具体影响因素可归纳为繁华程度、交通条件、基础设施、环境条件、人口状况等五类，每一类又可以选择相应的各类因素指标来反映（如图9-1所示）。

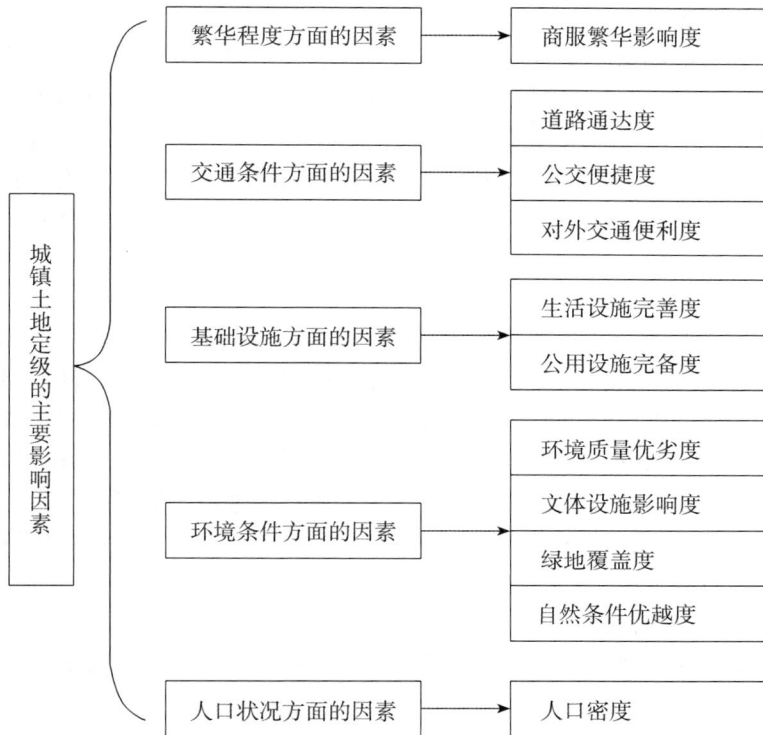

图9-1 城镇土地定级的主要影响因素

（1）繁华程度方面

这方面的影响因素主要是商服繁华影响度。它是反映土地经济区位最重要的指标，是土地定级工作中必须涉及的因素。衡量繁华程度的具体指标有多项，如人口密度、商业繁华程度等。在这些指标中，商业、服务业繁华程度相对直观，便于测算和衡量，一般随着距商服中心距离的增大，商服中心的影响力逐渐减小、地段繁华程度下降、城市经济活动相对变弱。因此，地段的繁华程度一般用商服中心对其服务半径之内的经济活动的影响力大小来反映。

（2）交通条件方面

这方面的影响因素主要有道路通达度、公交便捷度、对外交通便利度等。快速便捷的交通，可以使人流、物流、信息流的运动加快，便于进行各种物质和能量交换，有利于节约时间和运费，也可为土地使用者带来许多其他方面的经济利益和心理满足。城市地段交通条件包括市内交通条件和对外交通条件。对外交通条件的优劣对城市在区域中的地位和作用有重要的影响，距离对外交通设施（如火车站、汽车站、码头等）的远近，直接影响对外经济活动或旅行的方便程度。体现地段市内通达性的因素主要包括道路的宽度、类型、等级，道路的相对位置，以及道路上公共交通的便捷状况。

（3）基础设施方面

这方面的影响因素主要有生活设施完善度、公用设施完备度等。生活和公共设施的完善和完备程度与居民的生产和生活的便利程度直接相关，对居民生活水平的提高有重要影响，也会影响该区域的生产效率和投资效益。生活设施是指居民生产、生活所必不可少的供水、排水、供电、供气、供热、通信等设施。公共设施是指与居民日常生活密切相关的公众共同使用的服务设施，如中学、小学、幼儿园、菜市场、超市、医院、邮局、银行等设施。

（4）环境条件方面

这方面的影响因素主要包括环境质量优劣度、文体设施影响度、绿地覆盖度、自然条件优越度等。其实，环境是一个很宽泛的概念，衡量环境条件的因素与城市特点密切相关，除上述因素外，其评价因素还可依城市特点具体选择，如对于观光旅游城市，还可选择风景影响度指标。自然条件主要是指地形、工程地质、水文、气候等条件；环境主要是指大气、水、声等环境；绿地覆盖度是指单位面积土地上绿地面积所占的比率；文体设施是指图书馆、影剧院、文化馆、体育场馆、公园等文化娱乐体育设施。

（5）人口状况方面

这方面的因素主要是人口密度，包括常住人口、暂住人口、流动人口、工作人口等。这些人口指标是以不同的方式对不同的土地使用类型起作用的，如商业区繁华程度与流动人口的多少密切相关，流动人口越多，营业额越大，单位土地的经济效益就越高。但这种增加不是无限的，在现有的技术、经济和自然条件下，城市各地段或区域的人口密度都有一定的环境容量，流动人口多于该区的容量时，该商业区就会达到饱和，人口的增加所带来的综合效益就会下降。对于城市发展也是一样，起初，人口往往是城市发展的启动因素，但当人口数量超过一定规模时，其负效应也会随之递增，如交通拥挤，环境污染加剧，人均各类公共设施占有量减少等。因此，人口密度对土地级别的影响，可根据城市的特点、区域或地块的特点及城市人口的具体分布情况进行分析。

3）常用的三类用地定级指标体系与分布规律

（1）商业用地

①商业用地定级指标体系

商业用地在城市土地中所占的比重并不大，但却是相应区域内位置最优、价值最高的土地，也是经济活动强度最大，各种物流、人流、信息流最集中的土地。商业用地区位优劣的关键在于所吸引的具有购买力的人流的多少。由于人流量变动性较大，测定起来较为困难，商业用地定级指标体系的建立可从引起人流多少的原因入手来寻找。因此，商业用地定级的指标包括商服繁华影响度，交通条件方面的道路通达度、公交便捷度、对外交通便利度（客运），基础设施方面的基础设施完善度，人口方面的人口密度，及其他方面的指标，如城镇规划等。

②商业用地级别分布规律

商业用地级别分布总的规律是从市中心向市区边缘级别呈下降趋势，沿主要街道两侧呈明显带状分布，街道两侧面街和背街土地呈现明显级差，甚至连跳几级，一级地分布与市级商服中心相对应，各级土地面积在全市土地面积中的比重随级别升高逐渐增大。

（2）住宅用地

①住宅用地定级指标体系

住宅用地是占城市用地比例最大的用地，人们对住宅的选择一般要考虑生活便利、环境舒适等多方面要求，对影响住宅区位因素的分析要从一般人的日常生活、工作需求出发。因此，住宅用地定级的指标包括商服繁华影响度，交通条件方面的道路通达度、公交便捷度、对外交通便利度（客运），基础设施方面的基础设施完善度、公用设施完备度，环境条件方面的环境质量优劣度、绿地覆盖度，人口方面的人口密度，及其他方面的如城镇规划等。

②住宅用地级别分布规律

住宅用地级别一般的分布规律是：从市中心地区向市区边缘级别呈下降趋势，且呈现明显的同心环状变化；各级土地呈大面积片状分布，各级土地面积在市区土地面积中的比重随级别增大而依次增大。住宅用地的各级土地成片分布，反映了住宅用地对区位敏感程度较低，以及它对各类设施完善程度要求较高。

（3）工业用地

①工业用地定级指标体系

随着生产力的发展、技术进步、交通工具的改进和工业门类的变化，工业用地区位分布在不断地发生着变化，但影响城市内工业用地分布的主要因素并没有发生本质的变化，其变化主要体现在各因素的作用方式和程度的变化上。另外，不同行业对用地条件的要求也有所不同，工业用地分布首先还是受宏观区位影响因素的影响，类似区域往往在一个国家或更大范围内分布，而不是一个城市范围内，这是工业用地明显区别于商业用地和住宅用地的特点。土地定级主要是在一个城市内部进行，而一个城市内部工业用地定级的基础是不同区域土地区位效益的差别。因此，工业用地定级的指标包括交通条件方面的道路通达度、对外交通便利度（货运），基础设施方面的基础设施完善度，环境条件方面的自然条件优劣度，产业集聚效益方面的产业集聚影响度，及其他方面的指标，如城镇规划等。

②工业用地在城市内分布的特点

工业用地在城市内分布有成片集中的趋势：一方面是由于集聚效益、共同的自然条件对工业新投资的吸引所形成的内在经济驱动力量；另一方面是人们追求优美生活、环境的要求，迫使污染严重的工业向城市外围人口密度小的地区迁移，集中于一个或几个区域发展。在功能分区的同时，存在着各种用途混合的趋势，非污染或污染小的工业仍然在城市居住区周围或内部布置，再加上历史原因，城市内工业布局状况必然是分散与集中相结合，工业点与工业区同时存在，这是工业用地定级全域覆盖的客观要求。

4）城镇土地定级的主要方法

土地定级的方法目前主要有多因素综合评定法、级差收益测定法、地价分区定级法三种。

（1）多因素综合评定法

多因素综合评定法是通过对城镇土地的各种影响因素及在社会经济活动中所表现出的各种特征进行综合评价，从而揭示土地的价值或使用价值及在空间上的分布，来划分土地级别的一种方法。

现有的城镇土地是在自然基础上经过人类长期的改造形成的，是各种因素相互作用的结果。由于不同地块影响因素不同，或因素的作用强度有差异，城镇内部客观上存在着土地质量的差异。多因素综合评价方法的基本思路就是根据上述原理，依据一定的目的和原则，以土地单元为样本，选择对土地单元有影响的因素和因子作为评价指标，然后用适当的方法和模型对各因素和因子的影响效果进行归并，从而划分出不同地块的土地级别。它是从原因入手，通过分析影响土地质量优劣的因素，揭示城镇土地等级的差异。

这一方法在具体操作过程中，把重点放在影响土地因素的多样性与相关性方面，抓主要矛盾和矛盾的主要方面，选择重要影响因素。选取重要影响因素的关键，首先要从分析城镇土地的性质和特点出发，准确把握城镇的性质和特点；其次分析各个城镇在地理环境、规模、布局等方面的差异，以及在城镇内部各影响因素的变化情况；最后在上述分析的基础上确定影响因素和因子及它们的相对数。

多因素综合评定法的参数体系按间接评定的方法设计，采用累加型公式。其优点是能考虑各种与土地质量直接相关的因素，既包含与土地有关的经济因素，也包含有关的非经济因素，另外，这一评价方法把定性评价与定量评价结合起来，把对事物的认识量化为较准确的科学指标，把复杂的对事物的总体判断分解成对事物某些方面的单项判断，减少了主观随意性，保证了土地级别的统一性，简便易行，便于操作。其不足之处在于不能充分反映土地与各区位条件的关系，土地级别差异的评价结果是综合分值，是一个相对结果，不能直接反映各级土地的级差收入。

（2）级差收益测定法

级差收益测定法的基本思路是基于不同级别的土地有不同的级差收益，土地级别由土地的级差收益决定，而在实际经济活动中，级差收益又是企业利润的重要组成部分。基于上述思路，在假设其他投入要素的利润率不随区位的变化而变化的条件下，土地的区位差异所产生的土地级差收益就可以通过企业利润反映出来。在具体的级差收益测算中，其方法就是用发挥土地最大使用效益的商业用地的收益，先凭经验初步划分土地级别，从企业利润资料中抽样调查以验证土地级别划分的合理性，然后再建立适当的经济模型，测算土地的级差收益，从而划分土地级别。

级差收益测定法的优点是评估结果能较好地反映城市土地的经济差异，且可以直接用货币形式表现，便于结果的直接应用。不足之处在于级别边界划分的主观随意性大，级别划分粗放，在这种情况下测算出的级差收益也不可能准确。另外，商业级差收益也不是土地级差收益的唯一形式，且不能代替其他级差收益，同时，我国的企业社会平均利润还未形成，非土地因素的影响还较难分离。

（3）地价分区定级法

地价分区定级法的基本思路是直接从土地价格的差异出发来划分土地级别，根据地价水平高低在市域空间上的一致性划分地价区块，制定地价区间，最终得出土地级别。

地价分区定级方法的优点是土地级别与土地地价直接相联系，测算方法简便，结果便于应用和更新。不足之处在于这种方法需要一个较为成熟和完善的土地市场，在土地市场发育不成熟，市场管理不完善的情况下，该方法的应用会受到限制。

由于以上三种方法各有优缺点，所以，我们在具体运用时视具体情况将各种方法结合起来使用。在土地市场发育成熟、房地产交易案例较多的城市，可用地价分区法；在不具备上述条件的城市可先用多因素综合评定法初步划分土地级别，再选取典型行业进行级差收益测算，计算各行业及特殊地段的收益增减系数。

为规范城镇土地分等定级的程序和方法，国家标准化管理委员会发布了国家标准《城镇土地分等定级规程》（GB/T 18507–2014）。

延伸阅读

《城镇土地分等定级规程》

9.2　基准地价的评估

9.2.1　基准地价的含义、类型与特征

1）基准地价的含义与类型

（1）基准地价的含义

基准地价是对城镇各级土地或均质地域及其商业、住宅、工业等土地利用类型评估的土地使用权单位面积平均价格。根据原国土资源部[①]颁布的《城镇土地估价

---

① 2018年改为自然资源部。

规程》（GB/T 18508-2014），土地价格是土地未来年期纯收益（地租）的资本化，是在正常市场条件下，一定年期的土地使用权未来收益的现值总和。而基准地价是在确定的土地级别或均质区域内，在某种开发程度和平均容积率的情况下，同一用途的完整土地使用权的平均价格。基准地价的含义中包括基准日、开发程度、土地使用年限以及土地内涵，即包含了国家土地所有权收益、征地费用和配套费。

（2）基准地价的类型

基准地价可分为综合基准地价、分类基准地价和分区地价。前两种基准地价是在房地产市场发育不够完善的阶段内的大范围级别基准地价，其评估是建立在土地定级的基础上，利用级差收益或级差收益与部分房地产资料相结合测算其基准地价。而第三种是在城镇房地产市场比较规范、活跃条件下的小范围均质地域的区段价、区片价。两者相比，后者的经济意义、市场现实性、可操作性明显优于前者。

按其成果表达方式又可分为点状地价、线状地价和面状地价三种。点状地价是标准宗地地价，是基准地价评估的过程中的中间成果，线状地价有路线价和路段价。

①综合基准地价

综合基准地价又称级别基准地价，是在城市土地综合定级的基础上，利用商业用地（或工业企业用地）收益资料进行级差收益测算，最后确定的各个土地级别上的地价或地价幅度。它是以综合土地级别为基准地价范围，一个土地级别对应一个基准地价或地价幅度。评估综合基准地价的一般程序是，首先进行综合定级，然后分别用不同方法计算各类用地地价，最后综合为级别基准地价。

综合基准地价方法简明实用，在我国一定时期内仍是一种可以采用的地价表达方式（尤其是对中小城镇而言），但这种基准地价存在的主要不足有：第一，同一基准地价的代表区域过大，成果过于粗略；第二，利用综合土地级别作为基准地价范围不能体现不同用地地价分布规律不同、影响因素也不同等土地特点。

②分类基准地价

分类基准地价为商业用地基准地价、住宅用地基准地价和工业用地基准地价三种。它是以各类用地的土地级别为基础，用某一地价或地价幅度表示某一类用地的土地级别范围内的基准地价。

评估分类基准地价，首先要进行分类定级，其次，分别应用不同的方法评估各类用地各级别的基准地价，得到分类基准地价。分类定级是根据商业、住宅、工业等各种用地不同的使用收益特点，分别采用不同的指标体系，利用多因素综合评定法，分别评估城市土地作为商业用地、住宅用地、工业用地的质量等级。

分类基准地价与综合基准地价相比，主要有以下优点：第一，以分类定级为控制，客观上体现了各类用地各自的利用特点和质量差异；第二，以分类定级为控制，减少了由于土地市场不规范、市场资料失真给评估带来的不利影响；第三，分类估价各类用地分别采用不同方法和修正系数，为准确评估标定地价提供了可靠的依据。

③分区地价

分区地价是以一个单位面积地价表示一个均质区域的基准地价的地价表达形式，一些发达国家和地区的基准地价一般都是一种分区地价。分区地价的基础是地价分区，而地价分区则是地产市场充分发展后的产物。

城镇基准地价评估发展大致经历了三个阶段，即城市土地定级估价阶段、辅以市场交易资料的城市土地定级估价阶段和利用市场交易资料和基本估价方法直接测算均质地域的基准地价阶段。经过较长时间的发展，第三阶段的地产市场，不仅规范、活跃，而且丰富。这时基准地价的测算不必再依据土地定级，而可直接根据样点地价的分布规律，结合土地利用条件划分均质地域（区片或区段），利用市场交易资料测算样点地价，在此基础上用基本估价方法测算均质地域地价，从而确定土地级别及级别基准地价。此时的土地级别及级别基准地价，在某种意义上可以说是更宏观的均质地域及其基准地价。

④路线价

路线价是指用地条件相近的若干临街标准宗地地价的平均值，是基准地价的线状表达方式，它是路线价法运用的基础。在我国许多城镇基准地价评估时都采用了这种表达方式。

2）基准地价的特征

基准地价评估以城镇整体为单位进行，相对于其他地价有以下特征：

（1）基准地价是交易价格的价格标准，会对现实土地市场中的地价水平产生直接而重大的影响。基准地价在土地级别或均质地域的基础上反映出该地段平均的土地收益水平，相对明确而稳定，土地交易过程中依据此标准测算出双方的转移货币金额。

（2）基准地价是政府的指导管理价格，是政府对社会经济运行管理和调控的依据之一。政府对基准地价的认可、公布和调整，既是其土地所有权职能的重要组成部分，又是其社会管理职能的重要内容。政府从社会、经济发展宏观政策和地产市场运行微观政策的基本目标出发，用基准地价对国家和地区经济运行进行合理调控。

（3）基准地价是宏观级差收益和微观级差收益的综合反映。在城市之间，由于城市的产业性质、产业结构、城市规模等条件的不同会产生城市间宏观级差收益；在城市内部，由于各区域商服繁华度、市内交通便捷度及基础设施完善度等因素会带来地段的微观级差收益。这两种级差收益叠加的结果就是土地利用收益。基准地价的制定主要以土地利用收益为根本依据。

（4）基准地价覆盖了一定的地域，反映了一定区域内土地的平均价格。

各市、县国土资源主管部门应严格按照《城镇土地估价规程》，开

小资料

大连市国有建设用地基准地价查询

展基准地价制订、更新和公布工作。基准地价每3年应全面更新一次，及时向社会公开。

9.2.2 基准地价评估的程序

基准地价的评估一般按下列程序进行：

（1）确定基准地价评估的范围。基准地价的评估范围一般是以一个具体城市为对象，在评估时其范围具体包括城市的哪些区域要根据具体的情况和需要而定，如可投入评估的人力、物力、财力有多少，哪些区域未来的发展需要基准地价作为市场管理和运行的依据。根据上述因素确定评估的范围是该城市的整个行政区域，还是规划区、市区或建成区等。

（2）划分地价区段。以定级为基础的需先对评估范围内的土地进行定级。一个地价区段就是一个"均质"地价区域。地价区段通常可分为三类，即商业路线价区段，住宅片区段和工业片区段。所谓地价区段就是用途相似、地块相连、地价相近的土地所形成的区域。划分地价区段的一般步骤是：首先对地价的影响因素（如土地的位置、交通使用现状、城市规划、房地产价格水平及收益情况等）作实地调查和观察，将上述因素相同或相近，且相连的土地划为同一个地价区段。各地价区段之间最好能有明显的界线，如道路、沟渠或其他易于辨认的界线，但商业路线价区段应以标准深度为分界线。

（3）抽查评估标准宗地的价格。在土地级别或划分出的各地价区段内选择一定数量的有代表性的土地，由评估专业人员在调查搜集与这些宗地相关的经营收益资料、市场交易资料、开发费用资料等的基础上，运用收益法、比较法、成本法、假设开发法等适当的评估方法评估出选定的标准宗地在合理市场条件下可能形成的正常单位市场价值。

（4）计算区段地价。区段地价代表或反映该地价区段或级别内的土地价格总体或正常水平，是某特定地价区段的单价或楼面地价，同时，也是区段或级别内各标准宗地评估价的平均值、中位数或众数。计算出的区段地价，对于商业路线价区段应是路线价，对于住宅和工业区段应是区片价。

（5）确定基准地价。在区段地价计算结果的基础上，再进行验证，考虑各级或区段土地的关系，作适当调整后就成为基准地价。为了避免出现条件较差的区段的基准地价高于条件较好的区段的基准地价的情况，在确定基准地价时，应先将各地价区段按质量好坏层次排序（一般按从好到差顺序排序），再看其价格序列是否与质量一致。

（6）提出基准地价应用的建议和技术。为了便于应用，在基准地价发布时要包括基准地价的内涵、作用，将基准地价修正为具体宗地价格的参数与方法等。这些参数和方法主要有具体区位、土地使用权年限、容积率、土地形状、临街状况等的修正方法和修正系数。

9.2.3　基准地价评估的思路与方法

1）基准地价评估的基本思路

基准地价评估的目的是通过一定地价区段或级别内在正常的市场条件下已发生的土地收益、交易实例中反映出的地价水平，评估出城镇中同一地价区段或级别其他未发生土地交易或土地交易案例少、土地经营资料非正常区域的土地平均价格。其原理是同一市场供需圈内，土地使用价值相同、等级一致的土地，应具有同样的市场价格。在具体评估时，首先将城市土地按照影响土地使用价值优劣的土地条件和区位优劣，划分为土地条件均一或土地使用价值相等的地价区段或级别，对城镇中的土地进行归类。其次在同一土地级或类型区域中，从标准土地的土地使用者已取得的土地超额利润、土地交易中成交的地租和市场交易价入手，测算出不同行业用地在不同土地级别或土地条件均质区域内形成的土地收益或地价，最终通过一定的方法评估出基准地价。

2）基准地价的评估方法

在基准地价的评估程序中已经提到，基准地价评估的基本方法有收益法、比较法、成本法和假设开发法。在现实的评估活动中，由于所面临的市场条件和资料不同，在上述基本方法的基础上又衍生出许多具体的评估方法。总的说来可归结为三大类，即综合级别基准地价评估方法、分类定级基准地价评估方法和以市场交易资料为依据，直接评估地价的方法。

（1）综合级别基准地价评估方法

综合级别基准地价评估方法是建立在土地综合定级的基础上的，是以级差收益测算法为核心，租金剥离法等都只作为辅助方法，起验证、校核和调整基准地价的作用。其特点主要有：以土地级别为控制变量，基准地价表示为级别平均地价；级差收益测算是确定基准地价的核心方法；租金剥离法、成本逼近法等仅作为确定基准地价的参考，或起校核作用。

（2）分类定级基准地价评估方法

分类定级基准地价评估是建立在土地分类定级的基础上，根据各类土地收益的特点，采用不同的测算方法。

①商业用地基准地价评估方法

商业用地是城市中对区位最敏感的一种用地类型，同样的经营项目和相同规模的商业企业，处于市中心和市区边缘，会导致产生几十倍乃至几百倍的收益差异。商业用地不仅对区位很敏感，而且对城市中心的形成和变动，对住宅用地、工业用地等的布局也起着重要作用。由于商业用地效益是从商业中心向城市外围呈指数衰减，而在同一商业区里，临街和背街、交叉路口和非交叉路口、不同街道、不同路段，其地价也会有非常明显的差异，所以，单纯用综合级别地价反映商业用地地价，存在一定程度的不合理性。而且，同一级别地价幅度过大，不同级别的地价又交叉严重，因而这样的基准地价难以起到应有的作用。

商业用地基准地价测算的主要方法是因素比较修正法、铺面租金剥离法、级差收益测算法、路线价法、历史地价趋势评估法等。级差收益测算结果主要用以修改土地分级界限，也可以用于验证铺面租金剥离法测算的结果。交易点地价可以根据土地市场（含隐形土地市场）的调查资料和房屋中介部门的出租登记资料，运用铺面租金剥离法等进行测算。

②住宅用地基准地价评估方法

在城市用地结构中，住宅用地所占的比重最大，且遍布整个城市的各地区。影响住宅用地质量及效益高低的因素，主要是购物的便利性、交通条件、基础设施条件和环境条件等。住宅用地级别及其分布规律通常是一致的，土地分类定级也是住宅用地基准地价测算的基础。住宅用地基准地价可利用房屋买卖、商品房出售、住房租赁、以地换房、联建分成等土地交易资料进行测算。评估方法主要有私房契价测算法、商品房售价法、租金剥离法、联建地价测算法等。大城市由于交易资料种类多，样本数目也多，可运用各种交易资料通过多种方法测算，然后用求均值或加权平均的方法确定基准地价。而一些中小城镇虽然这几种土地交易形式都不同程度地存在，但其中的住房租赁，由于多属民间个体行为，资料不易收集与掌握；以地换房、联建分成由于种种原因，资料不齐全，代表性不强；商品房出售样本资料太少。因此，在一些中小城镇的基准地价测算过程中最好利用房屋买卖样本资料来进行住宅用地基准地价的测算。

③工业用地基准地价评估方法

工业用地对于微观区位条件的反映较不敏感。影响工业用地质量和用地效益的因素，主要是中观区位因素，如交通条件、基础设施、地质地貌条件、工业集聚条件等因素。因此，工业用地的基准地价一般反映较大范围的土地级别地价，所以其地价宜粗不宜细。工业用地基准地价的评估可用级差收益测算法、联建地价测算法、因素比较修正法和成本法。对于工业企业经营资料较全且经营状况正常的城市，工业用地的基准地价测算可直接运用工业用地效益资料或工业用地的市场交易资料测算出价格，然后在工业用地初步测算地价的基础上征求各方面意见后，经过适当修正和调整，确定最终的工业用地级别基准地价。而对于工业企业经营状况不正常或资料不全的城镇，工业用地基准地价的测算可直接利用成本法，即以城镇的新增建设用地征地、开发费用资料为基础，测算出城镇新增用地的成本地价，测算结果作为工业用地的最低控制价格，再依据商业用地及住宅用地各级地价之间的比例关系测算各级工业用地基准地价。

④没有交易资料区域的基准地价评估

对于房地产交易市场发展不平衡、交易样点分布不均匀，或有的区域或级别范围内没有样点，即出现交易样点的空白区的情况，其基准地价的评估可采用比较法、比较系数法或系数修正法进行，通过与有正常交易样本点区域的比较，修正出资料缺乏地区的基准地价。

3）分类定级基准地价评估的基本步骤

（1）资料收集、整理

资料收集、整理主要包括土地市场中各种土地使用权出让、转让、出租、抵押等的样点资料；房屋出租、买卖等的交易案例资料等。对收集到的各样点资料要进行逐一审核，剔除有错漏的样点，同时按一定的标准归类。

（2）计算交易样点地价

选择土地使用权转移的交易成交资料作为样点地价，若是房地产交易的资料，要采用契价测算法、租金剥离法等计算交易样点的地价。

（3）交易样点地价修正

交易样点地价修正主要进行日期修正、容积率修正（楼层修正）和年期修正等。

（4）标绘地价样点图

为了直观反映城镇中的地价变化趋势，更好地分析城镇地价变化规律，要将交易样点标在工作底图上，将计算和修正后的地价标在样点的右上方。样点图按商业、住宅、工业等用途分别绘制，也可以用不同颜色、图示将不同用途的地价标示在一张图上。

（5）确定各类用地各土地级别基准地价

以各土地级别中的交易样点地价的平均值、中位数或众数平均值为基础，经征求有关方面的意见后，确定各级基准地价幅度。以市场交易资料为依据，直接评估基准地价的方法与分类定级基准地价的评估类似，只是不需要先对土地进行定级。

9.3　高层建筑地价的分摊

由于土地的日益稀缺和高层建筑技术的不断发展，多层和高层建筑已经成为现代城市中建筑物的主体，且所占比重越来越大，不仅办公楼和商服建筑，而且住宅和厂房等建筑也出现了多层或高层化。建筑在向高空发展的同时，人们的活动也向地下发展，目前地下建筑和相应的建筑技术发展很快，出现了很多地下商场、地下停车场、地下仓库等。在城市中心商业区，建筑物不仅多层、高层化，而且其用途出现了立体化，产权也出现了多元化，这些多元主体对其建筑物所占的土地具有共有产权，那么，怎么样确定它们在共有土地上的份额呢？如何在多元产权主体之间合理地分摊地价是这一节要研究的问题。

9.3.1　高层建筑地价分摊的作用

随着房地产交易活动的日益发展和产权多元化，出现了一座建筑物内有着众多的所有者或使用者的情况，一座建筑物只有一个所有者的格局被打破了，所有者分别拥有该建筑物的某一部分，如有的拥有地下一层，有的拥有地上一层。特别在多层、高层住宅或公寓中，往往一个业主只拥有其中的一套住房。然而，整座建筑物占用的土地是完整的一块，在其平面物质形态上不可能根据相对应的建筑直接进行分割，当这座建筑物的开发商售出其中的某一部分或某一套房屋后，该块土地使用权的一个相应的份额也就随着转移了，当整个建筑物都出售完以后，最后的结果必然是购得这座建筑物的众多所有者按份共有这块土地的使用权。

拥有一块土地的使用权，不仅享有该块土地的一定权利，而且还要承担由此权利而产生的义务。因此，研究高层建筑地价的分摊具有许多积极的作用。

1）有利于明确各业主所拥有的土地权益和相应承担的义务

地价的分摊是合理分配土地使用权的基础。整个建筑物与其所占的总的土地权益相对应，而某一部分建筑物也应有与其相对应份额的土地权益。由于"高层建筑"有众多的所有者和使用者，而且在使用过程中其产权人往往会发生变更，在房地产的买卖、租赁、抵押，以及需要补交地价款时，明确各部分建筑物相应的土地份额，有利于明晰产权，规范交易，形成一个便于流转、规范的房地产市场环境。而整幢楼宇的土地是同一块，建筑物与其相对应的土地的实物形态不可相应分割，但其价值形态却可以。因此，合理分摊"高层建筑"基地价值，有利于明确房屋所有人对土地的权利和义务。

2）有利于合理征收土地税费

根据《中华人民共和国城镇土地使用税暂行条例》的规定，在城市、县城、建制镇、工矿区范围内使用土地的单位和个人，都应当依照国家规定依法缴纳城镇土地使用税。对于拥有众多所有者和使用者的"高层建筑"，其城镇土地使用税应由多个土地使用权人共同分担。合理分摊"高层建筑"地价，即通过科学评估土地空间价值，明确了各土地使用权人的权责，是政府对城镇土地使用税进行合理征管的基础。当土地价值在各所有人之间的分摊不合理时，往往会引起各土地使用权人之间的纠纷，不利于政府征收土地税费工作的开展。征收城镇土地使用税可根据地价分摊比例来确定各使用权人应承担的税费，既有利于政府顺利地开展土地税费的征收工作，实现了税负公正，为合理利用城镇土地、提高土地使用效益、加强土地管理打下了坚实的基础，又不会引起各土地使用权人之间的矛盾。

3）有利于推进立体地价评估工作的开展

随着科学技术的发展和人地矛盾的日益尖锐，现代的城市建设已呈现明显的向高空发展的趋势，使土地的立体化利用规模越来越大。目前，城市土地的立体利用除了高层建筑和地下建筑外，还有立交桥下建筑物、在他人建筑物上增建楼层、两楼之间的空中过街走廊、立体广场等形式。随着对土地立体空间需求的增加，为了规范土地利用和管理，提高效率，就必须对土地立体空间价值进行精确评估，让土地的"空间"开发利用直接进入土地开发成本，使土地立体收益得到合理体现。基于目前的现实需要，地价评估理论也必须适应现实的需要，由平面转为立体，由二维转为三维。高层建筑地价分摊正是在这种新形势下产生的，它是一种"空间平面地价"确定方法，是平面地价向立体地价的过渡，有利于推进我国对立体地价评估理论和实践工作的开展。

9.3.2　影响高层建筑地价分摊的因素

影响高层建筑地价分摊的因素也就是土地对建筑各部位价值的影响因素。这种空间的影响因素主要表现在：

1）可及性

对于高层建筑来说，可及性就是到达各楼层或部位的便利程度，如一般大楼的主出入口在一层（底层），底层可最为方便地到达，其可及性最好，其他各层随楼层逐渐向上或向下，其可及性逐渐递减。从可及的角度来看，随着建筑高度的变化，建筑各楼层的使用效果也会不断发生变化，高度不同，可及性就会不同。所以，简单地把建筑地价按面积大小平均分摊到每一房屋单元中是不符合可及性的要求的。可及性在地价分摊中有着极大的作用，是影响地价分摊的一个重要因素。虽然现代社会，随着电梯设备的日益优化，正在使各楼层的可及性差别变小，高层建筑的可及性随高度递减的特点在日益减弱，尤其是非商业性高层建筑，但这种差异永远不会消失。

2）舒适性

舒适性由与地面的距离和相对位置决定，包括自然采光、通风、环境宁静度（噪声影响）、空气清新度（废气等的影响）、私密程度等，是现代建筑中越来越被重视的条件。通常楼层越高嘈杂声越小，蚊蝇侵袭越少，舒适程度越高；相对位置不同，朝向不同，采光、通风、宁静度也会不同。

3）景观效果

建筑物各部分的景观效果会随着高度和朝向的不同而不同。当前，随着人们生活水平和观念的改变，环境、景观因素对房地产价格的影响越来越显著，如随着高层建筑中楼层的增高，相邻楼宇减少，挤压感降低，视野逐渐开阔，眺望效果良好。

4）安全性

对于高层建筑来说，其安全性主要是在发生安全事故时能否便利地逃生，一般是楼层越高，逃生的便利程度越差，意外发生时逃生的不便、恐惧程度与高度成正比关系。因此，从上述角度来说，楼层越高，其安全性相对越差。

此外，消费者长期养成的习惯和不同风俗，以及心理因素也会影响房价和地价，进而影响地价的分摊，如西方国家普遍认为13是个不吉利的数字，因此，13楼的价格最便宜。

需要说明的是：上述影响因素对各种不同用途房地产的价格的影响程度是不同的，对地价分摊的影响程度也不同。对于商场、餐厅、娱乐场所，因该类用途房地产是收益性的，决定其盈利高低的主要是客流量的多少，而决定客流量多少的因素是反映人群易达程度的可及性，可及程度的不同，使同为商业用途的不同楼层的地价呈现出明显差别。因此，可及性是影响商业房地产地价分摊最主要的因素，而舒适性在此并不重要。对于办公用途的房地产，由于人流量不再是影响其效用的最主要因素，取而代之的是与服务或管理对象的接近程度，以及企业的形象，虽然可及性也是其地价分摊的主要因素，但重要程度不如商业用途的房地产高，同时，舒适性与景观效益也起着很重要的作用。对于住宅来说，舒适性是影响效用的首要条件，人们往往青睐较高的楼层。因此，我们在探讨高层建筑地价的分摊时，就应对不同用途的建筑物进行分类。

9.3.3 高层建筑地价分摊方法

高层建筑地价的分摊可根据不同的思路，得出不同的分摊方法，但每种方法都有它的优点和局限性，在实际应用中要根据具体情况来选择。目前，常用的方法有下列三种：

1）按建筑面积分摊

（1）思路与计算公式

按建筑面积分摊是根据高层建筑的某权益人所拥有的建筑面积占该建筑物总建筑面积的比例作为其所拥有的土地份额，所拥有的土地价值为土地总价值乘所拥有的土地份额，具体计算公式如下：

某权益人所拥有的土地份额=该权益人拥有的建筑面积÷建筑物总建筑面积

某权益人应分摊的地价=某权益人所拥有的土地份额×建筑物占地的总价值

某权益人应分摊的土地数量=某权益人所拥有的土地份额×建筑物占地总面积

【例9-1】一幢占地1 000平方米的楼房，总建筑面积为10 000平方米，如果某一权益人拥有其中的1 000平方米的建筑面积，则：

该权益人占有的土地份额=1 000÷10 000×100%=10%

如果该楼房的土地总价值为1 000万元，则：

该权益人拥有的土地价值=1 000×10%=100（万元）

土地数量=1 000×10%=100（平方米）

（2）方法的优点与缺陷

这种地价分摊方法的优点是简单、容易操作，其结果是：无论某人拥有的建筑面积处在哪一个楼层或某一楼层中的哪一个部位，只要建筑面积一样，应分摊的地价份额就应该是一样的。对于楼层间地价影响差异小，涉及的标的金额不大的批量评估可以采用此方法。

在肯定其优点的同时，也要注意其缺陷。因为不同楼层的利用价值是不一样的，尤其对商业利用类型来说，其差异更为明显，而对于这些差异，由于建筑物的造价在不同部位可以被认为是相等的，它们显然不是由建筑物价值的差异所引起的，其原因只能是土地价值对它们的影响不同所产生的，即相同建筑面积不同楼层的土地收益能力或效用是不同的，这种差异被间接地反映在各楼层房子的收益或效用及其价格差异上，因此，按建筑面积分摊土地价值不能真实反映各楼层从土地上得到的利益。这一方法在我国香港运用时就曾暴露了这一缺陷：20世纪60年代以前，最流行的方法是每个单位分配相同的份额。例如，某个建筑物有100个单位，那么每个单位在土地中拥有的份额就是1/100。那时，这种武断的份额分配办法并不影响业主的实际权益，然而在20世纪70年代初期，当许多为期75年的地契在1973年就要到期时，政府决定再批出另一个75年的租期，并需补地价，这时这种武断的份额分配办法的问题就突显出来。从上例来看，如果再批租需缴100万美元的地价，那么，将这个地价分摊给这些分别在土地中拥有1/100份额的100个业主，最自然的做法是每个业主负担地价的1/100，即1万美元，但是如果这100个单位中有10个是处在楼底的商店，而在我国香港，商店的价值占了建筑物价值的大部分，这就引起了对这些商店业主应该负担比他们在土地中拥有的份额要大的地价份额的争论。

2）按房地产价值分摊

（1）思路与计算公式

为了克服按建筑面积分摊所产生的不足，即不同部分楼层或部分的价值不同，但却分摊了相同的单位地价，人们又从房地产的价值出发引入了按房地产价值进行分摊的方法。这一方法是将某权益人所拥有的部分房地产（土地加建筑物）的价值占整体房地产的总价值的比例作为其所拥有的土地份额，再通过此份额计算出所应分摊的土地价值或数量的方法，其计算公式为：

某权益人所拥有的土地份额=该权益人拥有的房地产的价值÷整栋房地产的总价值

某权益人应分摊的地价=某权益人所拥有的土地份额×建筑物占地的总价值

某权益人应分摊的土地数量=某权益人所拥有的土地份额×建筑物占地总面积

【例9-2】在【例9-1】的基础上，如果总房地产价值为5 000万元，某一权益人所拥有的1 000平方米建筑面积的价值为400万元，则：

该权益人占有的土地份额=400÷5 000×100%=8%

该楼房的土地总价值为1 000万元，则：

该权益人拥有的土地价值=1 000×8%=80（万元）

土地数量=1 000×8%=80（平方米）

如果另一权益人拥有同样的建筑面积，即1 000平方米，由于楼层价值为600万元，则：

该权益人占有的土地份额=600÷5 000×100%=12%

该权益人拥有的土地价值=1 000×12%=120（万元）

土地数量=1 000×12%=120（平方米）

（2）方法的优点与缺陷

房地产价值分摊法反映出了不同楼价中土地的不同影响，即由于各楼层的楼价不同，其应分摊的地价也相应不同。其计算虽比按建筑面积计算复杂，但在实际中还是比较容易应用的，适用情况与上述按建筑面积分摊类似。

由于这一方法分摊的基础是房地产价值，它是由建筑物价值和土地价值所构成的。房地产价值中土地价值与该部分受土地的影响程度成比例，即从土地上获益多的部分在总价值中地价就高；反之，地价就低。而建筑物的价值却不受土地的影响，不同楼层基本不变。这部分不受土地影响的价值加到分摊的基数中就会使真实分摊额发生偏差，其表现就是使建筑物各层或同层各部分建筑的单位造价不相等，有的甚至相差较大。如上例，同样都是1 000平方米建筑面积，二者扣去相应的土地价值后分别为320万元和480万元。这种现象显示了该种地价分摊方法还不能准确反映地价的空间差异。

3）按土地价值分摊

（1）思路与计算公式

在上一个方法中我们提到，在房地产各个楼层和部位的价值构成中，地价高低是与从土地的影响中获益的多少成比例的。这种分摊方法的思路是先用假设开发法求出总地价和相应部分的地价，然后根据评估出的高层建筑某权益人所拥有房地产中所包含的地价占评估出的该房地产所包含的总地价的比例作为其所拥有的土地份额，所拥有的土地价值为土地总价值乘所拥有的土地份额，其计算公式为：

$$\text{某权益人所拥有的土地份额} = \frac{\text{该权益人拥有的房地产的价值} - \text{该部分建筑物的价值}}{\text{整栋房地产的总价值} - \text{该栋建筑物的价值}}$$

某权益人应分摊的地价 = 某权益人所拥有的土地份额 × 建筑物占地的总价值

某权益人应分摊的土地数量 = 某权益人所拥有的土地份额 × 建筑物占地总面积

【例9-3】在【例9-1】的基础上，如果建筑物的单位价值为3 000元/平方米，那么，建筑物的总价值为3 000万元，1 000平方米建筑面积的建筑物的价值为300万元，则：

第一个权益人应分摊的土地份额 =（400-300）÷（5 000-3 000）×100% = 5%

第二个权益人应分摊的土地份额 =（600-300）÷（5 000-3 000）×100% = 15%

（2）方法的优点与缺陷

这一分摊方法从理论上来说是完善的，能真实反映出各楼层或部位房地产价值中所包含的地价，但在实际运用中所涉及的变量和参数较多，并且这些变量和参数会随着市场状况的变化而不断变化，土地份额也会相应地随市场情况的变化而变化。因此，这一方法一般情况下只适宜解决个案，批量处理的可操作性差，且需要动态调整，工作量大。但是在满足所需的前提条件下，求取单幢楼宇的地价分摊可以采用此方法。

本章小结

土地分等定级是当前我国城市地产管理和评估的一项基础性工作。城镇土地分等定级是土地分等定级的一部分，是根据城镇土地的经济属性、自然属性及在城镇社会经济活动中的地位和作用，综合评定土地质量，划分城镇土地等级的过程。城镇土地分等定级分为"等"和"级"两个层次。城镇土地的等、级是城镇土地质量的综合反映，城镇土地等的高低是对城镇土地的总体质量优劣的反映；城镇土地级的高低是对城镇内部各地块的质量优劣的反映。

城镇土地分等的主要影响因素有：城镇区位因素、城镇集聚规模因素、基础设施规模因素、城镇用地投入产出水平因素、区域经济发展水平因素、区域综合服务能力因素、区域土地供应潜力因素。城镇土地定级的主要影响因素有市地区位、城市设施、环境质量、人口状况等几个方面，具体影响因素可归纳为繁华程度、交通条件、基础设施、环境条件、人口状况等五类。土地定级的方法目前主要有多因素综合评定法、级差收益测定法、地价分区定级法等三种。

基准地价是在确定的土地级别或均质区域内，在某种开发程度和平均容积率的情况下，同一用途的完整土地使用权的平均价格。它可分为综合基准地价、分类基准地价和分区地价。前两种基准地价是在房地产市场发育不够完善阶段内的大范围级别基准地价，其评估是建立在土地定级的基础上的，利用级差收益或级差收益与部分房地产资料相结合测算其基准地价。而第三种是在城镇房地产市场比较规范、活跃条件下的小范围均质地域的区段价、区片价。两者相比，后者的经济意义、市场现实性、可操作性明显优于前者。按其成果表达方式又可分为点状、线状和面状三种基准地价成果表达方式。基准地价评估的基本方法有收益法、比较法、成本法和假设开发法。

基准地价评估的一般程序为：确定基准地价评估的范围；划分地价区段；抽查评估标准宗地的价格；计算区段地价；确定基准地价；提出基准地价应用的建议和技术。

随着房地产交易活动的日益发展和产权多元化，出现了一座建筑物内有着众多的所有者或使用者的情况。为了合理分清各所有者对土地的权利和义务，需要对高层建筑所占有土地的地价进行合理分摊。常用的地价分摊方法有按建筑面积分摊、按房地产价值分摊、按土地价值分摊。

按建筑面积分摊是根据高层建筑的某权益人所拥有的建筑面积占该建筑物总建筑面积的比例作为其所拥有的土地份额，所拥有的土地价值为土地总价值乘所拥有的土地份额。按房地产价值分摊是将某权益人所拥有的部分房地产（土地加建筑物）的价值占整体房地产的总价值的比例作为其所拥有的土地份额，再通过此份额计算出所应分摊的土地价值或数量的方法。按土地价值分摊是先用假设开发法求出总地价和相应部分的地价，然后根据评估出的高层建筑某权益人所拥有房地产中所包含的地价占评估出的该房地产所包含的总地价的比例作为其所拥有的土地份额，所拥有的土地价值为土地总价值乘所拥有的土地份额。

主要概念

城镇土地分等　城镇土地定级　土地综合定级　土地分类定级　基准地价　地价分摊　多因素综合评定法　级差收益测定法　地价分区定级法

基本训练

■ 思考题

1.土地分等定级应遵循什么原则?

2.土地分等定级包括哪些内容?

3.基准地价有哪些类型?它们分别在什么条件下被采用?

4.基准地价有哪些特征?

5.基准地价评估应遵循哪些程序?

6.高层建筑地价分摊的作用是什么?

■ 计算题

有一幢占地7 500平方米的办公楼,总建筑面积为15 000平方米,共有三个权益人,每个权益人分别从上到下各拥有其中的5 000平方米的建筑面积。如果该楼房的土地价值为1.6万元/平方米;房地产总体均价为1.8万元/平方米,其中,上部5 000平方米的均价为1.9万元/平方米,下部5 000平方米的均价为1.7万元/平方米,中间5 000平方米的均价为1.8万元/平方米;建筑物当前的价值为1万元/平方米。试用本章所讲的三种方法分摊土地的价值。

计算题参考答案　　　　　　　　　　即测即评

第10章 不同评估目的的房地产评估

通过对本章的学习，了解不同评估目的下的房地产评估的特点，掌握各种常见评估目的房地产评估的价值类型和评估方法，熟悉不同评估目的下的房地产评估的工作内容。其具体目标包括：

□ 知识目标

了解各种目的下的房地产评估的含义与相关规定，了解各种评估目的下的房地产评估的特点，掌握各种评估目的下的房地产评估的价值类型与评估方法。

□ 技能目标

掌握各种评估目的下的房地产评估的方法。

□ 能力目标

能够实际从事各种评估目的下的房地产评估工作。

学习
目标

★ 思维导图

```
                          房地产转让及相关规定
                          房地产转让评估及其特点
          房地产转让的评估
                          房地产转让评估的价值类型
                          房地产转让评估的评估方法

                          房地产抵押及相关规定
                          房地产抵押评估及其特点
          房地产抵押的评估
                          房地产抵押评估的价值类型
                          房地产抵押评估的评估方法

不同目的的                  房地产课税及相关规定
房地产评估                  房地产课税评估及其特点
          房地产课税的评估
                          房地产课税评估的价值类型
                          房地产课税评估的评估方法

                          房地产征收补偿及相关规定
                          房地产征收补偿评估及其特点
          房地产征收补偿的评估
                          房地产征收补偿评估的价值类型
                          房地产征收补偿评估的评估方法

                          房地产财务报告及相关规定
          以财务报告为        以财务报告为目的的房地产评估及其特点
          目的的房地产评估
                          以财务报告为目的的房地产评估的价值类型
                          以财务报告为目的的房地产评估的评估方法
```

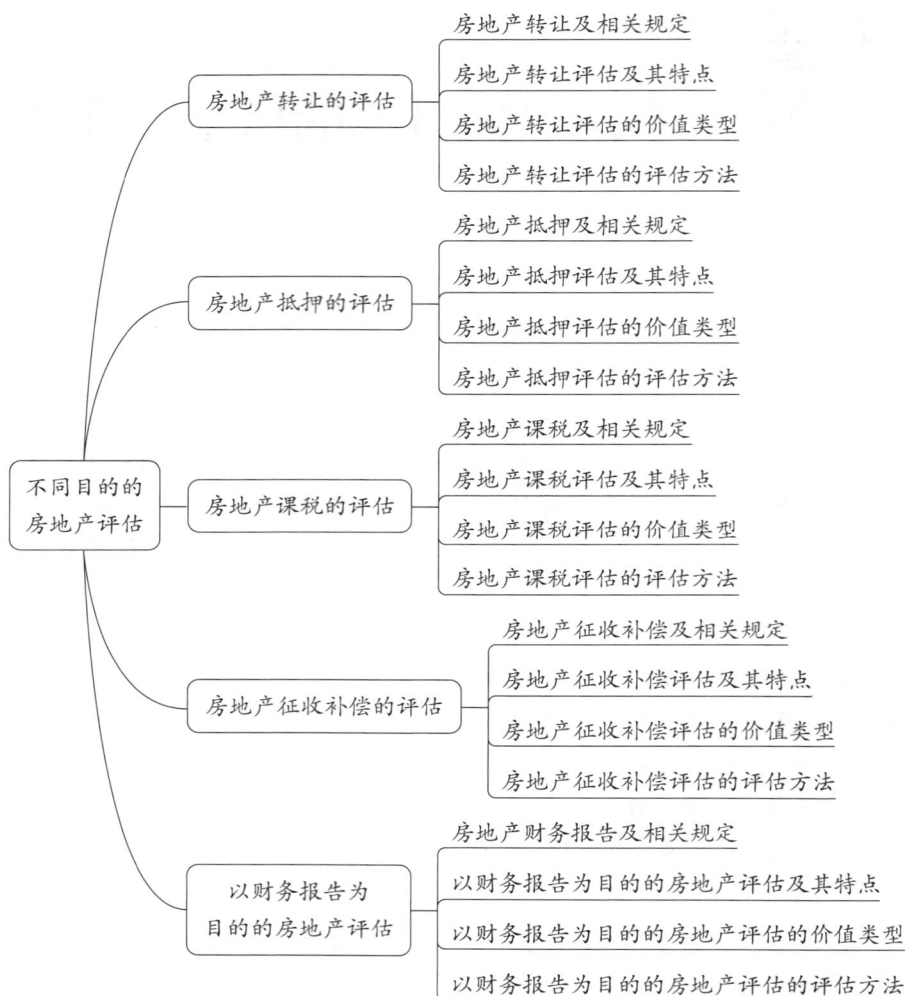

　　评估机构所承接的每一项房地产评估业务，均有其特定的评估目的。房地产评估的特定目的是指评估专业人员合理评估房地产在某一时点的价值，为特定房地产业务需要提供价值参考。房地产评估目的是房地产评估所要达到的目标，是委托人对房地产评估报告的期望用途。房地产评估特定目的的不同，将影响房地产评估的价值类型和评估结果。房地产评估目的通常表现为不同的房地产业务，包括房地产转让、房地产抵押、房地产课税、房地产征收补偿、房地产保险、房地产法律诉讼、房地产投资、企业产权变动、财务报告等。在学习了房地产评估的基本理论和方法后，本章简要介绍几种常见评估目的下的房地产评估。

10.1 房地产转让的评估

10.1.1 房地产转让及相关规定

房地产转让是一种常见的房地产产权交易行为。《中华人民共和国城市房地产管理法》规定："房地产转让，是指房地产权利人通过买卖、赠与或者其他合法方式将其房地产转移给他人的行为。"房地产转让人必须是房地产权利人，而且该权利人对房地产必须拥有处分权，如所有权人、抵押权人等。房地产转让的对象是特定的房地产权利，包括国有土地使用权和地上的房屋的所有权。

（1）房地产转让的方式

房地产转让的主要方式是买卖和赠与，但也包括其他合法方式。《城市房地产转让管理规定》对其他合法方式作了进一步细化，规定其他合法方式主要包括下列行为：以房地产作价入股、与他人成立企业法人，房地产权属发生变更的；一方提供土地使用权、另一方或者多方提供资金，合资、合作开发经营房地产，而使房地产权属发生变更的；因企业被收购、兼并或合并，房地产权属随之转移的；以房地产抵债的；法律、法规规定的其他情形。

（2）房地产转让的基本前提

房地产交易客体具有合法性，是房地产转让行为合法的基本前提。进行房地产转让，转让人应持有合法取得的不动产权证、房屋所有权证、土地使用权证书等权属证明。被转让的房地产权利应当属于可依法转让的类型，并具备依法转让的条件。根据《城市房地产转让管理规定》，下列房地产不得转让：以出让方式取得土地使用权，不符合法定条件的；司法机关和行政机关依法裁定、决定查封或者以其他形式限制房地产权利的；依法收回土地使用权的；共有房地产，未经其他共有人书面同意的；权属有争议的；未依法登记领取权属证书的；法律、行政法规规定禁止转让的其他情形。

（3）房地产转让的程序

房地产转让一般需经过洽谈、审核、估价与定价、签订转让合同（或发生、确定转让的法律事实）、缴纳税费、产权过户登记等程序。根据土地使用权取得的性质不同划分，房地产转让包括出让土地使用权的房地产转让和划拨土地使用权的房地产转让两种情况，其转让的条件有所不同。房地产转让时，房屋所有权和该房屋占用范围内的土地使用权同时转让。

10.1.2 房地产转让评估及其特点

房地产转让评估，是评估机构及其评估专业人员根据房地产转让评估的要求，依据相关法律、法规和评估准则，对房地产转让价值进行分析、估算并发表专业意见的行为和过程，为确定房地产转让价格提供价值参考依据。以房地产转让为目的的评估，是房地产评估实务中较为常见的评估业务。发生房地产转让事项时，房地产交易双方需要委托专业的评估机构对房地产的价值进行评估，作为房地产交易作价的参考。房地产转让评估有如下特点：

（1）房地产转让评估服务于房地产交易业务。房地产转让评估的目的是为房地产转让定价提供依据，为房地产交易提供咨询。房地产转让的交易双方可能并不了解房地产的市场情况，对房地产的价值不能作出准确的判断。房地产转出一方希望以较高的价格进行交易，而房地产的转入一方则希望以较低的价格进行交易。评估机构出具的评估结果，可以为双方协商交易价格提供参照。

（2）房地产转让评估源于交易者的需要。房地产转让评估为确定房地产的交易价格提供依据，当事双方可以按照自愿的原则进行评估委托，选择社会上有资质的评估机构进行评估。房地产转让评估的委托人，既可能是转让方，也可能是购买方，除国有房地产转让外，是否需要对拟转让房地产进行评估并无法律或制度的规定。评估专业人员在执行房地产转让评估业务时，应区分转让人需要的评估和受让人需要的评估，并应根据评估委托人的具体需要，评估房地产的市场价值、投资价值、卖方要价、买方出价、买卖双方协议价等。

（3）房地产转让评估结果具有明显的市场性。房地产转让是一种市场交易行为，其评估结果为市场交易服务。房地产转让评估应当假定被评估房地产已经处于交易过程中，模拟市场条件对房地产的价值进行估算，并且评估结果要经得起市场检验。房地产的交易市场，可以是公开市场，也可以是非公开市场。

10.1.3 房地产转让评估的价值类型

房地产的转让价值是以转让为目的评估的房地产在评估基准日转让价值的估计数额。评估专业人员应当根据房地产转让的特点，合理选择评估价值类型，并予以定义。

价值类型是评估结果的价值属性及其表现形式，根据中国资产评估协会颁布的《资产评估价值类型指导意见》，房地产的转让价值一般分为市场价值和市场价值以外的价值两种类型。资产评估专业人员应当充分根据委托人评估房地产的特定目的、评估时的房地产市场条件和房地产评估对象的自身条件等因素，选择评估价值类型，确定具体的价值形式。

（1）房地产转让的市场价值，是拟转让房地产在评估基准日进行正常公平交易的价值估计数额。从目前的评估实践来看，较多的房地产转让对市场价值类型十分看重。如果房地产的转让不存在任何非市场因素的特别限制条件，且评估对象房地产功能独立、处于正常的使用状态中，市场价值类型的条件具备，则评估专业人员应当选择市场价值类型进行评估。

（2）房地产转让的市场价值以外的价值，是指特定市场条件下的房地产的转让价值的估计数额，包括在用价值、投资价值、清算价值、残余价值等形式。如果房地产的转让存在非市场因素的特别限制条件，或者转让的房地产的使用受到制约不能发挥最佳或正常效用，则评估专业人员应当选择市场价值以外的价值类型，其价值形式为特定的转让价值。例如，某项房地产的转让设定了指定的购买者，或者要求在规定的时间内完成交易，存在明显的限制条件，则此项评估的价值形式为特定的转让价值。

中华人民共和国住房和城乡建设部及国家质量监督检验检疫总局[①]联合发布的《房地产估价基本术语标准》（GB/T 50899-2013）对房地产估价的价值类型术语进行了规范。房地产估价中的价值类型是指所评估的估价对象价值或价格，包括价值或价格的名称、定义或内涵。市场价值是指估价对象经适当营销后，由熟悉情况、谨慎行事且不受强迫的交易双方，以公平交易方式在价值时点自愿进行交易的金额；投资价值是指估价对象对某个特定单位或个人的价值；现状价值是指估价对象在某一特定时间的实际状况下的价值；快速变现价值是指估价对象在没有充足的时间进行营销的情况下的价值；残余价值是指估价对象在非继续利用情况下的价值。

10.1.4　房地产转让评估的评估方法

评估专业人员应当根据房地产转让的特点，恰当选择评估方法。评估方法是评定估算房地产价值的技术手段，房地产评估的具体方法有许多，主要包括市场法、成本法、收益法、假设开发法、路线价法、基准地价修正法等。评估专业人员应当根据房地产转让评估目的及评估对象、价值类型、资料收集情况等相关条件，分析各种评估方法的适用性，恰当选择评估方法，合理形成评估结果。

（1）房地产转让评估，较为适合采用市场法。目前，我国的房地产市场发展迅速，房地产市场交易较为活跃，评估专业人员在市场中可以收集到大量与被评估房地产类似的交易实例，可以通过市场比较的方法确定其评估价值。房地产转让价值一般为市场价值。如果评估时的市场条件具备，应当首先选择市场法进行评估。

（2）在特定情况下，房地产转让评估也可以采用成本法、收益法等其他评估方法。对于收益性的房地产转让，可以采用收益法进行评估。对于新近开发建设的房地产转让，可以采用成本法进行评估。对于待开发的房地产转让，可以采用假设开发法进行评估。

（3）如果评估方法的选择条件具备，评估专业人员可以选择两种或两种以上的评估方法对房地产转让价值进行估算，不同评估方法的结果可以相互验证，以保证评估结果的准确性。对同一评估对象需要同时采用多种评估方法的，评估专业人员应当对采用各种方法评估形成的初步评估结果进行分析比较，确定最终的评估结论。

房地产转让评估，应依据《中华人民共和国城市房地产管理法》《中华人民共和国土地管理法》《城市房地产转让管理规定》以及当地制定的实施细则和其他有

---

① 2018年改为国家市场监督管理总局。

关规定进行。以划拨方式取得土地使用权的，转让房地产时应符合国家法律、法规的规定，其转让价格评估应另外给出转让价格中所含的土地收益值，并应注意国家对土地收益的处理规定，同时，在评估报告中予以说明。

【例10-1】评估对象为位于滨海市星海路100号的一幢写字楼，为A公司所有。该写字楼为框架结构，于2009年5月完工，同年8月开始运营，目前的用途为出租，为客户提供商业办公场所。写字楼占地面积为1 238平方米，建筑面积为4 230平方米。目前，A公司拟对该写字楼进行转让，需要对其价值进行评估，评估时点为2024年9月1日。

①评估目的。该项评估是以房地产转让为目的的评估，为房地产交易定价提供参考。

②价值类型。评估价值为2024年9月1日的市场价值。市场价值是指自愿买方和自愿卖方在各自理性行事且未受任何强迫的情况下，评估对象在评估基准日进行正常公平交易的价值估计数额。

③评估方法。经过对房地产市场的调查，此类写字楼有较多的可比交易实例，较为适宜采用市场法进行评估，同时，该写字楼属于商业性房地产，亦可以采用收益法进行评估。为提高评估结果的可靠性，拟同时采用市场法和收益法两种方法对该写字楼进行评估，两种方法的评估结果可以相互验证和相互补充。

④评估过程及结果。（略）

延伸阅读

《国有建设用地使用权出让地价评估技术规范》

为规范国有建设用地使用权出让地价评估行为，原国土资源部①印发了《国有建设用地使用权出让地价评估技术规范》的通知（国土资厅发〔2018〕4号），要求土地估价机构及专业人员按照规定的程序和方法开展土地使用权出让地价评估。请扫码查阅。

10.2　房地产抵押的评估

10.2.1　房地产抵押及相关规定

房地产抵押是指抵押人将其合法的房地产，以不转移占有的方式向抵押权人提供债务履行担保的行为。当债务人不履行债务时，抵押权人有权依法以抵押的房地产拍卖所得的价款优先受偿。房地产抵押应当符合《中华人民共和国城市房地产管理法》《中华人民共和国民法典》《城市房地产抵押管理办法》等相关法律的规定。

（1）房地产抵押权的设定

《中华人民共和国城市房地产管理法》规定，依法取得的房屋所有权连同该房屋占用范围内的土地使用权，可以设定抵押权；以出让方式取得的土地使用权，可以设定抵押权。《中华人民共和国民法典》规定，下列财产可以进行抵押：抵押人

---

①　2018年改为自然资源部。

所有的房屋和其他地上定着物；抵押人所有的机器、交通运输工具和其他财产；抵押人依法有权处分的国有土地使用权、房屋和其他地上定着物；抵押人依法有权处分的国有的机器、交通运输工具和其他财产；抵押人依法承包并经发包方同意抵押的荒山、荒沟、荒丘、荒滩等荒地的土地使用权；依法可以抵押的其他财产。

《城市房地产抵押管理办法》规定，下列房地产不得设定抵押：权属有争议的房地产；用于教育、医疗、市政等公共福利事业的房地产；列入文物保护的建筑物和有重要纪念意义的其他建筑物；已依法公告列入拆迁范围的房地产；被依法查封、扣押、监管或者以其他形式限制的房地产；依法不得抵押的其他房地产。

（2）房地产抵押权的限制条件

《城市房地产抵押管理办法》中规定某些权属状态下的房地产设定抵押权时存在一定的限制条件：以享受国家优惠政策购买的房地产抵押的，其抵押额以房地产权利人可以处分和收益的份额比例为限；有经营期限的企业以其所有的房地产抵押的，其设定的抵押期限不应当超过该企业的经营期限；以具有土地使用年限的房地产抵押的，其抵押期限不得超过土地使用权出让合同规定的使用年限减去已经使用年限后的剩余年限；以共有的房地产抵押的，抵押人应当事先征得其他共有人的书面同意；以预购商品房贷款抵押的，商品房开发项目必须符合房地产转让条件并取得商品房预售许可证；以已出租的房地产抵押的，抵押人应当将租赁情况告知抵押权人，并将抵押情况告知承租人，原租赁合同继续有效。

（3）房地产抵押价值的规定

房地产抵押价值是以抵押方式将房地产作为债权担保时的价值。商业银行在发放房地产抵押贷款前，应当确定房地产抵押价值。房地产抵押价值由抵押当事人协商议定，或者由房地产估价机构进行评估。房地产抵押价值由抵押当事人协商议定的，应当向房地产管理部门提供确定房地产抵押价值的书面协议；由房地产估价机构评估的，应当向房地产管理部门提供房地产抵押估价报告。

依法不得抵押的房地产，没有抵押价值。首次抵押的房地产，该房地产的价值为抵押价值。再次抵押的房地产，该房地产的价值扣除已担保债权后的余额部分为抵押价值。以划拨方式取得的土地使用权连同地上建筑物抵押的，评估其抵押价值时应扣除预计处分所得价款中相当于应缴纳的土地使用权出让金的数额。以具有土地使用年限的房地产抵押的，评估其抵押价值时应考虑设定抵押权以及抵押期限届满时土地使用权的剩余年限对抵押价值的影响。以享受国家优惠政策购买的房地产抵押的，其抵押价值为房地产权利人可处分和收益的份额部分的价值。以按份额共有的房地产抵押的，其抵押价值为抵押人所享有的份额部分的价值。以共同拥有的房地产抵押的，其抵押价值为该房地产的价值。

（4）房地产抵押的程序

房地产抵押，应当向县级以上人民政府规定部门申请办理抵押登记。在进行房地产抵押时，抵押人和抵押权人要签订书面抵押合同。抵押人是指将依法取得的房地产提供给抵押权人，作为本人或者第三人履行债务担保的公民、法人或者其他组织。抵押权人是指接受房地产抵押作为债务担保的公民、法人或者其他组织。抵押是商业银行一种重要的信用风险缓释工具，合理估计抵押的价值对商业银行风险控制具有重要作用。

10.2.2　房地产抵押评估及其特点

房地产抵押评估，是评估机构及其评估专业人员根据房地产抵押评估的要求，依据相关法律、法规和评估准则，对房地产抵押价值进行分析、估算并发表专业意见的行为和过程，为确定房地产抵押贷款额度提供价值参考依据。房地产估价机构应当坚持独立、客观、公正的原则，严格执行房地产估价规范和标准，任何单位和个人不得非法干预房地产抵押估价活动和估价结果。

房地产抵押是将被评估房地产作为抵押物，房地产抵押价值的评估在适用法律规定、考虑因素、相关参数选择等方面与其他目的下的评估有较多不同。房地产抵押评估有如下特点：

（1）房地产抵押评估服务于房地产抵押贷款业务。房地产抵押评估的目的，是为确定房地产抵押贷款额度提供参考依据。为合理确定抵押贷款额度，金融机构需要委托评估机构对债务人提供的抵押房地产进行评估。评估房地产的抵押价值既要参考房地产本身的状况和市场情况，又要充分满足金融机构对抵押价值的评估要求。从事房地产抵押评估的评估专业人员，应当具备相关金融专业知识和相应的房地产市场分析能力。评估专业人员在进行房地产抵押价值评估时，应当熟悉房地产抵押的相关法律规定，明确金融机构对房地产抵押价值的要求。

（2）房地产抵押评估应遵循谨慎原则。房地产抵押是一种融资担保行为，源于金融机构的制度安排。金融机构为防范金融风险，一般要求债务人提供抵押资产作为担保。房地产抵押价值是金融机构发放贷款数额的重要依据，关系到信贷资金的安全。评估专业人员在从事以抵押为目的的房地产评估业务时，应当充分估计被抵押房地产未来可能发生的风险，不要高估房地产抵押价值，并在评估报告中作出必要的风险提示。房地产抵押评估需要充分考虑房地产的变现能力与抵押期间的贬值。被抵押的房地产在债务人不能按期清偿债务时，需要将其变现用于清偿债务。评估专业人员在进行房地产抵押价值评估时，应当充分分析被抵押房地产的变现能力，并适当考虑被抵押房地产在抵押期间由于使用等因素产生的价值贬损。

（3）房地产抵押评估结果不宜直接作为抵押贷款额度。评估专业人员应当指引金融机构合理使用评估结果，适当考虑抵押房地产的风险，确定抵押贷款折扣比率。房地产的抵押价值是某一评估时点的价值，而房地产的抵押期较长（一般在1年以上），在此期间房地产的价值必然会发生一定的变化。如果其价值下降将会给金融机构带来一定的风险。

10.2.3 房地产抵押评估的价值类型

房地产的抵押价值是以抵押为目的进行评估的房地产在评估基准日抵押价值的估计数额。评估专业人员应当根据房地产抵押的特点，合理选择评估价值类型，并予以定义。房地产抵押价值的价值类型是受评估目的制约的，包括市场价值和市场价值以外的价值两种类型。中国资产评估协会颁布的《资产评估价值类型指导意见》指出："执行以抵（质）押为目的的资产评估业务，应当根据担保法等相关法律、法规及金融监管机关的规定选择评估结论的价值类型；相关法律、法规及金融监管机关没有规定的，可以根据实际情况选择市场价值或者市场价值以外的价值类型作为抵（质）押物评估结论的价值类型。"从理论上说，房地产抵押评估的价值类型既可以是市场价值，也可以是市场价值以外的价值。

（1）抵押房地产的市场价值，是抵押房地产在评估基准日进行正常公平交易的价值的估计数额。目前，较多的金融机构要求评估机构评估抵押房地产的市场价值，金融机构根据房地产的市场价值按一定的贷款折扣比率自行计算房地产的抵押贷款额度。抵押房地产市场价值的评估基准日，一般确定在抵押日。以市场价值作为抵押房地产评估的价值类型，易于操作，但没有考虑抵押房地产的后续市场变化情况。为此，金融机构需要根据房地产的市场变化情况和风险程度，设计一个贷款折扣比率，使得：抵押贷款额度=市场价值×（1-贷款折扣比率）。

（2）抵押房地产的市场价值以外的价值，是指特定市场条件下的房地产的抵押价值的估计数额。在评估实践中，绝大多数的房地产抵押评估的价值类型为市场价值类型，但根据委托人的要求，也存在市场价值以外的价值类型，主要包括抵押贷款价值和清算价值两种价值形式。

① 房地产抵押贷款价值，是抵押房地产在抵押期间出售时可实现价值的估计数额。房地产抵押贷款价值属于市场价值以外的价值，充分考虑了房地产市场的未来变化情况与变现风险，对抵押房地产未来的出售情况进行谨慎的估计，与房地产抵押评估目的较为吻合。但是，房地产抵押贷款价值需要考虑的因素较多，对评估专业人员的要求较高，在评估实务中不易操作。金融机构可以房地产抵押贷款价值为上限，调整后确定抵押贷款额度。

② 房地产清算价值，是抵押房地产在抵押期结束后被迫出售、快速变现等非正常市场条件下的价值估计数额。房地产清算价值属于市场价值以外的价值，充分考虑了债务人不能按期履约而需变卖抵押房地产的情况。清算价值可以直接衡量抵押资产的最终担保能力，但由于是在清算假设下的评估，没有合理反映持续使用情况下房地产的价值。房地产清算价值的时点在抵押结束后，评估专业人员不易准确估测。

我国住房和城乡建设部颁布的《房地产估价规范》将房地产抵押估价区分为抵押贷款前估价和贷款后重估。房地产抵押贷款前估价，应评估抵押房地产假定未设立法定优先受偿权下的价值，调查抵押房地产法定优先受偿权设立情况及相应的法定优先受偿款，计算抵押房地产的抵押价值或抵押净值，分析抵押房地产的变现能力并作出风险提示。房地产抵押贷款后重估，应根据监测抵押房地产市场价格变化、掌握抵押价值或抵押净值变化情况及有关信息披露等的需要，定期或在房地产市场价格变化较快、抵押房地产状况发生较大改变时，对抵押房地产的市场价格或市场价值、抵押价值、抵押净值等进行重新评估，并应为抵押权人提供相关风险提示。

中华人民共和国住房和城乡建设部及原国家质量监督检验检疫总局①联合发布的《房地产估价基本术语标准》规范了抵押价值和抵押净值的含义。抵押价值是指估价对象假定未设立法定优先受偿权下的价值减去注册房地产估价师知悉的法定优先受偿款后的价值；抵押净值是指抵押价值减去预期实现抵押权的费用和税金后的价值。

中华人民共和国住房和城乡建设部、中国人民银行和中国银行业监督管理委员会②颁布的《房地产抵押估价指导意见》将房地产抵押价值定义为市场价值，规定："房地产抵押价值为抵押房地产在估价时点的市场价值，等于假定未设立法定优先受偿权利下的市场价值减去房地产估价师知悉的法定优先受偿款。"

10.2.4　房地产抵押评估的评估方法

评估专业人员执行房地产抵押评估业务时，应当根据抵押房地产评估对象的情况、价值类型、资料收集情况及各评估方法的适用性，恰当选择市场法、成本法、收益法等评估方法，以及相关的评估参数。

（1）评估方法及相关参数的选择，要与抵押评估的目的相适应。为防范金融风险，评估专业人员在选取评估参数时应当贯彻审慎原则，避免高估抵押房地产的价值。在运用市场法评估时，不应选取成交价格明显高于市场价格的交易实例作为可比实例，并应当对可比实例进行必要的实地查勘。在运用成本法估价时，不应高估土地取得成本、开发成本、有关税费和利润，不应低估贬值。在运用收益法估价时，不应高估收入或者低估运营费用，选取的折现率不应偏低。

（2）评估方法及相关参数的选择，要与抵押评估的价值类型相适应。如果以市场价值作为抵押评估的价值类型，应当从公开市场中获取评估数据。如果以市场价值以外的价值作为抵押评估的价值类型，应当充分考虑非市场因素的特别限制条件。例如，以市场价值作为抵押评估的价值类型，可以市场法为主要评估方法，需要在市场中选取可比交易实例；以抵押贷款价值作为抵押评估的价值形式，可以收益法为主要评估方法，根据市场变化情况测算未来的现金流量；以清算价值作为抵押评估的价值类型，应当在市场价值的基础上充分考虑被迫出售、快速变现的价格折扣。

---

① 2018年改为国家市场监督管理总局。
② 2018年改为中国银行保险监督管理委员会，银保监会2023年改为国家金融监督管理总局。

（3）评估方法及相关参数的选择，要与抵押房地产的类别相适应。已办理土地使用权出让，具有完全产权的商品房作为抵押物进行抵押时，可根据情况采用成本法、市场法或收益法进行评估。行政划拨土地上的房产作为抵押物进行抵押价值评估时，可采用房产与土地分别估价再综合的方法，评估方法可用成本法和市场法；也可先假设评估对象为具有完全产权的商品房，先用成本法、市场法或收益法进行评估，再从得出的评估额中减去需要补交的土地出让金。部分（或局部）房地产作为抵押物进行抵押价值评估时，应注意该部分（局部）房地产在整体房地产中的作用，判断能否独立使用，是否可以独立变现，并关注土地的分摊和公共配套设施、交通通道的合理享用问题，评估方法可选用成本法、市场法或收益法。在建工程已完工部分作为抵押物，在进行抵押价值评估时，应充分考虑后续工程的成本、费用，在确定开发成本中开发商的利润时，因其利润在完全竣工时才可能全部体现，应采取保守原则。评估方法可选用成本法、假设开发法和市场比较法。

【例10-2】作为评估对象的房地产为滨海市开发区的一幢厂房。该厂房为B公司所有，位于B公司厂区内。B公司为新迁入滨海市开发区的制造企业，1个月前开始正式生产。评估对象于3个月前完工并交付使用，占地面积为6 000平方米，建筑面积为4 500平方米，土地使用权性质为出让，土地用途为工业用地。目前，B公司拟以该厂房为抵押物，向金融机构申请贷款，需要对其价值进行评估，评估时点为2024年8月1日。

①评估目的。该评估是以房地产抵押为目的的评估，为确定房地产抵押贷款额度提供参考依据。

②价值类型。根据相关法律规定及金融机构的要求，厂房的抵押价值为2024年8月1日的市场价值。该厂房为首次抵押的房地产，土地取得方式为出让，该房地产的评估价值即为抵押价值。金融机构根据房地产评估价值按一定的折扣比率自行计算房地产抵押贷款额度。

③评估方法。经过对房地产市场的调查，B公司所处的滨海市开发区区域为新区，目前正在建设之中，没有可比交易实例作为参照，不宜采用市场法进行评估。同时，该厂房为新建房地产，开发的成本、税费等数据较易取得，所以选择成本法为评估方法。

小案例

房地产抵押
评估

④评估过程及结果。（略）

10.3　房地产课税的评估

10.3.1　房地产课税及相关规定

房地产税收是一个综合性概念，一切与房地产经济运动过程有直接关系的税收都属于房地产税收。目前，我国直接以房地产为征税对象的税种主要有房产税、土地增值税、城镇土地使用税、契税等。与房地产课税的评估相关的房地产税收，主要包括房产税和契税。

（1）房产税

房产税是以房屋为征税对象，按房屋的计税余值或租金收入为计税依据，向产权所有人征收的一种财产税。《中华人民共和国房产税暂行条例》规定，房产税在城市、县城、建制镇和工矿区征收，由产权所有人、代管人或者使用人依照房产原值一次减除10%至30%后的余值计算缴纳，房产出租的以房产租金收入为房产税的计税依据。房产税征收标准包括从价和从租两种情况，按照房产余值计征的，年税率为1.2%；按房产租金收入计征的，年税率为12%。为进一步完善房地产税收制度，我国正在进行房地产税收制度改革。新的房地产税收制度正在部分城市试点。新的房地产税收制度的实施，必将推动房地产课税评估业务的开展。

（2）契税

契税是以所有权发生转移变动的不动产为征税对象，向产权承受人征收的一种财产税。《中华人民共和国契税法》规定，在中华人民共和国境内转移土地、房屋权属，承受的单位和个人为契税的纳税人，应当依照本法规定缴纳契税。契税的计税依据有：①国有土地使用权出让、土地使用权出售、房屋买卖，计税依据为成交价格；②土地使用权赠与、房屋赠与，计税依据由征收机关参照土地使用权出售、房屋买卖的市场价格核定；③土地使用权交换、房屋交换，计税依据为所交换的土地使用权、房屋的价格的差额。成交价格明显低于市场价格并且无正当理由的，或者所交换土地使用权、房屋价格的差额明显不合理并且无正当理由的，由征收机关参照市场价格核定。契税的税率为3%～5%，但对于普通住房存在一定的优惠政策。

房地产课税评估，应区分房地产保有环节的课税评估、房地产交易环节的课税评估和房地产开发环节的课税评估。房产税属于房地产保有环节的税收，契税属于房地产交易环节的税收。

10.3.2 房地产课税评估及其特点

房地产课税评估，是评估机构及其评估专业人员根据房地产课税评估的要求，依据相关法律、法规和评估准则，对房地产课税价值进行分析、估算并发表专业意见的行为和过程，为房地产税收提供计税依据。在房地产税收中，需要根据计税依据和规定的税率标准来计算应纳税额，但有时计税依据不能直接确定，需要委托评估机构对房地产的课税价值进行评估。房地产课税评估源于国家税收法律制度的要求，根据目前的规定，以下情形需要对房地产价值进行评估：一是需要以房地产原值作为计税依据的；二是隐瞒、虚报房地产成交价格的；三是扣除金额无法获得的；四是交易价格明显偏低又无正当理由的。房地产课税评估有如下特点：

（1）房地产课税评估服务于房地产纳税业务。房地产课税评估的目的，是为房地产征税提供客观的计税依据，保证国家税收公平合理，避免纳税人偷税漏税和税务机关课税不公平。评估专业人员必须了解房地产税收的法律规定，熟悉房地产税收的含义、课税对象、征收范围、课税依据、税率水平、减税与免税对象等。

（2）房地产课税评估应兼顾公平、效率和成本。房地产税收是国家的财政收入，税基是计算应纳税额的重要依据。对房地产税基进行评估，是保证税收公平性的一种重要方式。目前，房地产交易越来越多，房地产课税评估事项也在逐步增加。新的房产税政策实施后，势必会带来更多的房地产评估业务。借鉴国外税基评估的经验，房地产课税评估需要引入批量评估的方法，建立完善的计算评估信息系统，利用数学与统计模型，对一定区域的房地产课税进行集中成批量的评估，降低房地产课税评估的成本，提高房地产课税评估的效率。

（3）房地产课税评估结果具有一定的强制性。房地产课税评估结果是计算应纳税额的依据，关系到国家和纳税人的利益。房地产课税评估结果一旦形成，即以此为基础征收房地产税，纳税人不能因个人的意愿拒绝评估结果。如果对评估结果有异议，可以提出申诉，申请进行评估复核。

10.3.3　房地产课税评估的价值类型

房地产课税价值是以课税为目的进行评估的房地产在评估基准日课税价值的估计数额。评估专业人员应当根据税法的规定，合理选择房地产课税评估的价值类型，并予以定义。价值类型是房地产评估的基本要素之一，在房地产课税评估中同样存在市场价值和市场价值以外的价值两种价值类型。中国资产评估协会颁布的《资产评估价值类型指导意见》指出："执行以税收为目的的资产评估业务，应当根据税法等相关法律、法规的规定选择评估结论的价值类型；相关法律、法规没有规定的，可以根据实际情况选择市场价值或者市场价值以外的价值类型作为课税对象评估结论的价值类型。"房地产课税价值的价值类型是受评估目的制约的，在房地产课税评估中需要根据评估目的的要求及评估对象的状况与市场条件进行确定。

（1）课税房地产的市场价值，是课税房地产在评估基准日进行正常公平交易的价值的估计数额。如果评估结果为税基的市场价值，需要根据税法的有关规定，对一些符合要求的项目进行扣除，计算出课税价值。一般来说，城市中的住宅、写字楼、商场、酒店、标准厂房等，由于存在活跃的交易市场，可以选择市场价值作为评估结果的价值类型。

（2）课税房地产的市场价值以外的价值，是指特定市场条件下的房地产的课税价值的估计数额。市区周边、农村等房地产，由于不存在完善的交易市场，可以选择在用价值、重置价值等市场价值以外的价值作为评估结果的价值类型。

考虑到房产税税基评估的数量较大，为满足批量评估的需要，可以先确定某一区域内房地产的"基础价值"，再根据特定房地产的具体状态进行个别因素调整，估算房地产的课税价值。

10.3.4 房地产课税评估的评估方法

评估专业人员应当根据房地产课税评估的特点，恰当地选择评估方法。房地产课税评估的方法包括两类：一是以传统评估方法为基础的单宗房地产课税的评估方法；二是利用一定的技术方法对某一区域的房地产进行集中评估的批量评估方法。

1）单宗房地产课税评估方法

单宗房地产课税评估方法是单独对一宗或若干宗房地产的价值进行评估。此类评估方法与普通房地产评估方法类似，是将通常的评估方法运用在房地产课税评估中，主要包括市场法、成本法、收益法、假设开发法、路线价法、基准地价法等。对同类房地产数量较少、相互间可比性差、难以采用批量估价方法评估的房地产，应当对单宗房地产单独进行评估。

2）批量房地产课税评估方法

批量评估（Mass Appraisal，MA）是指以评估的基本方法为基础，分析影响被评估对象价值因素，运用数理统计技术建立评估数学模型，利用计算机对评估数据进行处理，一次性对多项同类评估对象的价值进行评估的技术方法。批量评估方法可以减少评估工作量，缩短评估工作时间，提高评估工作效率。对同类房地产数量较多、相互之间具有一定可比性的房地产评估业务，应优先选用批量估价方法进行评估。

以课税为目的的房地产评估，评估对象数量繁多，评估工作量大，采用单宗评估方法比较耗时间，也会浪费较多的人力、物力和财力。鉴于评估对象房地产一般处于同一区域，具有相同的评估目的，可以采用批量评估的方法，一次性评估出区域内所有房地产的价值。批量评估方法要求有完善的信息系统的支持，需要建立计算机辅助批量评估系统，利用计算机技术进行数据处理。批量评估通常包括以下步骤：

（1）确定批量评估对象的范围与价值特征。对房地产税的税基进行批量评估，需要明确评估对象房地产的范围。评估专业人员需要对拟评估的房地产进行分析，按房地产的区位特征将其划分为若干区域。每一个房地产区域，均可以作为一个独立的批量评估对象，区域内的房地产税基可以运用批量评估方法一次性估测，评估其基础价值。明确了批量评估范围后，评估专业人员需要对影响房地产价值的因素进行分析，为后续的因素修正奠定基础。区域内的房地产应当具有类似的价值特征，存在相同的价值影响因素。

（2）评估数据的采集与录入。建立评估数据信息系统，是进行批量评估的前提条件。批量评估数据包括基础数据和特征数据。基础数据是区域内所有房地产的共同价值特征数据；特征数据是区域内各房地产不同的价值特征数据。评估专业人员在进行批量评估时，需要对评估范围区域内所有房地产进行基础数据的采集，掌握纳税人的房地产税源数据，建立与统计部门、房屋管理部门等相关部门的数据资源共享机制，获取房地产交易数据、成本数据、收益数据等资料，并与房地产中介公司合作，获取房地产市场数据，并将其录入计算机系统中，建立完备的计算机数据库系统。

（3）建立评估数学模型，运用计算机系统及相关软件对数据进行处理。根据区域内房地产的价值特征，建立初步的评估模型。在房地产批量评估中，应用较多的是线性多元回归模型。评估模型建立后，需要导入评估数据对评估模型进行分析与检验。评估模型的检验，主要是对评估结果的经济意义分析，以及进行拟合优度检验、t检验、F检验等统计检验。根据检验的结果，对评估模型与价值特征参数进行适当的调整，形成最终的评估模型。

（4）应用评估模型进行税基评估。批量评估方法需要与计算机技术紧密结合，通过建立批量评估数学模型，利用计算机辅助批量评估系统（Computer Assisted Mass Appraisal，CAMA）进行数据处理。评估专业人员需要将评估范围区域内所有房地产的基础数据信息导入已经建立的评估数学模型中，并逐一输入各房地产的特征数据信息，通过评估数学模型计算出各房地产的初步评估结果。

（5）确定最终评估结果。利用计算机辅助批量评估系统得出的结果只是初步的评估结果，评估专业人员还需要对评估结果进行分析，检验批量评估结果的准确性，并进行必要的调整，得出最终的评估结果。如果经检验评估结果误差较大，则需要分析产生的原因，调整评估模型的相关参数，重新进行评估。如果房产税的征收不但依据其价值的高低，还存在一些政策性的因素，如对大户型、二套房等情况差别征收，也可在此环节通过设置调节系数进行调整。

【例10-3】作为评估对象的房地产为一套公寓。该公寓位于滨海市星海小区18号楼二单元402室，建筑面积为158平方米，房屋所有权证登记的权利人为王先生。该小区于2010年6月建成并交付使用，小区生活环境安静，配套设施齐全，风景秀丽，周边交通便捷，有完善的商业设施。目前，王先生拟将此套公寓赠与其子女，并且已经办理了赠与公证。现需要办理产权过户，需要对其价值进行评估，为缴纳房地产契税提供计税依据，评估时点为2024年7月1日。

（1）评估目的。以房地产课税为目的，为办理房地产过户手续缴纳契税提供参考依据。

（2）价值类型。《中华人民共和国契税法》规定，房屋赠与的计税依据由征收机关参照土地使用权出售、房屋买卖的市场价格核定。故课税价值为2024年7月1日的市场价值。

（3）评估方法。经过市场调查，该小区周边有较多的可比交易实例，较为适宜采用市场法进行评估。

（4）评估过程及结果。（略）

【例10-4】某市作为房产税试点改革城市，拟对星海居民小区进行房地产模拟评税。该居民小区位于××市××区××路××街，于2009年6月交付使用，占地面积

19 600平方米，建筑面积35 300平方米，共有644套住宅，户型包括高层、小高层和多层。现需要对该小区所有住宅的价值进行评估，为即将实施的房产税计税提供依据，评估时点为2024年6月1日。

（1）评估目的。以房地产课税为目的，为房产税计税提供依据。

（2）价值类型。根据相关税收规定和评估对象的具体情况，本次评估的价值类型为市场价值。

（3）评估方法。经过市场调查，该小区及周边区域有较多的可比交易实例，较为适宜采用市场法进行评估。由于本次评估对象较多，故选择以市场法为基础的批量评估方法。

（4）评估过程简要介绍如下：

①确定批量评估对象的范围与价值特征。评估专业人员对拟评估的房地产区域情况进行了分析，认为星海居民小区可以作为一个独立的评估对象，利用批量评估的方法一次性评估小区内所有住宅的计税价值。评估专业人员需要对影响房地产价值的因素进行分析，认为影响该区域房地产价值（Y）的因素主要包括建筑面积（X_1）、土地价格（X_2）、出售时间（X_3）、楼层（X_4）、朝阳房间面积（X_5）、容积率（X_6）、绿化率（X_7）、建筑费用（X_8）。

②评估数据的采集与录入。根据评估的需要，评估专业人员从市土地储备交易中心获取了小区的土地价面积、成交价格等相关数据；从市房地产交易市场获取了小区的房地产交易价格信息；从市城市规划局获取了小区的容积率、绿化率等规划资料；从开发商获取了小区的建筑结构、建筑费用、房屋结构等资料。为应用市场法进行评估，评估专业人员收集了大量可比房地产交易实例。评估数据已经分类录入或导入计算机系统中。

③建立房地产评估数学模型。评估专业人员对房地产的价值形成情况进行了分析，认为房地产的评估价值与各特征因素存在线性关系，为此建立了初步评估模型：

$$Y=b_0+b_1X_1+b_2X_2+b_3X_3+b_4X_4+b_5X_5+b_6X_6+b_7X_7+b_8X_8$$

评估专业人员导入数据后运用数理统计软件对评估模型进行了检验，发现容积率（X_6）、绿化率（X_7）、建筑费用（X_8）三个因素与房地产的评估价值相关程度不高。剔除这三个因素后，评估模型的拟合优度等指标明显改善，为此评估专业人员对评估模型进行了调整，经再次检验后，评估模型符合评估要求。最终的评估模型如下：

$$Y=b_0+b_1X_1+b_2X_2+b_3X_3+b_4X_4+b_5X_5$$

④应用评估模型进行税基评估。评估专业人员需要将评估范围区域内所有房地产的基础数据和644套住宅的特征数据信息导入计算机辅助批量评估系统中，通过评估数学模型计算出各房地产的初步评估结果。

⑤确定最终评估结论。评估专业人员对初步评估结果进行了分析，认为评估结

果较为准确，可以提交税务机关使用。税务机关应当根据税法的规定，进行适当调整后，作为房产税的计税依据。

10.4　房地产征收补偿的评估

10.4.1　房地产征收补偿及相关规定

为了保障国家安全，满足促进国民经济和社会发展等公共利益的需要，国家可以依法对土地和土地上的房屋实行征收，但应当对被征收人予以经济补偿。房地产的征收补偿包括土地征收补偿和房屋征收补偿。

（1）土地征收补偿

土地征收补偿，是国家为了公共利益的需要依法征收、征用土地，并给予被征土地的所有权人经济补偿的行为。征收土地是依照法定程序将集体所有的土地转变为国有土地的行为。土地被征收后其性质和权属发生变更，由集体所有土地转变为国有土地。征用土地是指国家为了公共利益的需要，依法强制使用集体土地，在使用完毕后再将土地归还集体的一种行为。土地被征用后，其性质和权属不发生变更。土地的征收、征用是政府行为，具有强制性，必须按照法定程序进行，必须向社会公开并接受社会的监督，必须依法对被征地单位进行补偿。

《中华人民共和国土地管理法》规定，国家为了公共利益的需要，可以依法对土地实行征收或者征用并给予补偿。征收土地应当给予公平、合理的补偿，保障被征地农民原有生活水平不降低、长远生计有保障。征收土地应当依法及时足额支付土地补偿费、安置补助费以及农村村民住宅、其他地上附着物和青苗等的补偿费用，并安排被征地农民的社会保障费用。征收农用地的土地补偿费、安置补助费标准由省、自治区、直辖市通过制定公布区片综合地价确定。制定区片综合地价应当综合考虑土地原用途、土地资源条件、土地产值、土地区位、土地供求关系、人口以及经济社会发展水平等因素，并至少每三年调整或者重新公布一次。征收农用地以外的其他土地、地上附着物和青苗等的补偿标准，由省、自治区、直辖市制定。

（2）房屋征收补偿

房屋征收补偿，是指为使城市某一规范区域内国有土地达到新规划的建设要求，政府征收并拆除原有建筑物、构筑物及其他设施，并给予被征收房屋所有权人经济补偿的行为。各市、县级人民政府可以根据国防和外交、基础设施建设、公共事业发展、保障性安居工程建设、旧城区改建等方面的需要，确定征收的区域和范围，组织房屋征收部门拟订征收补偿方案。

中华人民共和国住房和城乡建设部颁布的《国有土地上房屋征收与补偿条例》规定，为了公共利益的需要，征收国有土地上单位、个人的房屋，应当对被征收房屋所有权人给予公平补偿。对被征收人给予的补偿包括：被征收房屋价值的补偿；

因征收房屋造成的搬迁、临时安置的补偿；因征收房屋造成的停产停业损失的补偿。对被征收房屋价值的补偿，不得低于房屋征收决定公告之日被征收房屋类似房地产的市场价格。被征收房屋的价值，由具有相应资质的评估机构按照房屋征收评估办法评估确定。

房屋征收部门与被征收人应就补偿方式、补偿金额和支付期限、用于产权调换房屋的地点和面积、搬迁费、临时安置费或者周转用房、停产停业损失、搬迁期限、过渡方式和过渡期限等事项，订立补偿协议。房屋征收补偿的方式可以实行货币补偿，也可以实行房屋产权调换。货币补偿的金额，根据被拆迁房屋的区位、用途、建筑面积等因素，以房地产市场评估价格确定。实行房屋产权调换的，征收人与被征收人应当依照被征收房屋的评估价格，计算被征收房屋的补偿金额和所调换房屋的价格，结清产权调换的差价。因征收房屋造成搬迁的，房屋征收部门应当向被征收人支付搬迁费。选择房屋产权调换的，产权调换房屋交付前，房屋征收部门应当向被征收人支付临时安置费或者提供周转用房。对因征收房屋造成停产停业损失的补偿，根据房屋被征收前的效益、停产停业期限等因素确定。对认定为合法建筑和未超过批准期限的临时建筑，应当给予补偿；对认定为违法建筑和超过批准期限的临时建筑，不予补偿。各城市应结合本地具体情况制定城市房屋拆迁管理办法，对本地的城市房屋拆迁补偿进行规范。

10.4.2　房地产征收补偿评估及其特点

房地产征收补偿评估，是评估机构及其评估专业人员依据相关法律、法规和评估准则，对房地产的征收补偿价值进行分析、估算并发表专业意见的行为和过程，为确定房地产的补偿金额提供参考依据。房地产征收补偿评估包括土地征收补偿评估和房屋征收补偿评估。土地征收补偿评估应依据《中华人民共和国土地管理法》、各城市制定的实施办法以及土地征收评估的有关规定进行。房屋征收补偿评估应依据《国有土地上房屋征收与补偿条例》、各城市制定的实施细则以及房屋征收评估的有关规定进行。房地产征收补偿评估有如下特点：

（1）房地产征收补偿评估服务于房地产的征收业务。房地产征收补偿评估的目的，是为确定土地征用和房屋征收的补偿金额提供参考依据。房地产征收补偿评估政策性较强，评估专业人员不但要掌握房地产评估的理论与方法，还需要了解国家对土地与房屋征收补偿的有关规定，了解城市有关土地与房屋征收补偿的具体政策。被征收房地产价值的评估基准日为征收决定公告之日。

（2）房地产征收补偿评估机构由被征收人协商选定。被征收土地、房屋的价值是房地产征收补偿金额的重要组成部分，对于制定征收补偿标准有较大的影响。为维护征收当事人的合法权益，保障建设项目顺利进行，根据国家相关法律、法规的要求，被征收土地、房屋的价值需要委托具有一定专业能力的评估机构及专业人员进行评估，评估机构由被征收人在规定时间内协商选定。在规定时间内协商不成的，由房屋征收部门通过组织被征收人按照少数服从多数的原则投票决定，或者采取摇号、抽签等随机方式确定。

（3）房地产征收补偿评估结果的社会影响较大。房地产征收的补偿标准关系到国家利益，也关系到集体和群众的利益。特别是居民小区的拆迁改造，关系到千家万户的切身利益，关系到居民的生存条件，关系到社会的稳定，有较大的社会影响。评估机构及其评估专业人员应当独立、客观、公正地开展房地产征收评估工作，并对所出具的评估报告负责。评估机构及其评估专业人员出具虚假或者有重大差错的评估报告的，应责令限期改正，给予警告并处罚款。情节严重的，吊销评估机构及其评估专业人员的资质证书、注册证书。造成损失的，依法承担赔偿责任。构成犯罪的，依法追究刑事责任。任何组织或者个人不得非法干预房地产征收补偿评估活动和评估结果。

10.4.3　房地产征收补偿评估的价值类型

房地产征收补偿价值是以征收补偿为目的评估的房地产在评估基准日征收补偿价值的估计数额。评估专业人员应当根据房地产征收补偿评估的特点，合理选择评估的价值类型，并予以定义。房地产征收补偿价值一般为市场价值类型，如果相关法律、法规或者契约对房地产的征收补偿有特别的约束，房地产征收补偿价值也可以是市场价值以外的价值类型。

（1）房地产征收补偿的市场价值，是被征收房地产在评估基准日进行正常公平交易的价值的估计数额。中华人民共和国住房和城乡建设部颁布的《国有土地上房屋征收评估办法》第十一条规定，"被征收房屋价值是指被征收房屋及其占用范围内的土地使用权在正常交易情况下，由熟悉情况的交易双方以公平交易方式在评估时点自愿进行交易的金额，但不考虑被征收房屋租赁、抵押、查封等因素的影响"。这一概念与资产评估中的市场价值类型的含义接近，所以房地产征收补偿评估通常要求市场价值类型。评估专业人员在评估房地产征收补偿价值时，应当不考虑被征收房屋租赁、抵押、查封等因素对其价值的影响。不考虑租赁因素的影响，是指评估被征收房屋无租约限制的价值；不考虑抵押、查封因素的影响，是指评估价值中不扣除被征收房屋已抵押担保的债权数额、拖欠的建设工程价款和其他法定优先受偿款。

（2）房地产征收补偿的市场价值以外的价值，是指特定市场条件下的房地产的征收补偿价值的估计数额。在评估实践中，绝大多数的房地产征收补偿评估选择市场价值类型，特定条件下也存在选择市场价值以外的价值类型的情形，如法律法规或者契约对被征收房地产有特别的约束，或者被征收房地产不具备市场价值类型的条件等。

征收部门应当在房地产评估价值的基础上，合理计算应向被征收人支付的价值补偿的数额。对被征收房屋价值的补偿，不应低于房屋征收决定公告之日被征收房屋类似房地产的市场价格。除被征收房屋价值的补偿外，征收部门还应当向被征收人支付因征收房屋造成的搬迁费、临时安置费、停业损失费等。房屋征收补偿的方式包括货币补偿和产权调换两种，如果采用产权调换补偿方式，还应当评估用于产权调换房屋的价值，计算被征收房屋价值与用于产权调换房屋价值的差额。

10.4.4　房地产征收补偿评估的评估方法

评估专业人员执行以征收补偿为目的的房地产评估业务时，应当根据评估对象和当地房地产市场状况，对市场法、收益法、成本法、假设开发法等评估方法进行适用性分析后，选用其中一种或者多种方法对被征收房屋价值进行评估。

（1）被征收房屋的类似房地产有交易的，应当选用市场法评估。被征收房屋的类似房地产是指与被征收房屋的区位、用途、权利性质、档次、新旧程度、规模、建筑结构等相同或者相似的房地产。评估专业人员应当在类似房地产市场价格的基础上，进行适当的修改，剔除偶然的和不正常的因素后，确定被征收房屋的价值。

（2）如果市场法评估的条件不具备，或者评估对象更适于采用其他方法评估，应当选用收益法、成本法、假设开发法等评估方法。被征收房屋或者其类似房地产有经济收益的，应当选用收益法评估；被征收房屋是新开发的，应当选用成本法评估；被征收房屋是在建工程的，应当选用假设开发法评估。

（3）可以同时选用两种以上评估方法评估的，应当选用两种以上评估方法评估，并在对各种评估方法的测算结果进行校核和比较分析后，合理确定评估结果。

（4）对于区域集中、结构类似和用途相同的成片房屋，可以采用批量评估方法。先设定标准房屋，运用评估技术估测标准房屋的价值。再在标准房屋评估价值的基础上，进行因素修正，计算被征收房屋的分户价值。评估机构应当按照评估委托书的约定，向房屋征收部门提供分户的初步评估结果。分户的初步评估结果应当包括评估对象的构成及基本情况和评估价值。房屋征收部门应当将分户的初步评估结果在征收范围内向被征收人公示。分户的初步评估结果公示期满后，评估机构应当向房屋征收部门提供委托评估范围内被征收房屋的整体评估报告和分户评估报告。被征收人或者房屋征收部门对评估结果有异议的，可以向评估机构申请复核评估。

【例10-5】滨海市政府根据城市规划的要求，决定于2024年9月开始实施胜利路改造项目，对项目涉及区域内的房屋进行依法征收。该项目征收区域为胜利路和望海街沿线区域，西起太原街，东至五一路，全长6.5公里，总拆迁用地109公顷，拆迁房屋建筑面积121.57万平方米，涉及拆迁户14 364户。胜利路改造项目是滨海市城市基础设施建设的一项重点工程，项目建成后将有效缓解交通拥堵压力，改善居民的生活条件，提升城市功能。征收区域地处市内建成区，有众多的居民住宅，有丰富的商业网点，还有一些学校、医院等公益性单位，跨城市二类、三类区域。为顺利完成胜利路改造项目，设计合理的征收补偿标准和回迁安置方案，需要对征收区域内的房地产进行评估，评估基准日为征收决定公告日2024年6月1日。

（1）评估目的。为房屋征收部门与被征收人确定被征收房屋价值的补偿提供依据，评估被征收房屋的价值。

（2）价值类型。根据《国有土地上房屋征收评估办法》的规定，评估价值为胜利路征收区域房地产于2024年6月1日的市场价值。

（3）评估方法。经过实地调查，征收区域内的房地产主要是大量的居民住宅，以及商业房地产、公益性房地产。对于居民住宅，胜利路拆迁区域周边有较多的可比交易实例，较为适宜采用市场法进行批量评估，可以参照类似房地产的市场交易价格和滨海市房地产市场管理部门定期公布的房地产市场价格，结合被征收房屋的房地产状况进行评估。对于商业房地产，由于拆迁区域为相对独立的商圈，无法找到合适的参照交易案例，需要采用收益法进行单独评估。对于公益性房地产，可以参照居民住宅的评估方法，采用市场法进行评估。

（4）评估过程及结果。（略）

根据评估机构提交的评估报告和胜利路沿线的具体情况，滨海市相关部门确定了住宅类房屋征收货币补偿标准和回迁安置方案。胜利路拓宽改造征收范围内的房屋，其货币补偿标准为：产权房屋原建筑面积按9 000元/平方米的标准支付补偿费；使用权房屋原建筑面积按8 140元/平方米的标准支付补偿费。对于原建筑面积不足45平方米的房屋，按45平方米计算，原建筑面积按上述标准支付补偿费，补贴面积部分（45平方米与原建筑面积之差）按7 710元/平方米的标准给予补贴。动迁户选择回迁时，基础回迁面积加上20%的增加补偿面积即为动迁户应得的面积。所选回迁房屋建筑面积超出应得面积10平方米以内的部分（含10平方米），按3 800元/平方米结算；所选回迁房屋建筑面积超出应得面积10平方米以上的部分按9 000元/平方米结算（仅限15平方米以内）。过渡期内，被拆迁人或房屋承租人应自行安排住处，给予每房证户2 000元/月的临时安置补助费。

为规范国有土地上房屋征收评估活动，保证房屋征收评估结果客观公平，中华人民共和国住房和城乡建设部颁布了《国有土地上房屋征收评估办法》（建房〔2011〕77号），明确了国有土地上房屋征收评估的范围、程序、方法等。

延伸阅读

《国有土地上房屋征收评估办法》

10.5　以财务报告为目的的房地产评估

10.5.1　房地产财务报告及相关规定

在企业的财务报告中，房地产是一项重要的资产项目，表现为存货、固定资产、投资性房地产等资产形式。按照企业会计准则的要求，资产的计量属性包括历史成本、重置成本、可变现净值、现值和公允价值等。财务报告中的房地产存在较多以公允价值为会计计量属性的情形。资产评估由于其独立性和专业性，在公允价值确定中发挥着越来越重要的作用。在房地产评估业务中，以财务报告为目的的评估主要包括投资性房地产公允价值评估、房地产资产减值测试中的可变现净值评估和合并对价分摊等涉及的房地产入账价值评估等。

（1）投资性房地产的会计计量

投资性房地产是会计学中的概念。随着经济的发展和投资观念的改变，许多企业将房地产作为一种投资方式，以取得价值增值或获取投资收益。《企业会计准则第3号——投资性房地产》指出，"投资性房地产，是指为赚取租金或资本增值，或两者兼有而持有的房地产。投资性房地产应当能够单独计量和出售"。并进一步明确，投资性房地产包括：已出租的土地使用权；长期持有并准备增值后转让的土地使用权；企业拥有并已出租的建筑物。投资性房地产不包括：自用房地产，即为生产商品、提供劳务或者经营管理而持有的房地产；作为存货的房地产。企业会计人员应当按会计准则的要求，对投资性房地产进行初始计量和后续计量。企业取得的投资性房地产，应当按照取得时的成本进行初始计量。外购投资性房地产的成本，包括购买价款和可直接归属于该资产的相关税费；自行建造投资性房地产的成本，由建造该项资产达到预定可使用状态前所发生的必要支出构成。投资性房地产的后续计量，包括成本模式和公允价值模式。企业应当在资产负债表日采用成本模式对投资性房地产进行后续计量。在有确凿证据表明投资性房地产的公允价值能够持续可靠取得的情况下，可以对投资性房地产采用公允价值模式进行后续计量。采用公允价值模式计量的，应当同时满足下列条件：一是投资性房地产所在地有活跃的房地产交易市场；二是企业能够从房地产交易市场上取得同类或类似房地产的市场价格及其他相关信息，从而对投资性房地产的公允价值作出合理的估计。

中国资产评估协会颁布的《以财务报告为目的的评估指南》指出，"在执行会计准则规定的投资性房地产评估业务时，对应的评估对象包括已出租的土地使用权、持有并准备增值后转让的土地使用权、已出租的建筑物"。资产评估专业人员应当关注投资性房地产现有租约期限及租金内涵等对公允价值评估的影响，包括租期、租金收取方式、约定租金相对于市场租金的差异、租金内涵、特殊使用目的、分割或合并使用的差异等，剔除不属于评估对象收益以及非正常因素的影响。

（2）房地产资产的减值测试

企业应当在会计期末判断资产是否存在可能发生减值的迹象。《企业会计准则第8号——资产减值》指出："资产减值，是指资产的可收回金额低于其账面价值。""可收回金额应当根据资产的公允价值减去处置费用后的净额与资产预计未来现金流量的现值两者之间较高者确定。""可收回金额的计量结果表明，资产的可收回金额低于其账面价值的，应当将资产的账面价值减记至可收回金额，减记的金额确认为资产减值损失，计入当期损益，同时计提相应的资产减值准备。"

评估专业人员在执行房地产资产减值测试评估业务时，应当明确评估对象房地产的性质和种类。与房地产评估相关的资产减值测试，主要包括作为存货的房地产资产减值测试和作为固定资产的房地产资产减值测试。评估对象房地产可能是单项资产，也可能是资产组或资产组合。

（3）合并对价分摊涉及的房地产入账价值

企业合并是指将两个或者两个以上单独的企业合并形成一个报告主体的交易或事项。企业合并分为同一控制下的企业合并和非同一控制下的企业合并。《企业会计准则第20号——企业合并》规定，非同一控制下的企业合并的成本应当在取得的可辨认资产、负债及或有负债之间分配。购买方对合并成本大于合并中取得的对购买方购买可辨认净资产公允价值份额的差额，应当确认为商誉；购买方对合并成本小于合并中取得的对购买方购买可辨认净资产公允价值份额的差额，应当计入当期损益。被购买方可辨认净资产公允价值，是指合并中取得的被购买方可辨认资产的公允价值减去负债及或有负债公允价值后的余额。

评估专业人员在执行合并对价分摊涉及的房地产评估业务时，应当按照会计准则的要求估测房地产公允价值。房地产存在活跃市场的，应以购买日的市场价格确定其公允价值；本身不存在活跃市场，但同类或类似房地产存在活跃市场的，应参照同类或类似房地产的市场价格确定其公允价值；同类或类似房地产也不存在活跃市场的，应运用估值技术确定其公允价值。

10.5.2　以财务报告为目的的房地产评估及其特点

以财务报告为目的的房地产评估，是指评估机构及其评估专业人员依据相关法律法规、评估准则和企业会计准则，对以财务报告为目的所涉及的房地产的公允价值或特定价值进行分析、估算，并发表专业意见的行为和过程，为企业编制财务报告提供依据。以财务报告为目的的房地产评估是为企业会计计量服务的，企业会计人员需要根据会计准则的规定对房地产进行初始计量和后续计量，确定房地产的公允价值或特定价值。这项工作可以委托专业的评估机构来进行。以财务报告为目的的房地产评估有如下特点：

（1）以财务报告为目的的房地产评估服务于企业财务报告业务。为准确计量房地产的价值，保证会计信息的可靠性，充分披露企业的财务状况，企业可以委托专业的评估机构对财务报告中的房地产的价值进行评估。以财务报告为目的的评估的主要任务是对投资性房地产的会计准则下的公允价值作出合理的评价，协助企业进行房地产资产的减值测试和合并对价分摊，使企业能够按照会计准则的要求编制财务报告，提高会计信息的质量。

（2）以财务报告为目的的房地产评估业务较为复杂。以财务报告为目的的房地产评估业务具有多样性，是房地产评估与会计、审计的结合。评估专业人员从事以财务报告为目的的房地产评估业务，应当熟悉公允价值计量、资产减值测试、合并对价分摊等多项会计核算业务。企业的财务报告需要经过审计，注册会计师发表审计意见后方能对外披露。为此，评估专业人员也要了解审计准则的相关内容，保证评估结果符合审计报告的要求，被注册会计师认可。从事以财务报告为目的的房地产评估业务的评估专业人员，既要掌握房地产评估技术，又要熟悉会计准则和审计准则。评估专业人员执行以财务报告为目的的房地产评估业务时，应当根据自身的专业知识和经验，审慎考虑是否有能力承接该业务。

（3）以财务报告为目的的房地产评估结果应当符合会计准则中有关会计计量属性的要求。会计准则与资产评估准则在某些概念上存在一定的差异，评估专业人员在执行以财务报告为目的的房地产评估业务时，应当理解相关会计准则的概念和原则，知晓会计准则涉及的概念、原则与资产评估准则涉及的相关概念、原则之间的联系和区别，具备相应的专业知识和经验，应当与企业和执行审计业务的注册会计师进行必要的沟通，明确评估业务基本事项并充分理解会计准则或相关会计核算、披露的具体要求。

10.5.3 以财务报告为目的的房地产评估的价值类型

评估专业人员应当根据会计准则与资产评估准则的规定，合理选择以财务报告为目的的房地产评估的价值类型，并予以定义。中国资产评估协会颁布的《资产评估价值类型指导意见》指出："执行以财务报告为目的的资产评估业务，应当根据会计准则或者相关会计核算与披露的具体要求、评估对象等相关条件明确价值类型，会计准则规定的计量属性可以理解为相对应的资产评估价值类型。"会计准则等相关规范涉及的主要会计计量属性包括历史成本、公允价值、现值、可变现净值、重置成本等。在以财务报告为目的的资产评估中，不涉及历史成本计量属性。资产评估价值类型与会计计量属性既有明显的区别，又存在一定的联系。评估专业人员在执行以财务报告为目的的评估业务时，需要明确评估所要求的会计计量属性及会计准则的相关要求，再根据会计计量属性与资产评估价值类型的对应关系，经过分析后确定本次评估的价值类型。

（1）在符合会计准则计量属性规定的条件时，会计准则下的公允价值等同于资产评估中的市场价值类型。

会计准则下的公允价值，是指市场参与者在计量日发生的有序交易中，出售一项资产所能收到或者转移一项负债所需支付的价格。第一，公允价值计量应当假定市场参与者的交易是在当前市场条件下的有序交易。第二，公允价值计量应当假定有序交易在主要市场进行。不存在主要市场的，企业应当假定该交易在最有利市场进行。第三，公允价值计量应当假定市场参与者在对该资产或负债定价时的目的为实现其经济利益最大化。以公允价值计量相关资产或负债，应当采用在当前情况下适用并且有足够可利用数据和其他信息支持的估值技术。在估值技术的应用中，应当优先使用相关可观察输入值。只有在相关可观察输入值无法取得或取得不切实可行的情况下，才可以使用不可观察输入值。

以财务报告为目的的房地产评估主要涉及房地产的公允价值计量。根据《资产评估价值类型指导意见》，资产评估中的市场价值是指，自愿买方和自愿卖方在各自理性行事且未受任何强迫的情况下，评估对象在评估基准日进行正常公平交易的价值估计数额。一般来说，在符合会计准则计量属性规定的条件时，会计准则下的公允价值等同于资产评估中的市场价值类型。

评估专业人员执行投资性房地产评估业务，应当遵循会计准则关于房地产计量的规定。如果企业的投资性房地产的后续计量采用公允价值模式，并且市场条件具备，评估专业人员可以选择市场价值类型。投资性房地产的市场价值是其在评估基准日进行正常公平交易的价值的估计数额。评估专业人员应当确信，投资性房地产所在地有活跃的房地产交易市场，并且能够从房地产交易市场上取得同类或类似房地产的市场价格及其他相关信息。投资性房地产的评估基准日，应当选择资产负债表日，或者选择接近于资产负债表日的某一评估时点。如果投资性房地产不存在活跃的房地产交易市场，或者不能够从房地产交易市场上取得同类或类似房地产的市场交易信息，不具备市场价值的评估条件，按会计准则的要求不能采用公允价值计量模式。

（2）会计准则涉及的现值、可变现净值、重置成本等可以理解为资产评估中的市场价值以外的价值类型。

会计准则下的现值，是指资产按照预计从其持续使用和最终处置中所产生的未来净现金流入量的折现金额计量，负债按照预计期限内需要偿还的未来净现金流出量的折现金额计量。会计准则中的现值，接近于资产评估中资产的在用价值。根据《资产评估价值类型指导意见》，在用价值是指将评估对象作为企业组成部分或者要素资产按其正在使用方式和程度及其对所属企业的贡献的价值估计数额。

会计准则下的可变现净值，是指资产按照其正常对外销售所能收到现金或者现金等价物的金额扣减该资产至完工时估计将要发生的成本、估计的销售费用以及相关税费后的金额计量。会计准则中的可变现净值，为资产评估中的市场价值减处置费用后的余额。

会计准则下的重置成本，是指资产按照现在购买相同或者相似资产所需支付的现金或者现金等价物的金额计量，负债按照现在偿付该项债务所需支付的现金或者现金等价物的金额计量。会计准则中的重置成本，是资产评估中的重置成本扣除各项贬值因素后的净重置成本。贬值因素主要包括实体性贬值、功能性贬值以及经济性贬值。

会计计量属性与资产评估价值类型的对应关系见表10-1。

表10-1   会计计量属性与资产评估价值类型的对应关系

会计计量	资产评估
历史成本	无
公允价值	市场价值
现值	在用价值
可变现净值	市场价值-处置费用
重置成本	重置成本-各项贬值

评估专业人员在执行以财务报告为目的的房地产评估业务时，不能将会计计量属性与资产评估价值类型简单地对应起来，根据会计计量属性直接确定资产评估价值类型。评估专业人员应当熟悉会计计量的基本概念和相关要求，结合评估对象的具体情况和市场条件，恰当地选择评估价值类型。

10.5.4 以财务报告为目的的房地产评估的评估方法

评估专业人员从事以财务报告为目的的房地产评估业务，应当根据评估对象、价值类型、资料收集情况和数据来源等相关条件，参照会计准则有关计量方法的规定，分析市场法、收益法和成本法等房地产评估方法的适用性，恰当选择一种或多种资产评估方法。

（1）市场法。运用市场法进行以财务报告为目的的房地产评估，应当关注相关市场的活跃程度，从相关市场获得足够的交易案例或其他比较对象，判断其可比性、适用性和合理性，尽可能选择最接近的、比较因素调整较少的交易案例或其他比较对象作为参照物，并对参照物的比较因素进行比较，作出恰当、合理的调整，还应重点关注作为参照物的交易案例的交易背景、交易地点、交易市场、交易时间、交易条件、付款方式等因素。

（2）收益法。运用收益法进行以财务报告为目的的房地产评估，应当根据评估对象的特点和应用条件，并结合相关会计准则的要求，按照资产评估准则对收益法应用的有关规定，恰当考虑收益法的适用性，选择恰当的收益口径。应当从委托人或相关当事人获取被评估对象的经营状况及相关收益预测资料，按照会计与评估相关准则的规定，与委托人及其他相关当事人讨论未来各种可能性，结合被评估单位的人力资源、技术水平、资本结构、经营状况、历史业绩、发展趋势，考虑宏观经济因素、所在行业现状与发展前景，分析未来收益预测资料与评估目的及评估假设的适用性。应当按照资产评估准则的规定，确信折现率与预期收益的口径保持一致。

（3）成本法。运用成本法进行以财务报告为目的的房地产评估，应当按照资产评估准则的规定，考虑评估对象的实体性贬值、功能性贬值和经济性贬值。对于不存在相同或者相似资产活跃市场的，或者不能可靠地以收益法进行评估的资产，可以采用成本法进行评估。但资产评估专业人员应当获取企业的承诺，并在资产评估报告中披露，其评估结论仅在相关资产的价值可以通过资产未来运营得以全额回收的前提下成立。

评估专业人员对同一房地产采用多种评估方法进行评估时，应当对形成的各种初步价值结论进行分析，在综合考虑不同评估方法和初步价值结论的合理性及所使用数据的质量和数量的基础上，适当地评价、权衡各结果所在范围的合理性，并确定价值范围内最具代表性的结果作为评估结论。

根据会计信息一贯性原则的要求，评估专业人员选择评估方法时应当与前期采用的评估方法保持一致。如果前期采用的评估方法所依据的市场数据已发生重大变化而不再适用，或通过采用与前期不同的评估方法可使得评估结果更具代表性、更能反映评估对象的公允价值或特定价值时，评估专业人员可以变更评估方法。

【例10-6】滨海市M公司为大型电子企业，在上海证券交易所上市。为编制年终财务报告，需要根据会计准则的要求对房地产的公允价值进行评估。评估专业人员与M公司的会计师根据《企业会计准则第3号——投资性房地产》的规定，确认M公司有两项房地产为投资性房地产：一项为位于市商业区的写字楼，目前用于出租；另一项为位于开发区的工业用地，M公司持有并拥有该土地使用权，准备增值后转让。现要求对上述两项投资性房地产的公允价值进行评估。评估基准日为资产负债表日2023年12月31日。

（1）评估目的。以财务报告为目的，基于企业会计准则或相关会计核算、披露的要求，评估投资性房地产的公允价值，为编制财务报告提供依据。

（2）价值类型。根据委托人的要求，需要按会计准则的规定对投资性房产的公允价值进行评估。会计准则下的公允价值一般等同于资产评估准则下的市场价值。因此，价值类型确定为市场价值，是指市场参与者在各自理性行事且未受任何强迫的情况下，房地产在计量日2023年12月31日进行有序交易的价值估计数额。

（3）评估方法。两项投资性房地产应当根据评估对象的不同功能与不同使用方式，采用不同的评估方法。经评估专业人员实地勘查与市场调查，M公司位于市商业区的写字楼有较为稳定的租金收入，属于收益性房地产，可以采用收益法进行评估。M公司位于开发区的工业用地有较多的可比交易实例，较为适宜采用市场法进行评估。

（4）评估过程及结论。（略）

为规范以财务报告为目的的评估行为，保护资产评估当事人合法权益和公共利益，中国资产评估协会颁布了《以财务报告为目的的评估指南》（中评协〔2017〕45号），明确了以财务报告为目的评估的基本要求、评估对象、价值类型、评估方法。

延伸阅读

《以财务报告为目的的评估指南》

本章小结

房地产评估的特定目的是指评估专业人员合理评估房地产在某一时点的价值，为特定房地产业务需要提供价值参考。房地产评估特定目的的不同，将影响房地产评估的价值类型和评估结果。本章主要介绍了房地产转让的评估、房地产抵押的评估、房地产课税的评估、房地产征收补偿的评估和以财务报告为目的的房地产评估。

房地产转让评估，是评估机构及其评估专业人员根据房地产转让评估的要求，依据相关法律、法规和评估准则，对房地产转让价值进行分析、估算并发表专业意见的行为和过程，为确定房地产转让价格提供价值参考依据。大部分的房地产转让要求市场价值类型，但如果房地产的转让存在非市场因素的特别限制条件，则应当选择市场价值以外的价值类型。房地产转让评估较为适宜采用市场法，在特定情况下，房地产转让评估也可以采用成本法、收益法等其他评估方法。

房地产抵押评估，是评估机构及其评估专业人员根据房地产抵押评估的要求，依据相关法律、法规和评估准则，对房地产抵押价值进行分析、估算并发表专业意见的行为和过程，为确定房地产抵押贷款额度提供价值参考依据。目前，较多的金融机构要求评估机构评估抵押房地产的市场价值，但也存在抵押贷款价值、清算价值等市场价值以外的价值形式。评估专业人员可根据抵押房地产的情况、价值类型及各评估方法的适用性，恰当选择市场法、成本法、收益法等评估方法。

房地产课税评估，是评估机构及其评估专业人员根据房地产课税评估的要求，依据相关法律、法规和评估准则，对房地产课税价值进行分析、估算并发表专业意见的行为和过程，为房地产税收提供计税依据。房地产课税价值的价值类型包括市场价值和市场价值以外的价值。评估专业人员需要根据评估目的的要求及评估对象的状况与市场条件进行确定。房地产课税评估的方法包括两类：一是以传统评估方法为基础的单宗房地产课税的评估方法；二是批量评估方法。以课税为目的的房地产评估，评估对象数量繁多，评估工作量大，较为适宜采用批量评估的方法。

房地产征收补偿评估，是评估机构及其评估专业人员依据相关法律、法规和评估准则，对房地产的征收补偿价值进行分析、估算并发表专业意见的行为和过程，为确定房地产的补偿金额提供参考依据。房地产征收补偿价值一般为市场价值类型，如果相关法律、法规或者契约对房地产的征收补偿有特别的约束，房地产征收补偿价值也可以是市场价值以外的价值类型。评估专业人员应当根据评估对象和当地房地产市场状况，对市场法、收益法、成本法、假设开发法等评估方法进行适用性分析后，选用其中一种或者多种方法对被征收房屋价值进行评估。

以财务报告为目的的房地产评估，是指评估机构及其评估专业人员依据相关法律法规、评估准则和会计准则，对以财务报告为目的所涉及的房地产的公允价值或特定价值进行分析、估算并发表专业意见的行为和过程，为企业编制财务报告提供依据。在符合会计准则计量属性规定的条件时，会计准则下的公允价值等同于资产评估中的市场价值类型，会计准则涉及的现值、可变现净值、重置成本等可以理解为资产评估中的市场价值以外的价值类型。评估专业人员应当根据评估对象、价值类型、资料收集情况和数据来源等相关条件，参照会计准则有关计量方法的规定，分析市场法、收益法和成本法等房地产评估方法的适用性，恰当选择一种或多种资产评估方法。

主要概念

　　房地产转让　　房地产转让评估　　房地产抵押　　房地产抵押评估　　房地产课税评估　　批量评估　　土地征收补偿　　房屋征收补偿　　房地产征收补偿评估　　投资性房地产　　以财务报告为目的的房地产评估

基本训练

■ 思考题

1.什么是房地产转让评估？房地产转让评估有哪些特点？

2.如何选择房地产转让评估的价值类型与评估方法？

3.什么是房地产抵押评估？房地产抵押评估有哪些特点？

4.如何确定房地产抵押评估的价值类型？

5.什么是房地产课税评估？房地产课税评估有哪些特点？

6.什么是批量评估？房地产批量评估的步骤有哪些？

7.什么是房地产征收补偿评估？房地产征收补偿评估有哪些特点？

8.什么是以财务报告为目的的房地产评估？以财务报告为目的的房地产评估有哪些特点？

9.如何选择房地产征收补偿评估的评估方法？

10.会计计量属性与资产评估价值类型的对应关系是什么？

即测即评

第11章

房地产评估报告

学习目标

通过对本章的学习，理解房地产评估报告的含义，掌握房地产评估报告的结构与内容，掌握房地产评估报告的编制方法，指引报告使用者正确运用房地产评估报告。其具体目标包括：

□ 知识目标

理解房地产评估报告的含义，了解房地产评估报告的分类，掌握房地产评估报告的基本内容，明确编制房地产评估报告的基本要求与步骤，明确使用房地产评估报告需要注意的问题。

□ 技能目标

掌握房地产评估报告的基本结构，了解房地产评估报告各部分的具体内容。

□ 能力目标

掌握房地产评估报告的编制方法。

★ 思维导图

```
                                        ┌─ 房地产评估报告的含义
                        ┌─ 房地产评估报告概述 ┤─ 房地产评估报告的作用
                        │                 ├─ 房地产评估报告的种类
                        │                 └─ 房地产评估报告的构成
                        │
                        │                 ┌─ 房地产评估报告封面及目录
                        │                 ├─ 房地产评估报告声明
                        │                 ├─ 房地产评估报告摘要
                        ├─ 房地产评估报告的内容 ┤─ 房地产评估报告正文
                        │                 ├─ 房地产评估报告附件
 房地产评估报告 ─────────┤                 └─ 评估明细表和评估说明
                        │
                        │                 ┌─ 房地产评估报告的编制要求
                        ├─ 房地产评估报告的编制 ┤─ 房地产评估报告的编制步骤
                        │                 └─ 房地产评估报告的审核、提交与归档
                        │
                        └─ 房地产评估报告的使用 ┌─ 房地产评估报告的使用者
                                           └─ 使用评估报告需要注意的问题
```

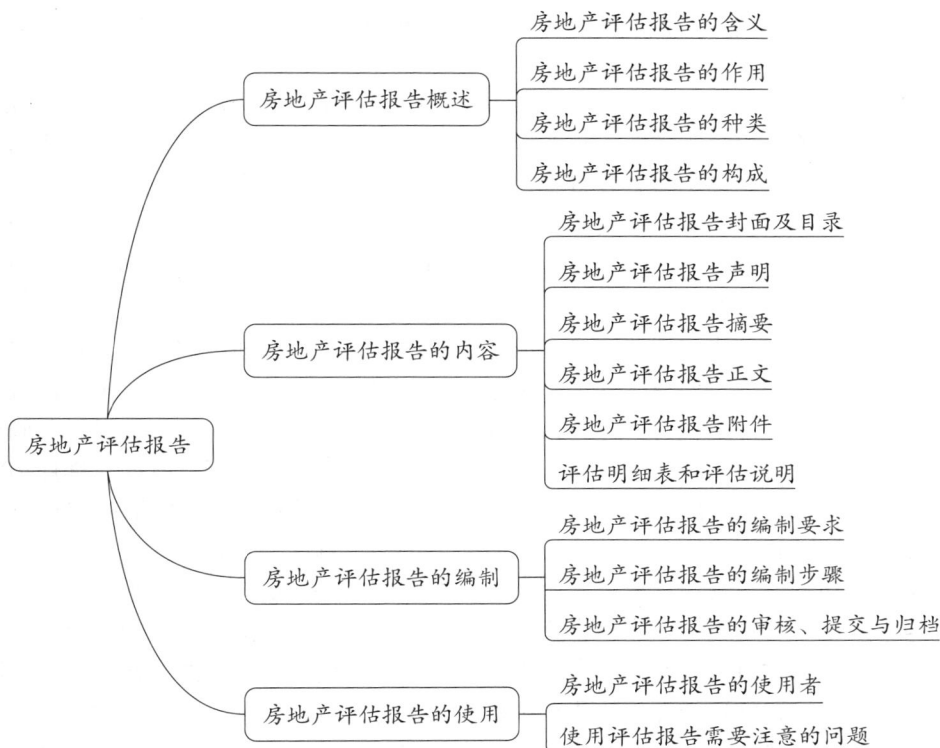

11.1　房地产评估报告概述

完成房地产价值评定估算工作后，评估机构及其评估专业人员应当撰写房地产评估报告，以书面的形式向委托人报告评估过程和结果。评估报告是房地产评估的最终结论，对于委托人实现房地产评估委托目的具有重要的作用。评估机构及其评估专业人员应当根据评估准则的要求及房地产评估业务的特点，正确编制房地产评估报告。

11.1.1　房地产评估报告的含义

房地产评估报告是评估机构及其评估专业人员遵守法律、行政法规和资产评估准则，根据委托，在履行必要的评估程序后，由评估机构对评估对象房地产在评估基准日特定目的下的价值出具的专业报告。正确理解房地产评估报告的含义，应当注意以下几点：

（1）房地产评估报告是对房地产价值进行专业判断的书面文件。在完成了房地

产评估的前期工作后，评估机构及其评估专业人员需要编制房地产评估报告，以文字形式阐述评估目的、评估对象、评估范围、价值类型、评估基准日、评估依据、评估方法、评估过程、评估结论、特别事项说明等内容，以书面形式提交给委托人。

（2）房地产评估报告由评估专业人员编制，由评估机构出具。根据相关规定，评估专业人员不得以个人的名义接受评估业务委托，受理的评估业务由评估机构统一管理。出具房地产评估报告是评估机构的权利与义务，不是评估专业人员个人的行为。评估专业人员在履行了资产评估的基本程序、编制房地产评估报告后，应当将评估报告交给资产评估机构审核。审核后的评估报告由至少两名承办该项业务的评估专业人员签名，并加盖资产评估机构印章，再出具给委托人。

（3）房地产评估报告以履行必要的评估程序为前提。房地产评估报告是评估机构及其评估专业人员在履行了前期评估基本程序的基础上编制完成的，不允许脱离评估程序直接编制评估报告。评估机构在受理了资产委托业务后，应当经过明确评估基本事项、签订评估委托合同、编制评估作业计划、现场调查、收集整理评估资料、评估估算等必要的评估步骤后，方可编制房地产评估报告。如果在评估过程中，评估程序受到了限制，经与委托人协商后仍需出具评估报告，则应当在评估报告中说明评估程序的受限情况、对评估结论的影响及评估报告的使用限制。

（4）房地产评估报告应当符合资产评估执业准则及相关法律法规的要求。房地产评估报告是评估机构及其评估专业人员依据资产评估准则出具的专业意见，中国资产评估协会颁布的资产评估执业准则对评估报告的编制要求、内容构成等作了原则性的规定，资产评估机构和评估专业人员在编制房地产评估报告时需要遵循这一规范。资产评估机构以"资产评估报告"名义出具的书面专业意见应当遵守资产评估准则及相关法律法规的要求。资产评估机构、资产评估专业人员不依据资产评估准则编制的其他评估报告和其他专业报告，不得以"资产评估报告"名义出具。房地产估价机构出具的房地产估价报告应当遵循《房地产估价规范》的要求，土地估价机构出具的城镇土地估价报告应当遵循《城镇土地估价规程》的要求。

延伸阅读

《资产评估执业准则——资产评估报告》

为规范资产评估报告编制和出具行为，保护资产评估当事人合法权益和公共利益，中国资产评估协会颁布了《资产评估执业准则——资产评估报告》（中评协〔2018〕35号），明确了评估报告的编制要求和内容。

11.1.2 房地产评估报告的作用

编制并提交房地产评估报告是房地产评估工作的最终环节，体现了房地产评估工作的成果。房地产评估报告对于委托人、评估机构及评估管理机构均具有重要的作用。

（1）房地产评估报告有助于委托人特定资产业务的实现。对于房地产评估业务的委托人，评估报告是房地产价值专家意见的书面表达，可以作为委托人和房地产业务当事人对被评估房地产作价或交易的重要参考依据，实现房地产评估委托的目的。

（2）房地产评估报告有助于评估机构规范执业行为。对于评估机构，评估报告可以反映和体现房地产评估工作的具体完成情况，是评估机构对履行评估合同情况的总结，也是评估机构及其评估专业人员为房地产评估项目承担相应法律责任的证明文件。同时，房地产评估报告是评估档案资料的重要内容，所形成的相关资料和记录对于后续的评估业务具有重要的参考作用。

（3）房地产评估报告有助于评估行业管理部门加强监督管理。对于评估行业的自律组织和管理机构，评估报告是反映评估机构和评估专业人员职业道德、执业能力情况、评估质量高低和机构内部管理机制完善程度的重要依据。评估行业管理部门可以通过对评估报告的审查，监督评估机构及其评估专业人员的执业情况，加强资产评估行业管理，促进房地产评估业的发展。

11.1.3　房地产评估报告的种类

房地产评估报告按不同的标志可以划分为若干种类，评估机构及其评估专业人员可以根据评估业务的具体情况及委托人的不同要求，选择适当类型的评估报告表达评估意见。

（1）按评估报告披露内容的详尽程度划分，评估报告分为完整型房地产评估报告和简明型房地产评估报告。完整型房地产评估报告，是指根据评估报告准则的要求，向委托人提供最详尽的评估资料的评估报告；简明型房地产评估报告，是指评估机构在保证不误导评估报告使用者的前提下，向委托人提供简明扼要的评估资料的评估报告。《资产评估执业准则——资产评估报告》规定："资产评估报告的详略程度可以根据评估对象的复杂程度、委托人要求合理确定。"

（2）按符合评估准则要求的程度划分，评估报告分为正常型房地产评估报告和限制型房地产评估报告。正常型房地产评估报告，是指评估机构出具的评估报告完全符合评估准则的要求，对评估报告使用者并无格外的特别限制性使用要求的评估报告；限制型房地产评估报告，是指评估机构对限定评估报告使用人出具的，评估过程中有低于或不同于评估准则或指南要求行为的评估报告。《资产评估执业准则——资产评估报告》规定："执行资产评估业务，因法律法规规定、客观条件限制，无法或者不能完全履行资产评估基本程序，经采取措施弥补程序缺失，且未对评估结论产生重大影响的，可以出具资产评估报告，但应当在资产评估报告中说明资产评估程序受限情况、处理方式及其对评估结论的影响。"

（3）按评估服务的性质划分，评估报告分为一般房地产评估报告和复核房地产评估报告。一般房地产评估报告是指评估专业人员接受客户委托，为客户提供的关于资产价值的估价意见的书面报告；复核房地产评估报告是指对一般评估报告的充分性和合理性发表意见的书面报告。

（4）按评估对象的不同划分，评估报告分为土地评估报告、建筑物评估报告与房地合一评估报告。房地产评估对象，可以是房地产对应的全部权益，也可以是房地产对应的部分权益。房地产评估对象，可以是独立存在的房地产，也可以是与设备安装为一体的房地产，或是企业价值评估中的房地产。

（5）按评估目的的不同划分，评估报告分为房地产转让评估报告、房地产抵押评估报告、房地产征税评估报告、房地产征收补偿评估报告、以财务报告为目的的房地产评估报告等。

11.1.4　房地产评估报告的构成

评估机构及其评估专业人员应当在评估报告中提供必要的信息，反映评估委托的基本情况、评估的理论依据、评估资料的取得情况、评估采用的方法、评估的实施过程及评估结论，使评估报告使用者能够正确理解评估结论。根据中国资产评估协会颁布的《资产评估执业准则——资产评估报告》的规定，评估报告应由标题及文号、目录、声明、摘要、正文和附件等项目构成。

（1）标题及文号。评估报告的封面应当包括标题及文号。评估报告的标题应当简明清晰，需要涵盖评估对象的名称、评估经济行为关键词等内容。评估报告要求按一定规律和顺序编排文号。

（2）目录。目录应按评估报告各个组成部分的前后次序，列出其标题及对应的页码。

（3）声明。评估声明是告知在房地产评估过程中必须遵守的法律、法规及工作原则，应当承担的法律责任，以及提醒评估报告使用者关注评估报告特别事项和使用限制等内容。

（4）摘要。评估摘要是归纳出的房地产评估业务主要信息及评估结论，简明扼要地反映评估经济行为、评估目的、评估对象和评估范围、价值类型、评估基准日、评估方法、评估结论及其使用有效期、对评估结论产生影响的特别事项等关键内容。

（5）正文。正文是评估报告的重要组成部分，详尽披露委托情况、评估基本事项、评估过程、评估结论、使用限制说明等内容。

（6）附件。附件是附在评估正文后面提供的与评估目的、评估方法、评估结论相关联的文件和资料，主要包括房地产的权属证明资料（产权登记证）、委托人和相关当事方的承诺函、评估专业人员资质与资格证明文件等。

资产评估机构及其专业人员编制的涉及企业国有资产的房地产评估报告，还应包括评估明细表和评估说明。

中华人民共和国住房和城乡建设部颁布的《房地产估价规范》对房地产评估报

告的内容进行了规范，房地产评估报告的内容为：①封面；②致估价委托人函；③目录；④估价师声明；⑤估价的假设和限制条件；⑥估价结果报告；⑦估价技术报告；⑧附件。房地产评估报告具体包括估价结果报告和估价技术报告。估价结果报告的内容包括估价委托人、房地产估价机构、估价目的、估价对象、价值时点、价值类型、估价原则、估价依据、估价方法和估价结果；估价技术报告的内容包括估价对象描述与分析、市场背景描述与分析、估价对象最高最佳利用分析、估价方法适用性分析、估价测算过程和估价结果确定。

11.2　房地产评估报告的内容

根据《资产评估执业准则——资产评估报告》的规定，资产评估报告应由标题及文号、目录、声明、摘要、正文和附件等项目构成。根据《企业国有资产评估报告指南》的要求，企业国有房地产评估报告还应当包括评估明细表和评估说明。

11.2.1　房地产评估报告封面及目录

封面是评估报告的第一项内容。房地产评估报告的封面包括评估报告的标题、评估报告的文号、评估机构的名称、出具评估报告的日期等内容。目录需要列出评估报告的具体构成内容及相应的页码，以便报告使用者检索、阅读。

（1）评估报告的标题。评估报告的标题即评估报告的名称，应当根据评估项目的具体情况列示，要求简明清晰，一般采用"委托人名称+经济行为关键词+评估对象+评估报告"的形式，也可适当简化。

（2）评估报告的文号。评估报告的文号由文字和数字组成，包括评估机构特征字、种类特征字、年份、报告序号，按一定顺序排列。

（3）评估机构的名称。评估报告封面应载明评估机构的全称。有服务商标的，评估机构可以在报告封面载明其图形标志。

（4）出具评估报告的日期。评估报告封面应载明出具评估报告的日期，日期为公历日期，以年月日形式表示。

评估报告的次页需要以目录形式列示评估报告的构成内容，并标明对应的页码。目录一般只列出评估报告的一、二级标题。

11.2.2　房地产评估报告声明

评估报告声明是告知评估报告使用者、评估机构及其评估专业人员在房地产评估中遵循的法律规范、工作原则及承担的责任，提示评估报告使用者评估报告的特别事项和使用限制。评估报告声明应当置于评估报告的目录之后、摘要之前，主要内容包括：

（1）评估报告的编制依据。评估报告应当声明，评估报告是依据财政部发布的《资产评估基本准则》以及中国资产评估协会发布的资产评估执业准则和职业道德准则编制的。

（2）使用评估报告的法律责任。评估报告应当明确，委托人或者本评估报告使用人应当按照法律规定和评估报告载明的使用范围使用评估报告；委托人或者评估报告使用人违反前述规定使用评估报告的，资产评估机构、资产评估师和其他资产评估专业人员不承担责任。

（3）评估报告使用人的限制。评估报告应当规定，评估报告仅供委托人、评估委托合同中约定的其他评估报告使用人和国家法律、法规规定的评估报告使用人使用；除此之外，任何机构和个人不能由于得到评估报告而成为评估报告的使用人。

（4）评估报告的合理使用。评估报告应当提示，评估报告使用人应当正确理解评估结论。评估结论不等同于评估对象可实现的价格，评估结论不应当被认为是对评估对象可实现价格的保证。

（5）遵循的评估工作原则。评估报告应当承诺，资产评估机构、资产评估师和其他资产评估专业人员遵循独立、客观和公正的原则，遵守有关法律、法规和资产评估准则的规定，并对所出具的评估报告依法承担责任。

（6）评估报告特别事项。评估报告应当提醒评估报告使用人关注评估报告特别事项说明和使用限制。

（7）其他需要声明的内容。评估机构及其评估专业人员可以根据评估委托合同及评估业务的具体情况，确定房地产评估报告声明的其他内容，并予以表述。

11.2.3　房地产评估报告摘要

摘要是评估报告的浓缩，提供评估业务的主要信息及评估结论。评估专业人员应以较少的篇幅，依据评估报告中的关键内容提取摘要并刊印在评估报告正文之前，以便使各有关方了解该评估报告提供的主要信息。摘要的内容应与评估报告揭示的结果一致，提供评估业务的主要信息及评估结论。评估报告摘要的构成如下：

（1）归纳评估报告的核心内容。评估报告的摘要应当能够简明扼要地反映评估经济行为、评估目的、评估对象和评估范围、价值类型、评估基准日、评估方法、评估结论及其使用有效期、对评估结论产生影响的特别事项等关键内容。

（2）提示评估报告使用者阅读全文。评估报告的摘要应当采用下述文字提醒评估报告使用者阅读全文："以上内容摘自评估报告正文，欲了解本评估项目的详细情况和合理理解评估结论，应当阅读评估报告的正文。"

（3）注明评估报告日。评估摘要通常不需要评估师签字、评估机构盖章。

评估机构及其评估专业人员可以根据评估业务的性质、评估对象的复杂程度、委托人要求等，合理确定摘要中需要披露的内容。

11.2.4　房地产评估报告正文

评估报告的正文是评估报告的主体，需要详尽地阐述评估委托情况、评估基本事项、评估过程、评估结论、使用限制说明等内容。评估报告正文前面应当有一段绪言，以公文形式阐述受托评估事项及评估工作情况。评估报告正文的绪言应写明该评估报告委托人的全称、受托评估事项及评估工作的整体情况。在绪言之后即评估报告正文的基本内容。根据《资产评估执业准则——资产评估报告》的规定，评估报告的正文应当包括以下基本内容：

（1）委托人及其他评估报告使用人。评估报告应当介绍评估报告使用人的概况，包括名称、法定住所及经营场所、法定代表人、注册资本及主要经营范围等。评估报告使用人包括委托人、评估委托合同中约定的其他评估报告使用人和国家法律、法规规定的评估报告使用人。

（2）评估目的。评估报告应当说明本次资产评估的目的及其所对应的经济行为。评估报告载明的评估目的应当唯一，表述应当明确、清晰。房地产评估是为特定的经济行为服务的，评估报告应当说明本次评估经济行为的相关情况，并说明该经济行为获得批准的相关情况或者其他经济行为依据。

（3）评估对象和评估范围。评估报告中应当载明评估对象和评估范围。评估报告应当描述评估对象房地产的基本情况，通常包括：坐落的地址、实例状况、用途、法律权属状况等。评估报告应当说明评估对象房地产的具体评估范围，如是否包括附属设施、设备、院落等。

（4）价值类型。评估报告应当明确价值类型及其定义。如果选择市场价值以外的价值类型，还应当说明选择理由。评估专业人员应当根据评估目的、评估对象、市场条件等选择适当的价值类型。可供选择的价值类型主要包括市场价值、投资价值、在用价值、清算价值、残余价值等。在评估报告中应当明确本次评估的价值类型，并给出该价值类型的定义，以便评估报告使用者理解评估结论的含义。

（5）评估基准日。评估报告应当载明评估基准日，并与评估委托合同约定的评估基准日保持一致。评估基准日可以是现在某时点，也可以是过去或者将来的某时点，确定的评估基准日应当有利于经济行为的实现。

（6）评估依据。评估报告应当说明评估遵循的法律依据、准则依据、权属依据及取价依据等。法律依据包括房地产方面的法律、法规，如《中华人民共和国城市房地产管理法》，国务院及住房和城乡建设部颁布的有关房地产的文件、规定、通知等；准则依据包括本评估项目所依据的资产评估基本准则和相关的具体准则、指南、指导意见等；权属依据包括国有土地使用证、房屋所有权证、其他权属证明文件等；取价依据包括房地产管理机构发布的统计资料、房地产交易机构发布的市场信息和评估机构收集的房地产交易市场价格信息。

（7）评估方法。评估报告应当说明此次评估所选用的评估方法及选用理由。房地产评估方法包括市场法、成本法、收益法等。评估报告不但要说明所选用的评估方法，还应当说明选择此评估方法的理由。如果采用两种以上方法进行评估，应当说明评估结论确定的方法。未采用两种以上评估方法进行评估的，评估报告应当披露其他基本评估方法不适用的原因或所受的操作限制。

（8）评估程序的实施过程。评估报告应当说明评估程序实施过程中的现场调查、资料收集与分析、评定估算等主要内容。评估报告应当说明自接受评估项目委托起至出具评估报告的主要评估工作过程，包括：接受项目委托，确定评估目的、评估对象与评估范围、评估基准日、拟订评估计划等过程；指导被评估单位清查资产、准备评估资料，核实资产与验证资料等过程；选择评估方法、收集市场信息和估算等过程；评估结论汇总、评估结论分析、撰写报告和内部审核等过程。

（9）评估假设。评估报告应当披露所使用的评估假设。评估结论是在一定的假设前提下得出来的，评估专业人员执行资产评估业务，应当科学合理地使用评估假设。资产评估基本假设主要包括交易假设、公开市场假设、继续使用假设、清算假设等。

（10）评估结论。评估报告中应当以文字和数字的形式清晰地说明评估结论。在评估结论中，应当以文字形式明确评估目的、评估对象等内容，以数字形式表达评估结论的数值。通常，评估结论应当是确定的数值。经与委托人沟通，评估结论也可以是区间值或者其他形式的专业意见。

（11）特别事项说明。特别事项是指评估专业人员在评估过程中发现的，可能影响评估结论的事项。在评定估算时，评估专业人员没有考虑该事项对评估结论的影响。特别事项应当在评估报告中予以说明，提示评估报告使用者恰当使用评估结论。评估报告的特别事项说明通常包括下列内容：权属资料不完整或者存在瑕疵的情形；未决事项、法律纠纷等不确定因素；利用专家工作情况；重大期后事项；在不违背资产评估准则基本要求的情况下，采用的不同于资产评估准则规定的程序和方法。评估报告应当说明特别事项可能对评估结论产生的影响，并重点提示评估报告使用者予以关注。

（12）评估报告使用限制说明。使用限制是对评估报告的用途、使用者、有效期等所作的限定，评估报告存在限定的使用范围。评估报告的使用限制说明通常包括下列内容：评估报告只能用于评估报告载明的评估目的和用途；评估报告只能由评估报告载明的评估报告使用者使用；评估报告使用人应当正确理解评估结论；未征得出具评估报告的评估机构同意，评估报告的内容不得被摘抄、引用或披露于公开媒体，法律、法规规定以及相关当事方另有约定的除外；评估结论的有效期；因评估程序受限造成的对评估报告的使用限制。

（13）评估报告日。评估报告日通常为评估专业意见形成的日期，可以不同于评估报告的签发日。评估报告日需要在评估报告中明确，以公历年、月、日的形式表现。评估报告日不同于评估基准日。评估基准日是评估结论所对应的日期。

（14）签字盖章。评估报告应当由至少两名承办该项业务的资产评估专业人员签名并加盖评估机构印章。法定评估业务的评估报告应当由至少两名承办该项业务的资产评估师签名，并加盖资产评估机构印章。

11.2.5　房地产评估报告附件

评估报告附件是附在房地产评估报告后面的文件与资料。评估报告使用者可以根据评估报告中披露的附件的名称以及附件内容，判断评估报告的合法性，并在相应的评估工作底稿以及相关法律、行政法规和部门规章中找到相应的评估依据。评估报告附件的内容应当与评估目的、评估方法、评估结论相关联，在评估过程中形成的一些无关的操作资料不应当作为评估报告的附件。评估报告附件通常包括下列内容：

（1）评估对象所涉及的主要权属证明资料。在评估报告的正文中，评估专业人员已经阐述了评估的权属依据，评估报告中所涉及的权属证明材料名称、原件或复印件需要装订在附件中。权属依据证明材料主要包括房屋所有权证书、房屋所有权证等。

（2）委托人和相关当事人的承诺函。在房地产评估中，评估机构及其评估专业人员、委托人、相关当事人均要对自己的行为负法律责任，承诺行为合法、真实、有效。评估机构及其评估专业人员的承诺已经在评估报告中的"评估报告声明"部分阐述，委托人和相关当事人的承诺函则要列在附件中。委托人和相关当事人应当承诺，房地产评估所对应的经济行为符合国家规定，出具的房地产权属证明文件合法有效，提供的资料真实完整，在评估操作过程中不干预评估专业人员独立、客观、公正地执业。委托人和相关当事人的承诺函由委托人和相关当事人签字、盖章。

（3）资产评估机构及签名资产评估专业人员的资格证明。评估机构承接评估业务必须具备相应的专业资格，在规定的范围和等级内从事评估业务。资产评估专业人员从事法定评估业务，应当通过考试取得资产评估师资格及其他相应的资格。在房地产评估报告中，应当将评估机构法人营业执照副本、评估机构资格证书复印件，以及签字资产评估师资格证书复印件作为附件装订。

（4）房地产评估汇总表或明细表。如果评估对象房地产为多种房地产或房地产组，为使评估报告使用者能够更详细地了解委托评估房地产的构成及具体情况，评估专业人员应当以附件的形式提供房地产清单或汇总表。

评估报告附件置于房地产评估报告的正文之后，以目录的形式列出附件的名称，并将具体的文件、证明材料、函件、清单、证书等材料的原件或复印件装订其后。相关附件应当清晰、完整，内容应当与评估报告摘要、正文一致。如果附件为复印件，应当保证其真实性，内容与原件一致。

11.2.6　评估明细表和评估说明

为规范企业国有资产评估报告编制和出具行为，中国资产评估协会根据国有资产评估管理有关规定和《资产评估执业准则——资产评估报告》，制定了《企业国有资产评估报告指南》和《金融企业国有资产评估报告指南》。企业国有资产评估报告和金融企业国有资产评估报告均由标题、文号、声明、摘要、正文、附件、评估明细表和评估说明构成。

同普通资产评估报告相比较，国有资产评估报告增加了评估明细表和评估说明两个项目。对于企业国有房地产评估项目，评估专业人员应当根据国有资产行政主管部门的要求，另行提供相关明细表和评估说明，作为国有资产评估核准备案专用材料的一部分。评估明细表是反映被评估资产明细情况的表格。评估专业人员应当编制评估明细表，分类列示评估对象房地产的构成情况。评估说明是对评估对象进行核实、评定估算的详细说明，供国有资产监督管理机构、相关监管机构和部门使用。评估说明应当做到内容完整、表述清晰，并充分考虑不同经济行为和不同评估方法的特点。

除增加了评估明细表和评估说明两个项目外，企业国有资产评估报告与一般资产评估报告相比较还存在一些差异。《企业国有资产评估报告指南》对编制和出具企业国有资产评估报告行为进行了规范，结合企业国有资产评估的特点对评估报告的具体内容与构成进行了细化。此项指南指出了国有资产评估报告的基本要求，对国有资产评估报告的标题、文号、声明和摘要、正文、附件、评估明细表、评估说明、出具与装订方法作出了详细的说明，并以附件的形式对评估报告的编制进行了指引。如果涉及国有房地产评估业务，评估机构及其评估专业人员需要参照该指南的要求编制评估报告。

11.3 房地产评估报告的编制

编制评估报告是房地产评估工作的一个重要环节。评估机构及其评估专业人员需要遵循评估报告编制的基本要求，按规定的步骤编制评估报告。评估报告经过审核后，装订成册，按规定的时间和方式提交给委托人。

11.3.1 房地产评估报告的编制要求

评估报告是房地产评估价值专业意见的书面表达，是房地产评估工作的最终成果。评估委托人需要以评估报告的结果为参考确定房地产的价格，并采取相应的经济行为。评估机构及其评估专业人员在履行了必要的评估程序后，应当按照准则和相关规范的要求编制房地产评估报告，基本要求如下：

（1）客观公正。评估报告必须建立在真实、客观的基础上，得出的评估结论应有充分的依据。评估结论是评估专业人员根据被评估房地产的状况及其所处的市场条件，在充分分析的基础上得出的结果，没有损害评估各当事人及他人的合法权益。评估机构和评估专业人员应保持形式和实质上的独立，评估机构不得为与其存在利害关系的委托人出具评估报告。

（2）内容完整。评估报告应当内容完整，包括标题及文号、目录、评估声明、评估摘要、正文和附件等规定的内容。评估报告应当清晰、准确地表述评估过程及评估结论，不得使用有误导性的表述，保证评估报告的使用者能够准确理解评估结论。评估机构及其评估专业人员可以根据评估对象的复杂程度、委托人要求，合理确定评估报告的详略程度。

（3）形式规范。评估报告的文字表述应当清楚、准确、简明扼要，用词规范，按规定的格式排版、装订。评估报告应当使用中文撰写，需要同时出具外文评估报告的，以中文评估报告为准。评估报告一般以人民币为计量币种，使用其他币种计量的，应当注明该币种对人民币的汇率。

（4）责任清楚。评估报告是明确评估机构及其评估专业人员责任的依据，由两名以上的评估专业人员签字盖章，并由评估机构盖章。在执行房地产评估业务的过程中，如果评估程序受到限制且无法排除，经与委托人协商后仍需出具评估报告的，应当在评估报告中说明评估程序受限情况及处理方式，并明确评估报告的使用限制。评估报告应当对评估报告的使用限制情况进行必要的说明。评估报告应当明确评估报告的使用有效期。通常，只有当评估基准日与经济行为实现日相距不超过一年时，才可以使用评估报告。

11.3.2 房地产评估报告的编制步骤

评估专业人员在履行了前期的评估程序，经过房地产价值评定估算环节后，即进入了评估报告的撰写阶段。评估报告的编制包括以下几个步骤：

（1）整理评估报告所需资料。房地产评估的前期工作结束后，评估专业人员需要对评估资料进行整理、分类，形成评估工作底稿，为撰写评估报告准备资料。编制评估报告所需要的资料主要包括为承接、计划、控制和管理评估业务所形成的工作记录及相关资料，以及现场调查记录资料、收集的评估资料、评定估算过程记录等，并对评估数据进行汇总。在评估资料的整理过程中，如果发现资料不准确应当进行修正，如果发现资料不完整应当及时补充。

（2）草拟评估报告。评估报告所需要的资料整理完成后，即可着手撰写评估报告。评估报告一般由评估项目组成人员共同完成，小型的评估项目也可指定专人负责撰写。评估专业人员需要根据本次评估的目的、评估对象的条件及委托人的要求，确定评估报告的基本内容与总体要求，进行人员分工并制订评估报告写作计划。评估项目组成人员草拟出各自负责部分的评估报告，交由项目负责人合并整理后形成初步的评估报告。

（3）撰写正式的评估报告。草拟出评估报告后，评估专业人员需要对评估报告进行检查，对评估报告中存在的疏忽、遗漏和错误之处进行修正。可就评估基本情况和评估报告书初稿的初步结果与委托人交换意见。听取委托人的反馈意见后，在坚持独立、客观、公正的前提下，认真分析委托人提出的问题和建议，考虑是否应该修改评估报告。经检查无误后，形成正式的评估报告。

（4）排版印刷与装订评估报告。评估报告编制完成后，应当装订成册。评估报告封面应当载明评估报告标题及文号、评估机构全称和评估报告日。评估报告标题及文号一般在封面上方居中位置，评估机构名称及评估报告日应当在封面下方的居中位置。评估报告应当用 A4 规格纸张打印。评估报告一般分册装订，各册应当具有独立的目录。声明、摘要、正文和附件合订成册。评估报告封底或者其他适当位置应当标注评估机构名称、地址、邮政编码、联系电话、传真、电子邮箱等。

11.3.3　房地产评估报告的审核、提交与归档

评估报告编制完成后，房地产评估工作并没有完全结束，还需要做好评估报告的审核、提交和归档等工作。

（1）评估报告的审核。评估机构需要建立评估报告审核审查制度，由专门的评估报告审核人员对撰写的评估报告进行核对、检查。在评估报告的审核过程中，要求审核人员认真负责，检查评估工作底稿的数据与评估报告中的数据是否一致，评估报告的文字表述是否清晰准确，评估报告有无错误和遗漏，评估结论是否合理。评估审核过程发现的问题，应当及时修正，以保证评估报告的准确性，提高评估报告的质量。评估机构可以建立多级审核和交叉审核制度，明确审核人员的职责，加强评估报告的审核管理。经过审核无误的评估报告方能对外出具。

（2）评估报告的提交。评估报告经过审核后，应当由两名以上的评估专业人员签字，并由评估机构（或者其授权的分支机构）盖章。评估机构及其评估专业人员应当按评估委托合同的要求，在规定的时间内以约定的方式将房地产评估报告提交给委托人。评估报告应当以评估机构的名义出具。

小资料

房地产评估
报告范例

（3）评估报告的归档。评估报告是评估档案的重要内容，评估机构在向委托人提交房地产评估报告后，应当将评估报告连同评估工作底稿一起归档管理，建立完备的评估基础资料，以备日后调阅、检查或评价。

11.4　房地产评估报告的使用

评估机构出具并提交房地产评估报告后，评估报告使用者应当认真阅读评估报告的内容，正确理解评估结论的含义，恰当使用评估报告，合理实施评估目的对应的经济行为。评估机构及其评估专业人员有义务提示和帮助评估报告使用者正确理解评估报告的内容，指引其合理使用评估报告。

11.4.1　房地产评估报告的使用者

房地产评估报告的使用者是指有权利用评估报告及其结果从事相应经济行为或

其他行为的单位或个人。评估报告作为房地产评估价值专业意见的书面表达，是针对特定的当事人和经济行为做出的，只为特定的评估报告使用者服务。评估机构在与委托人签订《评估委托合同》时，应当明确评估报告的使用者。在资产评估报告的正文中，也应当介绍评估报告使用者的基本情况。评估报告使用者通常包括房地产评估的委托人、房地产产权的持有者、评估管理机构、国家法律法规规定的评估报告使用者和评估委托合同中约定的其他评估报告使用者。

（1）委托人是与评估机构签订评估委托合同，委托评估机构及其评估专业人员对房地产价值进行分析、估算并发表专业意见的单位或个人。委托人一般为某一单位或个人（一方），也可以是房地产交易的双方，甚至多方。委托人向评估机构支付评估费用，是评估报告的主要使用者。委托人在收到受托评估机构送交的评估报告后，可以依据评估报告所揭示的评估目的和评估结论，合理使用房地产评估结论，为实施房地产经济行为提供参考依据。

（2）产权持有者是评估对象房地产的产权所有者或实际控制者。一般情况下，评估业务的委托人与评估对象的产权持有者、管理者是同一主体，委托人为特定的经济行为委托评估机构对自有产权的资产进行评估。但有时评估业务的委托人与评估对象的产权持有者不一定是同一主体，委托人为特定的经济行为委托评估机构对他人持有产权的房地产进行评估。如果在评估委托合同中将产权持有者并列为评估报告的使用者，则其有权运用评估报告及结果。

（3）评估管理机构是指资产评估行政管理机关和资产评估行业自律组织。我国资产评估行政管理的主管机关是政府财政部门，资产评估行业自律组织是中国资产评估协会。评估管理机构有权调阅房地产评估报告，通过对评估报告的检查，了解评估机构是否按相关法律、法规和准则的要求从事房地产评估工作，是否履行了必要的评估程序，是否在真实、客观的基础上得出评估结论，以便加强资产评估的行业管理，促进资产评估行业健康发展。

（4）国家法律、法规规定的评估报告使用者。国家法律、法规赋予了政府机构一定的权力，在必要时可以查阅相关的资产评估报告，利用资产评估报告的结果，作为司法、行政的依据。这些机构主要包括人民法院、人民检察院、证券监督管理部门、金融监督管理部门、市场监督管理部门、税务机关等。

（5）评估委托合同中约定的其他评估报告使用者。除上述使用者外，还可能存在一些其他评估报告使用者。引发房地产评估的经济行为可能较为复杂，涉及委托人、产权持有者以外的第三方。为满足资产业务的需要，实现特定的评估目的，第三方也可以作为评估报告的使用者。资产评估报告的其他评估报告使用者由委托人提出，经评估机构同意后，列示在评估委托合同中。

11.4.2　使用评估报告需要注意的问题

恰当使用评估报告是评估报告使用者的责任。评估机构及其评估专业人员在出具并提交评估后，应当提示房地产评估报告使用者正确理解评估报告的内容和结果，在规定的范围内使用评估报告，关注评估报告中的特别事项说明，避免与防范评估报告使用风险。评估报告的使用是否得当，直接影响评估报告使用者及其相关当事人的经济决策。评估专业人员应当对评估报告的使用进行指引，提示评估报告使用者注意以下问题。

（1）提示正确理解评估报告的内容。评估报告是评估专业人员对评估对象在评估基准日特定目的下的价值发表的书面专业意见，评估报告的使用者应当认真阅读评估报告的内容，理解评估报告的专业术语。评估专业人员有义务对评估报告的内容进行讲解，帮助评估报告使用者正确理解评估报告的内容。

（2）提示评估报告有限定的使用者。评估报告只能由评估报告载明的评估报告使用者使用。如果其他使用者运用了评估报告及结果，可能导致错误的经济行为，评估机构不承担任何法律责任。评估报告的使用权归委托人所有，未经委托人许可，评估报告的全部或部分内容不得向其他单位或个人提供，也不得见诸公开媒体（法律、法规规定以及相关当事方另有约定的除外）。

（3）提示评估报告有特定的评估目的。评估报告使用者在运用评估报告及评估结论时应当注意，评估报告只能用于评估报告载明的评估目的和用途，为特定的资产业务或经济行为服务，一份评估报告只允许按一个用途使用，不允许用于其他用途。

（4）提示评估结论的有效期限定。评估报告使用者应当关注评估结论的有效期，知晓评估结论仅在有效期内发挥作用。评估结论的有效期从评估基准日开始计算，通常以年数或月数表示。在评估结论的有效期内，如果市场条件发生较大变化，对房地产价值产生明显影响，应对评估结论进行相应的调整，或委托评估机构重新评估。

（5）提示合理运用评估结论。评估报告所载明的评估结论，是评估专业人员对评估对象价值的专业判断，为委托人或相关当事方实施相应经济行为提供价值参考，并无强制执行力。评估结论不等同于评估对象可实现的价格，评估结论不应当被认为是对评估对象可实现价格的保证。在正常情况下，委托人可以在评估报告限定的条件下和范围内根据自身的需要合理使用评估结论，不建议直接以评估结论作为房地产的交易价格。

（6）提示关注评估报告中的特别事项说明。评估专业人员在评估过程中，已经发现有些特别事项可能对评估结论产生影响，但在评定估算时没有考虑该事项对评估结论的影响，如产权瑕疵、未决事项、法律纠纷、重大期后事项等。评估专业人员通常在评估报告中说明特别事项可能对评估结论产生的影响，提示评估报告使用者恰当使用评估结论。评估报告使用者在运用评估报告及结果时，应当关注特别事项说明的内容。

本章小结

房地产评估报告是评估机构及其评估专业人员遵守相关法律法规及资产评估准则的要求，根据委托，在执行必要的评估程序后，对评估对象房地产在评估基准日特定目的下的价值发表的、由资产评估机构出具的书面意见。评估报告是房地产评估工作的最终成果，对于委托人实现房地产业务、评估机构规范房地产评估执业行为及评估管理机构加强房地产评估监督管理均具有重要的作用。房地产评估报告按不同的标志可以划分为若干种类，资产评估机构及其评估专业人员可以根据评估业务的具体情况及委托人的要求，选择适当类型的评估报告表达评估意见。

根据《资产评估执业准则——资产评估报告》的规定，资产评估报告应由标题及文号、目录、声明、摘要、正文和附件等项目构成。房地产评估报告的封面，包括评估报告标题、评估报告文号、评估机构名称、出具评估报告的日期等内容。评估报告目录列示评估报告的构成内容，并标明对应的页码。评估报告声明是告知评估报告使用者，评估机构及其评估专业人员在房地产评估中遵循的法律规范、工作原则及承担的责任，提示评估报告使用者评估报告的特别事项和使用限制。评估报告的摘要应当能够简明扼要地反映评估经济行为、评估目的、评估对象和评估范围、价值类型、评估基准日、评估方法、评估结论及其使用有效期、对评估结论产生影响的特别事项等关键内容。评估报告的正文是评估报告的主体，应当详尽地阐述评估委托情况、评估基本事项、评估过程、评估结论、使用限制说明等内容。评估报告附件是附在资产评估报告后面的文件与资料。

评估机构及其评估专业人员在履行了必要的评估程序后，应当按照准则和规范的要求编制房地产评估报告。评估报告要求客观公正、内容完整、形式规范、责任清楚。评估报告的编制需要经过整理评估报告所需资料、草拟评估报告、撰写正式的评估报告、排版印刷与装订评估报告等步骤。评估报告编制完成后，还需要做好评估报告的审核、提交和归档等工作。

评估机构出具并提交房地产评估报告后，评估报告使用者应当正确理解评估结论的含义，合理使用评估报告。评估报告使用者通常包括房地产评估的委托人、房地产产权的持有者、评估管理机构、国家法律及法规规定的评估报告使用者和评估委托合同中约定的其他评估报告使用者。评估机构及其评估专业人员有义务帮助评估报告使用者正确理解评估报告的内容，提示其在规定的范围和期限内使用评估报告、关注评估报告中的特别事项说明，合理运用评估结论。

主要概念

房地产评估报告　完整型评估报告　简明型评估报告　正常型评估报告　限制型评估报告　评估报告声明　评估报告摘要　评估报告正文　评估特别事项　评估

报告日　评估报告附件

基本训练

■ 思考题

1.什么是房地产评估报告？房地产评估报告有哪些作用？

2.房地产评估报告的种类有哪些？

3.房地产评估报告的构成要素是什么？

4.房地产评估报告的摘要包括哪些内容？

5.房地产评估报告的正文由哪些项目构成？

6.编制房地产评估报告的基本要求有哪些？

7.编制房地产评估报告包括哪些步骤？

8.房地产评估报告的使用者包括哪些？

9.使用房地产评估报告需要注意哪些问题？

即测即评

主要参考文献

［1］姜楠，王景升．资产评估［M］．6版．大连：东北财经大学出版社，2023.

［2］许安标，黄薇．中华人民共和国资产评估法解读［M］．北京：中国法制出版社，2016.

［3］中国资产评估协会．资产评估实务（一）［M］．北京：中国财政经济出版社，2023.

［4］中国资产评估协会．资产评估基础［M］．北京：中国财政经济出版社，2023.

［5］杨志明．资产评估实务与案例分析［M］．北京：中国财政经济出版社，2016.

［6］王景升，何东平．资产评估［M］．北京：首都经济贸易大学出版社，2012.

［7］中国房地产估价师与房地产经纪人学会．房地产估价理论与方法［M］．北京：中国建筑工业出版社，2023.

［8］中国房地产估价师与房地产经纪人学会．房地产估价案例与分析［M］．北京：中国建筑工业出版社，2023.

［9］柴强．房地产估价［M］．10版．北京：首都经济贸易大学出版社，2021.

［10］祝平衡，吴老二，袁彩云．房地产估价理论与实务［M］．4版．大连：东北财经大学出版社，2016.

［11］美国估价学会．房地产估价［M］．中国房地产估价师与房地产经纪人学会，译．北京：中国建筑工业出版社，2005.

附　　录

附录1　《资产评估执业准则——不动产》

中国资产评估协会

第一章　总　则

第一条　为规范不动产评估行为，保护资产评估当事人合法权益和公共利益，根据《资产评估基本准则》制定本准则。

第二条　本准则所称不动产是指土地、建筑物及其他附着于土地上的定着物，包括物质实体及其相关权益。

本准则所称不动产不包含海域、林木等。

第三条　本准则所称不动产评估是指资产评估机构及其资产评估专业人员遵守法律、行政法规和资产评估准则，根据委托对评估基准日特定目的下的不动产价值进行评定和估算，并出具资产评估报告的专业服务行为。

不动产评估包括单独的不动产评估和企业价值评估中的不动产评估。

第四条　执行不动产评估业务，应当遵守本准则，但法律、行政法规规定应当执行其他准则的，从其规定。

第二章　基本遵循

第五条　执行不动产评估业务，应当具备不动产评估的专业知识和实践经验，能够胜任所执行的不动产评估业务。

当执行某项特定业务缺乏特定的专业知识和经验时，应当采取弥补措施，包括利用专家工作及相关报告等。

第六条　资产评估专业人员应当关注不动产的权属，收集相关的权属证明文件，对于没有权属证明文件的不动产应当要求委托人或者其他相关当事人对其权属做出承诺或说明。

第七条　不动产评估应当在评估对象符合用途管制要求的情况下进行。对于不动产使用的限制条件，应当以有关部门依法规定的用途、面积、高度、建筑密度、容积率、年限等技术指标为依据。

第八条　当不动产存在多种利用方式时，应当在合法的前提下，结合经济行为、评估目的、价值类型等情况，选择和使用最优利用方式进行评估。

第三章　操作要求

第九条　执行不动产评估业务，应当要求委托人明确资产评估报告的用途、评估对象、范围和评估目的。不动产评估对象，可以是不动产对应的全部权益，也可以是不动产对应的部分权益。

第十条　执行不动产评估业务，应当全面了解不动产的实物状况、权益状况和区位状况，掌握评估对象的主要特征。

第十一条　执行不动产评估业务，应当根据评估目的和不动产具体情况进行合理假设，并在资产评估报告中予以披露。

第十二条　不动产组成部分的价值存在相互影响关系。建筑物对于其所占有的土地使用权存在价值减损的可能。如果建筑物对于其所占有的土地使用权存在价值减损情形，评估土地使用权价值时应当计算该损失金额并加以扣除。

对于土建工程与机器设备安装为一体或者形成紧密关联的不动产，应当关注机器设备与不动产的关系，合理进行区分，并考虑机器设备等资产对不动产价值的影响。

第十三条　执行不动产评估业务，一般情况下，应当对所评估的不动产进行现场调查，明确不动产存在状态并关注其权属状况。特殊情况下，如需采用抽样等方法对不动产进行现场调查，应当充分考虑抽样风险。

对于不动产处于隐蔽状况或者因客观原因无法进行实地查看的部分，应当采取适当措施加以判断并予以披露。

第十四条　对于水利工程、码头、桥涵、道路等不动产，应当根据不动产的价值特性和资产特点，通过设计概算、工程图纸、竣工决算、定额标准等技术资料，结合对不动产的现场查看，了解不动产的结构、工程量、工程费用分摊、建设周期以及收益等情况。

第十五条　执行不动产评估业务，应当关注不动产的相邻关系、租约限制和动产对不动产价值的影响。

第四章　评估方法

第十六条　执行不动产评估业务，应当根据评估目的、评估对象、价值类型、资料收集等情况，分析市场法、收益法和成本法三种资产评估基本方法以及假设开发法、基准地价修正法等衍生方法的适用性，选择评估方法。

第十七条　采用市场法评估不动产时，应当收集足够的交易实例。收集交易实例的信息包括：

（一）交易实例的基本状况，主要包括：名称、坐落、四至、面积、用途、产权状况、土地形状、土地使用期限、建筑物建成日期、建筑结构、周围环境等；

（二）成交日期；

（三）成交价格，包括总价、单价及计价方式；

（四）付款方式；

（五）交易情况，主要有交易目的、交易方式、交易税费负担方式、交易人之间的特殊利害关系、特殊交易动机等。

第十八条　用作参照物的交易实例应当具备下列条件：

（一）在区位、用途、规模、建筑结构、档次、权利性质等方面与评估对象类似；

（二）成交日期与评估基准日接近；

（三）交易类型与评估目的相适合；

（四）成交价格为正常价格或者可以修正为正常价格。

第十九条　采用市场法评估不动产时，应当进行交易情况修正、交易日期修正和不动产状况修正。

交易情况修正是将参照物实际交易情况下的价格修正为正常交易情况下的价值。交易日期修正是将参照物成交日期的价格修正为评估基准日的价值。不动产状况修正是将参照物状况下的价格修正为评估对象状况下的价值，可以分为区位状况修正、权益状况修正和实物状况修正。

第二十条　采用收益法评估不动产时，应当了解：

（一）不动产应当具有经济收益或者潜在经济收益；

（二）不动产未来收益及风险能够较准确地预测与量化；

（三）不动产未来收益应当是不动产本身带来的收益；

（四）不动产未来收益包含有形收益和无形收益。

第二十一条　采用收益法评估不动产时，应当合理确定收益期限、净收益与折现率：

（一）收益期限应当根据建筑物剩余经济寿命年限与土地使用权剩余使用年限等参数，并根据法律、行政法规的规定确定；

（二）确定净收益时应当考虑未来收益和风险的合理预期；

（三）折现率与不动产的收益方式、收益预测方法、风险状况有关，也因不动产的组成部分不同而存在差异。折现率的口径应当与预期收益口径保持一致。

第二十二条　采用收益法评估不动产时，有租约限制的，租约期内的租金宜采用租约所确定的租金，租约期外的租金应当采用正常客观的租金，并在资产评估报告中披露租约情况。

第二十三条　采用成本法评估不动产，估算重置成本时，应当了解：

（一）重置成本采用客观成本；

（二）不动产重置成本采取土地使用权与建筑物分别估算、然后加总的评估方式时，重置成本的相关成本构成应当在两者之间合理划分或者分摊，避免重复计算或者漏算；

（三）不动产的重置成本通常采用更新重置成本。当评估对象为具有特定历史文化价值的不动产时，应当尽量采用复原重置成本。

第二十四条　资产评估专业人员应当对不动产所涉及的土地使用权剩余年限、建筑物经济寿命年限及设施设备的经济寿命年限进行分析判断，确定不动产的经济寿命年限。

第二十五条　资产评估专业人员应当综合考虑可能引起不动产贬值的主要因素，估算各种贬值。建筑物的贬值包括实体性贬值、功能性贬值和经济性贬值。确定建筑物的实体性贬值时，通常综合考虑建筑物已使用年限、经济寿命年限和土地使用权剩余年限的影响。

确定住宅用途建筑物实体性贬值时，需要考虑土地使用权自动续期的影响。当土地使用权自动续期时，可以根据建筑物的经济寿命年限确定其贬值额。

第二十六条　采用假设开发法评估不动产时，应当了解：

（一）假设开发法适用于具有开发和再开发潜力，并且其开发完成后的价值可以确定的不动产；

（二）开发完成后的不动产价值是开发完成后不动产状况所对应的价值；

（三）后续开发建设的必要支出和应得利润包括：后续开发成本、管理费用、销售费用、投资利息、销售税费、开发利润和取得待开发不动产的税费等；

（四）假设开发方式通常是满足规划条件下的最佳开发利用方式。

第二十七条　采用基准地价修正法评估土地使用权价值时，应当根据评估对象的价值内涵与基准地价内涵的差异，确定调整内容。在土地级别、用途、权益性质等要素一致的情况下，调整内容包括交易日期修正、区域因素修正、个别因素修正、使用年期修正和开发程度修正等。

第五章　企业价值评估中的不动产评估

第二十八条　企业所拥有的不动产通常在存货、投资性房地产、固定资产、在建工程以及无形资产等科目中核算，且可能存在同一不动产账面价值由多笔余额构成的情形。作为存货的房地产、投资性房地产和自用房地产等，其价值影响因素存在差异。

第二十九条　在企业价值评估中，应当关注企业经营方式及不动产实际使用方式对不动产价值的影响。

第三十条　在企业价值评估中，应当结合企业价值评估的价值类型合理设定不动产评估的假设前提和限制条件。

第三十一条　在企业价值评估中，应当分析不动产的财务核算方式以及是否存在不动产未结合同和尚未支付款项，明确不动产的评估价值内涵与实际已发生支出、尚未发生支出之间的关系，避免重复计算或者漏算。

第三十二条　在企业价值评估中，不动产作为企业资产的组成部分，评估价值受其对企业贡献程度的影响。

第三十三条　在企业价值评估中，对于溢余不动产，应当考虑不动产的持有目的、收益状况和实现交易的可能性，采用恰当的评估方法确定其评估价值。

第六章　披露要求

第三十四条　无论单独出具不动产评估报告，还是将不动产评估作为资产评估报告的组成部分，都应当在资产评估报告中披露必要信息，使资产评估报告使用人能够正确理解评估结论。

第三十五条　执行不动产评估业务，在编制资产评估报告时应当对不动产的总体情况、主要特点和权属状况进行披露。

第七章　附　则

第三十六条　本准则自2017年10月1日起施行。中国资产评估协会于2007年11月28日发布的《关于印发〈资产评估准则——评估报告〉等7项资产评估准则的通知》（中评协〔2007〕189号）中的《资产评估准则——不动产》同时废止。

附录2 《房地产估价规范》

中华人民共和国住房和城乡建设部

1 总 则

1.0.1 为规范房地产估价活动，统一房地产估价程序和方法，保证房地产估价质量，制定本规范。

1.0.2 本规范适用于房地产估价活动。

1.0.3 房地产估价除应符合本规范外，尚应符合国家现行有关标准的规定。

2 估价原则

2.0.1 房地产的市场价值评估，应遵循下列原则：

1.独立、客观、公正原则；

2.合法原则；

3.价值时点原则；

4.替代原则；

5.最高最佳利用原则。

2.0.2 房地产的抵押价值和抵押净值评估，除应遵循市场价值评估的原则外，还应遵循谨慎原则。

2.0.3 房地产的投资价值、现状价值等其他价值和价格评估，应根据估价目的和价值类型，从市场价值评估的原则中选择适用的原则，并可增加其他适用的原则。

2.0.4 遵循不同估价原则的评估价值，应符合下列规定：

1.遵循独立、客观、公正原则，评估价值应为对各方估价利害关系人均是公平合理的价值或价格；

2.遵循合法原则，评估价值应为在依法判定的估价对象状况下的价值或价格；

3.遵循价值时点原则，评估价值应为在根据估价目的确定的某一特定时间的价值或价格；

4.遵循替代原则，评估价值与估价对象的类似房地产在同等条件下的价值或价格偏差应在合理范围内；

5.遵循最高最佳利用原则，评估价值应为在估价对象最高最佳利用状况下的价值或价格；

6.遵循谨慎原则，评估价值应为在充分考虑导致估价对象价值或价格偏低的因素，慎重考虑导致估价对象价值或价格偏高的因素下的价值或价格。

2.0.5 估价对象的最高最佳利用状况包括最佳的用途、规模和档次，应按法律上允许、技术上可能、财务上可行、价值最大化的次序进行分析、筛选或判断确定，并应符合下列规定：

1.当估价对象的权利人和意向取得者对估价对象依法享有的开发利用权利不相同时，应先根据估价目的确定从估价对象的权利人角度或意向取得者角度进行估价，再根据其对估价对象依法享有的开发利用权利，确定估价对象的最高最佳利用状况；

2.当估价对象已为某种利用时，应在调查及分析其利用现状的基础上，对其最高最佳利用和相应的估价前提作出下列判断和选择，并应在估价报告中说明：

1）维持现状、继续利用最为合理的，应选择维持现状前提进行估价；

2）更新改造再予以利用最为合理的，应选择更新改造前提进行估价；

3）改变用途再予以利用最为合理的，应选择改变用途前进行估价；

4）改变规模再予以利用最为合理的，应选择改变规模前进行估价；

5）重新开发再予以利用最为合理的，应选择重新开发前进行估价；

6）上述前提的某种组合或其他特殊利用最为合理的，应选择上述前提的某种组合或其他特殊利用前提进行估价。

2.0.6　当估价对象的实际用途、登记用途、规划用途之间不一致时，应按下列规定确定估价所依据的用途，并应作为估价假设中的不相一致假设在估价报告中说明及对估价报告和估价结果的使用作出相应限制：

1.政府或其有关部门对估价对象的用途有认定或处理的，应按其认定或处理结果进行估价；

2.政府或其有关部门对估价对象的用途没有认定或处理的，应按下列规定执行：

1）登记用途、规划用途之间不一致的，可根据估价目的或最高最佳利用原则选择其中一种用途；

2）实际用途与登记用途、规划用途均不一致的，应根据估价目的确定估价所依据的用途。

3　估价程序

3.0.1　房地产估价工作应按下列程序进行：

1.受理估价委托；

2.确定估价基本事项；

3.编制估价作业方案；

4.搜集估价所需资料；

5.实地查勘估价对象；

6.选用估价方法进行测算；

7.确定估价结果；

8.撰写估价报告；

9.审核估价报告；

10.交付估价报告；

11.保存估价资料。

3.0.2　估价委托应由房地产估价机构统一受理，并应符合下列规定：

1.在接受估价委托时，应要求估价委托人出具估价委托书；

2.决定受理估价委托的，应与估价委托人订立书面估价委托合同；

3.受理估价委托后，应根据估价项目的规模、难度和完成时间确定参加估价的注册房地产估价师数量，并至少选派两名能胜任该估价工作的注册房地产估价师共同进行估价，且应明确其中一人为项目负责人；

4.除应采用批量估价的项目外，每个估价项目应至少有一名注册房地产估价师全程参与受理估价委托、实地查勘估价对象、撰写估价报告等估价工作。

3.0.3　估价基本事项包括估价目的、价值时点、估价对象和价值类型，应在与估价委托人进行沟通及调查有关情况和规定的基础上确定，并应符合下列规定：

1.估价目的应根据估价委托人真实、具体的估价需要及估价报告的预期用途或预期使用者确定，对其表述应具体、准确、简洁。

2.价值时点应根据估价目的确定，采用公历表示，宜具体到日。回顾性估价和预测性估价的价值时点在难以具体到日且能满足估价目的需要的情况下，可到周或旬、月、季、半年、年等。

3.估价对象应在估价委托人指定及提供有关情况和资料的基础上，根据估价目的依法确定，并应明确界定其财产范围和空间范围，不得遗漏或虚构。法律、行政法规规定不得买卖、租赁、抵押、作为出资或进行其他活动的房地产，或征收不予补偿的房地产，不应作为相应估价目的的估价对象。对作为估价对象的，应在估价报告中根据估价目的分析、说明其进行相应买卖或租赁、抵押、作为出资等活动的合法性。

4.价值类型应根据估价目的确定，并应包括价值或价格的名称、定义或内涵。

3.0.4 估价作业方案应在对估价项目进行分析的基础上编制，并应包括下列内容：

1.估价工作的主要内容及质量要求，应包括拟采用的估价方法和估价技术路线，拟搜集的估价所需资料及其来源渠道等；

2.估价工作的具体步骤及时间进度；

3.估价工作的人员安排等。

3.0.5 估价所需资料应针对估价项目进行搜集，并应包括下列资料：

1.反映估价对象区位、实物和权益状况的资料；

2.估价对象及其同类房地产的交易、收益、成本等资料；

3.对估价对象所在地区的房地产价值和价格有影响的资料；

4.对房地产价值和价格有普遍影响的资料。

3.0.6 对搜集的估价所需资料应进行检查。当估价委托人是估价对象权利人时，应查看估价对象的权属证明原件，并应将复印件与原件核对，不得仅凭复印件判断或假定估价对象的权属状况。

3.0.7 估价对象的实地查勘应符合下列规定：

1.应观察、询问、检查、核对估价对象的区位状况、实物状况和权益状况；

2.应拍摄反映估价对象内部状况、外部状况和周围环境状况的照片等影像资料，并应补充搜集估价所需的关于估价对象的其他资料；

3.应制作实地查勘记录，并应记载实地查勘的对象、内容、结果、时间和人员及其签名，记载的内容应真实、客观、准确、完整、清晰。

3.0.8 当无法进入估价对象内部进行实地查勘时，应对估价对象的外部状况和区位状况进行实地查勘，并应在估价报告中说明未进入估价对象内部进行实地查勘及其具体原因。对未进行实地查勘的估价对象内部状况，应作为估价假设中的依据不足假设在估价报告中说明。

3.0.9 在估价中遇有难以解决的复杂、疑难、特殊的估价技术问题时，应寻求相关估价专家或单位提供专业帮助，并应在估价报告中说明。

3.0.10 对估价对象的房屋安全、质量缺陷、环境污染、建筑面积、财务状况等估价专业以外的专业问题，经实地查勘、查阅现有资料或向相关专业领域的专家咨询后，仍难以作出常规判断和相应假设的，应建议估价委托人聘请具有相应资质资格的专业机构或专家先行鉴定或检测、测量、审计等，再以专业机构或专家出具的专业意见为依据进行估价，并应在估价报告中说明。

3.0.11 估价报告在交付估价委托人前，应对其内容和形式等进行审查核定，并应形成审核记录，记载审核的意见、结论、日期和人员及其签名。

3.0.12 估价报告经审核合格后，应由不少于两名参加估价的注册房地产估价师签名及加盖房地产估价机构公章，并应按有关规定和估价委托合同约定交付估价委托人。

3.0.13　估价报告交付估价委托人后，不得擅自改动、更换、删除或销毁下列估价资料：

1.估价报告；

2.估价委托书和估价委托合同；

3.估价所依据的估价委托人提供的资料；

4.估价项目来源和沟通情况记录；

5.估价对象实地查勘记录；

6.估价报告内部审核记录；

7.估价中的不同意见记录；

8.外部专业帮助的专业意见。

3.0.14　房地产估价机构应及时整理和保存估价资料，并应保存到估价服务的行为结束且不得少于10年。保存期限应自估价报告出具之日起计算。

4　估价方法

4.1　估价方法选用

4.1.1　选用估价方法时，应根据估价对象及其所在地的房地产市场状况等客观条件，对比较法、收益法、成本法、假设开发法等估价方法进行适用性分析。

4.1.2　估价方法的选用，应符合下列规定：

1.估价对象的同类房地产有较多交易的，应选用比较法。

2.估价对象或其同类房地产通常有租金等经济收入的，应选用收益法。

3.估价对象可假定为独立的开发建设项目进行重新开发建设的，宜选用成本法；当估价对象的同类房地产没有交易或交易很少，且估价对象或其同类房地产没有租金等经济收入时，应选用成本法。

4.估价对象具有开发或再开发潜力且开发完成后的价值可采用除成本法以外的方法测算的，应选用假设开发法。

4.1.3　当估价对象仅适用一种估价方法进行估价时，可只选用一种估价方法进行估价。当估价对象适用两种或两种以上估价方法进行估价时，宜同时选用所有适用的估价方法进行估价，不得随意取舍；当必须取舍时，应在估价报告中说明并陈述理由。

4.2　比较法

4.2.1　运用比较法进行房地产估价时，应按下列步骤进行：

1.搜集交易实例；

2.选取可比实例；

3.建立比较基础；

4.进行交易情况修正；

5.进行市场状况调整；

6.进行房地产状况调整；

7.计算比较价值。

4.2.2　搜集的交易实例信息应满足比较法运用的需要，宜包括下列内容：

1.交易对象基本状况；

2.交易双方基本情况；

3.交易方式；

4.成交日期；

5.成交价格、付款方式、融资条件、交易税费负担情况；

6.交易目的等。

4.2.3 可比实例的选取应符合下列规定：

1.可比实例应从交易实例中选取且不得少于三个；

2.可比实例的交易方式应适合估价目的；

3.可比实例房地产应与估价对象房地产相似；

4.可比实例的成交日期应接近价值时点，与价值时点相差不宜超过一年，且不得超过两年；

5.可比实例的成交价格应为正常价格或可修正为正常价格；

6.在同等条件下，应将位置与估价对象较近、成交日期与价值时点较近的交易实例选为可比实例。

4.2.4 下列特殊交易情况下的交易实例，不宜选为可比实例：

1.利害关系人之间的交易；

2.对交易对象或市场行情缺乏了解的交易；

3.被迫出售或被迫购买的交易；

4.人为哄抬价格的交易；

5.对交易对象有特殊偏好的交易；

6.相邻房地产合并的交易；

7.受迷信影响的交易。

4.2.5 可比实例及其有关信息应真实、可靠，不得虚构。应对可比实例的外部状况和区位状况进行实地查勘，并应在估价报告中说明可比实例的名称、位置及附位置图和外观照片。

4.2.6 选取可比实例后，应建立比较基础，对可比实例的成交价格进行标准化处理。标准化处理应包括统一财产范围、统一付款方式、统一融资条件、统一税费负担和统一计价单位，并应符合下列规定：

1.统一财产范围应对可比实例与估价对象的财产范围进行对比，并应消除因财产范围不同造成的价格差异；

2.统一付款方式应将可比实例不是成交日期或一次性付清的价格，调整为成交日期且一次性付清的价格；

3.统一融资条件应将可比实例在非常规融资条件下的价格，调整为在常规融资条件下的价格；

4.统一税费负担应将可比实例在交易税费非正常负担下的价格，调整为在交易税费正常负担下的价格；

5.统一计价单位应包括统一为总价或单价、楼面地价，统一币种和货币单位，统一面积或体积内涵及计量单位等。不同币种之间的换算宜按国务院金融主管部门公布的成交日期的市场汇率中间价计算。

4.2.7 当满足本规范第4.2.3条要求的交易实例少于三个时，在掌握特殊交易情况且能量化其对成交价格影响的情况下，可将特殊交易情况下的交易实例选为可比实例，但应对其进行交易情况修正。修正时，应消除特殊交易情况造成的可比实例成交价格偏差，将可比实例的非正常成交价格修正为正常价格。

4.2.8　进行市场状况调整时，应消除成交日期的市场状况与价值时点的市场状况不同造成的价格差异，将可比实例在其成交日期的价格调整为在价值时点的价格，并应在调查及分析可比实例所在地同类房地产价格变动情况的基础上，采用可比实例所在地同类房地产的价格变动率或价格指数进行调整，且价格变动率或价格指数的来源应真实、可靠。

4.2.9　房地产状况调整应消除可比实例状况与估价对象状况不同造成的价格差异，包括区位状况调整、实物状况调整和权益状况调整。

4.2.10　进行区位状况调整时，应将可比实例在自身区位状况下的价格调整为在估价对象区位状况下的价格，且调整的内容应包括位置、交通、外部配套设施、周围环境等，单套住宅的调整内容还应包括所处楼幢、楼层和朝向。

4.2.11　进行实物状况调整时，应将可比实例在自身实物状况下的价格调整为在估价对象实物状况下的价格。土地实物状况调整的内容应包括土地的面积、形状、地形、地势、地质、土壤、开发程度等；建筑物实物状况调整的内容应包括建筑规模、建筑结构、设施设备、装饰装修、空间布局、建筑功能、外观、新旧程度等。

4.2.12　进行权益状况调整时，应将可比实例在自身权益状况下的价格调整为在估价对象权益状况下的价格，且调整的内容应包括规划条件、土地使用期限、共有情况、用益物权设立情况、担保物权设立情况、租赁或占用情况、拖欠税费情况、查封等形式限制权利情况、权属清晰情况等。

4.2.13　进行区位、实物和权益状况调整时，应将可比实例与估价对象的区位、实物和权益状况因素逐项进行比较，找出它们之间的差异，量化状况差异造成的价格差异，对可比实例的价格进行相应调整。调整的具体内容和比较因素，应根据估价对象的用途等情况确定。

4.2.14　交易情况修正、市场状况调整和房地产状况调整，可根据具体情况，基于总价或单价，采用金额、百分比或回归分析法，通过直接比较或间接比较，对可比实例成交价格进行处理。

4.2.15　进行交易情况修正、市场状况调整、区位状况调整、实物状况调整、权益状况调整时，应符合下列规定：

1.分别对可比实例成交价格的修正或调整幅度不宜超过20%，共同对可比实例成交价格的修正和调整幅度不宜超过30%；

2.经修正和调整后的各个可比实例价格中，最高价与最低价的比值不宜大于1.2；

3.当幅度或比值超出本条规定时，宜更换可比实例；

4.当因估价对象或市场状况特殊，无更合适的可比实例替换时，应在估价报告中说明并陈述理由。

4.2.16　对经修正和调整后的各个可比实例价格，应根据它们之间的差异程度、可比实例房地产与估价对象房地产的相似程度、可比实例资料的可靠程度等情况，选用简单算术平均、加权算术平均等方法计算出比较价值。

4.2.17　比较法的原理和技术，可用于其他的估价方法中有关估价数据的求得。

4.3　收益法

4.3.1　运用收益法进行房地产估价时，应按下列步骤进行：

1.选择具体估价方法；

2.测算收益期或持有期；

3.测算未来收益；

4.确定报酬率或资本化率、收益乘数；

5.计算收益价值。

4.3.2 收益法估价时，应区分报酬资本化法和直接资本化法，并应优先选用报酬资本化法。报酬资本化法估价时，应区分全剩余寿命模式和持有加转售模式。当收益期较长、难以预测该期限内各年净收益时，宜选用持有加转售模式。

4.3.3 选用全剩余寿命模式进行估价时，收益价值应按下式计算：

$$V = \sum_{i=1}^{n} \frac{A_i}{(1 + Y_i)^i} \tag{4.3.3}$$

式中：V收益价值（元或元/m²）；A_i未来第i年的净收益（元或元/m²）；Y_i未来第i年的报酬率（%）；n收益期（年）。

4.3.4 选用持有加转售模式进行估价时，收益价值应按下式计算：

$$V = \sum_{i=1}^{t} \frac{A_i}{(1 + Y_i)^i} + \frac{V_t}{(1 + Y_t)^t} \tag{4.3.4}$$

式中：V收益价值（元或元/m²）；A_i期间收益（元或元/m²）；V_t期末转售收益（元或元/m²）；Y_i未来第i年的报酬率（%）；Y_t期末报酬率（%）；t持有期（年）。

4.3.5 选用直接资本化法进行估价时，收益价值应按下式计算：

$$V = \frac{NOI}{R} \tag{4.3.5}$$

式中：V收益价值（元或元/m²）；NOI未来第一年的净收益（元或元/m²）；R资本化率（%）。

4.3.6 收益期应根据土地使用权剩余期限和建筑物剩余经济寿命进行测算，并应符合下列规定：

1.土地使用权剩余期限和建筑物剩余经济寿命同时结束的，收益期应为土地使用权剩余期限或建筑物剩余经济寿命；

2.土地使用权剩余期限和建筑物剩余经济寿命不同时结束的，应选取其中较短者为收益期，并应对超出收益期的土地使用权或建筑物按本规范第4.3.16条的规定处理；

3.评估承租人权益价值的，收益期应为剩余租赁期限。

4.3.7 持有期应根据市场上投资者对同类房地产的典型持有时间及能预测期间收益的一般期限来确定，并宜为5年~10年。

4.3.8 净收益可通过租赁收入测算的，应优先通过租赁收入测算，并应符合下列规定：

1.应根据租赁合同和租赁市场资料测算净收益，且净收益应为有效毛收入减去由出租人负担的运营费用；

2.有效毛收入应为潜在毛租金收入减去空置和收租损失，再加租赁保证金或押金的利息等各种其他收入，或为租金收入加其他收入；

3.运营费用应包括房地产税、房屋保险费、物业服务费、管理费用、维修费、水电费等维持房地产正常使用或营业的必要支出，并应根据合同租金的内涵决定取舍，其中由承租人负担的部分不应计入；

4.评估承租人权益价值的，净收益应为市场租金减去合同租金。

4.3.9 净收益不可直接通过租赁收入测算的，应根据估价对象的用途等情况，选择下列方式之一测算：

1.商服经营型房地产，应根据经营资料测算净收益，且净收益应为经营收入减去经营成本、经营费用、经营税金及附加、管理费用、财务费用及应归属于商服经营者的利润；

2.生产型房地产，应根据产品市场价格和原材料、人工费用等资料测算净收益，且净收益应为产品销售收入减去生产成本、销售费用、销售税金及附加、管理费用、财务费用及应归属于生产者的利润；

3.自用或尚未使用的房地产，可比照有收益的类似房地产的有关资料按相应方式测算净收益，或通过直接比较调整得出净收益。

4.3.10　收益法估价中收入、费用或净收益的取值，应符合下列规定：

1.除有租约限制且评估出租人权益价值或承租人权益价值中的租金收入外，都应采用正常客观的数据；

2.有租约限制且评估出租人权益价值的，已出租部分在租赁期间应按合同租金确定租金收入，未出租部分和已出租部分在租赁期满后应按市场租金确定租金收入；

3.评估出租人权益价值或承租人权益价值时，合同租金明显高于或明显低于市场租金的，应调查租赁合同的真实性，分析解除租赁合同的可能性及其对收益价值的影响。

4.3.11　测算净收益时，价值时点为现在的，应调查估价对象至少最近三年的各年实际收入、费用或净收益等情况。利用估价对象的资料得出的收入、费用或净收益等数据，应与类似房地产在正常情况下的收入、费用或净收益等数据进行比较。当与正常客观的数据有差异时，应进行分析并予以修正。

4.3.12　期末转售收益应为持有期末的房地产转售价格减去转售成本。持有期末的房地产转售价格可采用直接资本化法、比较法等方法来测算。持有期末的转售成本应为转让人负担的销售费用、销售税费等费用和税金。

4.3.13　测算净收益时，应根据净收益过去、现在和未来的变动情况，判断确定未来净收益流量及其类型和对应的收益法公式，并应在估价报告中说明判断确定的结果及理由。

4.3.14　报酬率宜选用下列方法确定：

1.市场提取法：选取不少于三个可比实例，利用其价格、净收益等数据，选用相应的收益法公式，测算报酬率。

2.累加法：以安全利率加风险调整值作为报酬率。安全利率可选用国务院金融主管部门公布的同一时期一年定期存款年利率或一年期国债年利率；风险调整值应为承担额外风险所要求的补偿，并应根据估价对象及其所在地区、行业、市场等存在的风险来确定。

3.投资收益率排序插入法：找出有关不同类型的投资及其收益率、风险程度，按风险大小排序，将估价对象与这些投资的风险程度进行比较，判断、确定报酬率。

4.3.15　资本化率宜采用市场提取法确定。其中的综合资本化率还可根据具体情况，选用下列方法确定：

1.根据房地产的购买资金构成，将抵押贷款资本化率与权益资金资本化率的加权平均数作为综合资本化率，按下式计算：

$$R_0 = M \cdot R_M + (1-M) \cdot R_E \tag{4.3.15-1}$$

式中：R_0综合资本化率（%）；M贷款价值比（%）；R_M抵押贷款资本化率（%）；R_E权益资金资本化率（%）。

2.根据房地产中土地和建筑物的价值构成，将土地资本化率与建筑物资本化率的加权平均数作为综合资本化率，按下式计算：

$$R_o = L \cdot R_L + B \cdot R_B \qquad (4.3.15\text{-}2)$$

式中：R_o 综合资本化率（%）；L 土地价值占房地价值的比率（%）；R_L 土地资本化率（%）；B 建筑物价值占房地价值的比率（%）；R_B 建筑物资本化率（%）。

4.3.16 收益价值的计算，应符合下列规定：

1. 对土地使用权剩余期限超过建筑物剩余经济寿命的房地产，收益价值应为按收益期计算的价值，加自收益期结束时起计算的剩余期限土地使用权在价值时点的价值。

2. 对建筑物剩余经济寿命超过土地使用权剩余期限，且出让合同等约定土地使用权期间届满后无偿收回土地使用权及地上建筑物的非住宅房地产，收益价值应为按收益期计算的价值。

3. 对建筑物剩余经济寿命超过土地使用权剩余期限，且出让合同等未约定土地使用权期间届满后无偿收回土地使用权及地上建筑物的房地产，收益价值应为按收益期计算的价值，加建筑物在收益期结束时的价值折现到价值时点的价值。

4. 利用土地和建筑物共同产生的净收益计算土地价值时，可按下式计算：

$$V_L = \frac{A_o - V_B \cdot R_B}{R_L} \qquad (4.3.16\text{-}1)$$

式中：V_L 土地价值（元或元/m²）；A_o 土地和建筑物共同产生的净收益（元或元/m²）；V_B 建筑物价值（元或元/m²）。

5. 利用土地和建筑物共同产生的净收益计算建筑物价值时，可按下式计算：

$$V_B = \frac{A_o - V_L \cdot R_L}{R_B} \qquad (4.3.16\text{-}2)$$

4.3.17 自收益期结束时起计算的剩余期限土地使用权在价值时点的价值，可根据具体情况，选用下列方法计算：

1. 先分别测算自价值时点起计算的剩余期限土地使用权和以收益期为使用期限的土地使用权在价值时点的价值，再将两者相减；

2. 先预测自收益期结束时起计算的剩余期限土地使用权在收益期结束时的价值，再将其折现到价值时点。

4.4 成本法

4.4.1 运用成本法进行房地产估价时，应按下列步骤进行：

1. 选择具体估价路径；

2. 测算重置成本或重建成本；

3. 测算折旧；

4. 计算成本价值。

4.4.2 成本法估价时，对包含土地和建筑物的估价对象，应选择具体估价路径，并应符合下列规定：

1. 应根据估价对象状况和土地市场状况，选择房地合估路径或房地分估路径，并应优先选择房地合估路径；

2. 当选择房地合估路径时，应把土地当作原材料，模拟房地产开发建设过程，测算房地产重置成本或重建成本；

3. 当选择房地分估路径时，应把土地和建筑物当作各自独立的物，分别测算土地重置成本、建筑物重置成本或重建成本。

4.4.3　测算房地产重置成本或重建成本，应符合下列规定：

1.重置成本和重建成本应为在价值时点重新开发建设全新状况的房地产的必要支出及应得利润；

2.房地产的必要支出及应得利润应包括土地成本、建设成本、管理费用、销售费用、投资利息、销售税费和开发利润。

4.4.4　测算土地成本和土地重置成本，可采用比较法、成本法、基准地价修正法等方法，并应符合下列规定：

1.土地成本和土地重置成本应为在价值时点重新购置土地的必要支出，或重新开发土地的必要支出及应得利润；

2.重新购置土地的必要支出应包括土地购置价款和相关税费，重新开发土地的必要支出及应得利润应包括待开发土地成本、土地开发成本、管理费用、销售费用、投资利息、销售税费和开发利润；

3.除估价对象状况相对于价值时点应为历史状况或未来状况外，土地状况应为土地在价值时点的状况，土地使用期限应为自价值时点起计算的土地使用权剩余期限。

4.4.5　测算建筑物重置成本或重建成本，可采用单位比较法、分部分项法、工料测量法等方法，或利用政府或其有关部门公布的房屋重置价格扣除其中包含的土地价值且进行适当调整，并应符合下列规定：

1.对一般的建筑物，或因年代久远、已缺少与旧建筑物相同的建筑材料、建筑构配件和设备，或因建筑技术、工艺改变等使得旧建筑物复原建造有困难的建筑物，宜测算重置成本；

2.对具有历史、艺术、科学价值或代表性的建筑物，宜测算重建成本；

3.建筑物重置成本和重建成本应为在价值时点重新建造全新建筑物的必要支出及应得利润；

4.建筑物的必要支出及应得利润应包括建筑物建设成本、管理费用、销售费用、投资利息、销售税费和开发利润；

5.利用政府或其有关部门公布的房屋重置价格扣除其中包含的土地价值且进行适当调整测算建筑物重置成本或重建成本的，应了解该房屋重置价格的内涵。

4.4.6　各项必要支出及应得利润的测算，应符合下列规定：

1.各项必要支出及应得利润应为正常客观的支出和利润；

2.销售税费和开发利润不应作为投资利息的计算基数；

3.作为投资利息计算基数的各项必要支出的计息期，应分别自其发生时起至建设期结束时止；

4.开发利润应在明确其计算基数和相应开发利润率的基础上，为其计算基数乘以开发建设类似房地产的相应开发利润率。

4.4.7　建筑物折旧应为各种原因造成的建筑物价值减损，并应等于建筑物在价值时点的重置成本或重建成本减去建筑物在价值时点的市场价值，包括物质折旧、功能折旧和外部折旧。

4.4.8　测算建筑物折旧，可选用年龄-寿命法、市场提取法、分解法。

4.4.9　采用年龄-寿命法测算建筑物折旧后价值时，可选用下列方法：

1.直线法：

$$V = C - (C - S) \cdot \frac{t}{N} \qquad (4.4.9{-}1)$$

2.成新折扣法：

$$V=C \cdot q \qquad\qquad (4.4.9-2)$$

式中：V建筑物折旧后价值（元或元/m²）；C建筑物重置成本或重建成本（元或元/m²）；S建筑物预计净残值（元或元/m²）；t建筑物有效年龄（年）；N建筑物经济寿命（年）；q建筑物成新率（%）。

4.4.10　建筑物有效年龄应根据建筑物的施工、使用、维护和更新改造等状况，在建筑物实际年龄的基础上进行适当加减调整得出。

4.4.11　建筑物经济寿命应自建筑物竣工时起计算，可在建筑物设计使用年限的基础上，根据建筑物的施工、使用、维护、更新改造等状况及周围环境、房地产市场状况等进行综合分析判断后确定。非住宅建筑物经济寿命晚于土地使用期限结束，且出让合同等约定土地使用权期间届满后无偿收回土地使用权及地上建筑物的，测算建筑物折旧时，应将建筑物经济寿命替换为自建筑物竣工时起至土地使用权期间届满之日止的时间。

4.4.12　采用市场提取法测算建筑物折旧时，应先从交易实例中选取不少于三个含有与估价对象中的建筑物具有类似折旧状况的建筑物作为可比实例，再通过这些可比实例的成交价格减去土地重置成本得到建筑物折旧后价值，然后将建筑物重置成本或重建成本减去建筑物折旧后价值得到建筑物折旧。

4.4.13　采用分解法测算建筑物折旧时，应先把建筑物折旧分成物质折旧、功能折旧、外部折旧等各个组成部分，并应分为可修复折旧和不可修复折旧两类，再分别测算出各个组成部分，然后相加得到建筑物折旧。修复成本小于或等于修复所能带来的房地产价值增加额的，应作为可修复折旧；否则，应作为不可修复折旧。对可修复折旧，应测算修复成本并将其作为折旧额。

4.4.14　测算建筑物折旧时，应到估价对象现场，观察、判断建筑物的实际新旧程度，并应根据建筑物的建成时间和使用、维护、更新改造等情况确定折旧额或成新率。

4.4.15　成本价值的计算，应符合下列规定：

1.对估价对象为包含土地和建筑物的房地产的，房地合估路径的成本价值应为房地产重置成本或重建成本减去建筑物折旧，房地分估路径的成本价值应为土地重置成本加建筑物重置成本或重建成本减去建筑物折旧；

2.对估价对象为土地的，成本价值应为重新开发土地的必要支出及应得利润；

3.对估价对象为建筑物的，成本价值应为建筑物重置成本或重建成本减去建筑物折旧。

4.4.16　在建工程和新近开发完成的房地产，采用成本法估价时可不扣除折旧，但对存在减价因素的，应予以相应的减价调整。

4.4.17　成本法测算出的价值，宜为房屋所有权和土地使用权且不存在租赁、抵押、查封等情况下的价值。当估价对象的权益状况与此不相同时，应对成本法测算出的价值进行相应调整。

4.5　假设开发法

4.5.1　运用假设开发法进行房地产估价时，应按下列步骤进行：

1.选择具体估价方法；

2.选择估价前提；

3.选择最佳开发经营方式；

4.测算后续开发经营期；

5.测算后续开发的必要支出；

6.测算开发完成后的价值；

7.确定折现率或测算后续开发的应得利润；

8.计算开发价值。

4.5.2 假设开发法估价时，应选择具体估价方法，并应符合下列规定：

1.应根据估价对象所处开发建设阶段等情况，选择动态分析法或静态分析法，并应优先选用动态分析法；

2.动态分析法应对后续开发的必要支出和开发完成后的价值进行折现现金流量分析，且不另外测算后续开发的投资利息和应得利润；

3.静态分析法应另外测算后续开发的投资利息和应得利润。

4.5.3 假设开发法的估价前提应根据估价目的、估价对象所处开发建设状态等情况，并应经过分析，选择下列前提之一：

1.业主自行开发前提；

2.自愿转让开发前提；

3.被迫转让开发前提。

4.5.4 选择最佳开发经营方式时，应先调查估价对象状况、估价对象所在地的房地产市场状况等情况，再据此确定未来开发完成后的房地产状况及其经营方式。

4.5.5 后续开发经营期应根据估价对象状况、未来开发完成后的房地产状况、未来开发完成后的房地产经营方式、类似房地产开发项目相应的一般期限、估价前提、估价对象所处开发建设状态、未来房地产市场状况等进行测算。

4.5.6 后续开发的必要支出应根据估价对象状况、未来开发完成后的房地产状况、未来开发完成后的房地产经营方式、估价前提、估价对象所处开发建设状态等来确定，并应符合下列规定：

1.后续开发的必要支出应为将估价对象开发成未来开发完成后的房地产所必须付出的各项成本、费用和税金，动态分析法的构成项目包括后续开发的建设成本、管理费用、销售费用、销售税费等，静态分析法的构成项目还包括后续开发的投资利息。当估价前提为自愿转让开发和被迫转让开发时，构成项目还应包括估价对象取得税费。

2.动态分析法中折现前后续开发的必要支出应为预计其在未来发生时的金额，静态分析法中后续开发的必要支出可为假设其在价值时点发生时的金额。

4.5.7 开发完成后的价值测算，应符合下列规定：

1.不应采用成本法测算；

2.当采用比较法测算时，应先测算开发完成后的房地产单价，再将该单价乘以未来开发完成后的房地产面积或体积等得出开发完成后的房地产总价值；当未来开发完成后的房地产中有不同用途或档次等较大差别时，应分别测算不同部分的单价，再将它们乘以相应的面积或体积等后相加得出开发完成后的房地产总价值。

4.5.8 动态分析法中折现前开发完成后的价值测算，应符合下列规定：

1.应为未来开发完成后的房地产在其开发完成时的价值，但当能预计未来开发完成后的房地产预售或延迟销售时，应为在预售或延迟销售时的价值；

2.应根据类似房地产未来市场价格变动趋势进行预测。

4.5.9 静态分析法中开发完成后的价值，可为假设未来开发完成后的房地产在价值时点的价值。

4.5.10 动态分析法中的折现率，应为类似房地产开发项目所要求的收益率。

4.5.11 静态分析法中后续开发的投资利息的计算基数，应包括估价对象价值或价格和后续开发的建设成本、管理费用、销售费用。当估价前提为自愿转让开发和被迫转让开发时，计算基数还应包括估价对象取得税费。各项计算基数的计息期，应分别自其发生时起至建设期结束时止。

4.5.12 静态分析法中后续开发的应得利润，应在明确其计算基数和相应开发利润率的基础上，为其计算基数乘以类似房地产开发项目的相应开发利润率。

4.5.13 动态分析法的开发价值，应为开发完成后的价值和后续开发的必要支出分别折现到价值时点后相减；静态分析法的开发价值，应为开发完成后的价值减去后续开发的必要支出及应得利润。

4.6 其他估价方法

4.6.1 房地产估价除可选用比较法、收益法、成本法、假设开发法外，还可根据估价目的和估价对象等情况，选用表4.6.1中的其他估价方法。

表4.6.1 **其他估价方法**

序号	估价方法	适用范围
1	基准地价修正法	政府或其有关部门已公布基准地价地区的土地估价
2	路线价法	城镇临街商业用地批量估价
3	标准价调整法	大量相似的房地产批量估价
4	多元回归分析法	大量相似的房地产批量估价
5	修复成本法	可修复的房地产价值减损评估
6	损失资本化法	不可修复的房地产价值减损评估
7	价差法	不可修复的房地产价值减损评估，房地产价值增加评估

4.6.2 运用基准地价修正法进行宗地估价时，应按下列步骤进行：

1. 搜集有关基准地价的资料；

2. 查找估价对象宗地所在位置的基准地价；

3. 对基准地价进行市场状况调整；

4. 对基准地价进行土地状况调整；

5. 计算估价对象宗地价值或价格。

4.6.3 基准地价修正法估价时，应符合下列规定：

1. 在将基准地价调整为宗地价值或价格前，应了解基准地价的内涵；

2. 对基准地价进行市场状况调整时，应将基准地价在其基准日期的值调整为在价值时点的值，调整的方法与比较法中市场状况调整的方法相同；

3. 对基准地价进行土地状况调整时，应将估价对象宗地状况与基准地价对应的土地状况进行比较，根据它们之间的差异对基准地价进行相应调整；

　　4.运用基准地价修正法评估宗地价值或价格，宜按估价对象所在地对基准地价的有关规定执行。

　　4.6.4　运用路线价法进行土地估价时，应先在城镇街道上划分路线价区段并设定标准临街深度，再在每个路线价区段内选取一定数量的标准临街宗地并测算其平均单价或楼面地价，然后利用相关调整系数将该平均单价或楼面地价调整为各宗临街土地的价值或价格。

　　4.6.5　运用标准价调整法进行房地产估价时，应先确定估价范围，对估价范围内的所有被估价房地产进行分组，使同一组内的房地产具有相似性，再在每组内设定标准房地产并测算其价值或价格，然后利用楼幢、楼层、朝向等调整系数，将标准房地产价值或价格调整为各宗被估价房地产的价值或价格。

　　4.6.6　运用多元回归分析法进行房地产估价时，应先确定估价范围，对估价范围内的所有被估价房地产进行分组，使同一组内的房地产具有相似性，再在每组内把房地产价值或价格作为因变量，把影响房地产价值或价格的若干因素作为自变量，设定多元回归模型，搜集大量房地产成交价格及其影响因素数据，经过试算优化和分析检验，确定多元回归模型，然后利用该模型计算出各宗被估价房地产的价值或价格。

　　4.6.7　运用修复成本法进行房地产价值减损评估时，应测算修复的必要支出及应得利润，将其作为房地产的价值减损额。

　　4.6.8　运用损失资本化法进行房地产价值减损评估时，应先预测未来各年的净收益减少额或收入减少额、运营费用增加额，再计算其现值之和作为房地产的价值减损额。

　　4.6.9　运用价差法进行房地产价值减损或价值增加评估时，应先分别评估房地产在改变之前状况下的价值和在改变之后状况下的价值，再将两者之差作为房地产的价值减损额或价值增加额。

5　不同估价目的下的估价

5.1　房地产抵押估价

　　5.1.1　房地产抵押估价，应区分抵押贷款前估价和抵押贷款后重估。

　　5.1.2　房地产抵押贷款前估价，应包括下列内容：

　　1.评估抵押房地产假定未设立法定优先受偿权下的价值；

　　2.调查抵押房地产法定优先受偿权设立情况及相应的法定优先受偿款；

　　3.计算抵押房地产的抵押价值或抵押净值；

　　4.分析抵押房地产的变现能力并作出风险提示。

　　5.1.3　抵押价值和抵押净值评估应遵循谨慎原则，不得高估假定未设立法定优先受偿权下的价值，不得低估法定优先受偿款及预期实现抵押权的费用和税金。

　　5.1.4　评估待开发房地产假定未设立法定优先受偿权下的价值采用假设开发法的，应选择被迫转让开发前提进行估价。

　　5.1.5　抵押房地产已出租的，其假定未设立法定优先受偿权下的价值应符合下列规定：

　　1.合同租金低于市场租金的，应为出租人权益价值；

　　2.合同租金高于市场租金的，应为无租约限制价值。

　　5.1.6　抵押房地产的建设用地使用权为划拨方式取得的，应选择下列方式之一评估其假定未设立法定优先受偿权下的价值：

1.直接评估在划拨建设用地使用权下的假定未设立法定优先受偿权下的价值；

2.先评估在出让建设用地使用权下的假定未设立法定优先受偿权下的价值，且该出让建设用地使用权的使用期限应设定为自价值时点起计算的相应用途法定出让最高年限，再减去由划拨建设用地使用权转变为出让建设用地使用权需要缴纳的出让金等费用。

5.1.7 由划拨建设用地使用权转变为出让建设用地使用权需要缴纳的出让金等费用，应按估价对象所在地规定的标准进行测算；估价对象所在地没有规定的，可按同类房地产已缴纳的标准进行估算。

5.1.8 抵押房地产为按份共有的，抵押价值或抵押净值应为抵押人在共有房地产中享有的份额的抵押价值或抵押净值；为共同共有的，抵押价值或抵押净值应为共有房地产的抵押价值或抵押净值。

5.1.9 抵押房地产为享受国家优惠政策购买的，抵押价值或抵押净值应为房地产权利人可处分和收益的份额的抵押价值或抵押净值。

5.1.10 房地产抵押估价用于设立最高额抵押权，且最高额抵押权设立前已存在的债权经当事人同意转入最高额抵押担保的债权范围的，抵押价值或抵押净值可不减去相应的已抵押担保的债权数额，但应在估价报告中说明并对估价报告和估价结果的使用作出相应限制。

5.1.11 在进行续贷房地产抵押估价时，应调查及在估价报告中说明抵押房地产状况和房地产市场状况发生的变化，并应根据已发生的变化情况进行估价。对同一抵押权人的续贷房地产抵押估价，抵押价值、抵押净值可不减去续贷对应的已抵押担保的债权数额，但应在估价报告中说明并对估价报告和估价结果的使用作出相应限制。

5.1.12 房地产抵押贷款后重估，应根据监测抵押房地产市场价格变化、掌握抵押价值或抵押净值变化情况及有关信息披露等的需要，定期或在房地产市场价格变化较快、抵押房地产状况发生较大改变时，对抵押房地产的市场价格或市场价值、抵押价值、抵押净值等进行重新评估，并应为抵押权人提供相关风险提示。

5.1.13 重新评估大量相似的抵押房地产在同一价值时点的市场价格或市场价值、抵押价值、抵押净值，可采用批量估价的方法。

5.2 房地产税收估价

5.2.1 房地产税收估价，应区分房地产持有环节税收估价、房地产交易环节税收估价和房地产开发环节税收估价，并应按相应税种为核定其计税依据进行估价。

5.2.2 房地产税收估价，应兼顾公平、精准、效率和成本。对同类房地产数量较多、相互间具有可比性的房地产，宜优先选用批量估价的方法进行估价。对同类房地产数量较少、相互间可比性差、难以采用批量估价的方法进行估价的房地产，应采用个案估价的方法进行估价。

5.2.3 房地产持有环节税收估价，各宗房地产的价值时点应相同。房地产交易环节税收估价，各宗房地产的价值时点应为各自的成交日期。

5.3 房地产征收、征用估价

5.3.1 房地产征收估价，应区分国有土地上房屋征收评估和集体土地征收评估。

5.3.2 国有土地上房屋征收评估，应区分被征收房屋价值评估、被征收房屋室内装饰装修价值评估、被征收房屋类似房地产市场价格测算、用于产权调换房屋价值评估、因征收房屋造成的搬迁费用评估、因征收房屋造成的临时安置费用评估、因征收房屋造成的停产停业损失评估等。

5.3.3　被征收房屋价值评估，应符合下列规定：

1.被征收房屋价值应包括被征收房屋及其占用范围内的土地使用权和属于被征收人的其他不动产的价值；

2.当被征收房屋室内装饰装修价值由征收当事人协商确定或房地产估价机构另行评估确定时，所评估的被征收房屋价值不应包括被征收房屋室内装饰装修价值，并应在被征收房屋价值评估报告中作出特别说明；

3.被征收房屋价值应为在正常交易情况下，由熟悉情况的交易双方以公平交易方式在房屋征收决定公告之日自愿进行交易的金额，且假定被征收房屋没有租赁、抵押、查封等情况；

4.当被征收房地产为正常开发建设的待开发房地产或因征收已停建、缓建的未完工程且采用假设开发法估价时，应选择业主自行开发前提进行估价；

5.当被征收房地产为非征收原因已停建、缓建的未完工程且采用假设开发法估价时，应选择自愿转让开发前提进行估价。

5.3.4　用于产权调换房屋价值评估，应符合下列规定：

1.用于产权调换房屋价值应包括用于产权调换房屋及其占用范围内的土地使用权和用于产权调换的其他不动产的价值；

2.用于产权调换房屋价值应是在房屋征收决定公告之日的市场价值，当政府或其有关部门对用于产权调换房屋价格有规定的，应按其规定执行。

5.3.5　房地产征用估价，应评估被征用房地产的市场租金，为给予使用上的补偿提供参考依据。并可评估因征用造成的搬迁费用、临时安置费用、停产停业损失；当房地产被征用或征用后毁损的，还可评估被征用房地产的价值减损额；当房地产被征用或征用后灭失的，还可评估被征用房地产的市场价值，为相关补偿提供参考依据。

5.4　房地产拍卖、变卖估价

5.4.1　房地产拍卖估价，应区分司法拍卖估价和普通拍卖估价。

5.4.2　房地产司法拍卖估价，应符合下列规定：

1.应根据最高人民法院的有关规定和人民法院的委托要求，评估拍卖房地产的市场价值或市场价格、其他特定价值或价格；

2.评估价值的影响因素应包括拍卖房地产的瑕疵，但不应包括拍卖房地产被查封及拍卖房地产上原有的担保物权和其他优先受偿权；

3.人民法院书面说明依法将拍卖房地产上原有的租赁权和用益物权除去后进行拍卖的，评估价值的影响因素不应包括拍卖房地产上原有的租赁权和用益物权，并应在估价报告中作出特别说明；

4.当拍卖房地产为待开发房地产且采用假设开发法估价时，应选择被迫转让开发前提进行估价。

5.4.3　房地产普通拍卖估价，可根据估价委托人的需要，评估市场价值或市场价格、快速变现价值，为确定拍卖标的的保留价提供参考依据。快速变现价值可根据变现时限短于正常销售期的时间长短，在市场价值或市场价格的基础上进行适当减价确定。

5.4.4　房地产变卖估价，宜评估市场价值。

5.5　房地产分割、合并估价

5.5.1　房地产分割、合并估价，应分别以房地产的实物分割、合并为前提，并应分析实物分割、合并对房地产价值或价格的影响。

5.5.2 房地产分割估价，不应简单地将分割前的整体房地产价值或价格按建筑面积或土地面积、体积等进行分摊得出分割后的各部分房地产价值或价格，应对分割后的各部分房地产分别进行估价，并应分析因分割造成的房地产价值或价格增减。

5.5.3 房地产合并估价，不应简单地将合并前的各部分房地产价值或价格相加作为合并后的整体房地产价值或价格，应对合并后的整体房地产进行估价，并应分析因合并造成的房地产价值或价格增减。

5.6 房地产损害赔偿估价

5.6.1 房地产损害赔偿估价，应区分被损害房地产价值减损评估、因房地产损害造成的其他财产损失评估、因房地产损害造成的搬迁费用评估、因房地产损害造成的临时安置费用评估、因房地产损害造成的停产停业损失评估等。

5.6.2 被损害房地产价值减损评估，应符合下列规定：

1. 应调查并在估价报告中说明被损害房地产在损害发生前后的状况；

2. 应区分并分析、测算、判断可修复和不可修复的被损害房地产价值减损及房地产损害中可修复和不可修复的部分；

3. 对可修复的被损害房地产价值减损和房地产损害中可修复的部分，宜采用修复成本法测算其修复成本作为价值减损额；

4. 对不可修复的被损害房地产价值减损，应根据估价对象及其所在地的房地产市场状况，分析损失资本化法、价差法等方法的适用性，从中选用适用的方法进行评估。

5.7 房地产保险估价

5.7.1 房地产保险估价，应区分房地产投保时的保险价值评估和保险事故发生后的财产损失评估。

5.7.2 房地产投保时的保险价值评估，宜评估假定在价值时点因保险事故发生而可能遭受损失的房地产的重置成本或重建成本，可选用成本法、比较法。

5.7.3 保险事故发生后的财产损失评估，应调查保险标的在投保时和保险事故发生后的状况，评估因保险事故发生造成的财产损失，可选用修复成本法、价差法、损失资本化法等方法。对其中可修复的部分，宜采用修复成本法测算其修复成本作为财产损失额。

5.8 房地产转让估价

5.8.1 房地产转让估价，应区分转让人需要的估价和受让人需要的估价，并应根据估价委托人的具体需要，评估市场价值或投资价值、卖方要价、买方出价、买卖双方协议价等。

5.8.2 房地产转让估价应调查转让人、受让人对转让对象状况、转让价款支付方式、转让税费负担等转让条件的设定或约定，并应符合下列规定：

1. 当转让人、受让人对转让条件有书面设定或约定时，宜评估在其书面设定或约定的转让条件下的价值或价格；

2. 当转让人、受让人对转让条件无书面设定、约定或书面设定、约定不明确时，应评估转让对象在价值时点的状况、转让价款在价值时点一次性付清、转让税费正常负担下的价值或价格。

5.8.3 已出租的房地产转让估价，应评估出租人权益价值；转让人书面设定或转让人与受让人书面约定依法将原有的租赁关系解除后进行转让的，可另行评估无租约限制价值，并应在估价报告中同时说明出租人权益价值和无租约限制价值及其使用条件。

5.8.4　以划拨方式取得建设用地使用权的房地产转让估价，估价对象应符合法律、法规规定的转让条件，并应根据国家和估价对象所在地的土地收益处理规定，给出需要缴纳的出让金等费用或转让价格中所含的土地收益。

5.8.5　保障性住房销售价格评估，应根据分享产权、独享产权等产权享有方式，评估市场价值或其他特定价值、价格。对采取分享产权的，宜评估市场价值；对采取独享产权的，宜根据类似商品住房的市场价格、保障性住房的成本价格、保障性住房供应对象的支付能力、政府补贴水平及每套住房所处楼幢、楼层、朝向等保障性住房价格影响因素，测算公平合理的销售价格水平。但国家和保障性住房所在地对保障性住房销售价格确定有特别规定的，应按其规定执行。

5.9　房地产租赁估价

5.9.1　房地产租赁估价，应区分出租人需要的估价和承租人需要的估价，并应根据估价委托人的具体需要，评估市场租金或其他特定租金、承租人权益价值等。

5.9.2　以营利为目的出租划拨建设用地使用权上的房屋租赁估价，应根据国家和估价对象所在地的土地收益处理规定，给出租金中所含的土地收益。

5.9.3　保障性住房租赁价格评估，应根据货币补贴、实物补贴等租金补贴方式，评估市场租金或其他特定租金。对采取货币补贴的，宜评估市场租金；对采取实物补贴的，宜根据类似商品住房的市场租金、保障性住房的成本租金、保障性住房供应对象的支付能力、政府补贴水平及每套住房所处楼幢、楼层、朝向等保障性住房租金影响因素，测算公平合理的租金水平。但国家和保障性住房所在地对保障性住房租赁价格确定有特别规定的，应按其规定执行。

5.10　建设用地使用权出让估价

5.10.1　建设用地使用权出让估价，应区分出让人需要的估价和意向用地者需要的估价。

5.10.2　出让人需要的建设用地使用权出让估价，应根据招标、拍卖、挂牌、协议等出让方式和出让人的具体需要，评估市场价值或相应出让方式的底价。

5.10.3　意向用地者需要的建设用地使用权出让估价，应根据招标、拍卖、挂牌、协议等出让方式和意向用地者的具体需要，评估市场价值或投资价值、相应出让方式的最高报价，最高出价、竞争对手的可能出价等。

5.10.4　建设用地使用权出让估价应调查出让人对交付的土地状况、出让金等费用的支付方式等出让条件的规定，并应符合下列规定：

1. 当出让人对出让条件有明文规定时，应评估在其明文规定的出让条件下的价值或价格；

2. 当出让人对出让条件无明文规定或规定不明确时，宜评估在价值时点的土地状况、出让金等费用在价值时点一次性付清等条件下的价值或价格。

5.10.5　当出让人需要的建设用地使用权出让估价采用假设开发法时，宜选择自愿转让开发前提进行估价。

5.10.6　当意向用地者需要的建设用地使用权出让估价采用假设开发法时，应符合下列规定：

1. 当土地未被任何意向用地者占有时，应选择自愿转让开发前提进行估价；

2. 当土地已被该意向用地者占有时，应选择介于业主自行开发与自愿转让开发之间的某种前提进行估价；

3. 当土地已被其他意向用地者占有时，应选择介于自愿转让开发与被迫转让开发之间的某种前提进行估价。

5.11　房地产投资基金物业估价

5.11.1　房地产投资基金物业估价，应区分房地产投资信托基金物业评估、其他房地产投资基金物业估价。

5.11.2　房地产投资信托基金物业评估，根据房地产投资信托基金发行上市、运营管理、退出市场及相关信息披露等的需要，可包括下列全部或部分内容：

1.信托物业状况评价；

2.信托物业市场调研；

3.信托物业价值评估。

5.11.3　信托物业价值评估，应符合下列规定：

1.应对信托物业的市场价值或其他价值、价格进行分析、测算和判断，并提供相关专业意见；

2.宜采用报酬资本化法中的持有加转售模式；

3.应遵循一致性原则，当为同一估价目的对同一房地产投资信托基金的同类物业在同一价值时点的价值或价格进行评估时，应采用相同的估价方法；

4.应遵循一贯性原则，当为同一估价目的对同一房地产投资信托基金的同一物业在不同价值时点的价值或价格进行评估时，应采用相同的估价方法；

5.当未遵循一致性原则或一贯性原则而采用不同的估价方法时，应在估价报告中说明并陈述理由。

5.11.4　已出租的信托物业价值评估，应进行租赁状况调查和分析，查看估价对象的租赁合同原件，并应与执行财务、法律尽职调查的专业人员进行沟通，从不同的信息来源交叉检查估价委托人提供的租赁信息的真实性和客观性。

5.11.5　信托物业状况评价，应对信托物业的实物状况、权益状况和区位状况进行调查、描述、分析和评定，并提供相关专业意见。

5.11.6　信托物业市场调研，应对信托物业所在地区的经济社会发展状况、房地产市场状况及信托物业自身有关市场状况进行调查、描述、分析和预测，并提供相关专业意见。

5.11.7　其他房地产投资基金物业估价，应根据具体情况，按相应估价目的的房地产估价进行。

5.12　为财务报告服务的房地产估价

5.12.1　为财务报告服务的房地产估价，应区分投资性房地产公允价值评估，作为存货的房地产可变现净值评估，存在减值迹象的房地产可回收金额评估，受赠、合并对价分摊等涉及的房地产入账价值评估，境外上市公司的固定资产重估等。

5.12.2　从事为财务报告服务的房地产估价业务时，应与估价委托人及执行审计业务的注册会计师进行沟通，熟悉相关会计准则、会计制度，了解相关会计确认、计量和报告的要求，理解公允价值、现值、可变现净值、重置成本、历史成本等会计计量属性及其与房地产估价相关价值、价格的联系和区别。

5.12.3　为财务报告服务的房地产估价，应根据相关要求，选择相应的资产负债表日、减值测试日、购买日、转换当日、首次执行日等某一特定日期为价值时点。

5.12.4　为财务报告服务的房地产估价，应根据相应的公允价值、现值、可变现净值、重置成本、历史成本等会计计量属性，选用比较法、收益法、假设开发法、成本法等方法评估相应的价值或价格。对采用公允价值计量的，应评估市场价值。

5.13 企业各种经济活动涉及的房地产估价

5.13.1 企业各种经济活动涉及的房地产估价，应区分用房地产作价出资设立企业，企业改制、上市、资产重组、资产置换、收购资产、出售资产、产权转让、对外投资、合资、合作、租赁、合并、分立、清算、抵债等经济活动涉及的房地产估价。

5.13.2 企业各种经济活动涉及的房地产估价，应在界定房地产和其他资产范围的基础上，明确估价对象的财产范围。

5.13.3 企业各种经济活动涉及的房地产估价，应根据企业经济活动的类型，按相应估价目的的房地产估价进行。对房地产权属发生转移的，应按相应的房地产转让行为进行估价。

5.13.4 企业各种经济活动涉及的房地产估价，应调查估价对象合法改变用途的可能性，并应分析、判断以"维持现状前提"或"改变用途前提"进行估价。

5.13.5 企业破产清算等强制处分涉及的房地产估价，评估价值的影响因素应包括估价对象的通用性、可分割转让性，改变用途、更新改造等的合法性和可能性及变现时限、对潜在购买者范围的限制等。

5.14 房地产纠纷估价

5.14.1 房地产纠纷估价，应对有争议的房地产评估价值、赔偿金额、补偿金额、交易价格、市场价格、租金、成本、费用分摊、价值分配等进行鉴别和判断，提出客观、公平、合理的鉴定意见，为和解、调解、仲裁、行政裁决、行政复议、诉讼等方式解决纠纷提供参考依据或证据。

5.14.2 房地产纠纷估价，应根据纠纷的类型，按相应估价目的的房地产估价进行。

5.14.3 房地产纠纷估价，应了解纠纷双方的利益诉求，估价结果应平衡纠纷双方的利益，有利于化解纠纷。

5.15 其他目的的房地产估价

5.15.1 其他目的的房地产估价，应区分分家析产估价，为出境提供财产证明的估价，为行政机关处理、纪律检查部门查处、检察机关立案等服务的估价，改变土地使用条件补地价评估，国有土地上房屋征收预评估等。

5.15.2 分家析产估价，应符合下列规定：

1.应区分财产分割的分家析产估价和财产不分割的分家析产估价；

2.财产分割的分家析产估价，应按本规范对房地产分割估价的规定执行；

3.财产不分割的分家析产估价，宜评估财产的市场价值。

5.15.3 为出境提供财产证明的估价，应评估财产的市场价值。

5.15.4 为行政机关处理、纪律检查部门查处、检察机关立案等服务的估价，应慎重确定价值时点等估价基本事项。

5.15.5 改变土地使用条件补地价评估，应调查变更土地用途、调整容积率、延长土地使用期限等改变土地使用条件需要补缴地价的原因，明确需要补缴的地价的内涵，以相关部门同意补缴地价的日期为价值时点，评估新土地使用条件下的总地价和原土地使用条件下的总地价，以该两者的差额作为评估出的需要补缴的地价。但国家和需要补缴地价的建设用地使用权所在地对需要补缴的地价确定有特别规定的，应按其规定执行。

5.15.6 国有土地上房屋征收预评估，应为编制征收补偿方案、确定征收补偿费用或政府作出房屋征收决定等服务，可按本规范对国有土地上房屋征收评估的规定进行，但不得替代国有土地上房屋征收评估。

6 估价结果

6.0.1 估价结果应包括评估价值和相关专业意见。

6.0.2 在确定评估价值前，应对所选用的估价方法的测算结果进行校核。同时选用两种或两种以上估价方法进行估价的，还应对不同估价方法的测算结果进行比较分析。

6.0.3 在对测算结果进行校核和比较分析时，应做下列检查，找出测算结果存在的差错和造成各个测算结果之间差异的原因，并应改正错误，消除不合理的差异：

1. 估价计算的正确性；

2. 估价基础数据的正确性；

3. 估价参数的合理性；

4. 估价计算公式的恰当性；

5. 不同估价方法的估价对象财产范围的一致性；

6. 不同估价方法的估价前提的一致性；

7. 估价方法的适用性；

8. 估价假设的合理性；

9. 估价依据的正确性；

10. 估价原则的正确性；

11. 房地产市场状况的特殊性。

6.0.4 估价基础数据和估价参数的来源或确定的依据或方法应在估价报告中说明。估价参数应优先选用房地产估价行业组织公布的估价参数；不选用的，应在估价报告中陈述理由。

6.0.5 综合测算结果的确定，应符合下列规定：

1. 对同时选用两种或两种以上估价方法进行估价的，应在确认各个测算结果无差错及其之间差异的合理性后，根据估价目的及不同估价方法的适用程度、数据可靠程度、测算结果之间差异程度等情况，选用简单算术平均、加权算术平均等方法得出综合测算结果，并应在估价报告中说明得出综合测算结果的方法和理由；

2. 对选用一种估价方法进行估价的，应在确认测算结果无差错后，将其作为综合测算结果。

6.0.6 最终评估价值的确定，应符合下列规定：

1. 应根据未能在综合测算结果中反映的价值或价格影响因素，对综合测算结果进行适当调整后确定最终评估价值，并应在估价报告中陈述调整的理由；

2. 当确认不存在未能在综合测算结果中反映的价值或价格影响因素时，可直接将综合测算结果确定为最终评估价值；

3. 最终评估价值的精度应满足估价目的需要的精度，并应将其误差控制在合理范围内。

7 估价报告

7.0.1 估价报告应采取书面形式，并应真实、客观、准确、完整、清晰、规范。

7.0.2 叙述式估价报告应包括下列部分：

1. 封面；

2. 致估价委托人函；

3. 目录；

4. 估价师声明；

5.估价假设和限制条件；

6.估价结果报告；

7.估价技术报告；

8.附件。

7.0.3　房地产抵押贷款前估价报告，应包括估价对象变现能力分析与风险提示。

7.0.4　根据估价委托人的需要或有关要求，可在完整的估价报告的基础上形成估价报告摘要。

7.0.5　估价技术报告可按估价委托合同约定不向估价委托人提供。

7.0.6　封面应包括下列内容：

1.估价报告名称，宜为房地产估价报告，也可结合估价对象和估价目的给估价报告命名；

2.估价报告编号，应反映估价机构简称、估价报告出具年份，并应按顺序编号数，不得重复、遗漏、跳号；

3.估价项目名称，应根据估价对象的名称或位置和估价目的，提炼出简洁的名称；

4.估价委托人，当为单位时，应写明其名称；当为个人时，应写明其姓名；

5.房地产估价机构，应写明其名称；

6.注册房地产估价师，应写明所有参加估价的注册房地产估价师的姓名和注册号；

7.估价报告出具日期，应与致估价委托人函中的致函日期一致。

7.0.7　致估价委托人函应包括下列内容：

1.致函对象，应写明估价委托人的名称或姓名；

2.估价目的，应写明估价委托人对估价报告的预期用途，或估价是为了满足估价委托人的何种需要；

3.估价对象，应写明估价对象的财产范围及名称、坐落、规模、用途、权属等基本状况；

4.价值时点，应写明所评估的估价对象价值或价格对应的时间；

5.价值类型，应写明所评估的估价对象价值或价格的名称；当所评估的估价对象价值或价格无规范的名称时，应写明其定义或内涵；

6.估价方法，应写明所采用的估价方法的名称；

7.估价结果，应写明最终评估价值的总价，并应注明其大写金额；除估价对象无法用单价表示外，还应写明最终评估价值的单价；

8.特别提示，应写明与评估价值和使用估价报告、估价结果有关的引起估价委托人和估价报告使用者注意的事项；

9.致函日期，应注明致函的年、月、日。

7.0.8　致估价委托人函应加盖房地产估价机构公章，不得以其他印章代替；法定代表人或执行事务合伙人宜在其上签名或盖章。

7.0.9　目录应按前后次序列出下列估价报告各个组成部分的名称及对应的页码：

1.估价师声明；

2.估价假设和限制条件；

3.估价结果报告；

4.估价技术报告；

5.附件。

7.0.10 估价结果报告、估价技术报告和附件的各个组成部分,应在估价报告的目录中按前后次序列出其名称及对应的页码。

7.0.11 当按估价委托合同约定不向估价委托人提供估价技术报告时,估价报告的目录中可不列出估价技术报告及其各个组成部分,但在估价技术报告中应有单独的目录,且该目录中应按前后次序列出估价技术报告各个组成部分的名称及对应的页码。

7.0.12 估价师声明应写明所有参加估价的注册房地产估价师对其估价职业道德、专业胜任能力和勤勉尽责估价的承诺和保证。不得将估价师声明的内容与估价假设和限制条件的内容相混淆,或把估价师声明变成注册房地产估价师和房地产估价机构的免责声明。

7.0.13 鉴证性估价报告的估价师声明应包括下列内容:

1.注册房地产估价师在估价报告中对事实的说明是真实和准确的,没有虚假记载、误导性陈述和重大遗漏;

2.估价报告中的分析、意见和结论是注册房地产估价师独立、客观、公正的专业分析、意见和结论,但受到估价报告中已经说明的估价假设和限制条件的限制;

3.注册房地产估价师与估价报告中的估价对象没有现实或潜在的利益,与估价委托人及估价利害关系人没有利害关系,也对估价对象、估价委托人及估价利害关系人没有偏见;

4.注册房地产估价师是按照有关房地产估价标准的规定进行估价工作,撰写估价报告。

7.0.14 非鉴证性估价报告的估价师声明的内容,可根据实际情况对鉴证性估价报告的估价师声明的内容进行适当增减。

7.0.15 估价假设应针对估价对象状况等估价前提,作出必要、合理且有依据的假定,不得为了规避应尽的检查资料、调查情况等勤勉尽责估价义务或为了高估、低估估价对象的价值或价格而滥用估价假设。

7.0.16 估价假设和限制条件应说明下列内容:

1.一般假设,应说明对估价所依据的估价对象的权属、面积、用途等资料进行了检查,在无理由怀疑其合法性、真实性、准确性和完整性且未予以核实的情况下,对其合法、真实、准确和完整的合理假定;对房屋安全、环境污染等影响估价对象价值或价格的重大因素给予了关注,在无理由怀疑估价对象存在安全隐患且无相应的专业机构进行鉴定、检测的情况下,对其安全的合理假定等。

2.未定事项假设,应说明对估价所必需的尚未明确或不够明确的土地用途、容积率等事项所做的合理的、最可能的假定。当估价对象无未定事项时,应无未定事项假设。

3.背离事实假设,应说明因估价目的的特殊需要、交易条件设定或约定,对估价对象状况所做的与估价对象的实际状况不一致的合理假定。当估价设定的估价对象状况与估价对象的实际状况无不一致时,应无背离事实假设。

4.不相一致假设,应说明在估价对象的实际用途、登记用途、规划用途等用途之间不一致,或不同权属证明上的权利人之间不一致,估价对象的名称或地址不一致等情况下,对估价所依据的用途或权利人、名称、地址等的合理假定。当估价对象状况之间无不一致时,应无不相一致假设。

5.依据不足假设,应说明在估价委托人无法提供估价所必需的反映估价对象状况的资料及注册房地产估价师进行了尽职调查仍然难以取得该资料的情况下,缺少该资料及对相应的估价对象状况的合理假定。当无依据不足时,应无依据不足假设。

6.估价报告使用限制，应说明估价报告和估价结果的用途、使用者、使用期限等使用范围及在使用估价报告和估价结果时需要注意的其他事项。其中的估价报告使用期限应自估价报告出具之日起计算，根据估价目的和预计估价对象的市场价格变化程度确定，不宜超过一年。

7.0.17　估价结果报告应包括下列内容：

1.估价委托人，当为单位时，应写明其名称、住所和法定代表人姓名；当为个人时，应写明其姓名和住址。

2.房地产估价机构，应写明房地产估价机构的名称、住所、法定代表人或执行事务合伙人姓名、资质等级和资质证书编号。

3.估价目的，应说明估价委托人对估价报告的预期用途，或估价是为了满足估价委托人的何种需要。

4.估价对象，应概要说明估价对象的财产范围及名称、坐落、规模、用途、权属等基本状况；对土地基本状况的说明，还应包括四至、形状、开发程度、土地使用期限；对建筑物基本状况的说明，还应包括建筑结构、设施设备、装饰装修、新旧程度。

5.价值时点，应说明所评估的估价对象价值或价格对应的时间及其确定的简要理由。

6.价值类型，应说明所评估的估价对象价值或价格的名称、定义或内涵。

7.估价原则，应说明所遵循的估价原则的名称、定义或内涵。

8.估价依据，应说明估价所依据的有关法律、法规和政策，有关估价标准，估价委托书、估价委托合同、估价委托人提供的估价所需资料，房地产估价机构、注册房地产估价师掌握和搜集的估价所需资料。

9.估价方法，应说明所采用的估价方法的名称和定义。当按估价委托合同约定不向估价委托人提供估价技术报告时，还应说明估价测算的简要内容。

10.估价结果，应符合下列要求：

1）除房地产抵押估价外，当估价对象为单宗房地产时，可按表7.0.17-1说明不同估价方法的测算结果和最终评估价值；

2）除房地产抵押估价外，当估价对象为多宗房地产时，可按表7.0.17-2说明不同估价方法的测算结果和最终评估价值；

3）房地产抵押估价中假定未设立法定优先受偿权下的价值，可按表7.0.17-1或表7.0.17-2说明不同估价方法的测算结果和最终评估价值；

表7.0.17-1　　　　　　　　　　**估价结果汇总表**　　　　　　币种：

相关结果 ＼ 估价方法				
测算结果	总价（元或万元）			
	单价（元/m²）			
评估价值	总价（元或万元）			
	单价（元/m²）			

表7.0.17-2 　　　　　　　　　　　　　　**估价结果汇总表**　　　　　　　　　　　币种：

估价方法及结果　　　估价对象及结果		测算结果			估价结果
估价对象1	总价（元或万元）				
	单价（元/ m²）				
估价对象2	总价（元或万元）				
	单价（元/m²）				
估价对象3	总价（元或万元）				
	单价（元/m²）				
⋮	总价（元或万元）				
	单价（元/m²）				
汇总评估价值	总价（元或万元）				
	平均单价（元/m²）				

4）房地产抵押价值评估结果，可按表7.0.17-3说明最终评估价值；

表7.0.17-3 　　　　　　　　**房地产抵押价值评估结果汇总表**　　　　　　　币种：

估价对象　　　　　　项目及结果		估价对象1	估价对象2	估价对象3	……
1.假定未设立法定优先受偿权下的价值	总价（元或万元）				
	单价（元/m²）				
2.估价师知悉的法定优先受偿款	总额（元或万元）				
2.1 已抵押担保的债权数额	总额（元或万元）				
2.2 拖欠的建设工程价款	总额（元或万元）				
2.3 其他法定优先受偿款	总额（元或万元）				
3.抵押价值	总价（元或万元）				
	单价（元/m²）				

5）当估价对象无法用单价表示时，最终评估价值可不注明单价，除此之外的最终评估价值均应注明单价和总价，且总价应注明大写金额；

6）当最终评估价值的币种为外币时，应说明国务院金融主管部门公布的价值时点的人民币市场汇率中间价，并应注明最终评估价值的单价和总价所折合的人民币价值。

11.注册房地产估价师，应按表7.0.17-4写明所有参加估价的注册房地产估价师的姓名和注册号，并应由本人签名及注明签名日期，不得以个人印章代替签名。

表7.0.17-4　　　　　　　　　参加估价的注册房地产估价师

姓　名	注册号	签　名	签名日期
			年　　月　　日
			年　　月　　日
			年　　月　　日

12.实地查勘期，应说明实地查勘估价对象的起止日期，具体为自进入估价对象现场之日起至完成实地查勘之日止。

13.估价作业期，应说明估价工作的起止日期，具体为自受理估价委托之日起至估价报告出具之日止。

7.0.18　估价技术报告应包括下列内容：

1.估价对象描述与分析，应有针对性地较详细说明、分析估价对象的区位、实物和权益状况。区位状况应包括位置、交通、外部配套设施、周围环境等状况，单套住宅的区位状况还应包括所处楼幢、楼层和朝向。土地实物状况应包括土地的面积、形状、地形、地势、地质、土壤、开发程度等；建筑物实物状况应包括建筑规模、建筑结构、设施设备、装饰装修、空间布局、建筑功能、外观、新旧程度等。权益状况应包括用途、规划条件、所有权、土地使用权、共有情况、用益物权设立情况、担保物权设立情况、租赁或占用情况、拖欠税费情况、查封等形式限制权利情况、权属清晰情况等。

2.市场背景描述与分析，应简要说明估价对象所在地区的经济社会发展状况和房地产市场总体状况，并应有针对性地较详细说明、分析过去、现在和可预见的未来同类房地产的市场状况。

3.估价对象最高最佳利用分析，应说明以估价对象的最高最佳利用状况为估价前提，并应有针对性地较详细分析、说明估价对象的最高最佳利用状况。当估价对象已为某种利用时，应从维持现状、更新改造、改变用途、改变规模、重新开发及它们的某种组合或其他特殊利用中分析、判断何种利用为最高最佳利用。当根据估价目的不以最高最佳利用状况为估价前提时，可不进行估价对象最高最佳利用分析。

4.估价方法适用性分析，应逐一分析比较法、收益法、成本法、假设开发法等估价方法对估价对象的适用性。对理论上不适用而不选用的，应简述不选用的理由；对理论上适用但客观条件不具备而不选用的，应充分陈述不选用的理由；对选用的估价方法，应简述选用的理由并说明其估价技术路线。

5.估价测算过程，应详细说明所选用的估价方法的测算步骤、计算公式和计算过程及其中的估价基础数据和估价参数的来源或确定依据等。

6.估价结果确定，应说明不同估价方法的测算结果和最终评估价值，并应详细说明最终评估价值确定的方法和理由。

7.0.19 附件应包括下列内容：

1.估价委托书复印件。

2.估价对象位置图。

3.估价对象实地查勘情况和相关照片，应说明对估价对象进行了实地查勘及进行实地查勘的注册房地产估价师。因本规范第3.0.8条规定的情形未能进入估价对象内部进行实地查勘的，应说明未进入估价对象内部进行实地查勘及其具体原因。相关照片应包括估价对象的内部状况、外部状况和周围环境状况的照片。因本规范第3.0.8条规定的情形未能进入估价对象内部进行实地查勘的，可不包括估价对象的内部状况照片。

4.估价对象权属证明复印件。当估价委托人不是估价对象权利人且估价报告为非鉴证性估价报告时，可不包括估价对象权属证明复印件，但应说明无估价对象权属证明复印件的具体原因，并将估价对象权属状况作为估价假设中的依据不足假设在估价报告中说明。

5.估价对象法定优先受偿款调查情况，应说明对估价对象法定优先受偿权设立情况及相应的法定优先受偿款进行了调查，并应提供反映估价对象法定优先受偿款的资料。当不是房地产抵押估价报告时，可不包括该情况。

6.可比实例位置图和外观照片。当未采用比较法进行估价时，可不包括该图和照片。

7.专业帮助情况和相关专业意见，应符合下列规定：

1）当有本规范第3.0.9条规定的情形时，应说明有专业帮助，并应说明专业帮助的内容及提供专业帮助的专家或单位的姓名或名称，相关资格、职称或资质；

2）当有本规范第3.0.10条规定的情形时，应提供相关专业意见复印件，并应说明出具相关专业意见的专业机构或专家的名称或姓名，相关资质或资格、职称；

3）当没有专业帮助或未依据相关专业意见时，应说明没有专业帮助或未依据相关专业意见。

8.估价所依据的其他文件资料。

9.房地产估价机构营业执照和估价资质证书复印件。

10.注册房地产估价师估价资格证书复印件。

7.0.20 估价对象变现能力分析与风险提示，应较详细分析、说明估价对象的通用性、独立使用性、可分割转让性、区位、开发程度、价值大小及房地产市场状况等影响估价对象变现能力的因素及其对变现能力的影响，假定估价对象在价值时点拍卖或变卖时最可能实现的价格与其市场价值或市场价格的差异程度，变现的时间长短及费用、税金的种类和清偿顺序；预期可能导致估价对象抵押价值或抵押净值下跌的因素及其对估价对象抵押价值或抵押净值的影响，未来可能产生的房地产信贷风险关注点等。当不是房地产抵押估价报告时，可不包括估价对象变现能力分析与风险提示。

7.0.21 当为成套住宅抵押估价或基于同一估价目的的大量相似的房地产批量估价时，估价报告可采取表格形式。

7.0.22 估价报告应做到图文并茂。纸质估价报告应装订成册，纸张大小宜采用尺寸为210mm×297mm的A4纸规格。

8 估价职业道德

8.0.1 房地产估价师和房地产估价机构应回避与自己、近亲属、关联方及其他利害关系人有利害关系或与估价对象有利益关系的估价业务。

8.0.2　房地产估价师和房地产估价机构不得承接超出自己专业胜任能力和本机构业务范围的估价业务，对部分超出自己专业胜任能力的工作，应聘请具有相应专业胜任能力的专家或单位提供专业帮助。

8.0.3　房地产估价师和房地产估价机构应正直诚实，不得作任何虚假的估价，不得按估价委托人或其他个人、单位的高估或低估要求进行估价，且不得按预先设定的价值或价格进行估价。

8.0.4　房地产估价师和房地产估价机构应勤勉尽责，应搜集合法、真实、准确、完整的估价所需资料，且应对搜集的估价所需资料进行检查，并应对估价对象进行实地查勘。

8.0.5　房地产估价师和房地产估价机构在估价假设等重大估价事项上，应向估价委托人清楚说明，使估价委托人了解估价的限制条件及估价报告、估价结果的使用限制。

8.0.6　房地产估价师和房地产估价机构应保守在执业活动中知悉的国家秘密、商业秘密，不得泄露个人隐私；应妥善保管估价委托人提供的资料，未经估价委托人同意，不得擅自将其提供给其他个人和单位。

8.0.7　房地产估价师和房地产估价机构应维护自己的良好社会形象及房地产估价行业声誉，不得采取迎合估价委托人或估价利害关系人不当要求、恶性压价、支付回扣、贬低同行、虚假宣传等不正当手段招揽估价业务，不得索贿、受贿或利用开展估价业务之便谋取不正当利益。

8.0.8　房地产估价师和房地产估价机构不得允许其他个人和单位以自己的名义从事估价业务，不得以估价者身份在非自己估价的估价报告上签名、盖章，不得以其他房地产估价师、房地产估价机构的名义从事估价业务。

本规范用词说明

1.为便于在执行本规范条文时区别对待，对要求严格程度不同的用词说明如下：

1）表示很严格，非这样做不可的：

正面词采用"必须"，反面词采用"严禁"；

2）表示严格，在正常情况下均应这样做的：

正面词采用"应"，反面词采用"不应"或"不得"；

3）表示允许稍有选择，在条件许可时首先应这样做的：

正面词采用"宜"，反面词采用"不宜"；

4）表示有选择，在一定条件下可以这样做的，采用"可"。

2.条文中指明应按其他有关标准执行时的写法为："应符合……的规定"或"应按……执行"。

附录3 《房地产估价基本术语标准》

中华人民共和国住房和城乡建设部

1 总 则

1.0.1 为统一和规范房地产估价的术语，并有利于国内外的交流和合作，制定本标准。

1.0.2 本标准适用于房地产估价活动，以及与房地产估价相关的管理、教学、科研和其他相关领域。

1.0.3 使用房地产估价术语时，除应符合本标准的规定外，尚应符合国家现行有关标准的规定。

2 通用术语

2.0.1 房地产估价 real estate appraisal；property valuation

房地产估价机构接受他人委托，选派注册房地产估价师对房地产的价值或价格进行分析、测算和判断，并提供相关专业意见的活动。

2.0.2 房地产估价机构 real estate appraisal company

依法设立并取得房地产估价机构资质，从事房地产估价活动的中介服务机构。

2.0.3 房地产估价师 real estate appraiser；property valuer

通过全国房地产估价师执业资格考试或资格认定、资格互认，取得房地产估价师执业资格的人员。

2.0.4 注册房地产估价师 licensed real estate appraiser；certified property valuer

经过执业注册，从事房地产估价活动的房地产估价师。

2.0.5 估价委托人 client

委托房地产估价机构为其提供估价服务的单位或个人。

2.0.6 估价当事人 parties involved in appraisal

与房地产估价活动有直接关系的单位或个人，包括房地产估价机构、注册房地产估价师和估价委托人。

2.0.7 估价利害关系人 interested parties

估价结果会直接影响其合法权益的单位或个人。

2.0.8 估价项目 appraisal project；appraisal assignment

估价委托人委托房地产估价机构为其提供估价服务的某项特定任务。

2.0.9 估价目的 appraisal purpose；purpose of valuation

估价委托人对估价报告的预期用途。

2.0.10 估价对象 subject property

所估价的房地产等财产或相关权益。

2.0.11 价值时点 date of value

所评估的估价对象价值或价格对应的某一特定时间。

2.0.12 价值类型 type of value

所评估的估价对象的某种特定价值或价格，包括价值或价格的名称、定义或内涵。

2.0.13 估价原则 appraisal principles；valuation principles

估价活动所依据的法则或标准。

2.0.14　估价程序 appraisal process；valuation process

完成估价项目所需做的各项工作进行的先后次序。

2.0.15　估价依据 appraisal support documentation；valuation evidence

作为估价的前提或基础的文件、标准和资料。

2.0.16　估价假设 appraisal assumptions

针对估价对象状况等估价前提所做的必要、合理且有依据的假定，包括一般假设、未定事项假设、背离事实假设、不相一致假设和依据不足假设。

2.0.17　估价方法 appraisal approaches；valuation methods

测算估价对象价值或价格所采用的方法，包括比较法、收益法、成本法、假设开发法等。

2.0.18　估价基础数据 basic data for appraisal

估价测算中所使用的反映估价对象状况的数据，以及估价对象及其类似房地产的成交价格、运营收益、开发建设成本等数据。

2.0.19　估价参数 appraisal parameters

用于测算估价对象价值或价格的系数、比率或比值。

2.0.20　估价结果 final value opinion

通过房地产估价活动得出的估价对象价值或价格及提供的相关专业意见。

2.0.21　估价报告 appraisal report；valuation report

房地产估价机构和注册房地产估价师向估价委托人所做的关于估价情况和结果的正式陈述。

2.0.22　批量估价 mass appraisal

基于同一估价目的，利用共同的数据，采用相同的方法，并经过统计检验，对大量相似的房地产在给定日期的价值或价格进行评估。

2.0.23　个案估价 single-property appraisal

相对于批量估价而言，单独对一宗或若干宗房地产的价值或价格进行评估。

2.0.24　类似房地产 similar property；comparable property

与对象房地产的区位、用途、权利性质、档次、规模、建筑结构、新旧程度等相同或相近的房地产。

2.0.25　估价信用档案 appraisers credit records

房地产估价行业主管部门或房地产估价行业组织记录房地产估价师和房地产估价机构的基本情况、业绩、良好行为、不良行为等内容，供社会公众查询的信用信息管理系统。

3　价格和价值

3.0.1　成交价格　transaction price；actual sale price

在成功的交易中买方支付和卖方接受的金额。

3.0.2　正常价格　normal price

不存在特殊交易情况下的成交价格，或成交价格经交易情况修正后的价格。

3.0.3　市场价格　averaged market price

某种房地产在市场上的平均交易价格。

3.0.4　评估价值　appraised value

通过房地产估价活动得出的估价对象价值或价格。

3.0.5　市场价值　market value

估价对象经适当营销后，由熟悉情况、谨慎行事且不受强迫的交易双方，以公平交易方式在价值时点自愿进行交易的金额。

3.0.6　投资价值　investment value

估价对象对某个特定单位或个人的价值。

3.0.7　现状价值　value in use

估价对象在某一特定时间的实际状况下的价值。

3.0.8　快速变现价值　liquidation value

估价对象在没有充足的时间进行营销情况下的价值。

3.0.9　残余价值　residual value

估价对象在非继续利用情况下的价值。

3.0.10　抵押价值　mortgage value；mortgage lending value

估价对象假定未设立法定优先受偿权下的价值减去注册房地产估价师知悉的法定优先受偿款后的价值。

3.0.11　抵押净值　net mortgage value

抵押价值减去预期实现抵押权的费用和税金后的价值。

3.0.12　法定优先受偿款　liens

假定在价值时点实现抵押权时，已存在的依法优先于本次抵押贷款受偿的款额，包括已抵押担保的债权数额、发包人拖欠承包人的建设工程价款、其他法定优先受偿款。

3.0.13　计税价值　assessed value；taxable value

为征税目的而评估的价值。

3.0.14　保险价值　insurable value

为保险目的而评估的价值。

3.0.15　完全产权价值　value of fee simple interest

房屋所有权和以出让方式取得的建设用地使用权在不受任何其他房地产权利等限制情况下的价值。

3.0.16　无租约限制价值　value of property as if no lease existed

房地产在不考虑租赁因素影响情况下的价值。其评估价值为未出租部分和已出租部分均按市场租金确定租金收入所评估的价值。

3.0.17　出租人权益价值　value of leased fee interest

出租人对自己的已出租房地产依法享有的权益的价值。其评估价值为已出租部分在租赁期间按合同租金确定租金收入、未出租部分和已出租部分在租赁期间届满后按市场租金确定租金收入所评估的价值。

3.0.18　承租人权益价值　value of leasehold interest

承租人对他人所有的已出租房地产依法享有的权益的价值。其评估价值为按合同租金与市场租金的差额所评估的价值。

3.0.19　房地价值　building and land value

建筑物及其占用范围内的土地的价值，或土地及附着于该土地上的建筑物的价值。

3.0.20　建筑物价值　building value

建筑物自身的价值，不包含该建筑物占用范围内的土地的价值。

3.0.21　土地价值　land value
土地自身的价值，不包含附着于该土地上的建筑物的价值。

3.0.22　楼面地价　land price per unit of built-up area
一定地块内分摊到单位建筑面积上的土地价格。

3.0.23　比较价值　sales comparison approach indication
采用比较法测算出的估价对象价值或价格。

3.0.24　收益价值　income capitalization approach indication
采用收益法测算出的估价对象价值或价格。

3.0.25　成本价值　cost approach indication
采用成本法测算出的估价对象价值或价格。

3.0.26　开发价值　hypothetical development method indication
采用假设开发法测算出的估价对象价值或价格。

4　估价原则

4.0.1　独立、客观、公正原则　principle of independence, objectivity and impartiality
要求站在中立的立场上，实事求是、公平正直地评估出对各方估价利害关系人均是公平合理的价值或价格的原则。

4.0.2　合法原则　principle of legality
要求估价结果是在依法判定的估价对象状况下的价值或价格的原则。

4.0.3　价值时点原则　principle of date of value
要求估价结果是在根据估价目的确定的某一特定时间的价值或价格的原则。

4.0.4　替代原则　principle of substitution
要求估价结果与估价对象的类似房地产在同等条件下的价值或价格偏差在合理范围内的原则。

4.0.5　最高最佳利用原则　principle of highest and best use
要求估价结果是在估价对象最高最佳利用状况下的价值或价格的原则。

4.0.6　最高最佳利用　highest and best use
房地产在法律上允许、技术上可能、财务上可行并使价值最大的合理、可能的利用，包括最佳的用途、规模、档次等。

4.0.7　谨慎原则　principle of cautious
要求在影响估价对象价值或价格的因素存在不确定性的情况下对其作出判断时，应充分考虑其导致估价对象价值或价格偏低的一面，慎重考虑其导致估价对象价值或价格偏高的一面的原则。

5　估价程序

5.0.1　估价委托书　appraisal assignment
估价委托人出具的委托房地产估价机构为其提供估价服务的文件。

5.0.2　估价委托合同　appraisal contract
房地产估价机构和估价委托人之间就估价服务事宜订立的协议。

5.0.3　估价基本事项　basic appraisal issues
估价目的、价值时点、估价对象和价值类型的统称。

5.0.4　估价作业方案　appraisal work plan

为完成特定估价项目而制定的用于指导未来估价工作的计划，包括工作的主要内容、质量要求、作业步骤、时间进度、人员安排等。

5.0.5　估价技术路线　appraisal technical route

评估估价对象价值或价格所遵循的基本途径和指导整个估价过程的技术思路。

5.0.6　实地查勘　on-site inspection

注册房地产估价师到估价对象或可比实例现场，观察、询问、检查、核对、记录估价对象或可比实例状况的活动。

5.0.7　实地查勘记录　on-site inspection notes；on-site inspection records

记载实地查勘的对象、内容、结果、人员和时间等内容的材料。

5.0.8　估价报告内部审核　internal appraisal review

房地产估价机构按房地产估价相关要求和内部审核制度，对自己的已撰写完成而尚未向估价委托人出具的估价报告的内容和形式等的审查核定。

5.0.9　估价资料归档　appraisal data filing

收集、整理在估价活动中获得和形成的文字、图表、声像等形式的资料，对其中具有保存价值的资料进行分类并保存。

5.0.10　估价档案　appraisal archives

房地产估价机构和注册房地产估价师在估价活动中获得和形成的具有保存价值的文字、图表、声像等形式的资料。

6　估价方法

6.1　比较法

6.1.1　比较法　sales comparison approach；comparative method

选取一定数量的可比实例，将它们与估价对象进行比较，根据其间的差异对可比实例成交价格进行处理后得到估价对象价值或价格的方法。

6.1.2　交易实例　property sales；property transactions

真实成交的房地产等财产或相关权益及有关信息，包括交易对象基本状况、交易双方基本情况、交易方式、成交日期、成交价格、付款方式、融资条件、交易税费负担、交易目的等。

6.1.3　可比实例　comparable sales；comparables

交易实例中交易方式适合估价目的、成交日期接近价值时点、成交价格为正常价格或可修正为正常价格的估价对象的类似房地产等财产或相关权益。

6.1.4　建立比较基础　establishing comparison basis

使可比实例成交价格与估价对象价值或价格之间、各个可比实例的成交价格之间口径一致、相互可比的处理。

6.1.5　交易情况修正　conditions of sale adjustment

使可比实例的非正常成交价格成为正常价格的处理。

6.1.6　市场状况调整　market conditions adjustment；time adjustment

使可比实例在其成交日期的价格成为在价值时点的价格的处理。

6.1.7　房地产状况调整　property conditions adjustment

使可比实例在自身状况下的价格成为在估价对象状况下的价格的处理，包括区位状况调整、实物状况调整和权益状况调整。

6.1.8　总价调整　adjustment based on total price

基于总价对可比实例成交价格进行的调整。

6.1.9　单价调整　adjustment based on unit price

基于单价对可比实例成交价格进行的调整。

6.1.10　金额调整　dollar adjustment

采用金额对可比实例成交价格进行的调整。

6.1.11　百分比调整　percentage adjustment

采用百分比对可比实例成交价格进行的调整。

6.1.12　直接比较调整　direct comparison adjustment

以估价对象状况为基准，将可比实例状况与估价对象状况进行比较，根据其间的差异对可比实例成交价格进行的调整。

6.1.13　间接比较调整　indirect comparison adjustment

选定或设定标准房地产，将估价对象状况和可比实例状况分别与标准房地产状况进行比较，根据其间的差异对可比实例成交价格进行的调整。

6.1.14　楼幢调整系数　building adjusting factor

对位于不同楼幢的房地产价格进行转换的系数。

6.1.15　楼层调整系数　floor adjusting factor

对位于不同楼层的房地产价格进行转换的系数。

6.1.16　朝向调整系数　aspect adjusting factor

对位于不同朝向的房地产价格进行转换的系数。

6.2　收益法

6.2.1　收益法　income capitalization approach；income approach

预测估价对象的未来收益，利用报酬率或资本化率、收益乘数将未来收益转换为价值得到估价对象价值或价格的方法。

6.2.2　报酬资本化法　yield capitalization

预测估价对象未来各年的净收益，利用报酬率将其折现到价值时点后相加得到估价对象价值或价格的方法。

6.2.3　直接资本化法　direct capitalization

预测估价对象未来第一年的收益，将其除以资本化率或乘以收益乘数得到估价对象价值或价格的方法。

6.2.4　收益乘数法　income multiplier method

预测估价对象未来第一年的收益，将其乘以收益乘数得到估价对象价值或价格的方法。

6.2.5　收益期　remaining economic life

预计在正常市场和运营状况下估价对象未来可获取净收益的时间，即自价值时点起至估价对象未来不能获取净收益时止的时间。

6.2.6　持有期　holding period

预计正常情况下持有估价对象的时间，即自价值时点起至估价对象未来转售时止的时间。

6.2.7　潜在毛收入　potential gross income

估价对象在充分利用、没有空置和收租损失情况下所能获得的归因于估价对象的总收入。

6.2.8　空置和收租损失　vacancy and collection loss
因空置或承租人拖欠租金等造成的收入损失。

6.2.9　有效毛收入　effective gross income
潜在毛收入减去空置和收租损失后的收入。

6.2.10　运营费用　operating expenses
维持估价对象正常使用或营业的必要支出。

6.2.11　运营费用率　operating expense ratio
运营费用与有效毛收入的百分比。

6.2.12　净收益　net operating income
有关收入减去费用后归因于估价对象的收益。

6.2.13　净收益率　net income ratio
净收益与有效毛收入的百分比。

6.2.14　期间收益　term income
预计在持有期间各年可获得的净收益。

6.2.15　期末转售收益　reversion；income at reversion
预计在持有期末转售房地产时可获得的净收益。

6.2.16　实际收益　actual income
估价对象实际获得的收益。

6.2.17　客观收益　objective income
估价对象在正常情况下所能获得的收益，或实际收益经剔除特殊的、偶然的因素后的收益。

6.2.18　合同租金　contract rent
租赁合同约定的租金。

6.2.19　市场租金　market rent
某种房地产在市场上的平均租金。

6.2.20　安全利率　safe rate
没有风险或极小风险的投资报酬率。

6.2.21　报酬率　yield rate
将估价对象未来各年的净收益转换为估价对象价值或价格的折现率。

6.2.22　资本化率　capitalization rate
房地产未来第一年的净收益与其价值或价格的百分比。

6.2.23　综合资本化率　overall capitalization rate
用于将全部房地产的净收益转换为房地产价值的资本化率。

6.2.24　土地资本化率　land capitalization rate
用于将归因于土地的净收益转换为土地价值的资本化率。

6.2.25　建筑物资本化率　building capitalization rate
用于将归因于建筑物的净收益转换为建筑物价值的资本化率。

6.2.26　收益乘数　income multiplier
房地产价值或价格与其未来第一年的收益的比值，包括潜在毛收入乘数、毛租金乘数、有效毛收入乘数、净收益乘数。

6.2.27　市场提取法　market extraction method

通过可比实例的有关数据测算相关估价参数的方法。

6.2.28　土地剩余技术　land residual technique

从土地和建筑物共同产生的净收益中减去建筑物的净收益，分离出归因于土地的净收益，再利用土地资本化率或土地报酬率将土地净收益转换为土地价值的方法。

6.2.29　建筑物剩余技术　building residual technique

从土地和建筑物共同产生的净收益中减去土地的净收益，分离出归因于建筑物的净收益，再利用建筑物资本化率或建筑物报酬率将建筑物净收益转换为建筑物价值的方法。

6.3　成本法

6.3.1　成本法　cost approach；contractor's method

测算估价对象在价值时点的重置成本或重建成本和折旧，将重置成本或重建成本减去折旧得到估价对象价值或价格的方法。

6.3.2　土地重置成本　land replacement cost

在价值时点重新购置土地的必要支出，或重新开发土地的必要支出及应得利润。

6.3.3　建筑物重置成本　building replacement cost

采用价值时点的建筑材料、建筑构配件和设备及建筑技术、工艺等，在价值时点的国家财税制度和市场价格体系下，重新建造与估价对象中的建筑物具有相同效用的全新建筑物的必要支出及应得利润。

6.3.4　建筑物重建成本　building reproduction cost

采用与估价对象中的建筑物相同的建筑材料、建筑构配件和设备及建筑技术、工艺等，在价值时点的国家财税制度和市场价格体系下，重新建造与估价对象中的建筑物完全相同的全新建筑物的必要支出及应得利润。

6.3.5　实际成本　actual cost

购置估价对象的实际支出，或开发建设估价对象的实际支出及所得利润。

6.3.6　客观成本　objective cost

购置估价对象的必要支出，或开发建设估价对象的必要支出及应得利润，或实际成本经剔除特殊的、偶然的因素后的成本。

6.3.7　单位比较法　comparative-unit method

以建筑物为整体，选取与该类建筑物的建筑安装工程费密切相关的某种计量单位为比较单位，调查在价值时点的近期建成的类似建筑物的单位建筑安装工程费，对其进行处理后得到建筑物建筑安装工程费的方法。

6.3.8　分部分项法　unit-in-place method

把建筑物分解为各个分部工程或分项工程，测算每个分部工程或分项工程的数量，调查各个分部工程或分项工程在价值时点的单位价格或单位成本，将各个分部工程或分项工程的数量乘以相应的单位价格或单位成本后相加得到建筑物建筑安装工程费的方法。

6.3.9　工料测量法　quantity survey method

把建筑物还原为建筑材料、建筑构配件和设备，测算重新建造该建筑物所需的建筑材料、建筑构配件、设备的种类和数量、施工机械台班数、人工时数，调查在价值时点相应的单价及人工费标准，将各种建筑材料、建筑构配件、设备、施工机械台班的数量及人工时数乘以相应的单价和人工费标准后相加，并计取相应的措施项目费、规费和税金等得到建筑物建筑安装工程费的方法。

6.3.10　房地产开发利润率　developer's profit rate

房地产开发利润与房地产开发投资或开发成本、销售价格等的百分比，分为投资利润率、直接成本利润率、成本利润率、销售利润率，税前利润率、税后利润率，总利润率、年利润率等。

6.3.11　建筑物折旧　depreciation of building

各种原因造成的建筑物价值减损，其金额为建筑物在价值时点的重置成本或重建成本与在价值时点的市场价值之差，包括物质折旧、功能折旧和外部折旧。

6.3.12　物质折旧　physical deterioration

因自然力作用或使用导致建筑物老化、磨损或损坏造成的建筑物价值减损。

6.3.13　功能折旧　functional obsolescence

因建筑物功能不足或过剩造成的建筑物价值减损，包括功能不足折旧和功能过剩折旧。

6.3.14　功能不足折旧　functional obsolescence caused by deficiency

因建筑物中某些部件、设施设备、功能等缺乏或低于市场要求的标准造成的建筑物价值减损。

6.3.15　功能过剩折旧　functional obsolescence caused by superadequacy

因建筑物中某些部件、设施设备、功能等超过市场要求的标准而对房地产价值的贡献小于其成本造成的建筑物价值减损。

6.3.16　外部折旧　external obsolescence

因建筑物以外的各种不利因素造成的建筑物价值减损。

6.3.17　年龄-寿命法　age-life method

根据建筑物的有效年龄和预期经济寿命或预期剩余经济寿命来测算建筑物折旧的方法。

6.3.18　分解法　breakdown method

把建筑物折旧分成物质折旧、功能折旧、外部折旧等各个组成部分，分别测算出各个组成部分后相加得到建筑物折旧的方法。

6.3.19　建筑物实际年龄　actual age of building

建筑物自竣工时起至价值时点止的年数。

6.3.20　建筑物有效年龄　effective age of building

根据价值时点的建筑物实际状况判断的建筑物年龄。

6.3.21　建筑物自然寿命　physical life of building

建筑物自竣工时起至其主要结构构件自然老化或损坏而不能保证建筑物安全使用时止的时间。

6.3.22　建筑物经济寿命　economic life of building

建筑物对房地产价值有贡献的时间，即建筑物自竣工时起至其对房地产价值不再有贡献时止的时间。

6.3.23　建筑物剩余自然寿命　remaining physical life of building

建筑物的自然寿命减去实际年龄后的寿命。

6.3.24　建筑物剩余经济寿命　remaining economic life of building

建筑物经济寿命减去有效年龄后的寿命，即自价值时点起至建筑物经济寿命结束时止的时间。

6.3.25 建筑物成新率 building market value to replacement cost ratio

建筑物的市场价值与其重置成本或重建成本的百分比。

6.3.26 修复成本 cost to cure

采用合理的修复方案恢复到新的或相当于新的状况的必要支出及应得利润。

6.3.27 可修复 economically curable

预计修复成本小于或等于修复所能带来的房地产价值增加额。

6.3.28 不可修复 economically incurable

预计修复成本大于修复所能带来的房地产价值增加额。

6.4 假设开发法

6.4.1 假设开发法 hypothetical development method；residual method

求得估价对象后续开发的必要支出及折现率或后续开发的必要支出及应得利润和开发完成后的价值，将开发完成后的价值和后续开发的必要支出折现到价值时点后相减，或将开发完成后的价值减去后续开发的必要支出及应得利润得到估价对象价值或价格的方法。

6.4.2 待开发房地产 proposed development；development property

具有开发或再开发潜力的房地产，包括可供开发的土地，在建工程，可重新开发、更新改造或改变用途的房地产等。

6.4.3 业主自行开发前提 assumption of development by owner-occupier

估价对象将由其业主继续开发完成的一种假设开发法估价前提。

6.4.4 自愿转让开发前提 assumption of development by intended developer

估价对象将被其业主自愿转让给他人开发完成的一种假设开发法估价前提。

6.4.5 被迫转让开发前提 assumption of development by unidentified developer

估价对象将被迫转让给他人开发完成的一种假设开发法估价前提。

6.4.6 后续开发经营期 remaining construction and operating period

自价值时点起至未来开发完成后的房地产经营结束时止的时间，包括后续建设期、销售期和运营期。

6.4.7 后续建设期 remaining construction period

自价值时点起至未来开发完成后的房地产竣工时止的时间。

6.4.8 销售期 marketing period

自未来开发完成后的房地产开始销售时起至其售出时止的时间。

6.4.9 运营期 operating period

自未来开发完成后的房地产竣工时起至其持有期或经济寿命结束时止的时间。

6.4.10 开发完成后的价值 gross development value

未来开发完成后的房地产的价值或价格。

6.4.11 后续开发的必要支出 development cost

将待开发房地产开发成未来开发完成后的房地产必须付出的各项成本、费用和税金。

6.4.12 后续开发的应得利润 developer's profit

将待开发房地产开发成未来开发完成后的房地产应当获得的利润，通常为同类房地产开发项目在正常情况下所能获得的开发利润。

6.5 其他估价方法

6.5.1 基准地价修正法 benchmark land value adjustment method

在政府或其有关部门已公布基准地价的地区，利用有关调整系数对估价对象宗地所在位置的基准地价进行调整后得到估价对象宗地价值或价格的方法。

6.5.2 路线价法 road rating method

在城镇街道上划分路线价区段并设定标准临街深度，在每个路线价区段内选取一定数量的标准临街宗地并测算其平均单价或楼面地价，利用有关调整系数将该平均单价或楼面地价调整为各宗临街土地价值或价格的方法。

6.5.3 标准价调整法 standard property value adjustment method

对估价范围内的所有被估价房地产进行分组，使同一组内的房地产具有相似性，在每组内选定或设定标准房地产并测算其价值或价格，利用有关调整系数将标准房地产价值或价格调整为各宗被估价房地产价值或价格的方法。

6.5.4 多元回归分析法 multiple regression analysis

对估价范围内的所有被估价房地产进行分组，使同一组内的房地产具有相似性，在每组内把房地产价值或价格作为因变量，把影响房地产价值或价格的若干因素作为自变量，设定多元回归模型，搜集大量房地产成交价格及其影响因素数据，经过试算优化和分析检验，确定多元回归模型，利用该模型计算出各宗被估价房地产价值或价格的方法。

6.5.5 修复成本法 cure cost method

测算修复的必要支出及应得利润，将其作为房地产价值减损额的方法。

6.5.6 损失资本化法 income loss capitalization

预测未来各年的净收益减少额或收入减少额、运营费用增加额，将其现值之和作为房地产价值减损额的方法。

6.5.7 价差法 before and after method

分别评估房地产在改变之前和改变之后状况下的价值，将两者之差作为房地产价值减损额或价值增加额的方法。

7 估价报告

7.0.1 估价结果报告 summary appraisal report

简要记载估价委托人、房地产估价机构、注册房地产估价师、估价目的、估价对象、价值时点、价值类型、估价原则、估价依据、估价方法、估价结果、实地查勘期、估价作业期等内容的估价报告。

7.0.2 估价技术报告 appraisal technique report

详细记载估价对象描述与分析、市场背景描述与分析、估价方法适用性分析、估价测算过程、估价结果确定等内容的估价报告。

7.0.3 鉴证性估价报告 appraisal report for identification

房地产估价机构向估价委托人出具的起着价值证明作用的估价报告。

7.0.4 致估价委托人函 letter of transmittal

房地产估价机构和注册房地产估价师正式地向估价委托人报告估价结果、呈送估价报告的文件。

7.0.5 估价师声明 appraiser's certification

注册房地产估价师在估价报告中对其估价职业道德、专业胜任能力、勤勉尽责估价等所作的承诺和保证。

7.0.6 估价假设和限制条件 assumptions and limiting conditions

估价报告中对估价假设和估价报告使用限制的说明，包括一般假设、未定事项假设、背离事实假设、不相一致假设、依据不足假设以及估价报告使用限制。

7.0.7 估价报告使用限制 limiting conditions of appraisal report

对估价报告的用途、使用者、使用期限等使用范围的限定，以及在使用估价报告时需要注意的其他事项。

7.0.8 估价报告使用者 intended user of appraisal report

依法使用估价报告的单位或个人。

7.0.9 估价报告使用期限 expired date of appraisal report

自估价报告出具之日起计算，使用估价报告不得超过的时间。

7.0.10 估价报告出具日期 date of appraisal report

致估价委托人函中的致函日期。

7.0.11 实地查勘期 on-site inspection period

实地查勘的起止日期，自进入实地查勘现场之日起至完成实地查勘之日止。

7.0.12 估价作业期 appraisal work period

估价工作的起止日期，自受理估价委托之日起至估价报告出具之日止。